教育部人文社会科学重点研究基地
兰州大学敦煌学研究所

国家社科基金冷门绝学研究专项学术团队项目
《敦煌河西碑铭与河西史研究》
（项目编号：21VJXT002）

教育部人文社会科学重点研究基地重大项目
《敦煌通史》（项目编号：16JJD770024）

《敦煌通史》学术顾问

郝春文　荣新江　张涌泉

敦煌通史

魏晋北朝卷

杜海 著

国家出版基金项目
NATIONAL PUBLICATION FOUNDATION

『十四五』国家重点图书出版规划项目

主编 郑炳林

副主编 魏迎春 李军

读者出版传媒股份有限公司
甘肃教育出版社

图书在版编目（CIP）数据

敦煌通史. 魏晋北朝卷 / 郑炳林主编 ； 魏迎春，李军副主编 ；杜海著. -- 兰州 ：甘肃教育出版社，2023.7（2024.3 重印）
ISBN 978-7-5423-5570-6

Ⅰ. ①敦… Ⅱ. ①郑… ②魏… ③李… ④杜… Ⅲ. ①敦煌—地方史—魏晋南北朝时代 Ⅳ. ①K294.24

中国国家版本馆CIP数据核字(2023)第020396号

敦煌通史　魏晋北朝卷

郑炳林　主　编

魏迎春　李　军　副主编

杜　海　著

策　　划　薛英昭　孙宝岩
项目负责　刘正东　董宏强
责任编辑　刘正东　何佩佩　张　静
助理编辑　谢修平　白海善
装帧设计　石　璞

出　版　甘肃教育出版社
社　址　兰州市读者大道 568 号　730030
电　话　0931-8436489(编辑部)　0931-8773056(发行部)
传　真　0931-8435009

发　行　甘肃教育出版社　印　刷　山东新华印务有限公司
开　本　787毫米×1092毫米　1/16　印　张　35　插　页　6　字　数　455 千
版　次　2023 年 7 月第 1 版
印　次　2024 年 3 月第 2 次印刷
书　号　ISBN 978-7-5423-5570-6　定　价　146.00 元

总　序

《敦煌通史》这套书从酝酿到完成已经有十多个年头了。2007年我与林甘泉先生在京西宾馆参加首批国家社科基金重大招标项目评审，评审间隙林先生问我，兰州大学敦煌学研究所能不能出面组织完成一部《敦煌通史》，作为国家社科基金重大项目选题。虽然当时有关于敦煌历史的小册子，但是都不足以呈现敦煌的历史。于是，我从此就将完成《敦煌通史》作为我们的工作计划，并一直在做这方面的准备工作。李军在读博士期间，原来准备让他撰写张氏归义军的历史作为博士学位论文，尽管最后他的学位论文研究的不是这个阶段的敦煌史，但也为撰写这个阶段敦煌的历史做了准备。陈继宏、杜海、陈光文入校攻博之后，我给他们选定的博士学位论文方向分别是吐蕃时期敦煌史研究、曹氏归义军史研究、西夏元明清敦煌史研究。到兰州大学敦煌学研究所制定"十三五"规划时，又将《敦煌通史》列为基地重大规划项目。2022年12月，我主持的2021年度国家社科基金冷门绝学研究专项学术团队项目《河西碑铭与河西史研究》开题，根据专家的建议将河西史研究部分改为敦煌史研究，以避开西北师范大学简牍研究院田澍团队的研究方向错位发展。这样一来，《敦煌通史》就成为两个项目共同完成的课题研究。经过十余年持续不断的研究，在甘肃教育出版社的努力下，《敦煌通史》即将完成并得到国家出版基金的资助。

对于敦煌历史开始的时间，我们都会想到汉武帝元狩二年（前121）匈奴浑邪王杀休屠王后投降汉朝，自金城河西西至盐泽空无匈奴，西汉政府在河西敦煌驻军屯田；元鼎六年（前111）又置敦煌郡，并移民实边。实际上敦煌的历史要比这早很多，敦煌与中原王朝的交往应当始于西周穆王（穆天子）时期，根据《穆天子传》的记载，周穆王即位十五年来到今敦煌和罗布泊一带。《山海经》记载敦薨之山出敦薨之水，敦薨之水西流进入盐泽，盐泽即罗布泊。这些都是关于敦煌最早的记载，就是说敦煌在先秦已经被中原王朝所了解和认识。关于敦煌名称的来源，有多种说法，一直争论不休，莫衷一是，有认为是外来语言的音译，也有认为敦煌和武威、张掖一样，名称来自西汉政府的美好愿望。总而言之，关于敦煌的历史还有很多谜团需要我们去研究。因此我们将《敦煌通史》的上限确定在西汉，兼及先秦敦煌历史；下限以清末为界，部分内容兼及近代。民国及当代的敦煌历史，敦煌研究院的历史已经将其囊括其中，等将来有专家撰写敦煌研究院的院史时一定会做详细的论述。

敦煌的历史实际上就是中国西北史的缩影，也是中原王朝与西域的关系史。因为从西汉开始到唐代，中原王朝经营西域的基地就是敦煌，敦煌的历史与中原王朝对西域的经营关系密切。西汉敦煌郡有西域都护的军备物资存储仓库——居卢訾仓城，西域诸城邦入贡皆经由敦煌进入中原，中原派遣到西域的官吏驻军也都经由敦煌送往迎来，因此东汉敦煌有华戎所交之都会之称。曹魏时期有仓慈、皇甫隆等担任敦煌太守，发展敦煌郡并维护陆上丝绸之路的畅通。十六国时西凉建都敦煌，后北凉消灭西凉占据敦煌。北魏灭北凉后，设敦煌镇。隋代的敦煌依旧是通使西域的咽喉之地，有三条道路从敦煌出发前往鄯善、高昌和伊吾。唐代前期以敦煌作为经略西域的基地，安史之乱爆发后，河西精兵东调，吐蕃趁机进攻，河西节度使在吐蕃的打击之下，从凉州迁徙到敦煌，最后在敦煌以“勿徙他境”为条件被迫投降。大中二年（848）张议潮起兵赶走盘踞敦煌六十余年的吐蕃官吏，敦煌进入了张氏归义军时期，敦煌在脱离中原王朝管辖六十余年后再次归附唐朝，成为唐朝管辖的一部分。后梁乾化四年（914）曹议金代替西汉金山白衣帝张承奉成为归义军节度使，敦煌进入了曹氏归义军时期。敦煌文献中保存了大量归义军时期的档案资料，使这个时期敦煌的精彩历史展现在世人面前。宋景祐三年（1036）西夏占领敦煌，敦煌进入西夏统治时期，此后又经历了元明清时期，这个时期相关文献资料记载都比较少，也是敦煌历史研究的空白。敦煌从西汉到清代经历将近两千年的风风雨雨，最繁荣的时期又尤以西汉、十六国、归义军时期最为精彩。其他时段如曹魏、隋、唐前期和吐蕃时期的敦煌历史也呈现出风云变幻、波澜壮阔的画面，牵动着当时整个西北历史的发展。我们力图用自己的研究将各个时段敦煌历史的面貌重现出来，这就是撰写《敦煌通史》的目的。

根据敦煌历史发展的实际情况，我们将敦煌的历史划分为两汉、魏晋北朝、隋及唐前期、吐蕃占领时期、张氏归义军时期、曹氏归义军时期、西夏元明清等七个阶段，分七卷撰写。具体分工为：郑炳林、司豪强承担两汉卷，杜海承担魏晋北朝卷和曹氏归义军即五代宋初归义军卷两卷，吴炯炯承担隋及唐前期卷，陈继宏承担吐蕃时期敦煌史卷，李军承担张氏归义军即晚唐归义军卷，陈光文承担西夏元明清卷。《敦煌通史》没有将敦煌艺术史纳入其中。我们知道敦煌石窟艺术是敦煌史的重要组成部分，因其内容非常丰富，自成体系，用有限的文字根本无法将其论述清楚，加之我们团队的张景峰教授主持国家社科艺术基金重大项目

《丝绸之路艺术史》，故在《敦煌通史》中不再叙述。

我从事敦煌学研究已经有四十多年了，但是将敦煌的历史从先秦讲授到明清根本做不到，就是汉唐敦煌的历史也很难讲清楚，我最熟悉的部分也就归义军时期的敦煌历史而已，我多年讲授的也是敦煌归义军的历史。不仅我是这样，其实整个敦煌学界很难有人可以将两千年的敦煌历史弄清楚，将两千年的敦煌历史讲清楚。我们完成这部书就是给从事敦煌学研究的学者提供一个参考，同时也为初入敦煌学领域的研究者提供了解敦煌的路径。至于我们是否达到目的，还得由敦煌学界去评判。

《敦煌通史》各卷的完成人主要是我和我的学生，他们中除了李军任职西北大学历史学院、司豪强还在攻读博士学位之外，其他人都在兰州大学敦煌学研究所工作。兰州大学敦煌学研究起步于20世纪80年代，研究机构从1979年的敦煌学研究小组，到1982年的敦煌学研究室，又发展到1999年教育部人文社会科学重点研究基地兰州大学敦煌学研究所。2017年以敦煌学为牵头学科组建的“敦煌丝路文明与西北民族社会”学科群入选兰州大学“双一流”建设名单，2019年成立敦煌与西域文明研究院。学科建设从1983年的敦煌学硕士授权点，一路发展到1998年的敦煌学博士学位授权点，2003年的博士后科研流动站，2007年的国家重点（培育）学科，2011年的中国史一级学科博士学位授权点、敦煌学二级学科博士学位授权点。现在研究所有历史文献学、敦煌学两个专业招收攻读博士、硕士的研究生。截至2022年底，研究所毕业硕士三百余人，博士一百七十余人。毕业的博士中有六十余人晋升教授，七十余人晋升副教授，二十余人被遴选为博士生指导教师，八人获全国百篇和省级优秀博士学位论文奖。他们分布在全国各个高校和科研单位，逐渐成为敦煌学研究的中坚力量。研究所现有科研人员二十四人，其中有教授十四人，副教授五人，讲师五人；有长江学者特聘教授一人，青年长江学者一人，“国家特殊人才支持计划”青年拔尖人才一人，国务院学位委员会中国史学科评议组成员一人，甘肃省领军人才第一层次人选一人，甘肃省宣传文化系统“四个一批”人才一人，甘肃省优秀青年文化人才一人。研究所完成学术著作百余部，丛书十七种，共五百余册。获省部级优秀成果奖二十余项，国家和省级图书奖十余项。研究所创办的CSSCI来源期刊《敦煌学辑刊》是本学科研究成果的重要刊布平台。研究所承担科技部国家科技支撑计划国家文化创新项目、国家社科基金重大项目、国家社科基金冷门绝学专项学术团队项目、国家社科基金重点项目和一般项目、教育部重大攻关项目、国家文物局重大委托项目、甘肃省社科基金重点项目等省部级项目一百六十余项，获项目经费三千余万元。特别是兰州大学敦煌学研究所自1999年与敦煌研究院联合共建以来，优势互补，珠联璧合，在各方面都有很大发展。在敦煌学、胡语文献、石窟艺术等领域研究优势显著。敦煌研究院的专家参与兰州大学敦煌学人才培养和合作研究，对兰州大学敦煌学人才培养水平的提升起了很大的作用。

郑炳林

2023年3月

目 录

第一章

魏晋北朝河西走廊历史概述

汉武帝时期，开拓河西，始设敦煌、酒泉等河西诸郡。敦煌在中原王朝的西北经略中发挥了关键作用。《后汉书》载：“及武帝征伐四夷，开地广境，北却匈奴，西逐诸羌，乃度河、湟，筑令居塞；初开河西，列置四郡，通道玉门，隔绝羌胡，使南北不得交关。于是障塞亭燧出长城外数千里。”[①]汉朝在河西设立郡县的战略目标包括“隔绝羌胡”“经营西域”。魏晋北朝时期，中原王朝常无暇顾及西域经营，凉州地方政权及大族在西北事务中发挥了重要作用，敦煌的重要性进一步凸显。从汉唐历史的宏观背景来看，敦煌与中古西北历史进程有重要关涉。本章首先对魏晋北朝时期河西走廊的历史做整体梳理。

① ［南朝宋］范晔撰，［唐］李贤等注《后汉书》卷八七《西羌传》，北京：中华书局，1965年，第2876页。

第一节 魏晋之际

东汉后期朝廷暗弱，河西地方官吏“倚恃权贵”[①]，不守法度、恣意妄为的现象时有发生。河西走廊亦面临鲜卑等部落侵扰[②]，百姓生活艰难、反抗不断。东汉朝廷在派兵镇压的同时，也出现了放弃凉州的声音。据《后汉书·马援传》载，东汉初期，“朝臣以金城破羌之西，途远多寇，议欲弃之”[③]，这一次提议因马援的反对而未被采纳。永初四年（110），大将军邓骘以军费困窘为由，向朝廷提议放弃凉州，得到一些朝臣的支持。虞诩则对此持反对态度，认为“凉州既弃，即以三辅为塞”[④]，而“今羌胡所以不敢入据三辅，为心腹之害者，以凉州在后故也”[⑤]，一旦放弃凉州，则“徙其人庶，安土重迁，必生异志。如使豪雄

① ［宋］司马光编著，［元］胡三省音注《资治通鉴》卷五四“桓帝延熹四年”条，北京：中华书局，1956年，第1761页；卷五八“灵帝中平元年”条，第1873页。

② 《后汉书·孝灵帝纪》记载：“是岁（光和元年），鲜卑寇酒泉。”参见《后汉书》卷八《孝灵帝纪》，第342页。

③ 《后汉书》卷二四《马援传》，第835页。

④ 《后汉书》卷五八《虞诩传》，第1866页。

⑤ 《后汉书》卷五八《虞诩传》，第1866页。

相聚，席卷而东，虽贲、育为卒，太公为将，犹恐不足当御”①。太尉李修采纳了虞诩的建议，辟西州豪杰为掾属，拜牧守长吏子弟为郎，以此安抚。中平元年（184），凉州一带再次爆发大规模的起义。在北宫伯玉等人的率领下，起义军势如破竹，攻杀护羌校尉伶征，又杀金城太守陈懿②。中平二年（185）三月，北宫伯玉、边章、韩遂以诛宦官为名，率骑兵数万，乘势东进，进攻三辅（今陕西西安附近），引起东汉朝廷一片恐慌③。东汉朝廷又一次出现了放弃凉州的争论。司徒崔烈提出放弃凉州，而傅燮认为“凉州天下要冲，国家藩卫”④，如若放弃，就会造成更大的忧患。灵帝同意傅燮的意见，以其为汉阳太守，并协助凉州刺史耿秉镇压起义军。之后，东汉政府重新划定了凉州的管辖范围。兴平元年（194）六月，“分凉州河西四郡为雍州”⑤，任命邯郸商为雍州刺史，管理河西四郡，治所设在武威郡姑臧县。北宫伯玉等人领导的起义，波及陇右、关中。在汉末纷乱局势下，河西诸郡也纷纷割据自保。河西地区的叛乱与南部山区的羌人有紧密的联系，史载“丰遂单骑入南羌中，合众得千余骑”⑥。后曹操平定河陇，任命苏则为金城太守，苏则“外招怀羌胡，得其牛羊，以养贫老。与民分粮而食，旬月之间，流民皆归，得数千家”⑦。可知河西地区政治形势的稳定与否，和统治者能否广

---

①《后汉书》卷五八《虞诩传》，第1866页。
②《后汉书》卷八《孝灵帝纪》，第350页。
③《后汉书》卷八《孝灵帝纪》，第351页。
④《后汉书》卷五八《傅燮传》，第1875页。
⑤《后汉书》卷九《孝献帝纪》，第376页。
⑥［晋］陈寿撰，［南朝宋］裴松之注《三国志》卷一八《阎温传》，北京：中华书局，1959年，第552页。
⑦《三国志》卷一六《苏则传》，第491页。

结民心有很大关系。东汉后期，河西动荡，社会经济深受影响，陷入衰退萧条之中。

曹魏至西晋初期，中央朝廷积极经略凉州，在一定程度上强化中央集权、遏制凉州豪族，逐步恢复河陇秩序[①]。曹魏一改东汉后期凉州归属雍州的建制，即“魏时复分以为凉州，刺史领戊己校尉，护西域，如汉故事，至晋不改”[②]。曹魏平定河陇之初，河陇地区经济凋敝，百姓“死丧流亡，或窜戎狄，或陷寇乱，户不满五百”[③]，景象残破。曹魏加强河西经营，通过平定叛乱、加强防御、招抚流民、劝课农桑等措施，使河陇趋于安定。地方官还在雍凉地区接纳大量鲜卑归附人口，采取宽松的民族政策，使得胡汉关系融洽。

曹魏时期河西郡守多为干吏能臣，《三国志》所载几任凉州刺史张既、温恢、徐邈等均为吏民所称道。明帝时期的敦煌太守仓慈，到任敦煌后革除积弊，“抑挫权右，抚恤贫羸”，采用“随口割赋”之法抑制当地“大姓雄张”的局面，并且注重保护和鼓励东西交通、商业贸易，对敦煌的安定和丝绸之路贸易的发展都有不可磨灭的功绩，故“民夷翕然称其德惠”[④]。其后王迁、赵基继任敦煌太守，仍“循其迹”。魏嘉平年间（249—253），安定皇甫隆出任敦煌太守后，“教作耧犁，又教衍溉，岁终率计，其所省庸力过半，得谷加五”，故敦煌人“以为隆刚断严毅不及

---

① 汪华龙《避籍与同宗：魏晋凉州刺史太守考论》，《西域研究》2022年第3期，第62—76页。

② ［唐］房玄龄等撰《晋书》卷一四《地理志上》，北京：中华书局，1974年，第433页。

③ 《三国志》卷一六《苏则传》，第491页。

④ 《三国志》卷一六《仓慈传》，第512页。

于慈，至于勤恪爱惠，为下兴利，可以亚之”[①]。在曹魏政权四十余年的经营之下，河西经济得到恢复和发展，中西交通也得以通畅。

西晋初期有焦胜向晋武帝上奏祥瑞之事，可以推测此时凉州似乎较为安宁[②]。汉魏之际，河西鲜卑逐渐强盛起来，秃发鲜卑是其中一支。晋廷未能妥善处理内迁族群与地方土著的矛盾，使得胡汉矛盾激化，结果招致以河西鲜卑为首的羌虏结屯聚众[③]。泰始六年（270），以秃发树机能为首的河西鲜卑、氐羌等部在凉、秦二州起兵，朝廷频繁镇压无果，秃发树机能攻陷凉州。咸宁五年（279），马隆自荐率兵平定凉州之乱。此后十余年马隆经营河陇，统摄安抚河西诸族势力，进而恢复河西走廊的交通、维系西晋在西域的统治秩序、保障中原与西域的商贸往来。马隆刺凉之时，晋廷未能趁机加强对凉州的实际控制，致使朝廷在凉州地区的统治基础相对薄弱。晋惠帝永宁元年（301），张轨“出为护羌校尉、凉州刺史”[④]，开始了张氏家族对河西的经营。《晋书·张轨传》载：“于时鲜卑反叛，寇盗从（纵）横，轨到官，即讨破之，斩首万余级，遂威著西州，化行河右。”[⑤]吕思勉认为：“凉州之地，距中原颇远，然与西域相交通，其地实颇富饶，而文明程度亦颇高，西南苞河湟，又为畜牧乐土，故两晋之世，始终有据以自立者，其首起者则张轨也。”[⑥]总体上看，魏

① 《三国志》卷一六《仓慈传》，第513页。
② 贾小军《魏晋十六国河西史稿》，天津：天津古籍出版社，2009年，第64页。
③ 司豪强《战争与外交：前凉对外关系研究》，兰州大学硕士学位论文，2021年，第20页。
④ 《晋书》卷八六《张轨传》，第2221页。
⑤ 《晋书》卷八六《张轨传》，第2221页。
⑥ 吕思勉《两晋南北朝史》，上海：上海古籍出版社，2020年，第76页。

晋之际凉州地区虽然并不稳定，但相较于东汉末年，凉州社会得到了恢复和发展。至前凉时期，凉州凭借其地理优势等能够远离中原战事的侵扰，经济、文化等方面得到进一步发展。

第二节 前凉时期

一、张轨任凉州刺史

（一）张轨政权与中原王朝

晋永宁元年（301），张轨出任护羌校尉、凉州刺史，主持凉州事务。如果以此作为前凉的开端，则张氏前凉政权有76年。前凉政权前期尊奉中原王朝为正统，名义上并非独立的政权。前凉政权的真正独立，应自345年张骏称凉王算起[①]，经张重华、张曜灵、张祚、张玄靓、张天锡时期，到376年被前秦苻坚所灭。前凉作为一个独立政权存在的时间有31年。

张轨，字士彦，安定乌氏（今甘肃平凉西北）人，史载其为西汉常山景王张耳的十七世孙。《十六国春秋辑补·前凉录》记载其："家世孝廉，以儒学显。祖烈，魏外黄令，父温，为太官令，母陇西辛氏。"[②]汉魏之际，张轨家族以儒学传世，几代人

① 亦有研究对张骏称"假凉王"一事存疑，参见司豪强《战争与外交：前凉对外关系研究》，第106页。张玄靓时期又废王号、帝号。

② ［北魏］崔鸿撰，［清］汤球辑补，聂溦萌、罗新、华喆点校《十六国春秋辑补》卷六七《前凉录一》，北京：中华书局，2020年，第781页。

都被举为孝廉。祖父张烈，曹魏时期任外黄县（今河南民权县西北）县令。父张温，官至太官令。张轨祖上历代为官，可以说是一个世代仕宦的家庭[①]。张轨能够团结凉州地方大族，缓和胡羌诸部的矛盾，大规模的反晋起义逐渐平息，凉州地区政治形势逐渐稳固。“张轨刺凉”开启了凉州历史上又一个辉煌时期。

张轨至凉州不久，晋室发生“八王之乱”，中原地区出现“流尸满河，白骨蔽野”的惨象。北方诸部族趁乱建立政权、起兵反晋，西晋地方州牧也开始据地称雄。永兴二年（305），陇西太守韩稚擅自杀害新任秦州刺史张辅，拥兵自重。张轨发信指责韩稚，随后发兵两万进行讨伐。韩稚收到书信后不战而降，张轨凉州势力得以向东扩展。晋怀帝永嘉二年（308），匈奴刘渊寇掠河内，王弥兵逼洛阳，晋室危急。张轨派兵勤王，《晋书·张轨传》记载：

> 轨遣北宫纯、张纂、马鲂、阴濬等率州军击破之，又败刘聪于河东，京师歌之曰：“凉州大马，横行天下。凉州鸱苕，寇贼消；鸱苕翩翩，怖杀人。”帝嘉其忠，进封西平郡公，不受。[②]

凉州勤王之举是西晋政权得以再延续一时的重要因素。“于时天下既乱，所在使命莫有至者，轨遣使贡献，岁时不替。”[③]西晋末，索靖子索綝与贾疋等纠合义众拱卫晋室，史载义军“频破贼党，修复旧馆，迁定宗庙。进救新平，小大百战，綝手擒贼帅李

① 齐陈骏等《五凉史略》，兰州：甘肃人民出版社，1988年，第29页。
② 《晋书》卷八六《张轨传》，第2223页。
③ 《晋书》卷八六《张轨传》，第2223页。

羌，与阎鼎立秦王为皇太子，及即尊位，是为愍帝”[①]。凉州张轨势力更在护卫晋室、拥立新帝等方面表现积极。唐代官修《晋书》中，把张轨和许多割据政权分开，将他列入晋臣列传中，并有“归诚晋室，美矣张君”[②]的评价。总之，前凉张氏时期凉州并未形成割据，张轨还以实际行动支援西晋王室，以出兵、运粮的方式支持着西晋政权。直至长安陷落，西晋灭亡，司马睿在江南建立东晋政权后，由于地域的隔绝，张氏政权才逐步独立。

另一方面，作为凉州刺史的张轨已经成为凉州地区的实际统治者。笔者认为，应该辩证地看待前凉张氏前期的统治，以301年张轨出任凉州刺史为前凉开始的标志时间，与当时的实际情况比较吻合。同时，在张骏以前，前凉张氏始终奉晋室为正朔，亦值得肯定。《晋书·张轨传》记载，张轨任凉州刺史时期，中原地区分裂混战，“中州避难来者日月相继”[③]，可见此时的凉州政治安定。张轨尊奉晋室为正朔，多次勤王入献，声望日隆，人心聚拢。张轨的统治获得了凉州军民的拥护。

（二）张轨的统治基础

张轨为安定乌氏人，安定在西晋时属雍州，但安定郡乌氏县距离秦州很近，地域上位于陇东与陇西的交界处。齐陈骏先生认为，大概在张温做太官令时，张轨家族从乌氏迁到洛阳附近的宜阳[④]。安定张氏为地方大族，张轨祖辈又至中朝为官，张轨在这样一个世宦家族出生，自幼明敏好学，在泰始初年，受叔父恩荫锡官五品。《晋书》记载张越叛乱时，张轨曾言：“吾在州八

---

① 《晋书》卷六〇《索靖传》，第1650页。
② 《晋书》卷八六《张轨传》，第2253页。
③ 《晋书》卷八六《张轨传》，第2225页。
④ 齐陈骏《河西史研究》，兰州：甘肃教育出版社，1989年，第110页。

年，不能绥靖区域，又值中州兵乱，秦陇倒悬，加以寝患委笃，实思敛迹避贤。但负荷任重，未便辄遂。不图诸人横兴此变，是不明吾心也。吾视去贵州如脱屣耳！”[①]并“欲遣主簿尉髦奉表诣阙，便速脂辖，将归老宜阳”[②]。这虽然是张轨以退为进之言，但终老宜阳的打算，说明弘农宜阳应为其出生地。张轨祖父已经在中原做官，任“外黄令”，其家迁居宜阳的时间或许在其祖父一辈，抑或更早。张轨母亲的身份，史籍记载不多，《十六国春秋辑补》载“母陇西辛氏”[③]。魏晋时期，陇西辛氏的重要人物有辛毗，据《三国志·辛毗传》载：“辛毗字佐治，颍川阳翟人也。”[④]辛毗是颍川阳翟人，与张轨所在之弘农宜阳相邻。辛毗在曹魏时期位至三公，辅佐武帝、文帝、明帝，为丞相长史，封关内侯、颍乡侯。其子咸熙年间为河内太守，官至卫尉。其后子孙不明。但辛毗女辛宪英嫁与泰山羊氏，羊氏为西晋大族。张烈为魏外黄令，其子张温为晋太官令。居于颍川阳翟之辛氏与居于弘农宜阳之张氏，同为东迁的大族。因此，张轨的母亲很有可能出自颍川阳翟的辛氏家族。张轨与皇甫谧友善，《晋书》记载：“轨少明敏好学，有器望，姿仪典则，与同郡皇甫谧善，隐于宜阳女几山。”[⑤]皇甫氏，望出自安定朝那，朝那在乌氏北不远。安定张氏、皇甫氏二族本就是地方大族，因地域关系，两家族联系或较多。张轨少时至皇甫谧门下求学，皇甫谧“门下

---

① 《晋书》卷八六《张轨传》，第2223—2224页。
② 《晋书》卷八六《张轨传》，第2224页。
③ ［北魏］崔鸿撰，［清］汤球辑补，聂溦萌、罗新、华喆点校《十六国春秋辑补》卷六七《前凉录一》，第781页。
④ 《三国志》卷二五《辛毗传》，第695页。
⑤ 《晋书》卷八六《张轨传》，第2221页。

图1-1 《魏昇墓志》（图片采自王其祎、周晓薇《隋代墓志铭汇考》第3册）

挚虞、张轨、牛综、席纯，皆为晋名臣”[①]。可以发现，皇甫谧的门人多出自安定周边之地。张轨出自安定乌氏，牛综亦可能出自陇西。洛阳出土隋《魏昇墓志》记载了魏昇妻牛玉的郡望：“母牛，讳玉，陇西人也。”“牛氏之门，运因相属，望为终始，绍隆五族。”[②]又《牛谅及妻乔氏墓志》载：“君讳谅，字君信，盖陇西人。”[③]前凉时期，有秦州刺史牛霸[④]。可知陇西牛氏家族

① 《晋书》卷五一《皇甫谧传》，第1418页。

② 拓片及录文参见王其祎、周晓薇《隋代墓志铭汇考》第3册，北京：线装书局，2007年，第163—165页。

③ 录文参见罗新、叶炜《新出魏晋南北朝墓志疏证（修订本）》，北京：中华书局，2016年，第573页。

④ 《晋书》卷八六《张轨传》，第2247页。

在魏晋时期为地方大族，其家族郡望，地理上与皇甫谧、张轨距离很近。席纯很可能也与张轨、皇甫谧、牛综相同，出自陇山一带。河南灵宝出土《席盛墓志》记载："君讳盛，字石德，安定临泾人也。"[①]可知席氏也出自安定一带。席氏还是地方大族，墓志记载"曾祖宵，司州主簿，都官从事，再临庐氏令，都督安西府司马，天水太守……祖亲、陈留公录事参军安定皇甫樫女"[②]。前凉末年，张天锡败退，有席仂力战身死，席仂为张天锡朝中录事，姚苌等来进攻时，席仂进言"先公既有故事，徐思后变，此孙仲谋屈伸之策也"，但是众人认为席仂年老怯懦，错用龙骧将军马达，后马达降于姚苌，致前凉最终灭亡。可知安定席氏家族也是前凉大族。皇甫谧的门生除挚虞以外，都出自雍州、陇西一带的大族，席氏、牛氏家族成员在前凉也有任职。可知张轨年少时跟随皇甫谧求学的经历，对其后来的发展当有影响。挚虞郡望为京兆长安，距皇甫谧所出安定略远。挚虞之所以跟随皇甫谧求学，主要原因应该是其人生追求和志趣与皇甫谧相投，皇甫谧性情高傲，才思敏捷，曾著奇文《玄守论》阐述他的处世哲学，其文曰：

> 人之所至惜者，命也……且贫者士之常，贱者道之实，处常得实，没齿不忧，孰与富贵扰神耗精者乎！又生为人所不知，死为人所不惜，至矣！喑聋之徒，天下之有道者也。[③]

① 录文参见罗新、叶炜《新出魏晋南北朝墓志疏证（修订本）》，第93页。
② 录文参见罗新、叶炜《新出魏晋南北朝墓志疏证（修订本）》，第93页。
③《晋书》卷五一《皇甫谧传》，第1410页。

挚虞才学博通，“以死生有命，富贵在天”[①]，尝著《思游赋》，其文寄托的人生旨趣，大致与皇甫谧的思想相类。皇甫谧终生没有入仕，著述甚多。挚虞一生清贫，最终穷困饿死于乱世，其著述亦颇丰，为世所重。张轨求出为凉州刺史，或许也与挚虞有关。时天下乱，挚虞“善观玄象，尝谓友人曰：‘今天下方乱，避难之国，其唯凉土乎！’”[②]永嘉之乱时，“光禄傅祗、太常挚虞遗轨书，告京师饥匮，轨即遣参军杜勋献马五百匹、毯布三万匹”[③]。张轨年少时从皇甫谧求学，其同门挚虞、牛综、席纯，这几人或郡望相近、或志趣相投。这段求学经历对后来张轨刺凉的选择有一定影响。

张轨到任凉州后，能够团结河陇大族的力量，稳定凉州政治形势。虽然前凉时期疆域不断发生变化，但河西诸郡是其统治的核心地区。支撑前凉的主要统治力量，也是来自这些地区。敦煌大族不仅是前凉政权的重要支撑，同时，在前凉的政治斗争中也是一支重要的力量[④]。张轨刺凉以后，一改此前曹魏以及西晋前期不重用凉州本土人士的做法[⑤]，转而在政治上重用河西著姓，稳定了河陇政局。此后在南凉、西凉、北凉政权中，都有河西著姓的身影[⑥]。冯培红《敦煌大族与五凉王国》一文中，专门对出自敦煌的大族势力在五凉政权中的作用做了系统的研究[⑦]。西晋后期中央王朝内部矛盾重重，无暇顾及河陇地区。张轨到任之前，

① 《晋书》卷五一《挚虞传》，第1419页。
② 《晋书》卷五一《挚虞传》，第1427页。
③ 《晋书》卷八六《张轨传》，第2225页。
④ 冯培红《敦煌学与五凉史论稿》，杭州：浙江大学出版社，2017年，第238—279页。
⑤ 贾小军《魏晋十六国河西史稿》，第65页。
⑥ 贾小军《魏晋十六国河西史稿》，第65页。
⑦ 冯培红《敦煌学与五凉史论稿》，第237—335页。

河陇地区各种矛盾已经凸显出来，金城太守被杀，护羌校尉马贤与太尉庞参互相构陷。张轨于永宁初年（301）出任护羌校尉、凉州刺史。到任后，张轨奖掖忠信之士，安抚河陇百姓。比如，表彰忠义人物的代表金城郡冯忠、张掖人吴咏，“祭其墓而旌其子孙”①，为河陇百姓树立了道德标杆，彰显德治。张轨不遗余力地搜罗河西名士，《晋书·隐逸传》记载：

> 汜腾字无忌，敦煌人也。举孝廉，除郎中。属天下兵乱，去官还家。太守张闳造之，闭门不见，礼遗一无所受。叹曰：“生于乱世，贵而能贫，乃可以免。”散家财五十万，以施宗族，柴门灌园，琴书自适。张轨征之为府司马，腾曰：“门一杜，其可开乎!”固辞。病两月余而卒。②

虽然此次征召汜腾的目的没有达到，但是足以看出张轨的求贤若渴以及他对河西士人的重视。敦煌大族迁徙自中原，经历汉晋时期的沉淀，至五凉时期已经成长为地方社会的重要力量。张轨的四大股肱之臣宋配、阴充、汜瑗、阴澹中，宋氏与汜氏即出自敦煌大族。宋氏为河西实力派家族，东汉时期，有敦煌太守宋亮③。晋初，敦煌郡宋质扶立令狐丰为敦煌太守，东拒杨欣，废梁澄，可见此时敦煌宋氏的影响力颇大。宋氏家族是西晋时期地方武力

---

①《晋书·张轨传》记载：“初，汉末金城人阳成远杀太守以叛，郡人冯忠赴尸号哭，呕血而死。张掖人吴咏为护羌校尉马贤所辟，后为太尉庞参掾，参、贤相诬，罪应死，各引咏为证，咏计理无两直，遂自刎而死。参、贤惭悔，自相和释。”参见《晋书》卷八六《张轨传》，第2222页。

②《晋书》卷九四《隐逸传》，第2438页。

③《后汉书》卷八八《西域传》，第2916、2931页。

强宗①，其家族成员宋配在前凉得到重用。张轨到任凉州不久，宋配助张轨平定鲜卑叛乱，威名大震。后来宋氏家族遭到前凉张邕的诛杀，受到较大打击。但是敦煌宋氏家族人物仍见于史籍当中，北魏有敦煌宋繇，《魏书》记载："宋繇，字体业，敦煌人也。曾祖配，祖悌，世仕张轨子孙。"②宋繇作为俘虏，在北魏时期受到礼遇，爵为"清水公"。"长子岩，袭爵，改为西平侯。"之后，敦煌宋氏子孙不彰。不过据山西大同出土的《宋绍祖墓志》记载："大代太和元年岁次丁巳，幽州刺史敦煌公敦煌郡宋绍祖之柩。"③可知，宋绍祖在北魏官至雍州刺史，封敦煌公，地位很高。学者认为，宋绍祖得封本郡，获得如此殊荣的原因或有两种可能：1.此爵位来自北凉，得自沮渠政权，宋繇的后人在墓中刻铭援引往日的爵号；2.来自文成帝昭太后，昭太后常氏的母亲姓宋，宋氏可能是敦煌人④。

氾瑗也是出自敦煌大族，敦煌文书S.1889保存了汉晋时期一批氾氏人物的记载。据文书可知，汉成帝时有御史中丞氾雄，因"直道见惮"，于河平元年（前28）由济北徙居敦煌。氾氏家族至敦煌后，逐渐成为当地有影响力的大族。东汉时期，氾吉为蜀郡太守，其子氾煛官拜尚书，后迁左丞相。但是东汉时期并无左

---

① 孙晓林《汉—十六国令狐氏述略》，《北京图书馆馆刊》1996年第4期，第95页；冯培红《汉晋敦煌大族略论》，《敦煌学辑刊》2005年第2期，第110页。

② ［北齐］魏收撰《魏书》卷五二《宋繇传》，北京：中华书局，1974年，第1152页。又《元和姓纂》卷八"宋"条云："【敦煌】汉有宋谅，谅裔孙后汉（魏）清水公繇。"参见［唐］林宝撰，岑仲勉校记《元和姓纂（附四校记）》卷五，北京：中华书局，1994年，第1171页。

③ 录文参见罗新、叶炜《新出魏晋南北朝墓志疏证（修订本）》，第50页。

④ 罗新、叶炜《新出魏晋南北朝墓志疏证（修订本）》，第50—51页。

丞相一职，因此学者怀疑此处记述舛误[①]。氾吉孙氾孚，志节颇高，为敦煌太守马艾[②]、郡人令狐溥、张奂器重。氾咸从同郡令狐溥受学，得到太常张奂的赏识。晋凉时期，氾氏家族人才辈出。如前述《晋书·隐逸传》中记载的敦煌氾腾，志向清朗高洁。S.1889还保存有氾氏重要人物氾瑗，“字彦玉，晋永平令宗之孙也……瑗少刚果，有壮节，州辟主簿、治中、别驾从事，举秀才。三王兴义，惠帝复祚，相国齐王（国）专权失和。瑗切谏不从，自诡为护羌长史，来西，凉武王

图1-2 山西大同宋绍祖墓镇墓武士俑（图片采自山西省考古研究所、大同市考古研究所《大同市北魏宋绍祖墓发掘简报》，《文物》2001年第7期，第31页）

① 王允亮《先唐敦煌氾氏考论》，《哈尔滨师范大学社会科学学报》2011年第4期，第67页。

② 《三国志·阎温传》载：“先是，河右扰乱，隔绝不通，敦煌太守马艾卒官，府又无丞。功曹张恭素有学行，郡人推行长史事。”王允亮认为马艾就是敦煌文书中的“马苾”。参见《三国志·阎温传》，第550页；王允亮《先唐敦煌氾氏考论》，第67页。

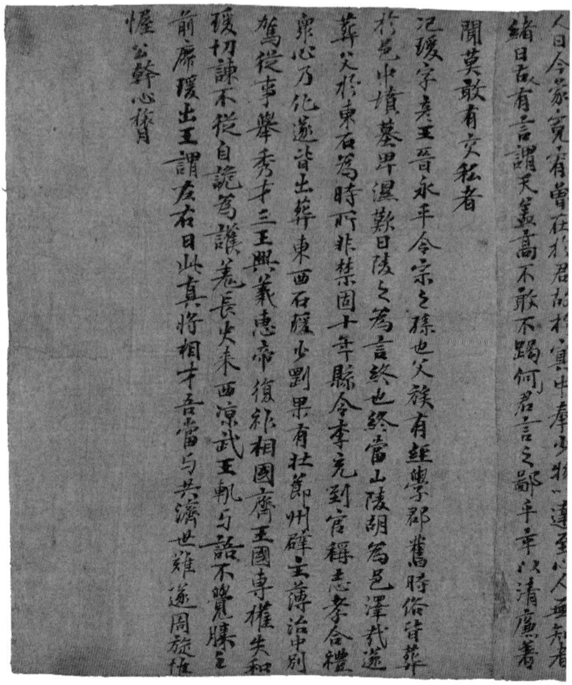
人曰今家寬宥曾在於君故於冥中牽少物遂至心人無知者
緒曰古有言謂天蓋高不敢不跼何君言之鄙乎幸以清廉著
聞莫敢有交私者
氾瑗字彥玉晉永平令宗之孫也父族有經學郡舊時俗皆葬
於邑中墳墓界濕數日陵之為言終也終當山陵胡為邑澤哉遂
葬父於東石窩時所非禁固十年縣令李充到官稱志孝合禮
衆心乃化遂皆出葬東西石窩少劉果有壯節州辟主簿治中別
駕從事舉秀才三王興義惠帝復祚相國齊王國專權失和
瑗切諫不從自說為讓羲長史來西涼武王軌與語不覺膝之
前席瑗出王謂左右曰此真將相才吾當與共濟世難遂周旋帷
幄公幹心膂

图1-3 敦煌文书S.1889《敦煌氾氏家传并序》

轨与语，不觉膝之前席。瑗出，王谓左右曰：‘此真将相才，吾当与其济世难。’遂周旋帷幄，公干心膂”。永嘉之乱后，西晋王朝崩塌，东羌校尉韩稚杀秦州刺史张辅，张轨派中都护氾瑗率众两万讨伐。韩稚降张轨，陇西纳入了前凉的势力范围。

张轨四大股肱之臣中，还有阴氏家族人物阴充、阴澹二人。《元和姓纂》卷五“阴”氏条记载：“【武威阴】后汉卫尉阴纲；孙常，徙武威姑臧。”[①]可知，东汉时阴氏徙居武威。但是《十六国春秋·前凉录》述阴澹郡望为敦煌，颜之推《还冤记》称阴澹兄弟阴鉴为武威人，杨学勇先生认为：“《前凉录》说阴澹是敦煌人，或许是因张茂时阴澹作敦煌太守，又值张骏忌害阴氏门宗强盛而杀阴鉴，迫使阴澹居留敦煌远离政治中心以避免被猜忌，从而后来成了敦煌人，不过此时的敦煌应指里贯而非郡

---

① ［唐］林宝撰，岑仲勉校记《元和姓纂（附四校记）》卷五，第749页。

望。”[1]冯培红详细搜罗了前凉时期的敦煌阴氏人物，除了阴澹以外，还有阴颙、阴据，并认为这反映了敦煌阴氏郡望在前凉中后期逐渐形成[2]。也就是说，张轨执政初期依靠的阴充、阴澹，或本出自武威郡，敦煌阴氏郡望形成于五凉时期，但是敦煌阴氏在魏晋北朝时期影响不大，而武威阴氏在北朝史料中经常看到。《魏书·阴仲达传》载：“阴仲达，武威姑臧人。祖训，字处道，仕李暠为武威太守。父华，字季文，姑臧令。”[3]《北史·阴寿传》载：“阴寿字罗云，武威人也。父嵩，周夏州刺史。”[4]《阴宝墓志》记载：“君讳宝，字伏颠，武威人也。”[5]敦煌文献P.2625《敦煌名族志》所存阴氏家族的相关记载，是从隋唐时期开始的。冯培红认为，在敦煌地区，《敦煌名族志》似乎在表明唐代阴氏与五凉阴氏没有任何传承关系，或者是在刻意回避着什么[6]。阴氏家族早期为主要活动于武威地区的望族，或许至五凉时期才逐渐跻身于敦煌大族的行列。

张轨出身陇右大族，其个人经历与交际网络等是他执政凉州的前期基础。张轨到任凉州后，团结地方家族，以敦煌大族为代表的地方势力是其统治前凉的重要依靠。

（三）张轨平定敦煌张氏的反叛

张轨执政后期，患风疾，口不能言，使其子摄州事。父位子承，张轨父子欲割据凉州的图谋逐渐显现出来。实际上，张轨父

---

① 杨学勇《敦煌阴氏族源与郡望》，《寻根》2004年第4期，第99页。

② 冯培红《敦煌学与五凉史论稿》，第249页。

③《魏书》卷五二《阴仲达传》，第1163页。

④［唐］李延寿撰《北史》卷七三《阴寿传》，北京：中华书局，1974年，第2534页。

⑤ 拓片及录文参见王连龙《新见北朝墓志集释》，北京：中国书籍出版社，2013年，第96—98页。

⑥ 冯培红《敦煌学与五凉史论稿》，第251页。

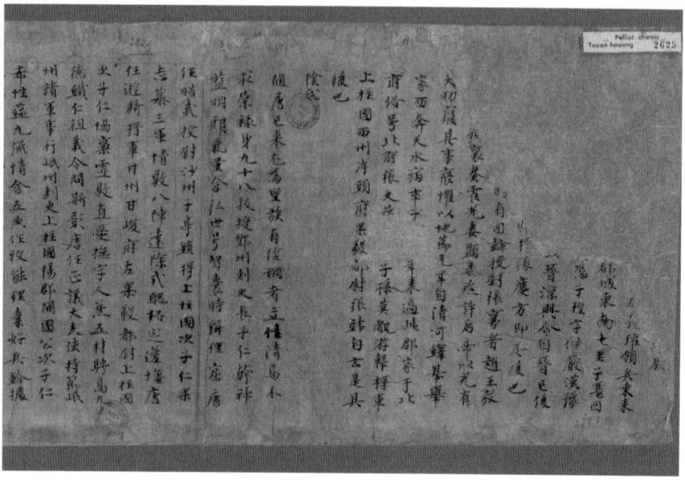

图1-4 敦煌文书P.2625《敦煌名族志》

子为割据凉州做了一些舆论准备。306年，晋惠帝驾崩；307年，晋怀帝即位，年号永嘉，西晋王朝朝不保夕。此时，张轨治内出现了一系列征兆，暗示“张氏霸凉”①。张氏父子割据凉州的意图，引起了凉州地方大族的不满，并导致一系列反叛的发生。冯培红认为，该动乱反映了敦煌、武威最为显赫的头等家族与前凉张氏之间展开了争夺凉州统治权的较量②。这次动乱对张轨政权造成了一定的威胁。《晋书》记载：

> 酒泉太守张镇潜引秦州刺史贾龛以代轨，密使诣京师，请尚书侍郎曹祛为西平太守，图为辅车之势。轨别驾麹晁欲专威福，又遣使诣长安，告南阳王模，称轨废疾，以请

① 《晋书·张轨传》记载：“张掖临松山石有‘金马’字，磨灭粗可识，而‘张’字分明，又有文曰：‘初祚天下，西方安万年。’姑臧又有玄石，白点成二十八宿。”参见《晋书》卷八六《张轨传》，第2223页。

② 冯培红《敦煌学与五凉史论稿》，第252页。

> 贾龛，而龛将受之。其兄让龛曰："张凉州一时名士，威著西州，汝何德以代之！"龛乃止。更以侍中爰瑜为凉州刺史。治中杨澹驰诣长安，割耳盘上，诉轨之被诬，模乃表停之。[1]

这次反对张轨的运动，参与者有酒泉太守张镇、秦州刺史贾龛、尚书侍郎曹祛、别驾麹晁等，这些人物都是出自凉州的地方大族，张镇、曹祛为敦煌人，麹晁为西平人[2]，贾龛为武威人。然而张轨家族的势力此时在凉州已经根深蒂固，张轨获得贾氏、阴氏等家族的支持，张镇等人的计划并未得逞。

但是，敦煌张氏取代张轨的决心很大，《晋书·张轨传》记载：

> 晋昌张越，凉州大族，谶言张氏霸凉，自以才力应之。从陇西内史迁梁州刺史。越志在凉州，遂托病归河西，阴图代轨，乃遣兄镇及曹祛、麹佩移檄废轨，以军司杜耽摄州事，使耽表越为刺史。[3]

据张轨平定这次动乱的过程来看，此次动乱依靠的力量一是敦煌大族，一是西平地区的军事力量。张轨命张镇外甥令狐亚前往敦煌成功招降张镇等人，说明张轨在河西地区已经深得人心。同时，张轨派兵镇压西平势力。担任西平太守的曹祛是张轨要对付的首要人物，曹祛的支持者有麹晁、田嚣等，麹氏与田氏是金城、西平一带的大族，可见这是张轨控制相对薄弱的地区。

---

① 《晋书》卷八六《张轨传》，第2223页。
② 冯培红《敦煌学与五凉史论稿》，第252页。
③ 《晋书》卷八六《张轨传》，第2223页。

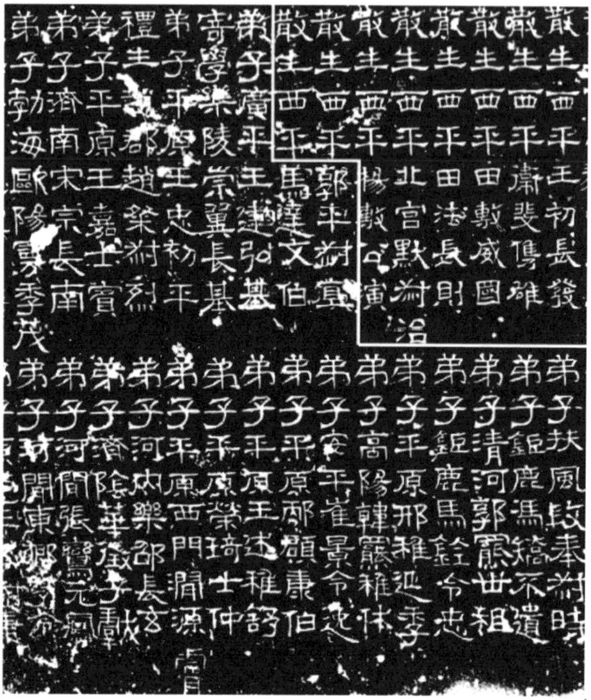

图1-5《临辟雍碑》碑阴局部（图片采自汪华龙、熊长云《晋辟雍碑碑阴“凉州散生”考——兼谈辟雍碑碑阴题名的添改》，《中国史研究》2017年第4期，第59-75页）

此外，张轨的支持者中，有将领尹员、宋配、田迴、王丰等人。其中有陇西尹氏、敦煌宋氏、西平田氏等，可见张轨已经获得了凉州境内多数大族的拥戴。

虽然敦煌张氏一方面借助“张氏霸凉”的谶语，一方面利用前凉境内一些反对者的力量，努力取代张轨在凉州的统治。然而，此时张轨的统治颇得人心，取得了凉州大族的广泛支持。因此两者的力量对比非常悬殊。张轨占据着天时、地利、人和，最终成功平定了这次叛乱。

二、张轨以后的前凉政权

（一）张寔时期

张轨去世之前，其子张寔被任命为副凉州刺史。愍帝建兴二年（314），张轨去世，凉州官吏推举张寔暂时代管州事，并上表长安，请求任命。晋愍帝下诏以张寔为使持节、都督凉州诸军事、西中郎将、凉州刺史、领护羌校尉、西平公。张寔在位时期（314—320），晋室风雨飘摇。建兴四年（316），张寔遣使献名马及地方土贡于长安，又命王该率领凉州军队入援长安勤王，以抵御匈奴刘曜的进攻。翌年，京师长安陷没，愍帝出降，西晋至此灭亡。张寔派遣韩璞、田齐、张阆、阴预，以及陈安、贾骞、吴绍等率兵东赴国难。由于陈安背叛，张寔军队败绩，赖韩璞的功劳得以脱身。焦崧、陈安活动于秦陇一带，东拒刘曜，西寇河陇。身处上邽的南阳王司马保遣使向张寔告急。张寔派遣金城太守窦涛、威远将军宋毅，以及和苞、张阆、宋辑、辛韬、张选、董广等率兵入陇右。张寔此次应是经过精心准备，以夺取陇右地区的控制权。与张寔争夺陇右地区控制权的，是他的旧部陈安。史载："保为陈安所叛，氐羌皆应之。"[①]此后，张寔还曾多次出军东赴国难，可是受阻于秦陇的羌人及地方势力，只得退回。张寔时期，中原动乱，秦陇凋敝，而凉州地区则远离战火，经过张氏家族的长期经营，相对安定。永嘉之乱中，长安有歌谣："秦川中，血没腕，唯有凉州倚柱观。"[②]乱世中凉州得以安定，张轨、张寔功不可没。正如凉州本地士人所言"张凉州一时名士，威著西州""主公（张轨）西河著德"[③]等等，可见张轨在

---

① 《晋书》卷八六《张轨传》，第2230页。

② 《晋书》卷八六《张轨传》，第2229页。

③ 《晋书》卷八六《张轨传》，第2223—2224页。

政治、军事方面为前凉政权奠定了良好的基础。

张轨、张寔时期是前凉兴盛阶段。张寔执政后期，前凉有所衰落。张寔军事才能比较突出，早在平定曹祛叛乱时，张寔已经开始独立指挥作战，“祛遣麹晁距战于黄阪。寔诡道出浩亹，战于破羌”。最终以曹祛、田氏、麹氏为首的反叛势力被剿灭。刘曜、王弥势力攻占洛阳后，张轨派遣宋配率军两万至长安守卫，又派遣张寔率军三万、张琠率胡骑两万，会师于临晋。秦州刺史裴苞、东羌校尉贯与反叛，西平麹儒与之相呼应，宋配讨伐裴苞、贯与，张寔讨伐麹儒。秦陇地区局势得以安定。

张寔时期，前凉政权内部危机逐渐涌现，渐渐失去对东部地区的控制。高昌隗瑾曾进言：“圣王将举大事，必崇三讯之法，朝置谏官以匡大理，疑承辅弼以补阙拾遗。今事无巨细，尽决圣虑，兴军布令，朝中不知，若有谬阙，则下无分谤。窃谓宜偃聪塞智，开纳群言，政刑大小，与众共之。若恒内断圣心，则群僚畏威而面从矣。善恶专归于上，虽赏千金，终无言也。”[①]可见张寔不与群臣商议军国大事，重用手下的军事将领。晋愍帝投降刘曜之前，下诏给张寔，进封其为“大都督、凉州牧、侍中、司空，承制行事”，希望张寔“挟赞琅邪，共济艰运”，但张寔以为“天子蒙尘，冲让不拜”[②]。晋愍帝亡，南阳王司马保被部下所杀，张寔“自恃险远，颇自骄恣”。张寔的独断专行、刚愎自用，使得前凉内部出现矛盾，张寔亲信左右等信奉京兆人刘弘所传布之道。320年，张寔杀掉刘弘，但自己却被手下阎沙、赵仰等刘弘的信徒杀害。

---

①《晋书》卷八六《张轨传》，第2227页。

②《晋书》卷八六《张轨传》，第2228页。

（二）张茂时期

张寔被杀，子张骏年幼，州内官吏推举张寔弟张茂为凉州刺史。张茂为人“雅有志节，能断大事”[①]，其性情温和而又行事果敢。张茂与张寔执政风格不同，张寔出身戎武，军事作战经验丰富。而张茂性格温和，能够笼络世家大族。张茂“虚静好学，不以世利婴心”，张寔去世后，凉州人拥戴张茂为“大都督、太尉、凉州牧”，张茂仅受“使持节、平西将军、凉州牧”称号，并且任命其兄张寔之子张骏为“抚军将军、武威太守、西平公”，后又立张骏为世子。可见张茂为人谦逊，顾全大局，深得凉州民心。

张茂行事果断，继位之初，张茂诛杀阎沙党羽数百人，同时赦免境内，可谓恩威并施。太宁元年（323），刘曜三路出兵进攻凉州，派遣刘咸攻韩璞于冀城，呼延晏攻宁羌护军阴鉴于桑壁，刘曜亲自率戎卒28万驻军河岸，声称欲“直抵姑臧”，张茂率军亲征，陈珍率军救援韩璞，刘曜不敢出战[②]。后张茂遣使刘曜，

---

① 《晋书》卷八六《张轨传》，第2232页。

② 《资治通鉴》卷九二“明帝太宁元年”条记载了前凉与后赵这次战役的经过：“赵主曜自陇上西击凉州，遣其将刘咸攻韩璞于冀城，呼延晏攻宁羌护军阴鉴于桑壁，曜自将戎卒二十八万军于河上，列营百余里，金鼓之声动地，河水为沸，张茂临河诸戍，皆望风奔溃。曜扬声欲百道俱济，直抵姑臧，凉州大震。参军马岌劝茂亲出拒战，长史汜祎怒，请斩之。岌曰：‘汜公糟粕书生，刺举小才，不思国家大计。明公父子欲为朝廷诛刘曜有年矣，今曜自至，远近之情，共观明公此举，当立信勇之验以副秦、陇之望。力虽不敌，势不可不出。’茂曰：‘善！’乃出屯石头。茂谓参军陈珍曰：‘刘曜举三秦之众，乘胜席卷而来，将若之何？’珍曰‘曜兵虽多，精卒至少，大抵皆氐、羌乌合之众，恩信未洽，且有山东之虞，安能舍其腹心之疾，旷日持久，与我争河西之地邪！若二旬不退，珍请得弊卒数千，为明公擒之。’茂喜，使珍将兵救韩璞。赵诸将争欲济河，赵主曜曰：‘吾军势虽盛，然畏威而来者三分有二，中军疲困，其实难用。今但按甲勿动，以吾威声震之，若出中旬张茂之表不至者，吾为负卿矣。’茂寻遣使称藩。”参见《资治通鉴》卷九二“明帝太宁元年”条，第2914—2915页。

“献马一千五百匹，牛三千头，羊十万口，黄金三百八十斤，银七百斤，女妓二十人，及诸珍宝珠玉、方域美货不可胜纪”，刘曜大悦，“使其大鸿胪田崧署茂使持节、假黄钺、侍中、都督凉南北秦梁益巴汉陇右西域杂夷匈奴诸军事、太师、领大司马、凉州牧、领西域大都护、护氐羌校尉、凉王”①。张茂通过与刘曜通和，稳定了前凉东部的局势。永昌初年，张茂又派将军韩璞率众攻取陇西、南安之地，设置秦州。

张轨时期，凉州地方大族曾有过反叛的行动，不过最终受到沉重打击。张茂时期，武威贾氏对前凉政权再次形成威胁。《晋书》记载，张茂时期，“凉州大姓贾摹，寔之妻弟也，势倾西土”②。贾氏势力的强盛最终引起了张茂的不满，贾摹被张茂诱杀。这次事件中被镇压的不只是武威贾氏，据《续敦煌实录》“索统”条记载：

> （敦煌）郡主簿张宅梦走马上山，还绕舍三周，但见松柏，不知门处。统曰：“马为离，离为火。火，祸也。人上山，为凶字。但见松柏，墓门象也。不知门处，为无门也。三周，三期也。君后三年必有大祸。”宅果与张寔妻弟贾摹谋反伏诛。③

据考，张宅虽然没有被列入《续敦煌实录》，但是前凉王国仍然实行汉代以来州郡辟署属吏必用本地人的制度，尤其是前凉属于地方割据政权，且张宅与索统同在敦煌，故张宅也是敦煌人，且

① 《晋书》卷一〇三《刘曜载记》，第2695页。
② 《晋书》卷八六《张轨传》，第2232页。
③ ［清］张澍辑，李鼎文校点《续敦煌实录》，兰州：甘肃人民出版社，1985年，第35页。

可能与张越、张镇兄弟有关联[①]。也就是说，这次事件可能是武威贾氏与敦煌张氏勾结，对前凉政权的稳定构成威胁。贾摹、张宅不一定是谋反，但作为张寔妻弟的贾摹势力强盛，难以为张茂控制，且武威贾氏与敦煌张氏在张轨时期就曾发动过叛乱，因此张茂借故除掉贾摹、张宅，实际是对河西大族的震慑。张茂杀掉贾摹后，“豪右屏迹，威行凉州”。张茂在位五年（320—324）病死，其位由张寔子张骏继任。

（三）张骏时期

张骏统治时期（324—346），前凉政权逐渐趋于稳定。此前，愍帝曾经派遣黄门侍郎史淑至姑臧；西晋灭亡，史淑留在凉州。张骏执政后，凉州官吏让史淑代表西晋中央授张骏为使持节大都督、大将军、凉州牧、领护羌校尉、西平公。由此，张骏获得统治的政治合法性。张骏还多次遣使通表江南东晋政权。当时中原陷入战乱，使臣只能经汉中借道蜀地。蜀地此时由賨人李雄建立的成汉政权所统治。《晋书·张骏传》记载，李雄曾经劝张骏称帝，张骏初未同意。后凉州官吏也认为境内富足，地方安宁，加之司马氏政权远在江南，前凉官员上书劝张骏进号凉王，自置公卿百官。张骏称：“此非人臣所宜言也。敢有言此者，罪在不赦。”[②]直至345年，张骏始称大都督、大将军、假凉王，置官僚府寺拟于王者。

张骏试图扩大前凉的控制范围。咸和初年，张骏派遣武威太守窦涛、金城太守张阆、武兴太守辛岩、扬烈将军宋辑等东进，与韩璞会合，攻讨秦州。结果韩璞指挥不力，败于刘曜将刘胤。刘曜渡过黄河，攻陷令居，入据振武，张骏派皇甫该防御刘胤的

① 冯培红《敦煌学与五凉史论稿》，第257页。
② 《晋书》卷八六《张轨传》，第2235页。

进攻。此次刘胤东进使得前凉军民震动。刘曜东向与石生作战，长安空虚，张骏试图进攻刘曜。索询进谏称刘曜虽然东征，但是刘胤仍然留守；刘胤如果联合氐羌抗拒前凉，则胜负难以预料；且多年征战，百姓饥贫，国家虚耗，因此劝张骏放弃进攻刘曜。张骏在刘曜的逼迫下，派遣将军宋辑、魏纂将陇西南安两千余户迁徙至姑臧，河南之地已经不为前凉所有。但是前凉很快迎来扩土的良机，石勒杀死刘曜后，张骏趁机收复河南之地，地域扩至狄道，设置武卫、石门、候和、漒川、甘松五屯护军。前凉张骏时期，可以与后赵石勒分庭抗礼，所辖范围颇广。

（四）张重华统治时期及以后

晋穆帝永和二年（346），张骏病逝，世子张重华继位凉州牧、假凉王。张重华面对境内自然灾害频繁、饥荒不断的局面，“轻赋敛，除关税，省园囿，以恤贫穷”[①]。349年，东晋曾遣侍御史俞归至凉州，以张重华为凉州刺史、西平公，但张重华以为官位太低，怒不接受，于是凉州官吏推张重华为“丞相、凉王、雍秦凉三州牧”。这样，凉州张氏政权从晋的地方政权演变为割据政权。张骏中后期，前凉趋于稳定，战争减少。张重华继位后，前凉与后赵战争频繁。石勒派遣将领王擢、麻秋、孙伏都等不断进攻前凉政权。金城太守张冲投降，河西震动。张重华派征南将军裴恒抵抗后赵军队，裴恒不敢进军，主张修建工事、长期防守，以消耗对方。于是张重华采纳牧府相司马张耽的建议，任用年轻将领谢艾。谢艾初战大捷，被封为福禄伯。由于元老重臣排挤，谢艾被迫外任酒泉太守。后来麻秋继续进攻枹罕，晋阳太守郎坦打算放弃外城，而武威太守张悛认为：“弃外城则大事去

---

①《晋书》卷八六《张轨传》，第2240页。

矣，不可以动众心。”[1]麻秋率领后赵军队八万人攻城，后来刘浑又率领步骑两万支援。郎坦畏惧，派人接应麻秋的军队从西北角攻城。此时，宁戎校尉张璩率领宋修、张弘、辛挹、郭普抵抗，与麻秋军队短兵相接，斩敌两百余人，麻秋军队撤退。前凉军队给后赵石勒西进的军队以巨大打击，石勒感叹“吾以偏师定九州，今以九州之力困于枹罕，真所谓彼有人焉，未可图也”[2]。谢艾数次战胜后赵军队，使得后赵势力退出河西之地。张重华时期，前凉军力强盛，人才辈出，在政治与军事方面卓有成就。

东晋永和九年（353），张重华去世，年幼的儿子张耀灵继位[3]。前凉统治集团内部争权夺利的斗争加剧，张耀灵伯父张祚矫称遗令，为持节、督中外诸军事、抚军将军，辅政。张祚勾结朋党，又与张重华母马氏密谋，“废耀灵为凉宁侯而立祚。祚寻使杨秋胡害耀灵于东苑，埋之于沙坑”[4]。永和十年（354），张祚采纳尉缉、赵长等人建议，以“中原丧乱，华裔无主”为名，僭称帝位，立辛氏为皇后。“改建兴四十二年为和平元年”，西晋建兴年号实际只用五年（313—317），但前凉一直使用建兴年号（314—353、355—361）。前凉既已与东晋通信使，必然知道东晋皇帝年号信息，但始终沿用西晋愍帝建兴年号，前凉割据的真实性昭然若揭[5]。

---

① 《晋书》卷八六《张轨传》，第2242页。
② 《晋书》卷八六《张轨传》，第2242页。
③ 张耀灵之名，《晋书·张轨传》《晋书·穆帝纪》及《五行志》并作“耀灵”，《魏书序纪》《魏书·张寔传》《资治通鉴》并作“曜灵”，《太平御览·偏霸部》引作“灵曜”。《辑补·前凉录》皆作“灵曜”。参见［北魏］崔鸿撰，［清］汤球辑补，聂溦萌、罗新、华喆点校《十六国春秋辑补》卷七一《前凉录五》校勘记（十七），第834页。
④ 《晋书》卷八六《张轨传》，第2246页。
⑤ 赵向群著，贾小军修订《五凉史》，北京：社会科学文献出版社，2019年，第84页。

张祚称帝后不久，“灾异屡见，而祚凶虐愈甚”。尚书马岌、郎中丁琪极力谏言，结果马岌被免官，丁琪被斩。张祚骄奢淫逸，大失人心。东晋桓温入关，前凉陇西守将王擢首鼠两端。张祚惧怕王擢与桓温联合，密遣人刺杀王擢的计划失败后，又遣秦州刺史牛霸、司兵张芳攻击王擢，使得王擢投奔前秦。张祚喜弄权术，难成大事，对镇守枹罕的同族张瓘产生怀疑，遣军讨伐，又派索孚去取代张瓘临洮太守之位。结果索孚被杀，军队被张瓘击溃。张瓘军队随即进攻张祚，受张祚猜忌的敦煌宋氏率众响应张瓘，“招合夷晋，聚众至万余人以应瓘，还向姑臧”[①]。张瓘及宋混军队兵临姑臧城下，招募民众共同讨伐。张瓘弟张琚率众攻杀张祚。张瓘拥立张耀灵庶弟张玄靓为凉主，废和平年号，复称建兴四十三年（355）。

356年，张玄靓主政后，“以张瓘为卫将军，领兵万人，行大将军事，改易僚属”[②]。当时前凉内部频频发生叛乱，陇西李俨、西平卫綝、酒泉马基等兴兵反叛。后都被张瓘击溃，张瓘“负其勋力，有篡立之谋”。敦煌宋混与弟宋澄攻杀张瓘。而宋氏势力再度强盛，又威胁到前凉张氏的统治，结果宋氏一族又被张邕消灭。张玄靓以张邕为中护军，以叔父张天锡为中领军。后张天锡又杀害张邕，专掌朝政。不久，张天锡害死张玄靓。张天锡执政后，政治上没有建树，又重用亲信安定梁景、敦煌刘肃，前凉日渐衰落。张天锡时期，前秦苻坚势力强盛。张天锡进攻陇西李俨，李俨求救于苻坚，苻坚派王猛救李俨，击败张天锡。太元元年（376），苻坚大军征讨前凉。张天锡将马达投降，常据、

---

①［北魏］崔鸿撰，［清］汤球辑补，聂溦萌、罗新、华喆点校《十六国春秋辑补》卷七三《前凉录六》，第838页。

②《晋书》卷八六《张轨传》，第2248页。

席仂、赵充哲、史景等战死，张天锡投降。至此，前凉灭亡。

《晋书·地理志》记载：

> 张骏分武威、武兴、西平、张掖、酒泉、建康、西海、西郡、湟河、晋兴、广武合十一郡为凉州，兴晋、金城、武始、南安、永晋、大夏、武成、汉中为河州，敦煌、晋昌、高昌、西域都护、戊己校尉、玉门大护军三郡三营为沙州。张骏假凉州都督，摄三州。张祚又以敦煌郡为商州。永兴中，置汉阳县以守牧地，张玄靓改为祁连郡。张天锡又别置临松郡。天锡降于苻氏，其地寻为吕光所据。[①]

前凉时期，凉州地区的行政建制发生较大调整。郡县在不断地增设，在大量移民迁徙、彰显强盛的统治局面、战争防御体系构建等因素的影响下，前凉政区不断增设与析分，对于以后的河西政区设置也深有影响[②]。

前凉时期，凉州政治、经济、文化稳步发展。张轨与张寔时期，尊奉西晋正朔，多次派兵入京勤王、贡献方物，声望日隆。东晋建立后，前凉多次通使，张氏政权赢得河西、秦陇地区百姓的支持。前凉张氏通过联合河西大族来稳固政权，亦在境内实行劝课农桑、轻徭薄赋等发展经济的措施；同时奉行灵活多变的对外策略，以求得政权的生存与维系。前凉张氏统治河西时期，河西社会相对安定，统治者推崇儒学，部分中原世族避乱于河西，中原学术得以在河西传承接续。

---

① 《晋书》卷一四《地理志上》，第434页。

② 郑炳林《前凉行政地理区划初探（河州沙州）》，《敦煌学辑刊》1993年第2期，第77、101页。

第三节　前秦至北凉时期

前秦苻坚在王猛辅佐下，革新政治、富国强兵、开疆扩土，国力迅速上升。前秦建元十二年（376）七月，“苻坚将苟苌陷凉州，虏刺史张天锡，尽有其地”[①]，所据河西凉州之地皆入前秦。前秦“徙豪右七千余户于关中，余皆按堵如故”[②]，又以梁熙为凉州刺史，领护西羌校尉，镇姑臧。梁熙曾遣使西域，宣传苻坚之威德，并以采缯赐诸国。各国纷纷到前秦都城长安朝贺，鄯善王休密驮、车师前部王弥寘来朝贡，大宛献汗血马，天竺献火烷布（石棉），康居、于阗及海东（地中海以东）诸国，凡有六十二王，皆遣使贡其方物[③]。梁熙任凉州刺史时，践行苻坚“以德怀远”的政治主张来治理河西地区。在前凉统治下，汉族

---

① 《晋书》卷九《孝武帝纪》，第227页。魏俊杰《十六国疆域与政区研究》，上海：复旦大学出版社，2018年，第235页。周振鹤主编，牟发松、毋有江、魏俊杰著《中国行政区划通史·十六国北朝卷（上）》，上海：复旦大学出版社，2017年，第228页。

② 《资治通鉴》卷一〇四“孝武帝太元元年”条，第3276页。

③ 洪涛《五凉史略》，北京：中国社会科学出版社，1992年，第54页。《晋书》卷一一四《苻坚载记下》，第2911页。

与氐羌、北虏、胡人的关系比较融洽。前秦时这种局面得以延续。梁熙治理凉州主要依靠地方大族力量。苻坚进攻前凉时，“安西将军敦煌宋皓言于天锡曰：‘臣昼察人事，夜观天文，秦兵不可敌也，不如降之。’”[①]。随后宋皓被贬。梁熙任凉州刺史后，以索泮为别驾、宋皓为主簿。索泮为敦煌大族，《晋书》载：

> 索泮字德林，敦煌人也。世为冠族。泮少时游侠，及长，变节好学，有佐世才器。张天锡辅政，以泮为冠军、记室参军。天锡即位，拜司兵，历位禁中录事。执法御掾，州府肃然，郡县改迹。迁羽林左监，有勤干之称。出为中垒将军、西郡武威太守、典戎校尉。政务宽和，戎夏怀其惠，天锡甚敬之。苻坚见而叹曰：“凉州信多君子！”既而以泮河西德望，拜别驾。吕光既克姑臧，泮固郡不降，光攻而获之。光曰：“孤既平西域，将赴难京师，梁熙无状，绝孤归路，此朝廷之罪人，卿何意阻郡固迷，自同元恶！”泮厉色责光曰：“将军受诏讨叛胡，可受诏乱凉州邪？寡君何罪，而将军害之？泮但苦力寡，不能固守以报君父之仇，岂如逆氐彭济望风反叛！主灭臣死，礼之常也。”乃就刑于市，神色不变。弟菱，有俊才，仕张天锡为执法中郎、冗从右监。苻坚世至伏波将军、典农都尉，与泮俱被害。[②]

索泮于前秦时期出任凉州别驾，地位很高，其弟索菱任典农都尉。梁熙任凉州刺史后，任命武兴苏膺、敦煌太守张烈为尚书

---

① 《资治通鉴》卷一〇四“孝武帝太元元年”条，第3275页。

② 《晋书》卷一一五《苻丕载记》，第2954—2955页。

郎，金城赵凝为金城太守，高昌杨干为高昌太守[①]，可知梁熙对河西地区采取怀柔政策，多以本地人担任郡太守。以郭瑀为代表的河西名士，也受到前秦的礼遇，“苻坚又以安车征瑀定礼仪，会父丧而止，太守辛章遣书生三百人就受业焉”。前秦在河西施行仁政，《资治通鉴》记载：“梁熙清俭爱民，河右安之。”王素指出，梁熙在凉州期间主要政绩有：1.克己安民；2.重用土著；3.招抚西域[②]。但应当指出，前秦在河西地区的剥削也是异常严重。“梁熙既为凉州，借秦氏兵乱，规有全凉之地，外不抚百姓，内多聚敛，建元十九年（383）姑臧南门崩，陨石于闲豫堂，二十年而吕光东返，子败于前，身戮于后。”[③]蒋福亚与贾小军对此皆有探讨[④]。梁熙虽任凉州刺史，但是并未能像张轨那样，将河陇地区各个方面的力量整合起来。吕光东返之时，高昌太守杨翰曾劝梁熙“距守高桐、伊吾二关，熙不从”。杨翰不得已投降吕光。吕光将至河西，畏惧凉州势力，杜进谏曰：“梁熙文雅有余，机鉴不足，终不能纳善从说也，愿不足忧之。闻其上下未同，宜在速进，进而不捷，请受过言之诛。”[⑤]吕光手下大将杜进对梁熙的弱点很了解。梁熙派出抵抗吕光的军队只有一路，即其子梁胤率领的军队，其军迅速溃败。面临吕光的进攻，“敦煌太守姚静、晋昌太守李纯以郡降光”[⑥]“四山胡

① 《资治通鉴》卷一〇四“孝武帝太元元年”条，第3276页。

② 王素《高昌史稿·统治篇》，北京：文物出版社，1998年，第145页。

③ 《晋书》卷八七《凉武昭王李玄盛传》，第2269页。

④ 蒋福亚《前秦史》，北京：社会科学文献出版社，2020年，第257页；贾小军《魏晋十六国河西史稿》，第91—93页。

⑤ 《晋书》卷一二二《吕光载记》，第3056页。

⑥ 《晋书》卷一一五《苻丕载记》，第2943页。

夷皆来款附”“武威太守彭济执熙以降”[①]。前秦时期，河陇大族虽然未受到毁灭性的打击[②]，但已经不能像前凉时期那样凝聚成一个有力的集团了。吐鲁番《大周故游击将军上柱国张礼臣墓志铭并序》记载：“属符（苻）坚肆虐，梃扰五凉。避难西奔，奄居右地。”[③]冯培红认为，据此可知，张氏家族确实为敦煌大族，前秦时期西迁至高昌，但“属符（苻）坚肆虐，梃扰五凉”这种说辞，并不一定就代表前秦苻坚实行暴政，而有可能是指376年苻坚灭凉这一军事行动[④]。这种分析颇有道理。前秦并未在河西施行暴政，只是未能有效动员河西力量。

376年前凉灭亡，其在西域设置的统治机构也随之瘫痪，西域邦国各自为政，其中焉胡和龟兹力量最为强大。苻坚统一北方后，“士马强盛，遂有图西域之志”[⑤]，但前秦凉州刺史梁熙忙于修内，无暇顾及西域。此时车师前部王弥窴请求依汉故事置都护。前秦建元十九年（383），苻坚遣吕光为使持节、都督西讨诸军事，将兵讨伐西域。又令陇西董方、冯翊郭抱、武威贾虔、弘农杨颖为四府佐将，又封鄯善王休密驮、使持节平西将军、西域都护，率其国兵为吕光向导。吕光至西域，焉耆等国皆降，龟兹王帛纯凭险拒守。384年，吕光军队攻破龟兹军及焉胡等国援军，帛纯出走，西域诸国皆降。《晋书·吕光载记》记载西域通使往来的局面：

---

① 《晋书》卷一二二《吕光载记》，第3056页。

② 《晋书》记载：“王猛获张天锡将敦煌阴据及甲士五千，坚既东平六州，西擒杨纂，欲以德怀远，且跨威河右，至是悉送所获还凉州。”参见《晋书》卷一一三《苻坚载记上》，第2894页。

③ 拓片及录文参见侯灿、吴美琳《吐鲁番出土砖志集注》，成都：巴蜀书社，2004年，第610—614页。

④ 冯培红《敦煌学与五凉史论稿》，第285页。

⑤ 《晋书》卷一二二《吕光载记》，第3054页。

> 光抚宁西域，威恩甚著，桀黠胡王昔所未宾者，不远万里皆来归附，上汉所赐节传，光皆表而易之。[①]

吕光，字世明，略阳（今甘肃秦安东南）人。“父婆楼，佐命苻坚，官至太尉。”[②]吕光出身氐族贵族家庭，在前秦效力二十余年，战功显赫，显名于朝。吕光为苻坚所看重，故而派遣他率兵出征西域。吕光征服西域后欲驻守于此，高僧鸠摩罗什劝谏吕光，认为“此凶亡之地，不可淹留。推运揆数，将军宜速东归，中路自有福地可居”[③]，吕光召集诸将商议，最后决定率军东归。

383年淝水之战后，前秦已经内乱。高昌太守杨翰等建议凉州刺史梁熙拒纳吕光入境，梁熙没有采纳。385年春，吕光回师河西后，由于部下多为精兵良将，行军过程比较顺利。因梁熙没能充分发动抵抗力量，迅速败亡。十月，吕光进入姑臧，杀梁熙，“自领凉州刺史、护羌校尉，表杜进为辅国将军、武威太守”[④]。随后攻克仍在抵抗的酒泉太守与西郡太守，凉州各郡县都归降吕光。386年苻坚被杀后，吕光自称“使持节、侍中、中外大都督、督陇右河西诸军事、大将军、领护匈奴中郎将、凉州牧、酒泉公”[⑤]，已然割据河西。389年，吕光称“三河王”，年号麟嘉。396年，吕光自称天王，改元龙飞，建国号为大凉。

吕光军事上能征善战，但是并无治国才能，因此后凉政权一直处于动荡之中。王仲荦指出，后凉主吕光之所以能够称霸河

---

①《晋书》卷一二二《吕光载记》，第3055—3056页。
②《晋书》卷一二二《吕光载记》，第3053页。
③［北魏］崔鸿撰，［清］汤球辑补，聂溦萌、罗新、华喆点校《十六国春秋辑补》卷八一《后凉录一》，第918页。
④《晋书》卷一二二《吕光载记》，第3056页。
⑤《晋书》卷一二二《吕光载记》，第3057页。

西，主要依靠他部下七万五千军队，这支军队，以氐人为其骨干。但河西走廊原来不是氐人居住的地区，吕光要扩充他的军事力量，不能不受到限制。加上后凉经常与其周围的部落贵族进行战斗，损折兵力不少。这样，军事力量就逐渐削弱了。经过十多年时间，后凉就积弱不振了[①]。后凉官员主要依靠的是来自中原的部下，齐陈骏也指出后凉河西诸郡太守多由西征将领担任，中央机构中也任用一些河西士人[②]。因此，吕光"是以关陇氐族酋豪的身份割据河西的，这决定了他不会受到河西著姓社会的承认和拥戴"[③]。吕光对河西士人的任用并不成功，"光主簿尉祐，奸佞倾薄人也，见弃前朝，与彭济同谋执梁熙，光深见宠任，乃谮诛南安姚皓、天水尹景等名士十余人，远近颇以此离二"[④]。前秦时不被重用的尉祐却为吕光所信任，在其主导下一批河陇名士被杀害。尉祐任金城太守后，与其弟尉随起兵反叛。叛乱虽被平定，但获得百姓的广泛响应，可见后凉的统治根基并不牢固。吕光重用本族势力及氐族豪贵的"氐族本位政治"，更加激化了河西地区的社会矛盾。

吕光占据姑臧不久，前凉张天锡之子张大豫潜回魏安（今甘肃古浪东），魏安人焦松、齐肃、张济等起兵迎接，并攻陷昌松郡。吕光派遣杜进讨伐张大豫，但被击败。河西各地纷纷响应张大豫的起事，张大豫、王穆、秃发思复鞬率军与吕光军队决战于姑臧城外，最终张大豫战败，被吕光斩于姑臧城。张大豫的反抗行动虽然失败，但是给吕光政权造成极大威胁。这次战役之后，王穆占领酒泉，敦煌大姓索嘏、名士郭瑀起兵运粮支援。王穆派

① 王仲荦《魏晋南北朝史》，上海：上海人民出版社，2016年，第290页。
② 齐陈骏等《五凉史略》，第61页。
③ 赵向群著，贾小军修订《五凉史》，第140页。
④《晋书》卷一二二《吕光载记》，第3056页。

遣索嘏任敦煌太守，后来因忌惮索嘏的威名，竟率兵进攻敦煌。吕光抓住战机，攻克酒泉，王穆被俘获斩首。387年，西平太守康宁自称匈奴王。吕光不能笼络河西士人，也不信任其手下部将。吕光平定河西，杜进出力最多。但是因为吕光之甥的谗言，“止知有杜进耳，实不闻有舅”，吕光便诛杀杜进。吕光手下将领徐炅与张掖太守彭晃谋反，彭晃“东结康宁，西通王穆”，最终吕光诛杀彭晃。吕光帐下的士人段业，认为吕光刑罚过于严苛，建议实行德政。《晋书》记载：

> 光后讌群僚，酒酣，语及政事。时刑法峻重，参军段业进曰：“严刑重宪，非明王之义也。”光曰：“商鞅之法至峻，而兼诸侯；吴起之术无亲，而荆蛮以霸，何也？”业曰：“明公受天眷命，方君临四海，景行尧舜，犹惧有弊，奈何欲以商申之末法临道义之神州，岂此州士女所望于明公哉！”光改容谢之，于是下令责躬，及崇宽简之政。[①]

但之后吕光仍旧暴政嗜杀，段业认为吕光政治上不能“扬清激浊”，因此抱病疗疾于天梯山，作《九叹》《七讽》十六篇来陈述自己的志向。

399年，吕光病死，其子吕纂逼死原定继位者吕绍，自己登上王位。吕纂、吕隆兄弟相继即位，统治残暴，腐败顽劣，百姓生活困苦，后凉国土逐渐被新兴的北凉、南凉和后秦所侵食。后凉统治集团内部自相残杀，力量严重内耗，人心尽失。

河陇地区胡汉百姓纷纷起来反抗吕凉的暴政。自羌人彭奚念、鲜卑人乞伏乾归的反抗开始，吕光的军事作战逐渐陷入不

---

①《晋书》卷一二二《吕光载记》，第3058页。

利。沮渠罗仇是南征彭奚念的功臣，但吕光因为谗言杀掉沮渠罗仇、沮渠麹粥。于是沮渠罗仇之子沮渠蒙逊发动叛乱，攻陷临松郡。沮渠男成起兵响应。河西西部地区再次陷入动乱。酒泉太守雷澄率步骑万余讨伐沮渠男成，沮渠男成战胜，进攻建康郡。建康太守段业对吕光的执政方式不满，又与吕光大臣房晷、王祥不和，于是沮渠男成试图说服段业反凉。史载：

> 男成进攻建康，说太守段业曰："吕氏政衰，权臣擅命，刑罚失中，人不堪役，一州之地，叛者连城，瓦解之势，昭然在目，百姓嗷然，无所宗附。府君岂可以盖世之才，而立忠于垂亡之世！男成等既唱大义，欲屈府君抚临鄙州，使涂炭之余蒙来苏之惠。"①

段业起初不同意，后来在建康郡人高逵、史惠建议下同意。沮渠男成推举段业为大都督、龙骧大将军、凉州牧、建康公。此时沮渠蒙逊屯兵临洮。吕光派吕纂讨伐段业，结果吕纂大败而归。此后，河西地区的酒泉、张掖已经不为吕光控制。403年，后凉在南凉与北凉的夹攻下走投无路，吕隆选择投降后秦，后凉政权灭亡。

西凉的建立者李暠（351—417），字玄盛。《晋书·凉武昭王李玄盛传》记载：

> 武昭王讳暠，字玄盛，小字长生，陇西成纪人，姓李氏，汉前将军广之十六世孙也。广曾祖仲翔，汉初为将军，讨叛羌于素昌，素昌即狄道也，众寡不敌，死之。仲翔子

---

①《晋书》卷一二二《吕光载记》，第3061页。

> 伯考奔丧，因葬于狄道之东川，遂家焉。世为西州右姓。高祖雍、曾祖柔，仕晋并历位郡守。祖弇，仕张轨为武卫将军、安世亭侯。父昶，幼有令名，早卒，遗腹生玄盛。[①]

汉晋时期，陇西李氏家族多出武将，是陇右大族，在凉州地位很高。李暠年轻时"通涉经史，尤善文义""颇习武艺，诵孙吴兵法"[②]。后凉末期，各地起兵反抗。敦煌太守孟敏卒后，众人推举效谷令李暠自领郡守。李暠起先归附于北凉段业。400年，在晋昌太守唐瑶及敦煌著姓的支持下，立国西凉。李暠任用大批河西著姓人物作为其政权班底。《晋书》记载其册封官员名单：

> 以唐瑶为征东将军，郭谦为军谘祭酒，索仙为左长史，张邈为右长史，尹建兴为左司马，张体顺为右司马，张条为牧府左长史，令狐溢为右长史，张林为太府主簿，宋繇、张谡为从事中郎，繇加折冲将军，谡加扬武将军，索承明为牧府右司马，令狐迁为武卫将军、晋兴太守，氾德瑜为宁远将军、西郡太守，张靖为折冲将军、河湟太守，索训为威远将军、西平太守，赵开为骍马护军、大夏太守，索慈为广武太守，阴亮为西安太守，令狐赫为武威太守，索术为武兴太守，以招怀东夏。[③]

学者们注意到，这份名单中的官员大多出自敦煌大族，这是一个极为显著的特征。这种由河西与陇右大族实现政治联合的局面，

① 《晋书》卷八七《凉武昭王李玄盛传》，第2257页。
② 《晋书》卷八七《凉武昭王李玄盛传》，第2257页。
③ 《晋书》卷八七《凉武昭王李玄盛传》，第2259页。

赵向群称之为“著姓政治”[①]。李暠深知自身政权基础在于这些敦煌著姓家族，多次训诫诸子要团结地方大族，“无使筹略乖衷，失成败之要”[②]。李暠在位期间（400—417），广田积谷、重用刘昞、宋繇等文士，推动西凉政权实力增强、文化昌盛。李暠迁都酒泉，遣其子李让与宋繇镇守敦煌；采取远交近攻的对外战略，称藩于后秦，与南凉乞伏氏联盟以牵制北凉的进攻；设置侨郡县，充实敦煌、晋昌及酒泉地区人口[③]。

417年，李暠去世，其子李歆嗣位，改年号为嘉兴。李歆，字士业，即位后未能团结敦煌大族势力，穷兵黩武、战事不断，用刑颇严、生活趋于奢靡腐化。面对李歆频繁用兵的情况，宋繇又固谏，士业并不从。繇退而叹曰：“大事去矣，吾见师之出，不见师之还也！”士业遂率步骑三万东伐[④]。

李歆败亡前夕，西凉自然灾害不断，政治形势恶化，人心不稳。氾称多次直言进谏，“中国将为胡夷之所陵灭”“臣恐宗庙之危必不出纪”[⑤]，但最终李歆无动于衷。西凉政权逐渐转入衰落。

此时，北凉沮渠蒙逊实力增强，积极对外扩张。420年，沮渠蒙逊利用李歆的好战诱其出兵，最终西凉军队在都渎涧、蓼泉相继大败，混战中李歆被杀，沮渠军队相继攻占酒泉、敦煌。沮渠蒙逊派索嗣之子索元绪行敦煌太守事，但他“粗险好杀，大失人和”[⑥]，敦煌宋承、张弘等人邀请李恂重返敦煌，驱逐索元

① 赵向群著，贾小军修订《五凉史》，第194—198页。
② 《晋书》卷八七《凉武昭王李玄盛传》，第2267页。
③ 赵向群著、贾小军修订《五凉史》，第202—204页。
④ 《晋书》卷八七《凉武昭王李玄盛传》，第2270页。
⑤ 《晋书》卷八七《凉武昭王李玄盛传》，第2268—2270页。
⑥ 《晋书》卷八七《凉武昭王李玄盛传》，第2271页。

绪。随后推举李恂为冠军将军、凉州刺史。但不久沮渠蒙逊派兵攻打敦煌，占领后随即屠城，西凉政权宣告终结。李暠孙李宝等被沮渠蒙逊囚禁在姑臧城，422年，李宝随其舅父唐契逃到伊吾，称臣于柔然。同时，北魏攻破北凉敦煌，“无讳捐城遁走。宝自伊吾率流人及虏骑南袭敦煌，据之，修缮城府，规复先业，遣弟怀达奉表归降于魏”[①]。李宝重返敦煌三年后入北魏平城。李宝世系后代在北朝时期成为一品高门[②]，凉武昭王李暠、陇西李氏郡望逐渐成为北朝、隋唐具有高度影响力的文化符号。

北凉政权始于反对后凉吕氏的军事行动。397年，后凉建康太守段业在卢水胡拥戴下自立政权，建立北凉。401年，沮渠蒙逊取代段业，建立沮渠北凉政权。沮渠蒙逊，临松（今甘肃张掖南）卢水胡人。卢水胡在汉晋之时已在河陇一带广泛分布。“蒙逊高祖晖仲归，曾祖遮，皆雄健有勇名。祖祁复延，封狄地王。父法弘袭爵，苻氏以为中田护军。”[③]沮渠蒙逊建立北凉时，周边西凉、南凉、西秦等政权林立，河西地区已经是分裂割据的局面。蒙逊施政时，“蠲省百徭，专功南亩，明设科条，务尽地利”[④]，重视农业生产、礼贤下士、整肃纲纪与吏治，因此蒙逊时期北凉政治相对昌明[⑤]。伴随着北凉实力逐渐增强，沮渠蒙逊东伐南凉，迁都姑臧；灭掉西凉，占据河西走廊，“鄯善王比龙

---

① [北魏] 崔鸿撰，[清] 汤球辑补，聂溦萌、罗新、华喆点校《十六国春秋辑补》卷九四《西凉录三》，第1047页。

② 《魏书》卷三九《李宝传》，第885—886页；卷五三《李冲传》，第1179—1189页。

③ [南朝梁] 沈约撰《宋书》卷九八《氐胡传》，北京：中华书局，1974年，第2412页。

④ 《晋书》卷一二九《沮渠蒙逊载记》，第3193页。

⑤ 赵向群著，贾小军修订《五凉史》，第226—231页。

入朝，西域三十六国皆诣蒙逊称臣贡献”[①]。北凉政权实力蒸蒸日上。

北凉基本实行嫡长子继承制[②]，沮渠蒙逊在位时（401—433）先后立三位世子，其中沮渠政德、沮渠兴国先后出征被杀，沮渠菩提在沮渠蒙逊病重之时被沮渠牧犍夺走世子之位。《资治通鉴》记载：“凉王蒙逊病甚，国人共议，以世子菩提幼弱，立菩提之兄敦煌太守牧犍为世子，加中外都督、大将军、录尚书事。”[③]433年，牧犍即位。沮渠牧犍“盘于游田，荒于酒色”，不谙军旅，骄奢淫逸，政权内部已经出现分裂。部分敦煌大族对于沮渠牧犍的行为表示不满，北凉社会内部也出现政权将亡的谶言[④]。

早在沮渠蒙逊壮大北凉之时，黄河流域的北魏政权正在统一北方，相继灭掉大夏、北燕、西秦等政权。北凉限于自身实力，分别向北魏、南方晋宋遣使称贡，不过这只是一种政治姿态，故而“牧犍虽称藩致贡，而内多乖悖”[⑤]。439年，北魏以“外从正朔，内不舍僭”“既荷王爵，又受伪官”“切税商胡，以断行旅”[⑥]等十二条罪状为由，出兵讨伐北凉。当时北凉内部分裂，

---

① ［北魏］崔鸿撰，［清］汤球辑补，聂溦萌、罗新、华喆点校《十六国春秋辑补》卷九六《北凉录二》，第1072页。

② 郑炳林、李冬梅《关于北凉后遗政权的有关问题》，《西北民族学院学报(哲学社会科学版)》1995年第2期，第44页。

③《资治通鉴》卷一二二“文帝元嘉十年”条，第3848页。另有《沮渠愍墓志》中相关记载，可推断沮渠菩提被取代世子位之史事。《沮渠愍墓志》录文参见吴钢主编《全唐文补遗·千唐志斋专辑》，西安：三秦出版社，2006年，第436—437页。详细研究参见朱艳桐《北凉史新探——多元史料的交错论证》，兰州大学博士学位论文，2017年，第20页；李宗俊《〈沮渠愍墓志〉与北凉政权相关问题》，《甘肃社会科学》2022年第1期，第146—153页。

④ 朱艳桐《北凉史新探——多元史料的交错论证》，第23—26页。

⑤《魏书》卷九九《沮渠蒙逊传附子沮渠牧犍传》，第2207页。

⑥《魏书》卷九九《沮渠蒙逊传附子沮渠牧犍传》，第2207页。

图1-6 莫高窟第272窟·窟室内景（图片采自敦煌研究院编，赵声良主编，王惠民著《写给青少年的敦煌故事 石窟营建》，兰州：甘肃教育出版社，2021年，第97页）

沮渠祖和沮渠万年先后降魏。不久姑臧城破，沮渠牧犍降魏，沮渠无讳、安周等率众相继镇守酒泉、敦煌，又于442年率万余家弃敦煌度流沙退往鄯善、高昌。

北魏将沮渠牧犍宗族及河西豪族、士人、僧侣等三万户迁徙到平城。沮渠无讳在高昌建立大凉政权，立子乾寿为世子。大凉与北魏一直处于敌对状态，故沮渠无讳与刘宋政权交好，“无讳据高昌，遣其常侍氾隽奉表诣建康。诏以无讳都督凉、河、沙三州诸军事、征西大将军、凉州刺史、河西王”①，沮渠氏后来还多次遣使贡献方物于刘宋。444年，沮渠无讳病死后，其弟沮渠安周篡位为王。“无讳卒，弟安周夺其子乾寿兵，伊洛遣人说乾

①《资治通鉴》卷一二四“文帝元嘉十九年”条，第3897—3898页。

寿，乾寿遂帅其民五百余家奔魏。”[①]与沮渠氏为敌的车师前部、唐和部纷纷归附北魏，随后北魏出兵相继攻占鄯善、焉耆、伊吾等地，经营西域地区。高昌大凉政权被包围。460年，“柔然攻高昌，杀沮渠安周，灭沮渠氏，以阚伯周为高昌王。高昌称王自此始”[②]。

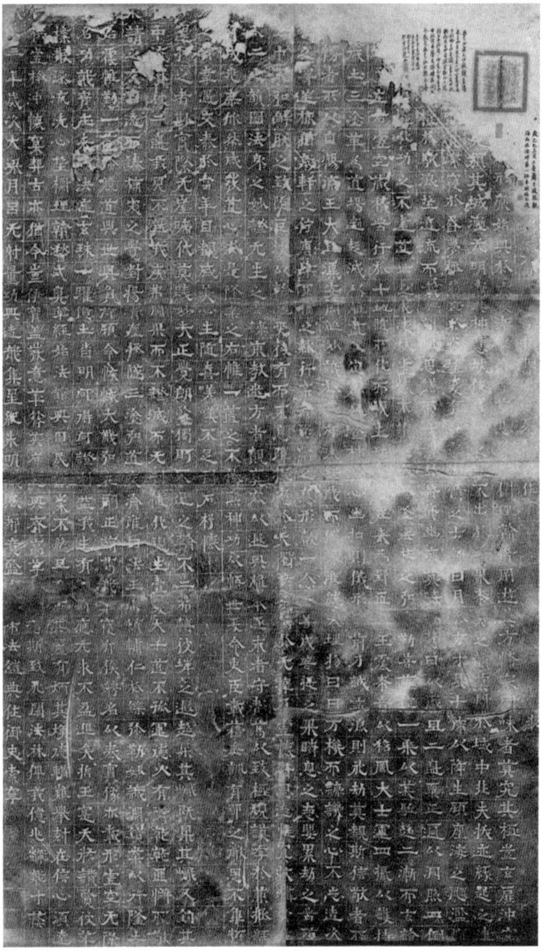

图1-7《北凉沮渠安周造佛寺碑》清拓本（图片采自林硕《中国国家博物馆藏〈北凉沮渠安周造佛寺碑〉清拓本》，《书画世界》2021年第7期，第7页）

北凉统治时期，通过军事扩张征服鲜卑势力，联合羌人共同对付西秦，通过吸纳胡汉大族入仕、联姻，羌胡著籍，控驭胡商等方式进行统治，加快了北凉多民族社会的交流融合进程[③]。面对周边强敌

① 《资治通鉴》卷一二五“文帝元嘉二十七年”条，第3944页。
② 《资治通鉴》卷一二九“孝武帝大明四年”条，第4053页。
③ 朱艳桐《北凉王国与胡汉民族》，《敦煌研究》2019年第6期，第109—118页。

环伺的处境，北凉为应对不同形势采取不同的方略：与周边南凉、西凉、西秦等互有攻防，结盟联合吐谷浑、后秦等，称臣于中原晋宋、北魏，征服周边部落①。北凉时期还推动河西地区佛教进入繁盛期。北凉王室推崇佛教，沮渠蒙逊迎接昙无谶到姑臧，主持译经工作。当时还开凿敦煌莫高窟第268、272、275窟以及凉州天梯山石窟，形成影响深远的石窟造像模式——“凉州模式”。高昌大凉时期，河西佛教传播至高昌等地，推动高昌佛教的发展，吐鲁番地区曾出土多件写有沮渠安周写经题记的经卷文书。

① 杨荣春《冲突与交融：五胡十六国时期北凉与周边政权关系研究》，《兰州学刊》2018年第8期，第100—118页。

第四节 北朝时期

北魏太延五年（439），“丙申，车驾至姑臧，牧犍兄子祖逾城来降，乃分军围之。九月丙戌，牧犍兄子万年率麾下来降。是日，牧犍与左右文武五千人面缚军门，帝解其缚，待以藩臣之礼。收其城内户口二十余万，仓库珍宝不可称计”[①]。北魏破姑臧城后，河西地区渐为其所统辖。但河西局势并不稳定，沮渠氏宗人仍拥兵抗衡北魏。后沮渠氏与北魏多次交战，沮渠氏战败而领其族属万余人遁逃至鄯善、高昌。此时，臣服于柔然的原西凉王李暠之孙李宝却率领两千部下自伊吾返回敦煌，“修缮城府，规复先业”[②]；并遣其弟李怀达奉表归附北魏，太武帝拓跋焘遣使授李宝“使持节、侍中、都督西垂诸军事、镇西大将军、开府仪同三司、领护西戎校尉、沙州牧、敦煌公”[③]。至此北魏完全占领了河西。北魏政府给予李宝较大的政治自主权，“四品以下听承制假授”[④]，敦煌暂时保留了一定的独立性。

① 《魏书》卷四《世祖纪》，第89—90页。
② 《魏书》卷三九《李宝传》，第885页。
③ 《魏书》卷三九《李宝传》，第885页。
④ 《魏书》卷三九《李宝传》，第885页。

北魏攻占河西之后，采取了迁徙移民政策，“徙凉州民三万余家于京师”①，其中包含了许多敦煌豪族与河西名士。迁徙痕迹可从《魏书》《北史》所载自河西迁至平城的精英人物传记中窥得一二，如宋繇、索敞、张湛、阚骃等人皆是此时内迁并仕宦于北魏朝廷。同时还有大量河西僧俗民众内迁，在给北魏平城带去先进文化的同时，促进了北魏佛教的长足发展②。

此外，北魏鉴于河西“民多强悍”，境内汉人、羌胡等民族杂居的情形，采取招抚怀柔的政策对待河西诸民族，取得了良好的效果③。且北魏政府也十分重视百姓生活，太武帝曾下诏晓谕陇右各级官吏：“若不导之以德，齐之以刑，寇贼莫由可息，百姓无以得静……卿可召集豪右，择其事宜，以利民为先，益国为本，随其风俗，以施恩惠。其有安土乐业、奉公勤私者，善加劝督，无夺时利。”④这一政策因地制宜，遵循地方传统，切合实际，对于河西地方的安定与战后社会恢复和发展起到了很好的作用⑤。

北魏政府充分利用河西水草丰饶的自然条件，大力发展农业和畜牧业：“世祖之平统万，定秦陇，以河西水草善，乃以为牧地。畜产滋息，马至二百余万匹，橐驼将半之，牛羊则无数。”⑥同时北魏在河西有条件的地方实行屯田，后又广泛推行均田制，使河西地方农业得以恢复并长效发展。

为遏制柔然势力的扩张，北魏积极经略河西、沟通西域，丝

---

①《魏书》卷四《世祖纪》，第90页。

② 孔令梅《敦煌大族与佛教》，兰州大学博士学位论文，2011年，第61页。

③ 闫廷亮《北魏对河西的经营和开发》，《河西学院学报》2005年第4期，第57—59页。

④《魏书》卷五一《吕罗汉传》，第1139页。

⑤ 高荣主编《河西通史》，天津：天津古籍出版社，2011年，第246—247页。

⑥《魏书》卷一一〇《食货志》，第2857页。

绸之路河西走廊通道畅通，东西商贸再度兴盛，胡人东来，西域诸多城邦与中原建立商贸关系，河西地方商业逐渐繁荣昌兴，平城及洛阳成为国际化都市[①]。北魏推行的种种有效举措，使得河西社会民众生活改善，地方经济逐渐恢复。

北魏末年，边关爆发六镇之乱，全国范围内农民起义此起彼伏；纷乱之中，北魏政权趋于瓦解。南朝梁中大通六年（534），北魏分裂为以邺城为中心的东魏和以长安为中心的西魏。时“南岐至于瓜、鄯，跨州据郡者，不可胜数”[②]。凉州为刘丰、李叔仁、宇文仲和等先后占据，或东通东魏以求规据河陇[③]。“（大统）十二年，（史宁）转凉州刺史。宁未至而前刺史宇文仲和据州作乱。”[④]史宁平息了叛乱，并正式确立了西魏对河西地区的统治。王仲荦称：“大统十二年之前，凉州羁縻役属于西魏而已。自宇文仲和败，史宁任凉州刺史，而凉州始真为西魏所有也。”[⑤]

北魏西魏嬗递之际，瓜州在东阳王元荣的管辖下处于相对稳定的状态[⑥]。而“及荣死，瓜州首望表荣子康为刺史，彦遂杀康

---

① 赵向群《北魏太武帝时期的西域经济战略》，《文史哲》2002年第3期，第137页。

②［唐］令狐德棻等撰《周书》卷一《文帝纪上》，北京：中华书局，1971年，第9页。

③ 汤长平、周倩《西魏北周时期的河西》，《敦煌学辑刊》1998年第1期，第121—129页。高荣主编《河西通史》，第250页。

④《周书》卷二八《史宁传》，第466页。

⑤ 王仲荦《北周地理志》卷二《陇右》，北京：中华书局，1980年，第210页。

⑥ 元荣治瓜州刺史的时间，是北魏孝昌元年（525）至西魏大统八年（542），总共17年之久。参见段文杰《中西艺术的交汇点——莫高窟的285窟》，《1994年敦煌学国际研讨会文集·石窟艺术卷》，兰州：甘肃民族出版社，2000年，第52页；文梦霞《再论东阳王元荣领瓜州刺史的时间》，《敦煌研究》2006年第2期，第101—105页。

而取其位。属四方多难，朝廷不遑问罪，因授彦刺史”[①]。可刘彦却不奉诏，并暗通吐谷浑，欲图谋反，拥州自固。西魏遂命申徽为河西大使，在瓜州豪右的辅助下平定刘彦。大统十二年（546），“瓜州刺史成庆为城人张保所杀，都督令狐延等起义逐保，启请刺史”；后西魏拜申徽为瓜州刺史，申徽“在州五稔，俭约率下，边人乐而安之”[②]。西魏恭帝三年（556），韦瑱出任瓜州刺史，其品性清廉，兼有武略，理政有序，为地方所钦佩[③]。

西魏北周时期，河西地方行政建置调整，中央在凉、瓜二州基础之上新建西凉州，后更名为甘州。《太平寰宇记》载:“大统十二年分凉州，以居张掖之地为西凉州。废帝二年更名甘州。”[④]甘州的设置，推动了河西中部地区的开发与经营，同时，此阶段河西地方军事区划亦有所变化。大统十二年后，西魏北周以凉州设都督区，统辖河西诸军事；史宁于“魏废帝元年，复除凉甘瓜三州诸军事、凉州刺史”[⑤]；宇文丘任“凉甘瓜三州诸军事、凉州刺史”[⑥]。北周改都督府为总管府。天和六年（571），“甲午，以柱国、燕国公于寔为凉州总管”[⑦]，崔说“除陇州刺史，迁总管凉甘瓜三州诸军事、凉州刺史”[⑧]。

西魏北周时期，许多河陇官员都以其操守和勤勉成为世之楷

---

① 《周书》卷三二《申徽传》，第556页。
② 《周书》卷三二《申徽传》，第556页。
③ 《周书》卷三九《韦瑱传》，第694页。
④ ［宋］乐史撰，王文楚等点校《太平寰宇记》卷一五二《陇右道三》，北京：中华书局，2007年，第2940页。
⑤ 《周书》卷二八《史宁传》，第467页。
⑥ 《周书》卷二九《宇文盛传》，第494页。
⑦ 《周书》卷五《武帝纪上》，第78页。
⑧ 《周书》卷三五《崔谦传》，第614页

图1-8 莫高窟第285窟·窟室内景（图片采自敦煌研究院编，赵声良主编，赵晓星著《写给青少年的敦煌故事 经典洞窟》，兰州：甘肃教育出版社，2021年，第34页）

图1-9 莫高窟第285窟北壁供养人及大统四年题记（图片采自敦煌研究院编，赵声良主编，赵晓星著《写给青少年的敦煌故事 经典洞窟》，兰州：甘肃教育出版社，2021年，第34页）

模[1]。同时继续推行北魏均田制，劝农耕桑，地方农业经济稳步发展，加之大量胡人定居河西，河西人口逐渐增长。丝绸之路畅通，西域贡使往来频繁，贸易兴盛；多种文化汇聚河西，石窟营建与佛教艺术走向兴盛，敦煌地区的佛教文化事业郁勃昌明。河西走廊多民族文化交流融合、社会长期发展，拉开了隋唐时代丝绸之路繁荣景象的序幕。

---

① 赵向群《甘肃通史·魏晋南北朝卷》，兰州：甘肃人民出版社，2009年，第380—384页。

第二章 魏晋北朝敦煌建置沿革

敦煌真正纳入中原王朝的管辖，是在汉武帝时期。武帝时期河西四郡的设立并非一蹴而就，而是经过了长时间规划调整，逐步形成了河西走廊的基本政治格局。河西郡县设立及调整过程，对区域政治的变迁产生了长远的影响。魏晋北朝时期，敦煌行政区划继承了两汉的基本格局，但亦略有调整。本章主要讨论魏晋北朝时期敦煌、晋昌郡行政建置沿革。

第一节 魏晋北朝敦煌郡建置沿革

汉武帝时期，始立敦煌郡。《汉书·西域传》记载：“汉兴至于孝武，事征四夷，广威德，而张骞始开西域之迹。其后骠骑将军击破匈奴右地，降浑邪、休屠王，遂空其地，始筑令居以西，初置酒泉郡，后稍发徙民充实之，分置武威、张掖、敦煌，列四郡，据两关焉。”[①]史书记载反映了汉朝开发河西的过程[②]。汉朝开发河西的方式大致有筑城、徙民屯田等，待开发地达到一定规模后方设置郡县。据史书记载，元鼎年间（前116—前109），

① ［汉］班固撰，［唐］颜师古注《汉书》卷九六《西域传》，北京：中华书局，1962年，第3873页。

② 学者对河西四郡的设置过程做了细致的研究，如（日）日比野丈夫著，辛德勇译《论河西四郡的设置年代》；刘俊文编《日本学者研究中国史论著选译》第9卷《民族交通》，北京：中华书局，1993年，第641—664页；张维华《汉河西四郡建置年代考疑》，氏著《汉史论集》，济南：齐鲁书社，1980年，第309—328页；陈梦家《汉简缀述》，北京：中华书局，1980年，第179—194页；马雍《西汉时期的玉门关和敦煌郡的西境》，《中国史研究》1981年第1期，第134—167页；刘光华《秦汉西北史地丛稿》，兰州：甘肃文化出版社，2007年，第115—124页；李炳泉《西汉河西四郡的始置年代及疆域变迁》，《东岳论丛》2013年第12期，第76—83页。

汉朝已经在敦煌一带徙民屯田；元鼎四年（前113），敦煌的屯田百姓发现了天马[①]。汉代修筑敦煌县城的时间，学者认为是在赵破奴进军匈奴时，过敦煌并在此筑城[②]。敦煌文书P.2691V记载：“沙州城，案从，前汉第六武帝元鼎六年（前111）甲子（庚午）岁，将军赵破奴奉命领甘、肃、瓜三州人士筑造。”[③]敦煌文书P.3721、S.5693亦记载元鼎六年筑沙州城之事。可知元鼎年间汉朝已经在敦煌屯田，元鼎六年时沙州城已经修筑。《汉书·武帝纪》载，元鼎六年：“秋……乃分武威、酒泉地置张掖、敦煌郡，徙民以实之。”[④]《史记·大宛列传》记载：“其明年，击姑师，破奴与轻骑七百余先至……于是酒泉列亭障至玉门矣。”[⑤]酒泉列亭障于玉门的时间在赵破奴击楼兰时，也就是元封三四年（前108、前107）之间，酒泉郡在玉门设置亭障，说明酒泉郡西面边界已经设置在玉门[⑥]。太初二年（前103）李广利征大宛失利，武帝怒，“使使遮玉门曰：‘军有敢入者辄斩之！’贰师恐，因留敦煌”。李广利第二次征大宛时，敦煌的重要性凸显出来。史载：“岁余而出敦煌者六万人……初，贰师起敦煌西，以为人多，道上国不能食，乃分为数军，从南北道。”[⑦]史料中记载“贰师起敦煌西”，这里的“敦煌西”应该指的就是敦煌郡龙

---

① 《汉书》卷六《武帝纪》，第184页。
② 李并成《河西走廊历史地理》，兰州：甘肃人民出版社，1995年，第106—107页。
③ 郑炳林《敦煌地理文书汇辑校注》，兰州：甘肃教育出版社，1989年，第39页。
④ 《汉书》卷六《武帝纪》，第189页。
⑤ ［汉］司马迁撰《史记》卷一二三《大宛列传》，北京：中华书局，1959年，第3171—3172页。
⑥ 此“玉门”若指酒泉郡下辖之玉门，那么于玉门设置亭障或表示酒泉西部边界的划定。
⑦ 《史记》卷一二三《大宛传》，第3175—3177页。

勒县下辖的玉门关、阳关。《汉书·西域传》记载："自玉门、阳关出西域有两道。"[①]可知在李广利出征大宛时，敦煌为其军队的出发地。敦煌西界龙勒县的玉门关、阳关在汉军西征的过程中发挥了重要作用。《汉书·刘屈氂传》记载，征和二年（前91）戾太子作乱时，"吏士劫略者，皆徙敦煌郡"[②]。可知征和年间，西汉政府徙民敦煌，作为充实敦煌郡人口的重要手段。又《汉书·地理志》载，武帝后元元年（前88）分酒泉置敦煌郡[③]，可知敦煌郡正式设立的时间，最迟不晚于后元元年。汉代敦煌郡下辖六县，《汉书·地理志》记载：

> 敦煌郡……县六：敦煌，冥安，效谷，渊泉，广至，龙勒。[④]

西汉时期，敦煌地区得到了很好的开发，有户11200，口38000余。东汉时期河西动荡，敦煌人口数量下降，只有748户，不到3万人，除了因为动乱的局势，可能与敦煌地区豪族的隐匿户口、土地兼并也有一定的关系。《后汉书·郡国志》中记载：

> 敦煌郡，六城……敦煌 冥安 效谷 拼泉 广至 龙勒。[⑤]

可知东汉时期敦煌郡下辖诸县与西汉时期相比变化不大。

① 《汉书》卷九六《西域传》，第3872页。
② 《汉书》卷六六《刘屈氂传》，第2882页。
③ 《汉书》卷二八下《地理志下》，第1614页。
④ 《汉书》卷二八下《地理志下》，第1614页。
⑤ ［晋］司马彪撰，［南朝梁］刘昭注补《后汉书志》第二三《郡国志》，北京：中华书局，1965年，第3521页。

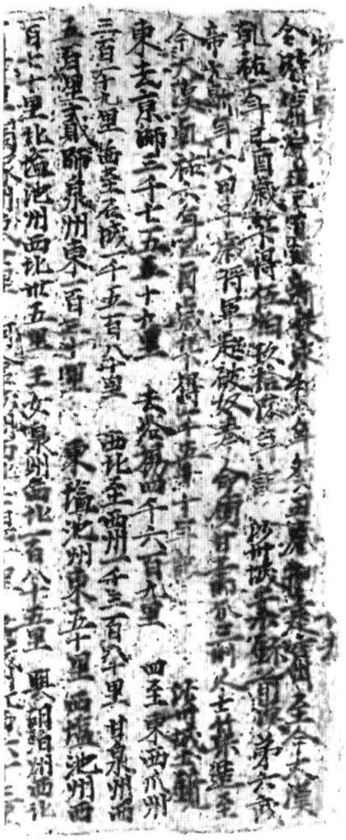

图2-1 P.2691V《沙州城土镜》

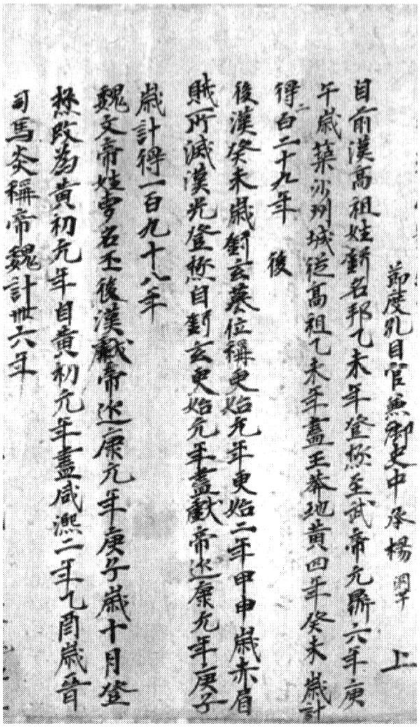

節度孔目官兼御史中丞楊洞芊 上
自前漢高祖姓劉名邦乙未年登極至武帝元鼎六年庚
午歲築沙州城從高祖乙未年盡王莽地黃四年癸未歲計
得二百二十九年 後
後漢癸未歲劉玄養位稱更始元年更始二年甲申歲赤眉
賊所滅漢光登極自劉玄更始元年盡獻帝延康元年庚子
歲計得一百九十八年
魏文帝姓曹名丕後漢獻帝延康元年庚子歲十月登
極改為黃初元年自黃初元年盡咸熙二年乙酉歲晉
司馬炎稱帝魏計卌六年

图2-2 P.3721《瓜沙史事编年》

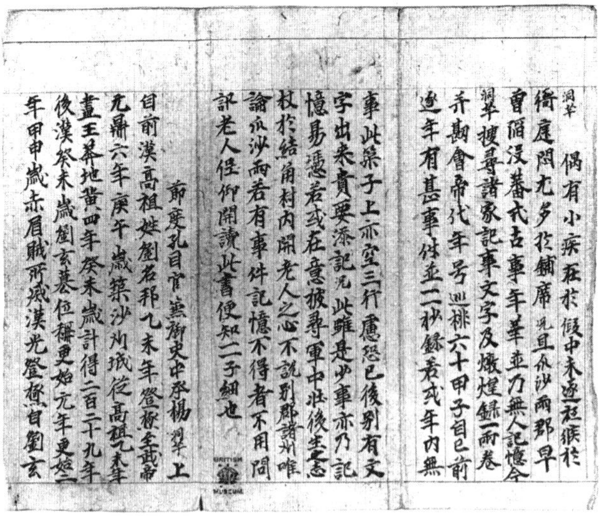

图2-3 S.5693《瓜沙史事编年》

据《后汉书·郡国志》记载，时凉州下辖陇西、汉阳、武都、金城、安定、北地、武威、张掖、酒泉、敦煌，以及张掖属国、张掖居延属国[①]。至汉献帝时期，敦煌归属雍州。史载汉献帝兴平元年（194），“分凉州河西四郡为雍州”[②]。至建安十八年（213），雍州范围更广，“诏书并十四州，复为九州”[③]，雍州下辖弘农、京兆、左冯翊、右扶风、上郡、安定、陇西、汉阳、北地、武都、武威、金城、西平、西郡、张掖、张掖属国、酒泉、敦煌、西海、汉兴、新平、永阳、东安南[④]。魏文帝即位后（220），敦煌复归属凉州。史载“文帝即王位，初置凉州……凉州卢水胡伊健妓妾、治元多等反，河西大扰”[⑤]，可知魏文帝时期，凉州统河西诸郡。

汉末三国时期，中原朝廷已经难以完全掌控河西局面，这一地区的行政建置也经常调整[⑥]。《晋书·地理志》载：“汉置张掖、酒泉、敦煌、武威郡。其后又置金城郡，谓之河西五郡。汉改周之雍州为凉州……献帝时，凉州数有乱，河西五郡去州隔

---

① 《后汉书志》第二三《郡国志》，第3516—3521页。

② ［南朝宋］范晔撰，［唐］李贤等注《后汉书》卷八《孝献帝纪》，北京：中华书局，1956年，第376页。

③ ［晋］陈寿撰，［南朝宋］裴松之注《三国志》卷一《魏书·武帝纪》，北京：中华书局，1959年，第37页。

④ 《后汉书志》第二八《百官五》，第3618页。

⑤ 《三国志》卷一五《张既传》，第474页。

⑥ 据考证，东汉至灵帝时，凉州统郡：陇西、汉阳、武都、金城、安定、北地、武威、张掖、酒泉、敦煌、张掖属国、居延属国、南安、汉兴；汉献帝时期，雍州统郡：武威、张掖、酒泉、敦煌、西海郡、西郡、张掖属国；建安十八年后，雍州统郡增至二十三；魏文帝时期，凉州统郡金城、武威、张掖、酒泉、敦煌、西海、西平（西郡）。［清］吴增仅撰，杨守敬补正《三国郡县表附考证》，二十五史刊行委员会编《二十五史补编》第3册，上海：开明书店，1937年，第2897—2898页。

远，于是乃别以为雍州……魏时复分以为凉州。”[①]《晋书·地理志》关于汉晋之际河西地理的梳理，虽然整体上符合史实，但是《晋志》所载献帝时期雍州所包括的河西五郡，实际上应是河西四郡[②]。《后汉书·献帝纪》记载献帝时雍州为河西四郡[③]，又《三国志·庞淯传》裴松之注引《典略》曰：“诏以陈留人邯郸商为雍州刺史，别典四郡。”[④]可知献帝时雍州只有河西四郡，《晋书·地理志》之所以记载为河西五郡，应该是受到魏文帝改置凉州的影响。魏文帝时期的凉州不只包括河西四郡，还包括金城等郡[⑤]，《后汉书·献帝纪》注或许亦受魏文帝改置凉州影响，误以雍州四郡中有“金城郡”。通过以上梳理，我们知道，汉代敦煌郡一度归属凉州，至汉献帝兴平元年（194）归属雍州，魏文帝即位后敦煌郡归属凉州。

清人对三国时期敦煌下辖诸县进行了考证，洪亮吉、谢钟英《补三国疆域志补注》考证三国时期敦煌郡有九个县：敦煌、龙勒、效谷、冥安、渊泉、广至、宜禾、拼泉、伊吾[⑥]。其中的“渊泉”出现在《汉书·地理志》，“拼泉”出现在《后汉书·郡国志》，应为同一地[⑦]。谢钟英在《三国疆域志》中把敦煌八县

---

①［唐］房玄龄等撰《晋书》卷一四《地理志》，北京：中华书局，1974年，第432—433页。

②［清］吴增仅撰，杨守敬补正《三国郡县附考证》，第2897—2898页。

③《后汉书》卷八《孝献帝纪》，第376页。

④《三国志》卷一八《庞淯传》注，第547页。

⑤据《资治通鉴》卷七一“明帝太和二年”注，凉州包括“金城、西平、武威、张掖、西郡、酒泉、敦煌、西海等郡”。参见［宋］司马光编著，［元］胡三省音注《资治通鉴》卷七一“明帝太和二年”，北京：中华书局，1956年，第2244页。

⑥［清］洪亮吉、谢钟英《补三国疆域志补注》，二十五史刊行委员会编《二十五史补编》第3册，上海：开明书店，1937年，第3080—3081页。

⑦钱林书《续汉书郡国志汇释》，合肥：安徽教育出版社，2007年，第361页。

(敦煌、龙勒、效谷、广至、宜禾、拼泉、渊泉、冥安）的位置与清代敦煌诸县的相对位置作了说明[①]。姜博对诸说法进行了辨析后认为，与汉代相比，曹魏时期敦煌郡控制范围基本上没有变化，此时敦煌郡有敦煌、龙勒、效谷、广至、宜禾、冥安、渊泉七县[②]。据《元和郡县图志》，曹魏时期还设立伊吾县[③]，那么曹魏时期敦煌郡应有敦煌、龙勒、效谷、广至、宜禾、冥安、渊泉、伊吾八县。

西晋敦煌郡仍属凉州，晋初敦煌郡下辖诸县应当与曹魏时期有所变化。据《晋书·地理志》记载，敦煌郡统县十二：

> 昌蒲 敦煌 龙勒 阳关 效谷 广至 宜禾 冥安 深泉 伊吾 新乡 乾齐。
>
> ……
>
> 元康五年（295），惠帝分敦煌郡之宜禾、伊吾、冥安、深泉、广至等五县，分酒泉之沙头县，又别立会稽、新乡，凡八县为晋昌郡。[④]

《晋书·地理志》中记载的敦煌属县比曹魏时期多出四个，即昌蒲、阳关、新乡、乾齐，其中昌蒲县不可考。阳关县非西晋时所

① ［清］谢钟英《三国疆域表》，二十五史刊行委员会编《二十五史补编》第3册，第2982页。

② 姜博《魏晋南北朝时期敦煌历史研究》，南京师范大学硕士学位论文，2011年，第11页。

③ ［唐］李吉甫撰，贺次君点校《元和郡县图志》卷四〇“陇右道下”，北京：中华书局，1983年，第1029页。

④《晋书》卷一四《地理志》，第434页。

有，据《元和郡县图志》，北魏时期设置阳关县[①]。新乡县为元康五年（295）设置，属晋昌郡。乾齐县，《汉书·地理志》中属酒泉郡，晋元康年间在敦煌、酒泉之间设置晋昌郡，并未提到敦煌有乾齐县。又《晋书·地理志》所载酒泉郡下辖九县，比汉代减少了乾齐，但新增骍马，骍马或是故乾齐改名而来。那么西晋元康五年以前，敦煌郡应当有昌蒲、敦煌、龙勒、效谷、广至、宜禾、冥安、深泉、伊吾九县，昌蒲县或为西晋新设。元康五年后，敦煌郡东部诸县划归晋昌郡，晋昌郡包括宜禾、伊吾、冥安、深泉、广至、沙头、会稽、新乡八县。敦煌郡仅保留昌蒲、敦煌、龙勒、效谷四县。

西晋永宁元年（301）张轨任凉州刺史，统凉州诸郡，史称前凉，敦煌在前凉政权的控制范围之内。前凉张骏即位后进行改革，于前凉建兴三十三年（345），分凉州置河州、沙州[②]。白须净真认为张骏分置三州是从335年开始，至345年完成[③]。但据《前凉建兴廿四年（336）三月廿三日周掾妻孙阿惠墓券》记载："建兴廿四年三月癸亥朔廿三日乙酉，直执。凉州建康表是县显玉亭部、前玉门主领妻孙阿惠得用。"[④]可知336年时玉门归属于凉州，此时沙州应尚未设置。张骏统治时期，前凉在西域地区的

---

① ［唐］李吉甫撰，贺次君点校《元和郡县图志》卷四〇"陇右道下"，第1027页。

② 《资治通鉴》卷九七"穆帝永和元年"条，第3068页。

③ （日）白须净真《前涼·張駿の行政區劃改編と涼州·建康郡の設置——改編年次に係わる司馬光の見解と考古資料による新見解》，《敦煌寫本研究年報》第8号，京都：京都大学人文科学研究所，2014年，第1—18页。

④ 何双全、狄晓霞《甘肃省近年来新出土三国两晋简帛综述》，《西北师大学报》2007年第5期，第103页。

统治逐渐稳固。咸和二年（327），前凉置高昌郡[①]。《晋书·张骏传》记载："初，戊己校尉赵贞不附于骏，至是，骏击擒之，以其地为高昌郡。"[②]前凉建兴二十三年（335），张骏遣将杨宣讨伐龟兹、鄯善，西域诸国皆至姑臧朝贡，张骏大约于此年设立西域都护[③]。张骏时期，还分酒泉置建康郡和玉门大护军，其中玉门大护军划归沙州，玉门大护军所在地应即旧酒泉郡玉门县。前凉建兴三十三年（345）置沙州时，沙州的疆域包括敦煌、晋昌、高昌，西域都护、戊己校尉、玉门大护军，沙州刺史为西胡校尉杨宣[④]。可知沙州的设置，是随着前凉对西部疆域统治的逐步稳固而设置的。又《元和郡县图志》记载："前凉张骏于此置沙州……后三年宣让州，复改为敦煌郡。"[⑤]可知前凉设置沙州的时间在345年，废置沙州的时间在348年前后。前凉和平元年（354），置商州。《晋书·地理志》载："张祚又以敦煌郡为商州。"[⑥]前凉建兴四十三年（355），张祚被杀，商州当被废除，敦煌郡应复归属凉州。

前凉时期新设凉兴县，据《资治通鉴》胡三省注："凉兴郡，河西张氏置，在唐瓜州常乐县界。"[⑦]此处凉兴郡，应为凉兴县。S.1899文书记载："至后凉主即位，（氾）曼以佐命之功，

① 王素《高昌史稿（统治篇）》，北京：文物出版社，1998年，第120—131页。
② 《晋书》卷八六《张骏传》，第2235页。
③ 魏俊杰《十六国疆域与政区研究》，上海：复旦大学出版社，2018年，第179页。
④ ［北齐］魏收撰《魏书》卷九九《张寔传》，北京：中华书局，1974年，第2195页。
⑤ ［唐］李吉甫撰，贺次君点校《元和郡县图志》卷四〇"陇右道下"，第1025页。
⑥ 《晋书》卷一四《地理志上》，第434页。
⑦ 《资治通鉴》卷一〇七"孝武帝太元十二年"条，第3381页。

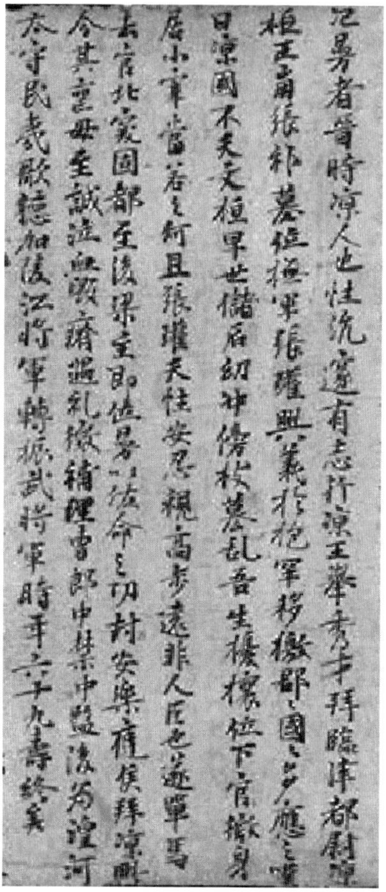

图2-4 S.1899《敦煌氾氏家传并序》

封安乐亭侯，拜凉兴令。”[①]可知凉兴至后凉时期仍为县。此外，西凉时期有乌泽县，可能也设置于前凉时期[②]。前凉张骏时期还设置了高昌郡、西域都护、戊己校尉等机构以加强对西域的管辖，而昌蒲县不见记载。因此，前凉时期敦煌下辖有敦煌、龙勒、效谷、凉兴、乌泽诸县。

咸安六年（376），前秦灭前凉。《晋书·吕光载记》曰：“苻坚高昌太守杨翰说其凉州刺史梁熙距（据）守高桐、伊吾二关。”[③]可知高昌郡是归属于凉州的。又吕光军“至玉门，熙移檄责光擅命还师，以子胤为鹰扬将军，与振威将军南安姚皓、别驾卫翰率众五万拒光于酒泉。敦煌太守姚静、晋昌太守李纯以郡降光”[④]。那么前秦时期敦煌郡也应当归属凉州。吕光进入姑臧后，并未完全控制河西诸郡。太元十一年（386），王穆袭据酒泉，自称大将军、凉州牧，同时以索

① 王仲荦著，郑宜秀整理《敦煌石室地志残卷考释》，上海：上海古籍出版社，1993年，第182页。
② 郑炳林《前凉行政地理区划初探》，《敦煌学辑刊》1993年第2期，第75页。
③《晋书》卷一二二《吕光载记》，第3056页。
④《资治通鉴》卷一〇六“孝武帝太元十年”条，第3353页。

暇为敦煌太守[①]。敦煌郡暂时归属王穆管辖。太元十二年（387），吕光克酒泉，进屯凉兴[②]，敦煌郡归属后凉。

隆安元年（397），段业据建康郡、酒泉郡自立，吕氏后凉政权此时已经很难控制酒泉以西的地区。隆安二年（398），晋昌太守王德、敦煌太守孟敏皆以郡降段业。段业以孟敏为沙州刺史[③]。敦煌文书P.2005记载："孟庙。右在州西五里。按《西凉录》神［玺］二年，敦煌太守赵郡孟敏为沙州刺史，卒官，葬于此。"[④]可知孟敏以敦煌太守兼任沙州刺史。北凉段业在敦煌设沙州，是因为敦煌西邻西域，沙州应兼有经营西域的功能。孟敏去世以后，"业以玄盛为安西将军、敦煌太守，领护西胡校尉"[⑤]。段业以李暠为敦煌郡守，同时兼领护西胡校尉，但实际上此时西域诸国并不受北凉管辖。至隆安四年（400），李暠称凉公后，才派遣宋繇"击玉门已西诸城"，并"屯玉门、阳关"[⑥]。西凉初期，治敦煌，后迁酒泉。李暠上表曰："又敦煌郡大众殷，制御西域，管辖万里，为军国之本，辄以次子让为宁朔将军、西夷校尉、敦煌太守，统摄昆裔，辑宁殊方。"[⑦]可知，李暠可能未在西域置郡，西凉迁治酒泉后，敦煌郡遥领西域，敦煌太守有管理西域的职责。

段业时期，敦煌郡统县也有所变化。隆安四年（400），段

---

①《晋书》卷一二二《吕光载记》，第3057—3058页。

②《资治通鉴》卷一〇七"孝武帝太元十二年"条，第3381页。

③《资治通鉴》卷一一〇"安帝隆安二年"条，第3470页

④ 郑炳林《敦煌地理文书汇辑校注》，第14页。

⑤《晋书》卷八七《凉武昭王李玄盛传》，第2258页。

⑥《晋书》卷八七《凉武昭王李玄盛传》，第2259页。

⑦《晋书》卷八七《凉武昭王李玄盛传》，第2264页。

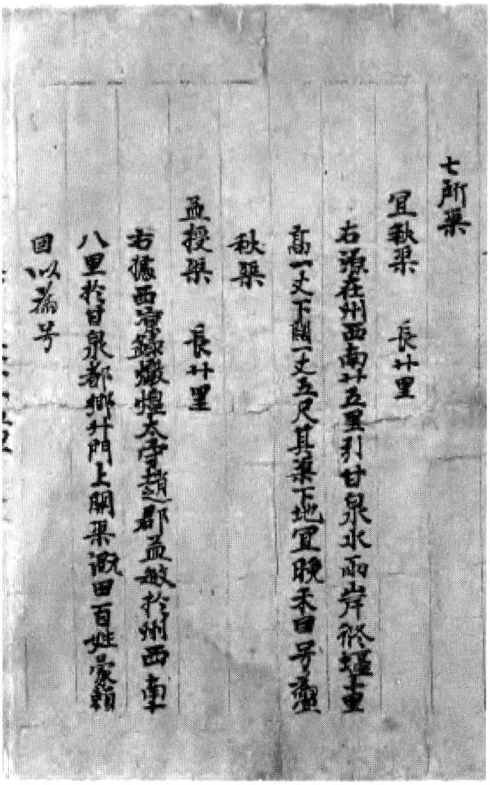

图2-5 P.2005《沙州都督府图经》

业“分敦煌之凉兴、乌泽，晋昌之宜禾三县为凉兴郡”①，可知隆安四年（400）以前，敦煌郡有凉兴县、乌泽县，乌泽县设立的时间在前凉至北凉初期，具体时间暂不可考。段业设立凉兴郡，是为了限制敦煌李暠势力的发展，那么隆安四年以后，李暠实际控制敦煌郡之敦煌、龙勒、效谷诸县。但是很快李暠被推为“都督、大将军、凉公、领秦凉二州牧、护羌校尉”，并且“东伐凉兴”。西凉时期，其境内县制变动频繁，但敦煌管辖范围应该是相对稳定的。史载西凉灭亡后，李恂曾返回敦煌，此时的敦煌太守索元绪东奔“凉兴”②，说明北凉沮渠蒙逊时期，敦煌东面的凉兴郡依然存在，因此西凉时期敦煌郡的管辖范围应当是敦煌、龙勒、效谷诸县。

北凉沮渠蒙逊灭西凉后，约玄始九年（420）设置沙州③，敦

① 《晋书》卷八七《凉武昭王李玄盛传》，第2258页。
② 《晋书》卷八七《凉武昭王李玄盛传》，第2271页。
③ 魏俊杰《十六国疆域与政区研究》，第432页。

煌郡归属沙州，敦煌郡管辖的郡县变化不大。442年沮渠无讳放弃敦煌西逃，李宝势力入据敦煌，并遣使内附北魏[①]。北魏时期置敦煌镇，《元和郡县图志》记载："后魏太武帝于郡置敦煌镇，明帝罢镇立瓜州，以地为名也，寻又改为义州，庄帝又改为瓜州。"[②]敦煌镇治敦煌，下设酒泉军以及乐涫戍，乐涫戍在孝文帝时期又改为乐涫县[③]，此外敦煌镇还设置有晋昌戍[④]。据《元和郡县图志》，北魏孝明帝时期，敦煌郡属瓜州。敦煌文书S.788等记载，敦煌郡龙勒县在正光六年（525）改为寿昌郡；寿昌郡领龙勒、阳关二县；效谷县亦在北魏时期改县为郡，效谷郡下辖效谷县、东乡县[⑤]。东乡原为效谷县下辖乡，北魏时期升格为东乡县[⑥]。学者考证，北魏时期敦煌郡县改革以后，敦煌郡下辖县有：敦煌县、鸣沙县、平康县[⑦]。西魏时期应当亦是如此。《隋书·地理志》记载："敦煌，旧置敦煌郡，后周并效谷、寿皇二郡入焉，又并敦煌、鸣沙、平康、效谷、东乡、龙勒六县为鸣沙县。"[⑧]北周时期，敦煌郡、效谷郡、寿昌郡合并。《北周地理志》载：

---

① 朱艳桐《北凉史新探——多元史料的交错论证》，兰州大学博士学位论文，2017年，第33页。

② ［唐］李吉甫撰，贺次君点校《元和郡县图志》卷四〇"陇右道下"，第1025页。

③ ［唐］李吉甫撰，贺次君点校《元和郡县图志》卷四〇"陇右道下"，第1024页

④ 李并成《河西走廊历史地理》，第119页。

⑤ 李并成《北朝时期瓜州建置及其所属郡县考》，《敦煌学辑刊》1995年第2期，第120页。

⑥ 陈国灿《唐五代敦煌县乡里制的演变》，《敦煌研究》1989年第3期，第41页。

⑦ 李并成《北朝时期瓜州建置及其所属郡县考》，第120页。

⑧ ［唐］魏徵、令狐德棻撰《隋书》卷二九《地理志上》，北京：中华书局，1973年，第816页。

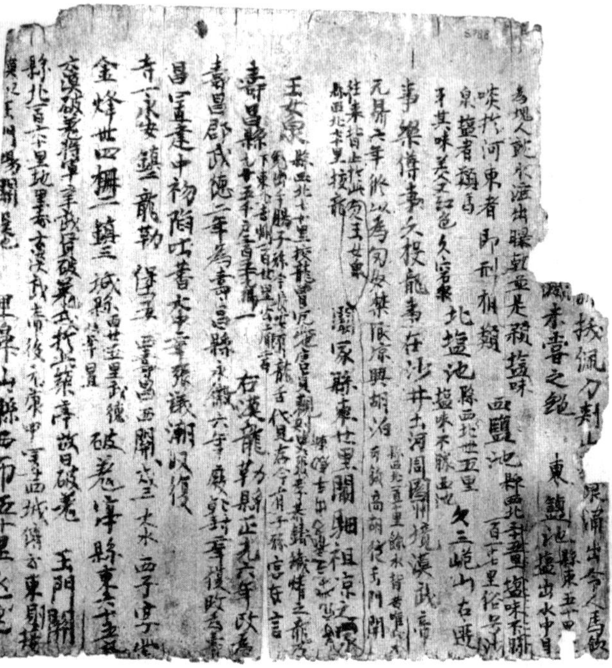

图2-6 S.788《沙州志》

“敦煌郡治鸣沙，领县一。”[①]北周时期，敦煌郡属瓜州，领鸣沙县。

汉武帝时期设立敦煌郡，西汉至魏晋北朝时期敦煌也发挥着经营西域的功能；魏晋北朝时期，敦煌郡县的划分不断细化，增设的郡县有伊吾、凉兴、乌泽等，随着敦煌地区的开发，还有乡升级为县的情况，说明敦煌地区社会经济总体上是持续发展的；汉晋时期大量中原人口迁徙至敦煌，敦煌大族势力得到发展，西凉政权就是在敦煌大族的支持下建立的。魏晋北朝时期，敦煌既是中原王朝经营西部疆域的战略要地，也是承载中原文明的文化重镇。

---

① 王仲荦《北周地理志》，北京：中华书局，1980年，第223页。

第二节　魏晋北朝晋昌郡建置沿革

西晋元康五年（295），晋昌郡始设，归属凉州。晋元康五年以后至张轨任凉州刺史以前，凉州应有金城郡、西平郡、武威郡、张掖郡、西郡、酒泉郡、敦煌郡、西海郡、晋昌郡[①]。据《晋书·地理志》记载：

> 元康五年，惠帝分敦煌郡之宜禾、伊吾、冥安、深泉、广至等五县，分酒泉之沙头县，又别立会稽、新乡，凡八县为晋昌郡。[②]

可知西晋元康五年时分敦煌、酒泉郡置晋昌郡，下辖宜禾、伊吾、冥安、深泉、广至、沙头、会稽、新乡八县。西晋晋昌郡的增设，表明汉晋时期敦煌郡经济、人口有了相当程度的发展，其东部诸县有了独立设郡的需要。晋昌郡设立之初，即下辖八县，成为河西大郡。对于西晋晋昌郡诸县的地理位置，学者已做了大

---

① 《晋书》卷一四《地理志上》，第433—434页。
② 《晋书》卷一四《地理志上》，第434页。

量的考证。广至县位于今瓜州县踏实乡西北破城子，即唐代的悬泉堡[①]。晋昌郡宜禾县非汉代敦煌郡之宜禾都尉，而是位于今瓜州县六工破城，即唐代常乐县[②]。冥安县的位置汉晋之间有所变动，变动的时间即在晋昌郡设置时期。据考，汉代冥安县位于锁阳城东北4.5公里之南岔大坑古城址，晋元康五年新设晋昌郡，冥安升格为晋昌郡治，其主城向西南迁至今锁阳城遗址[③]。深泉县，即汉代渊泉，汉敦煌郡渊泉县的管辖范围在今疏勒河中游绿洲的瓜州县东半部和玉门镇以西部分地区[④]。伊吾县在晋昌北境，据《元和郡县图志》："至魏立伊吾县，晋立伊吾都尉，并寄理敦煌北界，非今之伊州。"[⑤]据此学者认为巴州故城是魏晋时期的伊吾县，伊吾县距离宜禾县较近[⑥]。沙头县的位置在玉门市花海镇比家滩故城[⑦]。会稽县，即今瓜州县小宛破城。[⑧]新乡县，晋元康五年之前应当位于敦煌郡东部，敦煌新乡县位于敦煌

---

① 向达《唐代长安与西域文明》，石家庄：河北教育出版社，2001年，第427页；李并成《河西走廊历史地理》，第127—131页。

② 李并成《汉敦煌郡宜禾都尉府与曹魏敦煌郡宜禾县城考辨》，《敦煌学辑刊》1996年第2期，第98页。

③ 孙修身《唐代瓜州晋昌郡郡治及其有关问题考》，《敦煌研究》1986年第3期，第8—17页；李并成《汉敦煌郡冥安、渊泉二县城址考》，《社科纵横》1991年第2期，第51—53页；李并成《汉敦煌郡冥安县城再考》，《敦煌研究》1997年第2期，第43—44页。

④ 李并成《汉敦煌郡冥安、渊泉二县城址考》，第31页。

⑤ ［唐］李吉甫撰、贺次君点校《元和郡县图志》卷四〇"陇右道下"，第1029页。

⑥ 李并成《魏晋时期寄理敦煌郡北界之伊吾县城考》，《敦煌研究》2003年第3期，第41页。

⑦ 李并成《甘肃玉门花海比家滩古绿洲沙漠化的调查研究》，《中国边疆史地研究》2003年第2期，第111—112页。

⑧ 李并成《归义军会稽镇考》，季羡林主编《敦煌吐鲁番研究》第3卷，北京：北京大学出版社，1998年，第225—226页。

郡与酒泉郡之分界线[1]。又据《晋书》记载："（张）骏观兵新乡，狩于北野，因讨轲没虏，破之。"[2]可知新乡县位于晋昌郡北部。对于晋昌郡伊吾县的位置，学者有不同看法。李正宇据《太平寰宇记》所载汉广至县的位置，认为广至县在巴州故城[3]。如此则伊吾的位置就不在巴州。据《晋书·吕光载记》记载："苻坚高昌太守杨翰说其凉州刺史梁熙距（据）守高桐、伊吾二关，熙不从。光至高昌，翰以郡迎降。"[4]高昌郡太守杨翰建议凉州刺史梁熙主动防御吕光东进，此建议的提出在吕光进入高昌以前，因此高桐关或是位于高昌郡附近的要塞，而伊吾关应当位于晋昌郡西北的交通要道。那么伊吾县虽寄理于敦煌北界，是否就是冥安县北之巴州故城，尚待进一步考证。此外，对于渊泉、沙头县位置，学者亦有不同的看法。"悬泉里程简"记载："玉门去沙头九十九里，沙头去乾齐八十五里，乾齐去渊泉五十八里。"[5]学界不同的观点主要是出于对汉简所载各县位置关系的判断。贾小军对渊泉、沙头等县的位置提出了疑问，认为李并成所考"渊泉县故城"或为汉酒泉郡乾齐县遗址，同时认为沙头县在玉门市中渠村东南一公里处的魏晋古城城址[6]。贾小军认为沙头应当位于东西干道，而李并成认为汉简所载沙头至玉门

---

① 范英杰《五凉侨置及相关问题研究》，兰州大学硕士学位论文，2019年，第93页。

② 《晋书》卷八六《张轨传》，第2235页。

③ 李正宇《汉敦煌郡广至新城考》，《敦煌研究》1999年第3期，第69—78页。

④ 《晋书》卷一二二《吕光载记》，第3056页。

⑤ 胡平生、张德芳《敦煌悬泉汉简释粹》，上海：上海古籍出版社，2001年，第56页。

⑥ 贾小军《汉代酒泉郡驿置道里新考》，《敦煌研究》2020年第1期，第119—122页。

间的距离是南北距离[①]。这样一来，学者们对于汉简所载诸郡位置就有了不同的判断。虽然晋昌郡部分县城位置尚无法最终确定，但经细密考证，加之出土汉简文献的印证，晋昌诸郡的位置关系基本可以确定。西晋时期设立的晋昌郡包括了汉代敦煌郡东半部及酒泉郡西部之沙头县，为河西重镇。

西晋至后凉时期，晋昌郡建置变化应当不大。前凉建兴三十三年（345）时，张骏以敦煌、晋昌、高昌、西域都护、戊己校尉、玉门大护军三郡三营为沙州[②]。可知前凉时期晋昌郡归属沙州管辖。前秦灭前凉后，晋昌郡行政建置应当承袭前代。淝水之战后，吕光回师凉州。《资治通鉴》记载："（梁）熙移檄责光擅命还师，以子胤为鹰扬将军，与振威将军南安姚皓、别驾卫翰帅众五万拒光于酒泉。敦煌太守姚静、晋昌太守李纯以郡降光。"[③]可知太元十年（385）以前晋昌属前秦凉州，太元十年吕光入据河西，晋昌郡归属吕凉政权。史载太元十一年（386），王穆袭据酒泉，自称大将军、凉州牧，同时以索嘏为敦煌太守[④]，此时晋昌郡应在王穆控制范围内。太元十二年（387），吕光克酒泉，进屯敦煌郡凉兴县[⑤]，此后晋昌郡归属后凉。至隆安二年（398），晋昌太守王德、敦煌太守孟敏以郡降段业[⑥]，晋昌郡属

---

① 李并成《汉酒泉郡十一置新考》，《敦煌研究》2014年第1期，第115—120页。
② 《晋书》卷一四《地理志上》，第434页；魏俊杰《十六国疆域与政区研究》，第194页。
③ 《资治通鉴》卷一〇六"孝武帝太元十年"，第3353页。
④ 《晋书》卷一二二《吕光载记》，第3057—3058页。
⑤ 《资治通鉴》卷一〇六"孝武帝太元十二年"条，第3381页。史载隆安四年（400），段业"分敦煌之凉兴、乌泽，晋昌之宜禾三县为凉兴郡"，可知凉兴原属敦煌郡，参见《晋书》卷八七《凉武昭王李玄盛传》，第2258页。
⑥ 《资治通鉴》卷一〇六"安帝隆安二年"，第3470页。

北凉段业政权。又据《宋书》记载：

> 时蒙逊兄男成将兵西守晋昌，闻蒙逊反，引军还，杀酒泉太守叠滕，推建康太守段业为主。业自号龙骧大将军、凉州牧、建康公，以男成为辅国将军。男成及晋昌太守王德围张掖，克之，业因据张掖。蒙逊率部曲投业，业以蒙逊为镇西将军、临池太守，王德为酒泉太守。①

晋昌守将沮渠男成助段业取酒泉，沮渠男成与晋昌太守王德助段业取张掖，可知晋昌地区的军事力量是北凉政权的有力支持。这一时间段，晋昌郡所辖郡县基本没有变动。隆安四年（400），段业“分敦煌之凉兴、乌泽，晋昌之宜禾三县为凉兴郡”②，可知隆安四年以后宜禾不再属晋昌管辖。晋昌郡为河西大郡，西凉李暠政权是在晋昌唐氏的支持之下建立的，史载：“隆安四年，晋昌太守唐瑶移檄六郡，推玄盛为大都督、大将军、凉公、领秦凉二州牧、护羌校尉。”③至李暠迁都酒泉，西凉郡县设置再度发生变化，史载：

> 初，苻坚建元之末，徙江汉之人万余户于敦煌，中州之人有田畴不辟者，亦徙七千余户。郭黁之寇武威，武威、张掖已东人西奔敦煌、晋昌者数千户。及玄盛东迁，皆徙之于酒泉。分南人五千户置会稽郡，中州人五千户置广夏

① ［南朝梁］沈约撰《宋书》卷九八《氐胡传》，北京：中华书局，1974年，第2412页。
② 《晋书》卷八七《凉武昭王李玄盛传》，第2258页。
③ 《晋书》卷八七《凉武昭王李玄盛传》，第2259页。

> 郡。余万三千户分置武威、武兴、张掖三郡。筑城于敦煌南子亭，以威南虏。[①]

可知李暠迁都酒泉后，新置会稽、广夏、武威、武兴、张掖诸郡。李暠自敦煌迁都酒泉后，为了巩固统治，将敦煌、晋昌境内的民众迁徙至酒泉，其目的是增加酒泉郡的人口数量，应对北凉的威胁。但其侨置诸郡是否都在酒泉郡之内，相关材料不足以说明。李暠侨置诸郡中，武威、武兴、张掖诸郡应与晋昌郡无涉，洪亮吉《十六国疆域志》认为："（李）暠于敦煌城外筑城，侨置三郡，非实土也。"[②]亦有研究认为西凉武威、武兴、张掖诸郡所置之子亭，即唐五代敦煌南子亭镇[③]。而会稽郡的位置，冯培红认为其位于今玉门赤金镇附近，位于原酒泉郡的地盘[④]。尹波涛亦认为李暠所置广夏、会稽等诸郡位于酒泉境内[⑤]。这两种推断更符合《晋书》中的记载。但是仍有学者有不同看法，李并成认为西凉侨置会稽郡即晋昌郡之会稽县，广夏郡在瓜州县东部肖家古城之南城[⑥]。范英杰梳理诸家观点后认为，广夏、会稽二郡的位置当在双塔堡以东截山子北面的绿洲地带[⑦]。也就是说，

---

① 《晋书》卷八七《凉武昭王李玄盛传》，第2263页。

② 洪亮吉《十六国疆域志》，二十五史刊行委员会编《二十五史补编》第3册，上海：开明书店，1937年，第4175页。

③ 范英杰《五凉侨置及相关问题研究》，第97页。

④ 冯培红《河西走廊上的会稽与建康》，冻国栋、李天石主编《"唐代江南社会"国际学术研讨会暨中国唐史学会第十一届年会第二次会议论文集》，南京：江苏人民出版社，2015年，第265—266页。

⑤ 尹波涛《粟特康氏会稽郡望考论》，《敦煌学辑刊》2017年第1期，第159页。

⑥ 李并成《归义军会稽镇考》，季羡林主编《敦煌吐鲁番研究》第3卷，第224—225页；李并成《北朝时期瓜州建置及其所属郡县考》，第120—121页。

⑦ 范英杰《五凉侨置及相关问题研究》，第98页。

随李暠东徙民众并不一定如《晋书》记载完全迁徙至酒泉，其侨置之会稽、广夏郡位于原晋昌郡。如果从李暠的统治策略来看，会稽郡亦有位于原晋昌郡会稽县的可能性。李暠于敦煌南筑子亭城，在晋昌郡会稽县基础上置会稽郡，都是其迁都酒泉之后巩固统治的举措。晋昌郡原有伊吾、冥安、深泉、广至、沙头、会稽、新乡诸县，至李暠迁都酒泉后，除去会稽县外，其余诸县或仍属于晋昌郡管辖。《宋书》记载："高祖践阼（祚），以歆为使持节，都督高昌、敦煌、晋昌、酒泉、西海、玉门、堪泉七郡诸军事，护羌校尉，征西大将军，酒泉公。"①又《魏书》记载："（李宝）父翻，字士举，小字武强，私署骁骑将军，祁连、酒泉、晋昌三郡太守。"②可知，西凉时期晋昌郡当一直存在。

西凉李歆东伐沮渠蒙逊，战败被杀。蒙逊据酒泉，继而攻灭敦煌。沮渠蒙逊灭西凉后，于北凉玄始九年（420）设置沙州，南朝宋永初元年（420）"进蒙逊侍中、都督凉秦河沙四州诸军事、骠骑大将军、领护匈奴中郎将、西夷校尉、凉州牧，河西王，开府、持节如故"③。蒙逊灭西凉的过程中，晋昌郡似未进行激烈抵抗，而降于蒙逊。蒙逊灭西凉后，以索元绪为敦煌太守④，以唐契为晋昌太守，史载"晋昌太守唐契反"⑤，可知唐契先降于蒙逊，任晋昌太守之职，后反抗失败而奔伊吾。北凉沮渠蒙逊时期，晋昌郡属于沙州。后沮渠牧犍降于北魏，沮渠无讳奔晋昌⑥，晋昌成为沮渠无讳抵抗北魏之据点，且沮渠无讳再次短

① 《宋书》卷九八《氐胡传》，第2414页。
② 《魏书》卷三九《李宝传》，第885页。
③ 《宋书》卷九八《氐胡传》，第2414页。
④ 《资治通鉴》卷一一九"武帝永初元年"条，第3737页。
⑤ 《宋书》卷九八《氐胡传》，第2414页。
⑥ 《魏书》卷九九《沮渠蒙逊传》，第2209页。

暂占据酒泉，最终在北魏太平真君二年（441）为奚眷所败。北凉时期，唐瑶以晋昌郡守拥护李暠建立西凉政权，沮渠无讳居晋昌而据守河西西部，可知晋昌郡为河西地区的军事要地。

北魏时期设立敦煌镇，晋昌郡改为晋昌戍。《元和郡县图志》记载："后魏太武帝于郡置敦煌镇。"[①]肃宗熙平二年（517），"敦煌镇上言晋昌戍木连理"[②]，可知晋昌戍此时仍属于敦煌镇[③]。北魏明帝时期，改敦煌镇为瓜州，《元和郡县图志》载："明帝罢镇立瓜州，以地为名也，寻又改为义州，庄帝又改为瓜州。"[④]李并成考北魏瓜州领九郡，即敦煌、效谷、寿昌、晋昌、会稽、广夏、玉门、酒泉、常乐。前述西凉时期晋昌郡或仅保留深泉、沙头、冥安、广至、新乡、伊吾诸县，北魏时期沙头县废除，新乡郡归属玉门郡，宜禾县归属常乐郡，伊吾县至北魏时期升级为伊吾郡[⑤]。此时晋昌郡仅保留冥安、深泉、广至三县。北周时期省并郡县，会稽郡、广夏郡合并至晋昌郡，《太平寰宇记》载："瓜州……至凉武昭王遂以南人置会稽郡，以中州人置广夏郡。至后周初并之，复为晋昌郡。"[⑥]《元和郡县图志》记载："晋昌县……周武帝省入凉兴郡。"[⑦]凉兴郡即

---

① ［唐］李吉甫撰，贺次君点校《元和郡县图志》卷四〇"陇右道下"，第1025页。

② 《魏书》卷一一二下《灵征志》，第2961页。

③ 李并成《北朝时期瓜州建置及其所属郡县考》，第119页。

④ ［唐］李吉甫撰，贺次君点校《元和郡县图志》卷四〇"陇右道下"，第1024页。

⑤ 李并成《北朝时期瓜州建置及其所属郡县考》，第119—122页。

⑥ ［宋］乐史撰，王文楚等点校《太平寰宇记》卷一五三《陇右道四》，北京：中华书局，2007年，第2959页。

⑦ ［唐］李吉甫撰，贺次君点校《元和郡县图志》卷四〇"陇右道下"，第1028页。

凉兴县，《隋书·地理志》记载："后周并凉兴、大至、冥安、闰泉合为凉兴县。"①可知，北周武帝时期晋昌郡并入凉兴县，晋昌郡废除。隋代虽无晋昌建置，但是亦有晋昌城。史载："高昌王麴伯雅上状，帝遣裴矩将向氏亲要左右，驰至玉门关晋昌城。"②唐武德七年（624）复置晋昌县，《元和郡县图志》记载："晋昌县，本汉冥安县，属敦煌郡，因县界冥水为名也。晋元康中改属晋昌郡，周武帝省入凉兴郡。隋开皇四年（584）改为常乐县，属瓜州。武德七年为晋昌县。"③可知唐代的晋昌县实际上为汉代的冥安县。

综上可知，西晋元康五年（295）时分敦煌、酒泉郡置晋昌郡，晋昌郡下辖宜禾、伊吾、冥安、深泉、广至、沙头、会稽、新乡八县。东晋隆安四年（400）以后宜禾不再属晋昌郡管辖。李暠迁都酒泉后，会稽县亦不属晋昌郡。五凉时期，唐瑶以晋昌郡守拥护李暠建立西凉政权，沮渠无讳居晋昌而据守河西西部，可知晋昌郡为河西地区的军事要地。北魏时期，晋昌郡仅保留冥安、深泉、广至三县。北周武帝时期至隋代，晋昌郡废除，但晋昌城仍在史籍中出现。唐代武德七年复置晋昌县。

① 《隋书》卷二九《地理志上》，第816页。
② 《隋书》卷八四《北狄传》，第1878页。
③ ［唐］李吉甫撰，贺次君点校《元和郡县图志》卷四〇"陇右道下"，第1028页。

第三章

魏晋北朝敦煌大族

魏晋十六国北朝之际，河西地区政治形势复杂多变，敦煌大族张氏、索氏、宋氏、氾氏、令狐氏等在此期间发挥了重要作用，李氏家族还在敦煌建立起西凉政权。这些敦煌大族一般在汉代就已经居住于敦煌。

汉末三国时期战乱中，敦煌大族很少大规模卷入其中。总体上看，敦煌大族长期生活在相对稳定的环境中。魏晋五凉时期，敦煌大族参与地方治理，甚至出现了由敦煌大族把持地方政治的现象。学界对汉唐敦煌的大族关注很多，涉及张、索、氾、令狐、宋、李、曹、阴、翟氏等。由于世居敦煌，这些大族在敦煌乃至整个西北历史的发展进程中产生过重要影响。

第一节　家族历史的多元呈现：魏晋北朝敦煌张氏家族源流

敦煌张氏家族自汉代即已迁徙至敦煌，晋凉之际，敦煌张氏家族在河西地区历经浮沉。北朝隋唐之际敦煌大族持续发展，至晚唐时期，敦煌张氏建立了归义军政权。敦煌张氏家族的源流颇值得关注。

一、敦煌张氏对先秦至两汉祖先的追溯

敦煌张氏家族自中原迁徙至敦煌的历史始于汉代，相关追溯常见于北朝隋唐时期的碑志当中。敦煌张氏一方面以敦煌为郡望，一方面强调其家族自中原迁徙的历史。敦煌张氏家族碑志追溯的早期祖先，情况较为复杂，张氏著名人物往往成为攀附的对象。敦煌张氏祖先书写中有张耳、张良、张禹、张衡、张芝等，这些人物往往是作为祖先叙述环节中的一个要素。下面对敦煌张氏祖先书写的内容再做具体分析。

（一）敦煌张氏自称赵王张耳后代

秦汉之间的赵王张耳，见于《史记·张耳陈馀列传》。秦朝末年，张耳立赵国后裔赵歇为赵王，居信都。项羽称西楚霸王时期，立张耳为常山王，都信都。汉初，刘邦以张耳为赵王，都邯

郫。张耳去世后，其子张敖继为赵王，后被废。关于敦煌张氏自称为张耳后代的材料主要有以下若干条。

东魏武定六年（548）《张琼墓志》记载："公侯继袭，将相连门，于晋则有大夫张老，在汉赵王张耳，君即其后也。"[①]又武定六年《张遵墓志》记载："晋大夫老、汉王耳即其先也。"[②]张琼、张遵父子活跃于东魏北齐之际，将其祖先追溯至先秦晋国贤士张老、汉赵王张耳。

北齐武平二年（571）《张宗宪墓志》记载："仲既左右周室，耳则蕃屏汉朝……仲既佐周，耳称王汉。"[③]唐大历三年（768）《张群墓志》记载："其先自信都徙焉，世为河右冠族。"[④]唐大历十四年（779）《张参墓志》记载："系祖虞，袭耳为赵王，谪居敦煌郡，因为县人也。自汉于唐，世生贤哲，史牒详矣。"[⑤]唐大中十年（856）《张茂弘墓志》记载："肇自轩皇，逮于周季，命氏于晋，实曰张侯。洎汉常山，封邑于赵，赵王五代孙以直词忤旨，授谪敦煌，遂为县人焉。"[⑥]唐大中十二年（858）《张进墓志》记载："汉常山王耳，吾宗之始祖也。"[⑦]咸通五年

① 拓片及录文参见叶炜、刘秀峰主编《墨香阁藏北朝墓志》，上海：上海古籍出版社，2016年，第72—73页。

② 拓片及录文参见叶炜、刘秀峰主编《墨香阁藏北朝墓志》，第73—74页。

③ 拓片参见赵文成、赵君平编《秦晋豫新出墓志搜佚续编》，北京：国家图书馆出版社，2015年，第148页。

④ 杜镇、苗铁飞、刘皓妍《新出唐建中元年〈张参夫妇墓志〉与唐代经史问题》，《中国国家博物馆馆刊》2021年第10期，第49页。

⑤ 杜镇、苗铁飞、刘皓妍《新出唐建中元年〈张参夫妇墓志〉与唐代经史问题》，第48页。

⑥ 录文参见周绍良主编《唐代墓志汇编》，上海：上海古籍出版社，1992年，第2343页。

⑦ 录文参见周绍良主编《全唐文新编》第4部第2册，长春：吉林文史出版社，2000年，第9572—9573页。

（864）《张厚儒墓志》记载："远祖在汉封常山王。"[1]以上墓志中的张宗宪、张群、张参、张茂弘、张进、张厚儒皆自称为张耳后代。不同的是，其中有些墓志将家族祖先追溯至张耳之前。如《张茂弘墓志》即称其祖先为春秋时期张老；也有追溯至周代贤臣张仲[2]，如《张宗宪墓志》。尽管如此，汉赵王张耳都是以上碑志祖先书写中的重要环节，碑志书写中的"信都""赵王""常山王"一类的内容都是指张耳。

根据目前的史料可知，至迟在北朝时期，部分敦煌张氏开始自称赵王张耳后代，后世亦有较多沿用此类书写的情况。

（二）敦煌张氏祖先书写中的张襄

1.张襄与清河郡望

敦煌吐鲁番地区张氏，通常将其家族自中原迁徙至敦煌的年代追溯至汉代，并以张襄为其西迁始祖。陈国灿对《张怀寂墓志》等史料中张襄在汉宣帝时期西迁事迹的记载做了考证，指出其重要的史料价值[3]。除了唐代吐鲁番地区出土的墓志外，敦煌文书中也有关于张氏家族源流的记载，张襄亦是其家族世系中的重要一环。敦煌文书P.2625《敦煌名族志》即记载了敦煌张氏的祖先历史。文书载：

> 1. □尉
> 2. □尉张瓘领兵东来，
> 3. □郡城东南七里。子凭，因

---

① 拓片及录文参见毛阳光、余扶危主编《洛阳流散唐代墓志汇编》，北京：国家图书馆出版社，2013年，第622—623页。

② 《小雅·六月》："侯谁在矣，张仲孝友。"《毛传》："张仲，贤臣也。"［清］阮元校刻《十三经注疏》，北京：中华书局，1980年，第425页。

③ 陈国灿《跋〈武周张怀寂墓志〉》，《文物》1981年第1期，第47页。

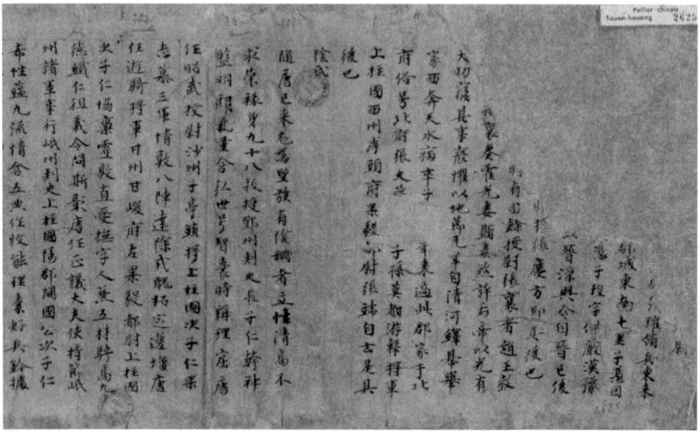

图3-1 P.2625《敦煌名族志》

4. ________凭子瑝，字仲严，汉豫
5. ________□晋凉兴令。自晋以后，
6. ________郎将张庆方，即其后也。
7. ________时有司隶校尉张襄者，赵王敖
8. ____孙。襄奏霍光妻显毒煞许后。帝以光有
9. 大功，寝其事。襄惧，以地节元年自清河绎幕举
10. 家西奔天水，病卒。子□□年来适此郡，家于北
11. 府，俗号北府张。史籍□□，子孙莫睹。游击将军、
12. 上柱国、西州岸头府果毅都尉张端，自云是其
13. 后也。①

池田温考证了《敦煌名族志》中张氏族谱所追溯的汉代祖先，认

① 图版参见上海古籍出版社、法国国家图书馆合编《法藏敦煌西域文献》第16册，上海：上海古籍出版社，2001年，第329—331页；（日）池田温著，韩昇译《唐朝氏族志研究——关于〈敦煌名族志〉残卷》，载池田温《唐研究论文集》，北京：中国社会科学出版社，1999年，第70—71页。

为赵王敖是汉初功臣赵王张耳的儿子张敖，张襄即赵王敖的后代。同时池田温认为司隶校尉张襄的记载乃是后人捏造的，“霍光死后霍氏一族因谋反而被诛时，有一位叫作张章的平民因密告霍氏谋反而立功，封博成侯。章与襄在字音、字形上略近，所以张襄有可能是根据张章的事迹创造出来的”①。仇鹿鸣亦认为张

表 3-1　敦煌归义军时期清河张氏

时代	史料	郡望
唐咸通九年（868）	P.4660《河西道节度押衙张议广邈真赞》	清河
咸通十二年（871）	P.4660《节度押衙敦煌郡耆寿张禄邈真赞》	清河
敦煌西汉金山国时期(906—911)	P.3633V《西汉金山国左神策引驾张安左生前邈真赞并序》	清河
敦煌西汉金山国末年	P.3541V《释门僧政张善才和尚邈真赞并序》	清河
后梁—后唐?	P.2991B《毗尼藏主张灵俊和尚写真赞并序》	清河
后唐天成二年至清泰二年(927—935)	P.3718《河西节度都头知玉门军张明德邈真赞并序》	清河
后唐?	P.3556《敦煌郡灵修寺张戒珠邈真赞并序》	清河
后晋开运二年(945)后?	P.3390V《西方净土功德记》	清河
后周显德二年(955)	S.5405《张福庆和尚邈真赞并序》	清河
宋太平兴国八年(983)	绢画MG.17662《清河郡娘子张氏绘佛邈真赞并序》	清河

① （日）池田温著，韩昇译《唐朝氏族志研究——关于〈敦煌名族志〉残卷》，载池田温《唐研究论文选集》，第105页注释11。

氏家族祖先记载中，附会成分居多，且自中原西迁的张氏家族源流“在敦煌、吐鲁番地区已成为一种典范化的记忆”[①]。可知敦煌张氏虽然来自中原，但是由于迁居敦煌的张氏家族没有显赫的家族人物可以攀附，很有可能如池田温所言，敦煌张氏家族据正史中的张章，编造出张襄的故事，以期提高自身的声望。《张怀寂墓志》中的张襄事迹记载较为简略，即“襄避霍难，西宅敦煌”。可知敦煌、吐鲁番地区张氏家族采用了类似的祖先书写。根据《张怀寂墓志》《敦煌名族志》可知，对西迁始祖张襄的追溯逐渐成为一种书写模式固定下来。《敦煌名族志》以张襄为敦煌张氏迁徙始祖，同时称敦煌张氏为清河张氏的后代，即“以地节元年自清河绎幕举家西奔天水”。《敦煌名族志》编撰于唐代前期[②]，此后敦煌本地张氏自称清河张氏的情况也很多。

《敦煌名族志》中的张襄事迹、自清河迁徙敦煌的叙述，不知最早形成于何时，或许在北朝之际已经形成，至唐代以后经常出现，《敦煌名族志》或影响了后世敦煌张氏的祖先书写。

---

① 仇鹿鸣《制作郡望：中古南阳张氏的形成》，《历史研究》2016年第3期，第34页。

② 陈国灿认为《敦煌名族志》“成于神龙元年（705）武后退位之后不久”，参见陈国灿《武周瓜、沙地区的吐谷浑归朝事迹——对吐鲁番墓葬新出敦煌军事文书的探讨》，敦煌文物研究所编《1983年全国敦煌学术讨论会文集（文史·遗书编）》上，兰州：甘肃人民出版社，1987年，第21—23页。池田温认为《敦煌名族志》编撰于景龙四年（710）前后，参见（日）池田温著，韩昇译《唐朝氏族志研究——关于〈敦煌名族志〉残卷》，载池田温《唐研究论文选集》，第86页。郑炳林、安毅认为《敦煌名族志》必创作于景云二年（711）之后，具体应在723—727年，参见郑炳林、安毅《敦煌写本P.2625〈敦煌名族志〉残卷撰写时间和张氏族源考释》，《敦煌学辑刊》2007年第1期，第1—14页。冯培红亦同意《敦煌名族志》创作于“景云二年之后”的说法，参见冯培红《汉宋间敦煌家族史研究回顾与述评（上）》，《敦煌学辑刊》2008年第3期，第44页。

图3-2 《张怀寂墓志》（图片采自侯灿、吴美琳《吐鲁番出土砖志集注》，第595页）

2.张襄与南阳郡望

吐鲁番地区出土的武周时期《张怀寂墓志》是高昌张氏家族整合其家族源流的代表性文献。《张怀寂墓志》称其家族西迁始祖为张襄，同时又载其家族郡望为南阳，志文曰："君讳怀寂，字德璋，南阳白水人也。昔轩后诞孕，手文疏得姓之源。锡壤崇基，白水为封侯之邑。贤明继轨，代有人焉。佐汉相韩，备该策史。襄避霍难，西宅敦煌，余裔迁波，奄居蒲渚，遂为高昌人也。"[1]根据

① 图版及录文参见侯灿、吴美琳《吐鲁番出土砖志集注》，成都：巴蜀书社，2003年，第595—597页。

志文可知高昌张怀寂家族自称“南阳白水”人。远祖张襄因避霍光之乱，举家迁徙至敦煌，家族支裔亦有迁至高昌者。

可知《张怀寂墓志》将其祖先追溯至张襄，但以南阳为其家族郡望。南阳也是中古张氏家族的郡望之一。张氏南阳郡望的形成渊源颇为复杂，仇鹿鸣详细考证了张氏南阳郡望的历史依据，并尽可能厘清了中古张氏家族攀附、建构、伪冒南阳郡望的过程[①]。两汉时期南阳地区不乏张氏名人。南阳张氏的书写方式有时会具体为“南阳白水”，陈弱水认为南阳白水郡望的出现，与南阳张衡与刘秀兴起时的白水之谶有关[②]；仇鹿鸣则进一步将“南阳白水”说具体化，认为白水可能是西汉初的旧县名，汉初春陵本置长沙国，后移置南阳白水[③]。对于张氏为何不用南阳春陵，而选择南阳白水，仇鹿鸣给出更进一步的阐释，即“白水”是传说中张姓始祖早期的封地所在，“南阳白水”与北朝张氏墓志中将其家族攀附于传说时代的五帝有关；此外，亦不排除张氏家族的里贯原籍确实在白水的情况[④]。这样一来，中古张氏南阳郡望的建构过程大致呈现出来。其一，张氏的南阳郡望，与汉代南阳张氏名人有关，如张堪、张释之、张衡等；其二，南阳张堪与刘秀为好友，刘秀兴起时又有白水之谶；其三，西晋张氏人物确有出自南阳白水者；其四，北朝时期，张氏碑志将其祖先攀附至传说时代的五帝，形成了“白水封侯”之说。在此基础上，中

① 仇鹿鸣《制作郡望：中古南阳张氏的形成》，第21—39页。

② 陈弱水《从〈唐晅〉看唐代士族生活与心态的几个方面》，氏著《隐蔽的光景：唐代的妇女文化与家庭生活》，桂林：广西师范大学出版社，2009年，第209页。［南朝宋］范晔撰，［唐］李贤等注《后汉书》卷一《光武帝纪》，北京：中华书局，1965年，第35、86页。

③ 仇鹿鸣《制作郡望：中古南阳张氏的形成》，第24页注释7。

④ 仇鹿鸣《制作郡望：中古南阳张氏的形成》，第24—25页。

古张氏家族将南阳郡望的相关叙事进行了勾连与丰富，形成了张氏家族的南阳郡望。

仇鹿鸣亦注意到敦煌吐鲁番张氏人物将南阳白水张氏视为家族源头的记载，该叙事模式在北朝时期较少，大量出现于唐占领西州以后的吐鲁番地区，反映了敦煌张氏先世记忆的典范化过程。张善和、张怀寂这些高昌灭亡后被迁往中原，再返回西州者，或是郡望知识传播的中介[①]。魏晋北朝时期敦煌张氏多有迁往高昌者，唐代高昌张氏墓志中将家族祖先追溯至南阳张氏的情况较多，相关墓志中往往采用“南阳—敦煌—高昌”这样的迁徙路线，因此笔者将敦煌张氏、高昌张氏追溯祖先至南阳的情况做一简要统计。

北魏孝昌三年（527）《张斌墓志》记载：“其围山迹海之根，秀玉炎于轩皇。昂天覆月之干，□金辉于汉祖。涌清源而濯南阳，注洪波而灌濛汜。列岳分川，遂跨凉土。”[②]这是北朝时期敦煌张氏追溯其祖先至南阳的记载。唐显庆三年（658）《张善和墓志》记载：“张氏分源白水……保居高昌。”[③]唐仪凤二年（677）《张氏墓志》记载：“（前缺）南阳白水……遂□西州高昌县人也。”[④]唐永昌元年（689）《张雄夫人麹氏墓志》记载：“君讳雄，字太欢，本南阳白水人也。天分翼轸之星，地列敦煌之郡。英宗得于高远，茂族檀其清华。西京之七叶貂蝉，东土之一门龙凤。则有寻源昆阆，倚柱凉城，跗萼散于前庭，波澜流于

① 仇鹿鸣《制作郡望：中古南阳张氏的形成》，第34页。

② 拓片参见赵君平编《邙洛碑志三百种》，北京：中华书局，2004年，第20—21页。

③ 图版及录文参见侯灿、吴美琳《吐鲁番出土砖志集注》，第491—492页。

④ 图版及录文参见侯灿、吴美琳《吐鲁番出土砖志集注》，第564—565页。

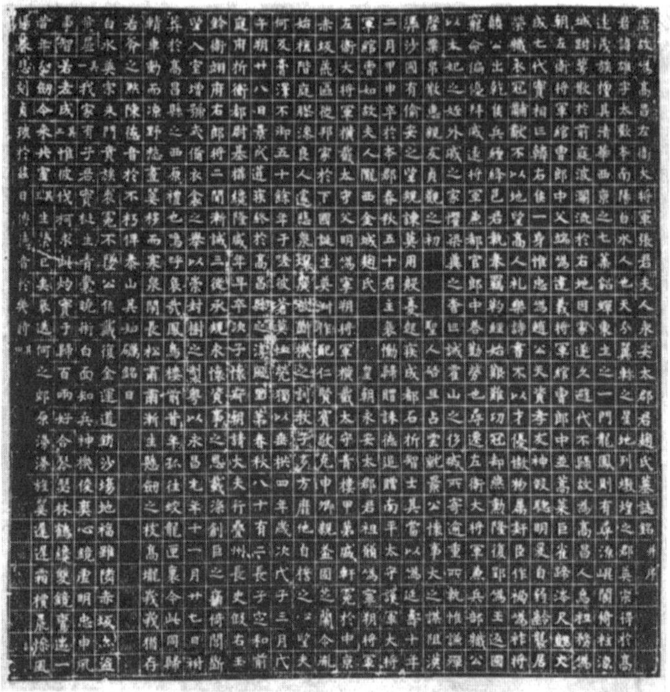

图3-3 《张雄夫人麴氏墓志》（图片采自侯灿、吴美琳《吐鲁番出土砖志集注》，第585页）

右地。因家遂久，避代不归，故为高昌人焉。”[①]武周长寿二年（693）《张富琳墓志》记载：“其先出自白水，分枝中夏，子孙相继，播业前庭。”[②]武周长寿三年（694）《张怀寂墓志》记载：“君讳怀寂，字德璋，南阳白水人也……襄避霍难，西宅敦

① 图版及录文参见侯灿、吴美琳《吐鲁番出土砖志集注》，第585—586页。录文又参见张铭心《吐鲁番出土墓志汇考》，桂林：广西师范大学出版社，2020年，第269—273页。

② 图版及录文参见侯灿、吴美琳《吐鲁番出土砖志集注》，第592—594页。

煌。余裔迁波，奄居蒲渚，遂为高昌人也。”[①]武周长安三年（703）《张礼臣墓志》记载：“君讳礼臣，字崇让，南阳白水人也。”[②]唐开元七年（719）《张行伦墓志》记载志主为“南阳人也”[③]。此外，归义军时期敦煌张氏亦有以南阳为郡望者。

仇鹿鸣认为：“张姓其他各望往往借助‘迁徙神话’建立与南阳白水的联系，这也是白水在一些墓志文本中成为张姓共同祖先叙事中一环的重要原因。”[④]北朝隋唐时期，敦煌张氏家族的

图3-4 《张礼臣墓志》

① 图版及录文参见侯灿、吴美琳《吐鲁番出土砖志集注》，第595—597页。
② 图版及录文参见侯灿、吴美琳《吐鲁番出土砖志集注》，第610—612页。
③ 图版及录文参见侯灿、吴美琳《吐鲁番出土砖志集注》，第634—635页。
④ 仇鹿鸣《制作郡望：中古南阳张氏的形成》，第34页。

表 3-2 敦煌归义军时期南阳张氏

时代	史料	郡望
唐咸通七年（866）	P.3770《张族庆寺文》	南阳
唐咸通九年（868）	《张淮澄墓志》	南阳
光启三年（887）	P.2568《南阳张延绶别传》	南阳
大顺元年（890）	P.2913V《张淮深墓志铭》	南阳
后唐同光二年至天成二年（925—927）	P.3718《节度押衙张明集写真赞并序》	南阳
后唐长兴二年至清泰二年（931—935）	P.2482《应管内衙前都押衙张怀庆邈真赞并序》	南阳
后晋开运二年（945）	P.3390《节度左班都头张安信邈真赞并序》	南阳
后晋开运二年（945）	P.3792V《释门法律毗尼藏主张和尚生前写真赞并序》	南阳
后汉乾祐三年（950）	P.3390《节度押衙张润盈孟授祖庄浮图功德记并序》	南阳（据《张怀庆邈真》赞补）
后周广顺四年（954）	P.3556《南阳郡娘子张氏墓志铭并序》	南阳

祖先书写即经历了一个整合的过程，主要体现在唐前期《张怀寂墓志》与《敦煌名族志》当中，整合的结果即清河郡望、南阳郡望及其相关环节成为敦煌张氏碑志祖先书写的主流模式。

（三）敦煌张氏祖先书写中的张良

《张怀寂墓志》中构成其祖先世系的环节主要有：南阳白水张氏、汉相张良、西迁始祖张襄。其中关于张良的追溯，志文曰“佐汉相韩，备该策史”。张良祖、父任先秦韩国相国，张良本人助刘邦建汉。学者认为，张良家族与后世张氏诸望没有可靠的联系，不过因为张良事迹的神话色彩及其较广的流行程度，而为后世张氏家族所攀附[1]。敦煌张氏攀附汉代张良的情况比较少见，唐宣宗大中十三年（859）《张审文墓志》记载："府君讳审文，字子远，其先汉相酂侯之苗胤也。"[2]其中的"汉相酂侯"实际为萧何，但是考虑到萧何、张良的故事常常一同流行，此处"酂侯"或是"留侯"之误。这是敦煌张氏追溯其祖先至张良的情况。

综合前文对北朝隋唐敦煌张氏碑志的考察可知，无论是清河郡望、南阳白水郡望，还是张良、张襄等汉代祖先，相关线索出现在敦煌张氏墓志中基本上出于攀附、虚构。不过即便如此，敦煌张氏家族来自中原是确定无疑的。中古时期的张姓虽不是一流姓望，但是迁居敦煌的张氏家族一方面积极参与地方事务，在敦煌地区颇具影响力；另一方面，通过攀附祖先和拟构迁徙历史，跻身敦煌一流家族。

（四）敦煌本地的墨池张氏

经过长期历史积淀，至东汉时期，敦煌本地张氏逐渐成长为地方大族。正史中的张珰、张晏等或即出自敦煌张氏。《后汉书·西域传》载："延光二年（123），敦煌太守张珰上书陈三策。"此三策实为张珰所进经营西域北道之策，尚书陈忠予以赞同，并认为"敦煌宜置校尉，案旧增四郡屯兵，以西抚诸国。庶足折冲万里，震怖匈奴"[3]。皇帝接纳了这一进言，于是以班勇为西域长史，率军屯柳中，最终取得攻破车师的胜举。冯培红认为："张珰其人，虽然《敦煌实录》辑本与《续敦煌实录》未见

---

① （日）保科季子《張良と太公望：漢六朝期受命思想における"佐命"》，《寧楽史苑》第59号，2014年，第1—13页；仇鹿鸣《制作郡望：中古南阳张氏的形成》，第27—28页。

② 录文参见周绍良主编《唐代墓志汇编》，第2374页。

③《后汉书》卷八八《西域传》，第2911—2912页。

图3-5 《敦煌实录》中的张澍肖像图（图片采自［清］张澍辑，李鼎文校点《续敦煌实录》前言，兰州：甘肃人民出版社，1985年，第6页）

收录，但比照西汉敦煌人曹宗官任敦煌太守、遣兵进取西域之事迹，那么东汉时的敦煌太守张珰也极可能出自敦煌张氏。”[①]此外，《后汉书·西域传》中还记载西域长史张晏[②]，其或许也是出自敦煌。在清代张澍辑《续敦煌实录》中，张氏排在最前面，可见张氏家族在敦煌的地位。敦煌张氏著名人物还被纳入北朝以后家族碑志的祖先书写，比如墨池张氏即是后世敦煌张氏的攀附对象。

与前文所论敦煌张氏攀附中原祖先的情况不同，敦煌张氏家族与敦煌墨池张氏的传承关系并非完全出于虚构。敦煌墨池张氏是敦煌本地具有代表性的家族。东汉时期，敦煌张氏已经成为当地的儒学高门。张奂、张芝父子是东汉后期敦煌张氏家族的代表人物。《后汉书·张奂传》云：

① 冯培红《汉晋敦煌大族略论》，《敦煌学辑刊》2005年第2期，第105页。
② 《后汉书》卷八八《西域传》，第2927页。

> 张奂字然明，敦煌渊泉人也。父惇，为汉阳太守。奂少游三辅，师事太尉朱宠，学《欧阳尚书》。初，《牟氏章句》浮辞繁多，有四十五万余言，奂减为九万言。后辟大将军梁冀府，乃上书桓帝，奏其《章句》，诏下东观。以疾去官，复举贤良，对策第一，擢拜议郎。[①]

张奂为敦煌渊泉人，具有较高的儒学造诣。史载张奂于永寿元年（155）出任安定属国都尉：

> 初到职，而南匈奴左薁鞬台耆、且渠伯德等七千余人寇美稷，东羌复举种应之，而奂壁唯有二百许人，闻即勒兵而出……诸豪遂相率与奂和亲，共击薁鞬等，连战破之。伯德惶恐，将其众降，郡界以宁。
>
> 羌豪帅感奂恩德，上马二十匹，先零酋长又遗金鐻八枚。奂并受之，而召主簿于诸羌前，以酒酹地曰："使马如羊，不以入厩；使金如粟，不以入怀。"悉以金马还之。羌性贪而贵吏清，前有八都尉率好财货，为所患苦，及奂正身洁己，威化大行。[②]

可知张奂在担任安定属国都尉期间，能够结交东羌诸豪酋帅，同时正身洁己，得到了羌人的拥戴，稳定了东汉王朝在河陇地区的统治。后张奂升任使匈奴中郎将，史书记载：

> 时休屠各及朔方乌桓并同反叛，烧度辽将军门，引屯赤

---

① 《后汉书》卷六五《张奂传》，第2138页。

② 《后汉书》卷六五《张奂传》，第2138页。

> 坑，烟火相望。兵众大恐，各欲亡去。奂安坐帷中，与弟子讲诵自若，军士稍安。乃潜诱乌桓阴与和通，遂使斩屠各渠帅，袭破其众。诸胡悉降。
>
> 延熹元年，鲜卑寇边，奂率南单于击之，斩首数百级。[①]

张奂积极参与中原王朝政治，任职安定属国都尉、使匈奴中郎将、度辽将军等职，成功抵御匈奴、乌桓、羌、鲜卑等的多次入侵及叛乱，使得“匈奴、乌桓闻奂至，因相率还降，凡二十万口”[②]。可见张奂在西北治理方面颇有才能，因而得到了东汉王朝的重用。张奂曾经担任武威太守，后又迁少府，拜大司农，以功封侯。张奂与皇甫规关系友善，皇甫规为安定朝那人，可以看出河陇大族之间相互结交的风气。同时敦煌张奂与武威段颎矛盾甚深，史载“奂前为度辽将军，与段颎争击羌，不相平”[③]。张奂与段颎之矛盾在平定羌人反叛的过程中产生，从一个侧面反映了东汉时期河陇大族在稳定河陇局势中的中流砥柱作用。《后汉书·张奂传》又载：

> （永康元年）冬，羌岸尾、摩鳖等胁同种复钞三辅。奂遣司马尹端、董卓并击，大破之，斩其酋豪，首虏万余人，三州清定。论功当封，奂不事宦官，故赏遂不行，唯赐钱二十万，除家一人为郎。并辞不受，而愿徙属弘农华阴。旧制边人不得内移，唯奂因功特听，故始为弘农人焉。[④]

① 《后汉书》卷六五《张奂传》，第2139页。
② 《后汉书》卷六五《张奂传》，第2140页。
③ 《后汉书》卷六五《张奂传》，第2141页。
④ 《后汉书》卷六五《张奂传》，第2140页。

永康元年（167），张奂凭借军功得以内徙，但后来又因党锢之祸遭禁锢而被逐回敦煌（一说为“弘农”）。张奂晚年“闭门不出，养徒千人，著《尚书记难》三十余万言”，死后“武威多为立祠，世世不绝”[①]。张奂的长子张芝“文为儒宗，武为将表”[②]，与其弟张昶“并善草书”[③]，张芝被称为“草圣”[④]，可见其书法造诣颇受推崇。张奂少子张猛曾担任武威太守等官职。由此可见，这一时期的张氏家族成员兼修文武，以儒学见长，已成为文化、才能俱优的地方士族。

表 3-3　敦煌归义军时期墨池张氏

时代	史料	关于张芝的记载
唐咸通七年（866）	P.3770《张族庆寺文》	墨池张氏
乾符三年（876）	P.4660《张僧政邈真赞》	墨池张氏
乾符六年（879）	P.4660《沙州都押衙张兴信邈真赞》	墨池张氏
后梁贞明五年（919）	P.3718《释门僧政张喜首和尚写真赞并序》	临池张氏
后唐同光元年至同光二年（923—924）	P.3718《宣德郎试太常寺协律郎行敦煌县令张清通写真赞并序》	临池张氏

① 《后汉书》卷六五《张奂传》，第2142—2144页。
② 《后汉书》卷六五《张奂传》，第2144页注文。
③ 《后汉书》卷六五《张奂传》，第2144页。
④ 《后汉书》卷六五《张奂传》，第2144页注文。

张芝较少见于北朝时期的张氏史料，唐代以后张氏碑志中关于张芝的追溯逐渐增多。唐宋之际敦煌张氏家族亦经常出现以张芝为家族祖先的情况，反映了归义军时期敦煌张氏的家族认同与地域认同。

（五）“敦煌张衡”与中原张衡

张澍《续敦煌实录》中一共有张姓人物25位，张澍辑录刘昞《敦煌实录》辑本中有张衡、张存，其中张衡尤其值得注意。张衡并非敦煌人，史载张衡以通晓天文、阴阳、历算知名于世。《后汉书》记载：“张衡字平子，南阳西鄂人也。世为著姓。祖父堪，蜀郡太守。”[①]刘昞《敦煌实录》记载：“张衡对策曰：‘水者，五行之首。滞而逆流者，人君之恩不能下及而教逆也。’”[②]此事亦载于《后汉书·桓帝纪》《后汉书·五行志》永兴二年（154）六月“彭城泗水增长逆流”[③]条的注文中，但《后汉书》中张衡（字平子）此时已经去世。因此张澍认为，《敦煌实录》中的张衡乃与梁冀同世，并非张平子；且《敦煌实录》中的张衡非南阳人，而是敦煌本地的张衡[④]。冯培红亦赞同《敦煌实录》中的张衡非南阳张平子，该张衡为敦煌人[⑤]。若果真如此，东汉就有两个张衡：一为南阳张衡，一为敦煌张衡。不过，通过梳理“两个”张衡的相关史料，笔者认为“他们”应该是同一人。《后汉书·顺帝纪》记载永和六年（141）：“八月丙辰，大

---

① 《后汉书》卷五九《张衡传》，第1897页。
② ［清］张澍辑，李鼎文校点《续敦煌实录》，第5页。
③ 《后汉书》卷七《桓帝纪》，第299页；［晋］司马彪撰，［南朝梁］刘昭注补《后汉书志》十五《五行志三》，北京：中华书局，1965年，第3311页。
④ ［清］张澍辑，李鼎文校点《续敦煌实录》，第5页。
⑤ 冯培红《汉晋敦煌大族略论》，第105页。

将军梁商薨；壬戌，河南尹梁冀为大将军。”[①]又，梁冀去世的时间为159年[②]，其任大将军的时间在141—159年。张衡去世的时间在永和四年（139），去世时年62岁，张衡在世的时间为78—139年[③]。可知张衡与梁冀为同时代人，张衡去世时间距离梁冀专政时间不远。北魏刘昞撰《敦煌实录》时，对张衡生平或未详考，《后汉书·五行志》中“张衡对策”的相关内容或是后世据《敦煌实录》一类史料所做的补注，因而导致年代不合，但其时代差距并不大。且《敦煌实录》中的张衡亦通天文五行，同一时代应不会如此巧合，在敦煌与中原有两位精通天文五行的张衡。因此笔者认为，被刘昞收入《敦煌实录》的张衡应即《后汉书·张衡列传》中的张衡张平子。刘昞为酒泉人，据《魏书·刘昞传》可知其主要生活在西凉、北凉时期，著述颇丰。《魏书》对河西名士刘昞有相关记载：

> 刘昞，字延明，敦煌人也……李暠私署，征为儒林祭酒、从事中郎……昞以三史文繁，著《略记》百三十篇、八十四卷，《凉书》十卷，《敦煌实录》二十卷，《方言》三卷，《靖恭堂铭》一卷，注《周易》《韩子》《人物志》《黄石公三略》，并行于世。蒙逊平酒泉，拜秘书郎，专管注记。筑陆沉观于西苑，躬往礼焉，号“玄处先生”。[④]

刘昞是河西地区的硕儒，因此能够及时地吸收敦煌地方大族的祖先认同等相关知识。张澍认为“敦煌张氏有《家传》，衡本贯当

---

① 《后汉书》卷六《顺帝纪》，第271页。

② 薛正昌《东汉豪族梁氏述评》，《宁夏社会科学》1988年第4期，第91页。

③ 《后汉书》卷五九《张衡传》，第1939页。

④ [北齐] 魏收撰《魏书》卷五二《刘昞传》，北京：中华书局，1974年，第1160页。

是敦煌”[1]。或许不仅《敦煌实录》把张衡视为敦煌人，《敦煌张氏家传》可能也有相关记载。据《旧唐书·经籍志上》记载，张太素著有《敦煌张氏家传》二十卷[2]，《新唐书》著录为“张大素”撰[3]，作者名字稍有不同，实际应为一人。《宋史·艺文志》失载此书，说明该著作已经亡佚。而根据家族谱牒等资料编撰的《元和姓纂》，其中张氏的条目也未完整保存。敦煌文书P.2625《敦煌名族志》中张氏条前部残损，因此张澍在《续敦煌实录》中提到的《敦煌张氏家传》，其本人可能并没有看到，我们也只能推测其中可能保存有张衡的事迹。

虽然敦煌张氏族谱的原始记载缺失，但是根据魏晋隋唐之际的大量张氏史料，可知张姓人物将其祖先追溯至张衡是比较常见的现象。《晋书·张辅传》记载：“张辅字世伟，南阳西鄂人，汉河间相衡之后也。少有干局，与从母兄刘乔齐名。”[4]北魏永熙二年（533）的《张宁墓志》记载其远祖为张衡，其文曰：“君讳宁，字太安，南阳人也。帝喾之元胄，张衡之后焉。”[5]《魏书·张熠传》载：“张熠，字景世，自云南阳西鄂人，汉侍中衡是其十世祖。”[6]魏晋北朝时期，张姓虽不是一流大姓，但是因为其分布广泛，又是次等士族，因而胡人改姓为张，冒入张

---

① ［清］张澍辑，李鼎文校点《续敦煌实录》，第5页。
② ［后晋］刘昫等撰《旧唐书》卷四六《经籍志上》，北京：中华书局，1975年，第2013页。
③ ［宋］欧阳修、宋祁撰《新唐书》卷五八《艺文志》，北京：中华书局，1975年，第1483页。
④ ［唐］房玄龄等撰《晋书》卷六〇《张辅传》，北京：中华书局，1974年，第1639页。
⑤ 录文参见赵超《汉魏南北朝墓志汇编》，天津：天津古籍出版社，1992年，第305—306页。
⑥《魏书》卷七九《张熠传》，第1766页。

图3-6 《张宁墓志》（图片采自北京图书馆金石组编《北京图书馆藏中国历代石刻拓本汇编》第5册，郑州：中州古籍出版社，1989年，第187页）

氏的情况很多[①]。墓志中的张姓胡人，往往称自己是张衡的后代。如东魏天平四年（537）《张满墓志》记载："君讳满，字华原，南阳西鄂人也。汉相留侯之苗裔。"[②]据研究，张满可能是浸濡汉文化较深的鲜卑人，冒称汉人郡望[③]。据《北齐书·循

① 仇鹿鸣《制作郡望：中古南阳张氏的形成》，第28—29页。
② 拓片参见赵万里编《汉魏南北朝墓志集释（上）》，台北：新文丰出版公司，1982年，第642页。
③ 仇鹿鸣《制作郡望：中古南阳张氏的形成》，第29页。

图3-7 《张满墓志》（图片采自北京图书馆金石组编《北京图书馆藏中国历代石刻拓本汇编》第6册，第45页）

吏传》记载，张满出自代郡①，因其为胡人，故对汉姓郡望谱系的掌握并不全面，在称自己是南阳西鄂人的同时②，又说自己是汉相张良的后代。《北齐书·张保洛传》记载："张保洛，代人也，自云本出南阳西鄂。"③可知魏晋南北朝时期张姓人物冒称张衡后代的情况已经比较普遍，因此敦煌张姓人物称自己是张衡的后代也是可以理解的。这种现象的出现与时代背景有关系，魏晋南北朝时期社会动荡，地方士族常常借助族谱、郡望等强化其

① ［唐］李百药撰《北齐书》卷四六《循吏传》，北京：中华书局，1972年，第638页。
② 张衡为南阳西鄂人，参见《后汉书》卷五九《张衡传》，第1897页。
③ 《北齐书》卷一九《张保洛传》，第257页。

身份认同。

十六国北朝时期，东汉张衡成为敦煌张氏所攀附的祖先，从而也提高了敦煌张氏的声望。北朝隋唐敦煌张氏自称南阳人，或与此有关。敦煌张氏号称南阳张氏后代的情况在敦煌地区一直存在至晚唐五代归义军时期。归义军节度使张议潮一族自称南阳郡望，正是为了强化其中原汉姓大族后代的身份。王重民将P.2962《张议潮变文》与P.3645V中的《童谣诗》联系在一起，[①]P.3645V写卷为南阳张氏歌功颂德，[②]南阳郡望在敦煌的号召力可见一斑。不过，南阳郡望中的南阳白水、南阳西鄂亦有差别。南阳白水郡望源于刘秀兴起时的白水之谶，亦与五帝传说、西汉旧县白水有关；南阳西鄂与张衡、张温等张姓名人有关，南阳西鄂郡望出现于北朝士族体制逐步确立的时期，反映了此时的知识分子注意到张氏南阳白水郡望存在的问题。[③]刘昞是北魏河西名士，恰好生活在南阳西鄂郡望产生之际，《敦煌实录》将张衡收入其中，应与北朝知识分子对张氏郡望的重整有关。但是唐代以后，南阳白水、西鄂两郡望相互混杂的现象屡见不鲜，吐鲁番的张氏再次将其郡望攀附为南阳白水，晚唐归义军节度使张氏的南阳白水郡望自然也是攀附了。

二、魏晋十六国时期的敦煌张氏

张澍《续敦煌实录》中收录的敦煌张姓人物中，张衡实际为

---

① 王重民等编《敦煌变文集》，北京：人民文学出版社，1957年，第120页。

② 朱雷《〈舜子变〉〈前汉刘家太子传〉〈唐太宗入冥记〉诸篇辨疑》，《魏晋南北朝隋唐史资料》第9—10辑合刊，武汉：武汉大学出版社，1988年，第25—26页。

③ 陈弱水《从〈唐晅〉看唐代士族生活与心态的几个方面》，氏著《隐蔽的光景：唐代的妇女文化与家庭生活》，第208—210页。仇鹿鸣《制作郡望：中古南阳张氏的形成》，第24、29页。

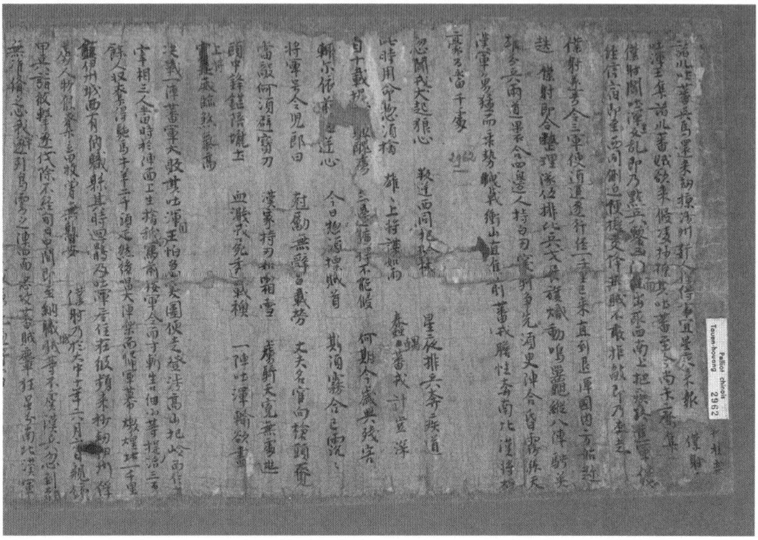

图3-8 P.2692《张议潮变文》

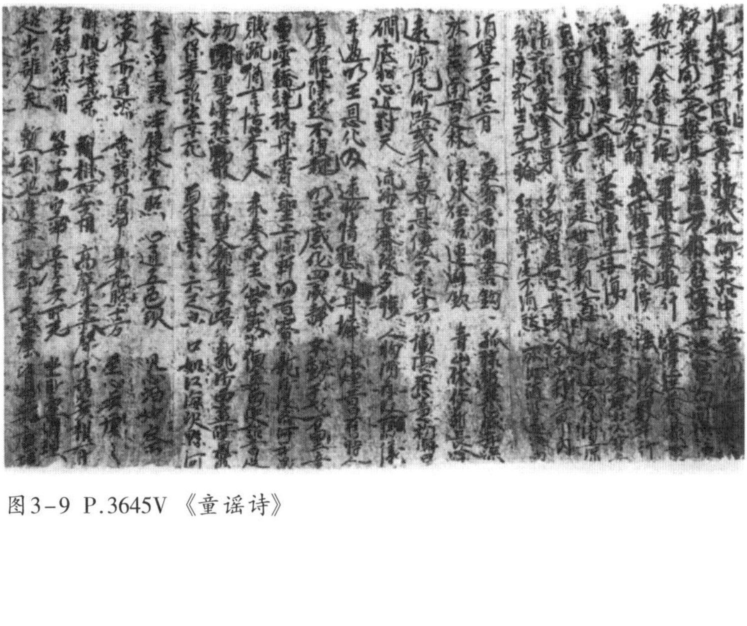

图3-9 P.3645V《童谣诗》

中原人，张策为五代时期人物[①]，其余23位张姓人物皆是出自汉晋五凉时期敦煌张氏。汉晋时期张氏家族即已成为敦煌当地的儒学高门，其家族又涌现出一批优秀的基层军事、政治人才，在地方上担任重要职位。

敦煌张氏在河陇地区地方治理方面作出重要贡献。前述东汉时期的张奂为敦煌名士。汉魏之际，敦煌张氏家族中的张恭、张就父子名著河西。《三国志》记载，东汉末年，各地方势力纷纷抬头，欲割据自立，此时，“河右扰乱，隔绝不通，敦煌太守马艾卒官，府又无丞。功曹张恭素有学行，郡人推行长史事，恩信甚著”[②]，张恭的“素有学行”正是敦煌张氏家族崇尚儒风的表现。张恭以长史之职，遣子张就东诣太祖而请太守，又积极扫除酒泉黄华、张掖张进的割据势力。河西酒泉、张掖诸郡反叛时，出自敦煌张氏家族的张恭，坚定支持中原政权派遣的官员。最终河西叛乱被平定，有赖于张恭家族的协助。曹魏政权占有了河西走廊，为褒奖其功劳，于黄初二年（221），“赐恭爵关内侯，拜西域戊己校尉”，后又“授以侍臣之位，而以子就代焉”。张恭归至敦煌，称疾辞官，太和中卒世，被“赠执金吾”[③]。

敦煌张氏家族乃学问、德行并重的地方大族，在酒泉、张掖纷纷叛乱的形势下，能够拥护中原王朝的统治，为曹魏时期河西地区的稳定作出重要贡献。张恭子张就亦深受儒家忠义思想影响，史载张就在东行请太守途中为酒泉黄华所执，《三国志·阎温传》记载：

---

① ［清］张澍辑，李鼎文校点《续敦煌实录》，第26—27页。

② ［晋］陈寿撰，［南朝宋］裴松之注《三国志》卷一八《魏书·阎温传》，北京：中华书局，1959年，第550页。

③《三国志》卷一八《魏书·阎温传》，第551页。

> (就)私与恭疏曰:“大人率厉敦煌,忠义显然,岂以就在困厄之中而替之哉?昔乐羊食子,李通覆家,经国之臣,宁怀妻孥邪?今大军垂至,但当促兵以掎之耳;愿不以下流之爱,使就有恨于黄壤也。”[①]

张就临危不惧的大义之举想必促使其父张恭以更大的决心应对黄华、张进叛乱,后张就幸得平安,并担任金城太守,与其父张恭皆“著称于西州”。

西晋时期,敦煌张氏亦多出名人。张就之子张斅“弘毅有干正”,官至使匈奴中郎将[②];受业于太学的张甝与索靖等人并称“敦煌五龙”[③],其儒学造诣不亚于中原士人;另有太子仆张勃、郡主簿张宅、郡功曹张邈[④]等也都极具学识。

至五凉时期,敦煌张氏已经成为敦煌乃至河西地区的高门大族,并且广泛参与到河西的政局当中。前凉政权中有多名敦煌张氏家族成员。张轨执政时期,敦煌张谘担任著作郎,撰《凉记》八卷,多记轨事。[⑤]同时亦有敦煌张氏成员欲取代张轨的统治,显示出敦煌张氏家族的雄厚实力。《晋书·张轨传》载:

> 晋昌[⑥]张越,凉州大族,谶言张氏霸凉,自以才力应

① 《三国志》卷一八《魏书·阎温传》,第550—551页。

② [清]张澍辑,李鼎文校点《续敦煌实录》,第16页。

③ 《晋书》卷六〇《索靖传》,第1648页。

④ 《晋书》卷六〇《索靖传》,第1648页。《晋书》卷九五《索紞传》,第2494—2495页。

⑤ [清]张澍辑,李鼎文校点《续敦煌实录》,第17页。

⑥ 晋昌与渊泉相邻,《后汉书·张奂传》载张奂为“敦煌渊泉人”,注曰:“渊泉,县名,地多泉水,故城在今瓜州晋昌县东北也。”参见《后汉书》卷六五《张奂传》,第2138页。

之。从陇西内史迁梁州刺史。越志在凉州，遂托病归河西，阴图代轨，乃遣兄镇及曹祛、麴佩移檄废轨，以军司杜耽摄州事，使耽表越为刺史。[①]

张轨出自安定张氏，上述《晋书》中所载之事发生于张轨晚年。永嘉二年（308），张轨患了中风，晋昌大族张越认为自身才能、家族势力亦应于“张氏霸凉”的谶语，于是联合其兄酒泉太守张镇、秦州刺史贾龛、西平太守曹祛、凉州别驾麴晁等人，意图代替张轨。张轨面对此等危局，自然不会坐以待毙，而是以多重手段冷静应对。一方面宣称“吾在州八年，不能绥靖区域，又值中州兵乱，秦陇倒悬，加以寝患委笃，实思敛迹避贤。但负荷任重，未便辄遂，不图诸人横兴此变，是不明吾心也。吾视去贵州如脱屣耳！”并且“欲遣主簿尉髦奉表诣阙，便速脂辖，将归老宜阳”[②]。以此姿态来试探河西大族的态度，另一方面采取刚柔相济的手段离间、分化张越等反叛势力，如借联姻拉拢贾氏，以武力讨斩曹祛。同时可以看到，在这场变乱中，敦煌张氏内部并非完全团结一致，时任武威太守的张琠选择站在张轨一方。张琠是否为敦煌人，正史无载，然而张澍《续敦煌实录》收录了张琠父子的事迹，可知张琠很有可能是出自敦煌张氏。敦煌张越叛乱时，张琠派遣其子张坦至京师上表，称：

魏尚安边而获戾，充国尽忠而被谴，皆前史之所讥，今日之明鉴也。顺阳之思刘陶，守阙者千人。刺史之莅臣州，若慈母之于赤子，百姓之爱臣轨，若旱苗之得膏雨。伏闻

① 《晋书》卷八六《张轨传》，第2223页。
② 《晋书》卷八六《张轨传》，第2223—2224页。

> 信惑流言，当有迁代，民情嗷嗷，如失父母。今戎夷猾夏，不宜骚动一方。[①]

张琠称“刺史之莅臣州”，说明张琠是凉州本地人，而非与张轨同贯，亦表明张琠为敦煌人的可能性。张琠父子上表，意在称颂张轨刺凉以来的政绩，请求晋室勿信流言而行代任之举，说明武威太守张琠是坚定支持张轨统治的。以敦煌张氏为主导的部分河西大族与安定张氏之间的这场政权争夺，以张轨的取胜而告终，“张越奔邺，凉州乃定”[②]，张轨一方面获得中央王朝的支持，名正言顺；另一方面施展权术策略，最终平息了敦煌张氏的分裂活动，从而保证了河西的统一和相对安定[③]。而敦煌张氏的反叛，某种程度上动摇了张轨的统治，也多少造成了前凉统治者张氏与凉州地方大族的隔阂。张越叛乱以后，敦煌张氏家族稍显没落。

前凉张骏时期，张植任西域校尉，张澍《续敦煌实录》亦有张植[④]，《晋书·西戎传》中记载了张植在平定西域战事中的作为：

> 张骏遣沙州刺史杨宣率众疆理西域，宣以部将张植为前锋，所向风靡。军次其国，熙距战于贲崙城，为植所败。植进屯铁门，未至十余里，熙又率众先要之于遮留谷。植将至，或曰：“汉祖畏于柏人，岑彭死于彭亡，今谷名遮留，殆将有伏？”植单骑尝之，果有伏发。植驰击败之，进据尉

①《晋书》卷八六《张轨传》，第2224页。

②［宋］司马光编著，［元］胡三省音注《资治通鉴》卷八六“怀帝永嘉二年”条，北京：中华书局，1956年，第2736页。

③ 武守志《五凉政权与西州大姓》，《西北师大学报（社会科学版）》1985年第4期，第28—29页。

④［清］张澍辑，李鼎文校点《续敦煌实录》，第18—19页。

犁，熙率群下四万人肉袒降于宣。[1]

可知，张植凭借自身勇武降服了焉耆国王龙熙，立下赫赫战功。杨宣为沙州刺史，其军队成员多来自敦煌，冯培红据此认为张植即敦煌人，并指出敦煌大族在西域经略中的重要作用[2]。前凉张重华时期，有敦煌张冲出任金城太守，后赵将领麻秋率军进攻前凉，张冲兵少难以抵挡，以城投降麻秋[3]。《续敦煌实录》引《前凉录》曰："张冲，字长思，敦煌人。家财巨万，悉以散之乡闾。时人为之谣曰：'推财不疑张长思。'"[4]可见敦煌张冲之乐善好施。张重华派征南将军裴恒出兵抵御麻秋的进攻，而时任牧府相司马的敦煌张耽则并不认可裴恒的御敌之术，张耽上书言：

> 臣闻国以兵为强，以将为主。主将者，存亡之机，吉凶所系。故燕任乐毅，克平全齐，及任骑劫，丧七十城之地。是以古之明君靡不慎于将相也。今之所要，在于军师。然议者举将多推宿旧，未必妙尽精才也。且韩信之举，非旧名也；穰苴之信，非旧将也；吕蒙之进，非旧勋也；魏延之用，非旧德也。盖明王之举，举无常人，才之所能，则授以大事。今强寇在郊，诸将不进，人情骚动，危机稍逼。主簿谢艾，兼资文武，明识兵略，若授以斧钺，委以专征，

① 《晋书》卷九七《西戎传》，第2542—2543页。

② 冯培红《敦煌学与五凉史论稿》，杭州：浙江大学出版社，2017年，第202—203页。

③ 《晋书》卷八六《张轨传》载："季龙使王擢、麻秋、孙伏都等侵寇不辍。金城太守张冲降于秋。"（第2240页）

④ ［清］张澍辑，李鼎文校点《续敦煌实录》，第19页。

必能折冲御侮，歼殄凶类。[1]

张重华采纳了张耽的进言，以谢艾代裴恒为将，最后取得了胜利。这说明敦煌张耽能够打破成见，慧眼识才。前凉后期，还有敦煌张禧出任敦煌效谷令，敦煌张颀任西域校尉[2]，以及张阆、张斐[3]等张氏人物见于前凉政权中。

后凉时期，吕绍娶敦煌张氏[4]，但是根据记载，张氏为美人，地位不高。在北凉时期，敦煌张慎担任奉常[5]，张披担任永安令[6]。西凉时期，张体顺担任宁远将军、建康太守，后出任左长史[7]，又有张显出任从事中郎[8]。敦煌张邈是李暠西凉政权中的重要人物。《晋书·凉武昭王李玄盛传》载：

及业僭称凉王，其右卫将军索嗣构玄盛于业，乃以嗣为敦煌太守，率骑五百而西，未至二十里，移玄盛使迎己。玄盛惊疑，将出迎之，效谷令张邈及宋繇止之曰："吕氏政衰，段业闇弱，正是英豪有为之日。将军处一国成资，奈何束手于人！索嗣自以本邦，谓人情附己，不虞将军卒能距之，可一战而擒矣。"[9]

---

①《晋书》卷八六《张重华传》，第 2240—2241页

②［清］张澍辑，李鼎文校点《续敦煌实录》，第17—18、20页。

③《晋书》卷八六《张轨传》，第2224—2225页。

④［清］张澍辑，李鼎文校点《续敦煌实录》，第22页。

⑤［清］张澍辑，李鼎文校点《续敦煌实录》，第22—23页。

⑥［清］张澍辑，李鼎文校点《续敦煌实录》，第25—26页。

⑦［清］张澍辑，李鼎文校点《续敦煌实录》，第24页。

⑧［清］张澍辑，李鼎文校点《续敦煌实录》，第24页。

⑨《晋书》卷八七《凉武昭王李玄盛传》，第2258页。

李暠本为敦煌太守，段业称凉王后，索嗣构陷李暠，段业即欲以索嗣代替李暠为敦煌太守，索嗣率五百骑赴任敦煌，李暠的幕僚张邈和宋繇为其剖析局势，李暠于是听其言，“遣其二子士业、让与邈、繇及司马尹建兴等逆战，破之，嗣奔还张掖”[①]。李暠自此建立西凉，定都敦煌。迁都是李暠西凉政权发展过程中的重要事件。李暠初定敦煌，为进一步发展势力，提出“大业须定，不可安寝，吾将迁都酒泉，渐逼寇穴”[②]，意欲东迁，与沮渠蒙逊争锋。李暠诸幕僚对此并非完全赞成，但是张邈予以鼎力支持，《晋书·凉武昭王李玄盛传》云：

> 张邈赞成其议，玄盛大悦曰：“二人同心，其利断金。张长史与孤同矣，夫复何疑！”乃以张体顺为宁远将军、建康太守，镇乐涫，征宋繇为右将军，领敦煌护军，与其子敦煌太守让镇敦煌，遂迁居于酒泉。[③]

据此可知张邈在李暠政权中处核心地位。又北凉沮渠蒙逊时期，敦煌张穆担任中书侍郎[④]，张衍担任太史令[⑤]。《宋书·恩倖传》记载汉代时，“郡县掾史（吏），并出豪家，负戈宿卫，皆由势族”[⑥]。魏晋南北朝时期，河西悬远，中原王朝难以控制其地。河西走廊诸郡在地理上紧密联系，敦煌大族因其较高的文化素

---

①《晋书》卷八七《凉武昭王李玄盛传》，第2258页。
②《晋书》卷八七《凉武昭王李玄盛传》，第2261页。
③《晋书》卷八七《凉武昭王李玄盛传》，第2261页。
④《晋书》卷一二九《沮渠蒙逊载记》，第3195页。
⑤［清］张澍辑，李鼎文校点《续敦煌实录》，第26页。
⑥［南朝梁］沈约撰《宋书》卷九四《恩倖传》，北京：中华书局，1974年，第2301页。

养，其势力在河西走廊持续发展，涌现出了一批在地方上颇有影响力的人物。张氏家族即敦煌大族的代表。

三、敦煌张氏家族的外迁

汉代自中原迁徙至边郡的家族一般不得内移。据前引《后汉书·张奂传》可知，敦煌张奂家族出仕中原者可谓世代相续。张奂立功，朝廷封赏，张奂“并辞不受，而愿徙属弘农华阴。旧制边人不得内移，唯奂因功特听，故始为弘农人焉”[①]。可见敦煌张氏对迁往中原一事极为重视，虽然张奂因功得以内徙，但是最终因得罪宦官，被逐回乡。前凉时期有敦煌张世度，史载：“张世度，敦煌人也。幼以孝让著称。游学京师，遇中州大疫，乡人宗族死于京师十余人，世度年十六，收恤殡葬。识者嘉之。”[②]可知西晋时期敦煌士人在中原游学仕宦者数量不少。

汉代敦煌张氏家族迁自中原，并且成为敦煌地区世家大族，后代敦煌张氏家族成员则以前往中原做官为荣，对中原十分向往。西晋时期敦煌大族与中原联系较多，很多张姓人物在中原做官。十六国北朝时期，敦煌张氏成员亦有出仕中原王朝者，不过，敦煌张氏的大规模外徙往往是在动荡时期，主要集中在以下时代。

（一）前凉灭亡以后敦煌张氏的迁徙

前秦灭前凉政权后，就有一批敦煌张氏家族迁出本地。宋晓梅述及河西张氏迁徙至高昌的原因。汉代时期汉姓大族迁居高昌，主要是在西域地区的军事行动、西域屯田以及在西域做官过程中，许多人留居西域；西晋以后，永嘉之乱、苻坚讨河西、五

① 《后汉书》卷六五《张奂传》，第2140页。
② ［清］张澍辑，李鼎文校点《续敦煌实录》，第16页。

凉之际河西战乱等皆是河西大族西徙高昌的原因[①]。冯培红也认为，一些敦煌大族在前秦灭前凉时西徙高昌[②]。可知五凉时期，敦煌张氏为了保全自己的家族应有西迁高昌之举，《张雄及其妻麹氏墓志》云：

> 君讳雄，字太欢……西京之七叶貂蝉，东土之一门龙凤，则有寻源昆阆，倚柱凉城，附萼散于前庭，波澜流于右地，因家遂久，避代不归，故为高昌人焉。[③]

张雄之子《张怀寂墓志铭》曰：

> 君讳怀寂，字德璋……襄避霍难，西宅敦煌。余裔迁波，奄居蒲渚，遂为高昌人也。[④]

两方墓志勾勒出张氏的迁徙脉络，高昌张雄一族本源自南阳白水，汉代因避霍光难西迁入敦煌，后徙入高昌。其家族在迁入高昌以前，为凉州地区颇有影响力的家族。如《张雄墓志》所载"西京之七叶貂蝉，东土之一门龙凤。则有寻源昆阆，倚柱凉城"，即体现其在凉州地区的影响力。一些墓志透露出张氏西迁的时代，《张礼臣墓志》载："属苻坚肆虐，梃扰五凉。避难西

① 宋晓梅《麹氏高昌国张氏之婚姻》，《中国史研究》1994年第2期，第148—156页。宋晓梅《高昌张氏家族的敦煌源流》，《寻根》2002年第4期，第96—99页。

② 冯培红《敦煌学与五凉史论稿》，第287页。

③ 录文参见张铭心《吐鲁番出土墓志汇考》，第269—272页。

④ 录文参见张铭心《吐鲁番出土墓志汇考》，第276—279页。

奔，奄居右地。”[①]前秦灭前凉时期，一些河西大族随众多凉州百姓一起，为躲避战乱而进入相对安定的高昌，张氏亦在其中。

前凉灭亡后，敦煌张氏迁居高昌者有比较明确的记载，那么此时是否也有敦煌张氏迁居中原呢？笔者发现，在中原地区敦煌张氏碑志中也有相关记载。北齐天统元年（565）《张彦墓志》记载：

> 君讳彦，字副儁，敦煌敦煌人也。晋护羌校尉、凉州刺史、西平公之五世孙。若夫崇基峻峙，清澜远注，郁乎共分天并构，濞焉与纪地争流。曾祖魏镇西将军、临泾男，有功追赠益州刺史、安定侯。勋列丹青，名书竹帛，七德既高，千载莫朽。祖伏波将军、京兆太守，剖符垂美，共治惟良。父镇远将军、员外步兵校尉、秦州司马，秉文经武，飞声賁实。君积善所生，弱而颖悟，砺精好学，才艺多通……释褐威例将军、员外奉朝请，后为尉州刑狱参军。幕府既荣，狴犴蒙理，轻重无怨，小大以情。迁北防迁城镇（领）民都督，部临胡界，南望漠关。既等细柳之营，还同朔方之郡。至如戍卒赴于龙城，追兵出于马邑，应军发役，逐北威边。刁斗鸣而莫侵，神矢沸而皆惧。将欲肃静一方，攘地千里，立充国之屯田，断匈奴之右臂。且宽而得众，仁以爱物，廉让为本，财帛可轻。散椟不必在亲，倾产义赒于急，是以有识同慕，宁止成蹊。冀尽长天，以终遐算，奄焉如逝，悲矣何及。春秋五十有四，以大宁元年二月十二日卒于治所。[②]

---

① 录文参见张铭心《吐鲁番出土墓志汇考》，第286—289页。

② 拓片及录文参见叶炜、刘秀峰主编《墨香阁藏北朝墓志》，第136—137页。

图3-10 《张彦墓志》（图片采自浙江大学图书馆古籍碑帖研究与保护中心·中国历代墓志数据库）

志文称张彦是“护羌校尉、凉州刺史、西平公之五世孙”，可知张彦可能是张轨家族后裔。又志文称张彦为敦煌人，而张轨家族并非敦煌张氏，因此其祖先来源的叙述存在攀附可能。不过根据其家族自其曾祖辈已在北魏任职的情况，以及《张彦墓志》中对前凉历史的了解程度，可知张彦家族或许在前秦灭前凉之际东迁。张彦应是在前凉任职的敦煌张氏家族人物。苻秦时期，敦煌张氏不仅有迁徙至高昌者，也有自凉州迁徙至中原者。前凉灭亡后东迁的张氏家族的记载还见于《张猛龙碑》。《张猛龙碑》明

图3-11 《张猛龙碑》，现藏于曲阜汉魏碑刻陈列馆（图片采自北京图书馆金石组编《北京图书馆藏中国历代石刻拓本汇编》第4册，第121页）

确记载其家族为张轨后裔，但是其郡望并非敦煌。《张猛龙碑》记载：“八世祖轨，晋惠帝永宁中使持节、安西将军、护羌校尉、凉州刺史、西平公。”[①]《张猛龙碑》是北朝张氏碑志中对先世记述翔实而有条理的一方，显示出碑文撰者或张猛龙家族对典籍有相当的了解。碑志称先人自凉州归国，并借此自云出自安定张轨一族，前凉张氏为苻坚所灭，其所入者该为前秦，不太可能是自凉州归魏[②]。根据碑文记载和前人研究可知，张猛龙家族自称前凉张轨家族后裔，其东迁时间或在前凉灭亡后。

敦煌张氏自称为前凉张轨家族后裔者，除了前述《张彦墓志》，还有《张斌墓志》等。其中《张斌墓志》对其家族十六国北朝之际的祖先是这样追溯的：“列岳分川，遂跨凉土。是晋凉州刺史、敦煌公四世之孙，大魏敦煌镇将、酒泉公之

① 王昶《金石萃编》卷九，台北：国风出版社影印，1964年，第8—11页。
② 仇鹿鸣《制作郡望：中古南阳张氏的形成》，第26页。

少子也。”[1]晋凉州刺史应即张轨家族，张轨等人被封“西平公”，因此墓志中的“敦煌公”或为虚构。有学者认为，从世系上推断，墓主张斌应为张湛的同族兄弟[2]。张湛为张显之子，于《魏书》《北史》有传，据《北史·张湛传》记载：“（张湛）父显，有远量，武昭王据有西夏，引为功曹，甚器异之。尝称曰：‘吾之臧子原也。’位酒泉太守。”[3]可知张显为西凉酒泉太守，应不是《张彦墓志》中的“大魏敦煌镇将、酒泉公”。不过《张斌墓志》有无可能以此攀附北魏时期归凉的张湛家族呢？如果不是，北魏灭北凉后这位张姓“敦煌镇将、酒泉公”又具体指谁呢？以上问题还有待进一步考证。根据墓志对十六国北朝之际张斌家族的祖先追溯，可知其记忆已经模糊。一方面其墓志称前凉张轨家族为其祖先；另一方面墓志称张斌家族为敦煌张氏后裔，还称其祖上曾任“敦煌公”和“酒泉公”。因此该墓志的确有将张斌祖先与北魏著名敦煌张氏人物张湛勾连的嫌疑。张湛是敦煌张恭的后代，《魏书·张湛传》又言其为“魏执金吾恭九世孙也”，而张恭是汉魏之际敦煌本地张氏的代表性人物。同一方墓志中同时出现安定张轨后裔、敦煌张氏后裔的叙述固然是矛盾的，这种矛盾显示出北朝时期敦煌张氏祖先叙述的混乱。也就是说，即便敦煌张氏自称为前凉张轨家族后裔，也往往是出于攀附。

类似情况还见于东魏天平二年（535）《张珍宝墓志》，记载：

---

① 拓片参见赵君平《邙洛碑志三百种》，第21—22页。

② 胡湛《张海书法艺术馆藏北朝墓志校考及其书艺特征与价值》，《中国书法》2016年第12期，第90页。

③ ［唐］李延寿撰《北史》卷三四《张湛传》，北京：中华书局，1974年，第1265页。

魏故皇子侍郎张珍宝墓铭

君讳琛，字珍宝，敦煌酒泉人。晋使持节匈奴中郎将、并州刺史敞后。光基海岳，芳兰古今。曾祖超，凉王世子文尚书郎中、建康太守。祖理，真君十年，除豫州司马，即居京县；父回，淯阳戍主、行汝阴太守。君□□时光，习艺礼门，年十八，州辟后□，不起对命。省举皇子侍郎，不拜而亡。妻陇西彭氏，秦黄门和正玄孙。①

图3-12 《张珍宝墓志》（图片采自张贺君、张芳《〈魏故皇子侍郎张珍宝墓铭〉与张琛家族史》，《大众考古》2017年第7期，第45页）

① 张贺君、张芳《〈魏故皇子侍郎张珍宝墓铭〉与张琛家族史》，《大众考古》2017年第7期，第44—45页。

张琛为敦煌酒泉人，即敦煌张氏。志文载其家族为晋使持节匈奴中郎将、并州刺史张敞之后，《晋书》中记载有汝阳太守张敞，不知墓志是否为攀附此人。张琛曾祖为凉王世子文尚书郎中，学者认为该世子文或许是张大豫之子。[①]张琛祖父张理，太平真君十年（449）任魏豫州司马。可知其家族在北魏任职，或是始于其祖父张理时期，此时北魏已经灭北凉。因此张琛家族内迁的时间或许在北凉灭亡以后了。北魏灭亡后，大量凉州士人内迁，敦煌张氏不少是在北凉灭亡后内迁的。

（二）北凉灭亡以后张氏家族的外徙

公元439年，北魏军队攻破姑臧，北凉灭亡。为了巩固政权，北魏对河西进行了竭泽式的移民之举，《魏书·世祖纪》载：

> （太延五年）九月丙戌，牧犍兄子万年率麾下来降。是日，牧犍与左右文武五千人面缚军门，帝解其缚，待以藩臣之礼。收其城内户口二十余万，仓库珍宝不可称计……冬十月辛酉，车驾东还，徙凉州民三万余家于京师。[②]

大量的河西士人亦在移民之列。除个别人物外，这些河陇名士迁至平城后，其政治境遇和社会地位已大不如前。这一时期，见于北魏政权的敦煌张氏有张湛。《魏书·张湛传》载：

> 张湛，字子然，一字仲玄，敦煌人……凉州平，入国，年五十余矣，赐爵南浦男，加宁远将军。司徒崔浩识而礼之。浩注《易》，叙曰："国家西平河右，敦煌张湛、金城

① 张贺君、张芳《〈魏故皇子侍郎张珍宝墓铭〉与张琛家族史》，第47页。
② 《魏书》卷四上《世祖纪上》，第90页。

> 宗钦、武威段承根三人，皆儒者，并有俊才，见称于西州。每与余论《易》，余以《左氏传》卦解之，遂相劝为注。故因退朝之余暇，而为之解焉。”其见称如此。湛至京师，家贫不粒，操尚无亏，浩常给其衣食。每岁赠浩诗颂，浩常报答。及浩被诛，湛惧，悉烧之。①

张湛出自河西望族敦煌张氏，在北凉政权中颇受重用，又受到崔浩赏识，然而在徙入平城后，却面临“家贫不粒”的落魄际遇。张湛家族在北朝时期任职如下：

> 兄铣……崔浩礼之与湛等，卒于征西参军……彻字方明，位侍中、卫尉卿，封西平县公。子敢之袭，位太中大夫、乐陵郡守。麟字嘉应，位广平太守。俭字元慎，位凉州刺史。凤字孔鸾，位国子博士，散骑常侍，著《五经异同评》十卷，为儒者所称。②

北魏时期，敦煌张湛家族一方面以儒学立世，同时其家族成员谙熟凉州事务，有在河陇地区任官的情况。可知敦煌大族凭借在学问与政事方面的努力，仍旧维持世代做官的情形，保持着大族地位。

除了正史，碑志文献中也有关于北魏东迁敦煌张氏后裔的记载。东魏武定六年（548）《张琼墓志》记载：“君讳琼，字德连，敦煌人也。”张琼为敦煌张氏后裔，墓志还记载：“高祖陵江将军，以雄烈著称。曾祖征东将军，以儒雅见重。大魏并凉，

---

①《魏书》卷五二《张湛传》，第1153—1154页。
②《北史》卷三四《张湛传》，第1265—1266页。

乃居朔土。祖酒泉太守。考征南将军、南蛮校尉。”张琼子张遵墓志中亦记载：“高祖士凉，陵江将军。曾祖大魏并凉，乃居朔方焉。”张琼与张遵父子二人墓志中关于祖父以上世系的文字雷同，至父始有差异，这种漏一世的现象，是同时制作两方墓志时照搬世系所致[①]。在张琼父子二人的墓志中，重点描述其在东魏、北齐之际的事迹，而关于其祖上官职等的叙述或许是靠不住的。不过作为北齐朝廷主导制作的墓志，其中明确提出“大魏并凉，乃居朔土”“大魏并凉，乃居朔方焉”，可知其家族是在北魏灭北凉之后内迁的。此外，学者亦指出，正史记载张琼为“代人”，而墓志称其为敦煌人，实为互相矛盾，墓志中对张琼先世、郡望的记载可能存在“攀附先世”与“伪冒士籍”的嫌疑[②]。根据志文可知，张琼家族内迁后，其祖辈曾担任酒泉太守。《北史·张湛传》记载其父张显位至酒泉太守，其任酒泉太守是在内迁之前。而根据张琼、张遵墓志记载，其祖辈任酒泉太守是在归魏以后了。与前述《张斌墓志》称其父为“大魏敦煌镇将、酒泉公”的情况类似，《张琼墓志》《张遵墓志》亦有攀附敦煌张湛家族的嫌疑。不过，考虑到《张琼墓志》《张遵墓志》编撰背后北齐朝廷意志的主导性，其郡望敦煌应并非虚构，只不过张琼家族原在北凉政权中亦不是一流家族，祖上事迹乏善可陈，故在墓志中建构了其家族祖先世系。因张琼家族的确为敦煌张氏，故又将其家族与入魏敦煌名族张湛家族

① 廖基添《论魏齐之际“河南—河北”政治格局的演变——从东魏张琼父子墓志说起》，《文史》2016年第3辑，第93页。文章结合张琼、张遵父子事迹分析了东魏北齐时期政局，高澄之所以厚葬张琼父子，看中的不仅是其殉国事迹，更有意将张琼父子树立为尔朱降将效忠高氏的典型，从而笼络尔朱降将，弥合侯景叛乱给高氏集团造成的裂痕。

② 刘凯《东魏〈张琼墓志〉疏证》，《华夏考古》2019年第3期，第85页。

联系起来。

北凉灭亡后，敦煌张氏家族亦有迁至高昌者。《大凉张兴明夫人杨氏墓表》记载："折冲将军、新城太守敦煌张兴明夫人杨氏墓表。"其中的新城即西凉、北凉之际的酒泉新城郡，北凉灭亡以后，沮渠无讳、沮渠安周西奔高昌，并建立大凉政权。张兴明去世时间在大凉政权时期（442—460）[①]。《大凉张季宗及夫人敦煌宋氏墓表》记载："河西王通事舍人敦煌张季宗之墓表。夫人敦煌宋氏。"张季宗也是北凉灭亡后迁居高昌者[②]。敦煌张氏迁徙至高昌的时间，主要集中在前秦灭前凉、北魏灭北凉时期。

四、敦煌张氏家族的外迁支系

根据《魏书》《北史》中关于张湛家族的记载，可以还原张湛家族的世系情况。

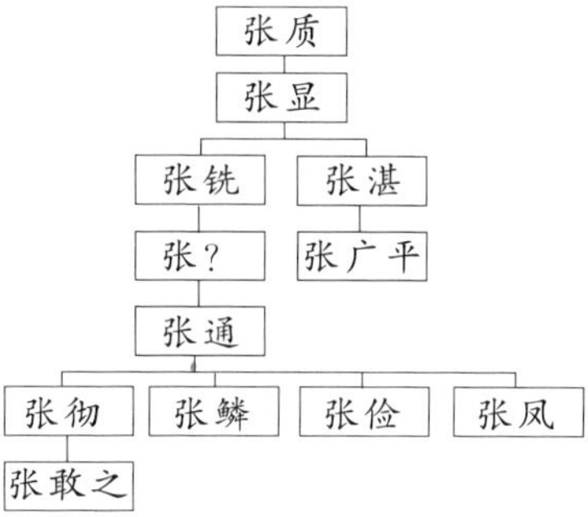

① 侯灿、吴美琳《吐鲁番出土砖志集注》，第14页。

② 王素《吐鲁番出土高昌文献编年》，台北：新文丰出版公司，1997年，第128页。侯灿、吴美琳《吐鲁番出土砖志集注》，第8页。对于"河西王"所指称的具体人物，前贤进行了讨论；不过对于张季宗于北凉灭亡后迁徙至高昌的史实，诸家观点一致。

除了张湛家族，史料中还记载有其他世代仕宦的敦煌张氏家族。比如前述张琼、张遵家族。《张琼墓志》中记载其祖先世系如下：“高祖陵江将军”“曾祖征东将军”“祖酒泉太守”“考征南将军、南蛮校尉”。据《北齐书·张琼传》记载，张琼二子，“长忻，次尊业”。《北史·张琼传》记载：“琼子欣，尚魏平阳公主。”①张忻、张欣实为张欢②。《张遵墓志》中的祖先世系与《张琼墓志》基本相同，且仅有官名，没有人名，因此不能作为世系依据。张琼家族世系如下：

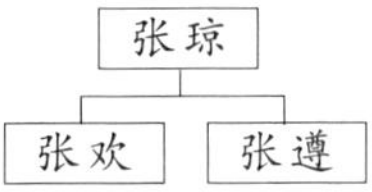

张琼祖为“酒泉太守”，或是攀附张湛父张显，他在西凉时期任酒泉太守。但无确凿证据表明其为张显家族支系。除了张琼家族外，还有张惇家族。唐开元十二年（724）《张惇墓志》记载：

> 大唐故朝议大夫行资州司马敦煌张府君墓志铭并序
>
> 公讳惇，字承基，敦煌人也。高祖敢之，齐开府仪同三司。曾祖士儒，随开府参军，皇深州刺史、定远郡公。祖公谨，皇荆州大都督、郯国公。弼唐开业，功崇位进，垂庆后裔也。父大象，户部侍郎。公即常乐伯之第三子也……长子前沂州沂水县尉舜臣，次子前荆州参军子晋，次子子玉、子英等。

---

①《北齐书》卷二〇《张琼传》，第265页。

②廖基添《论魏齐之际“河南—河北”政治格局的演变——从东魏张琼父子墓志说起》，第98页。［清］钱大昕《廿二史考异》卷四〇《北史三》，上海：上海古籍出版社，2004年，第636页。

张惇为敦煌张氏后裔，高祖张敢之，仕宦于北齐。曾祖张士儒，于隋唐之际皆为官，唐深州刺史、定远郡公。祖父张公谨，荆州大都督、郯国公。父亲张大象，唐户部侍郎。张惇为张大象第三子。张惇子张舜臣、张子晋、张子玉、张子英等。唐咸亨二年（671）《张无量墓志》记载：

> □故荆州大都督郯襄公孙女张墓志铭
>
> 女讳无量，字儿，敦煌酒泉人。户部郎中□□之女也。曾祖大（士）儒，□□朝深州刺史定远郡公；祖公讳（谨），荆州大都督郯襄□，并为时秀，俱参□□，玉台飞盖，金阙扬轩，出赞皇猷，入康帝道。名□□谍，可略言焉。

《张无量墓志》中的荆州大都督、郯襄公即张惇祖父张公瑾。张无量去世于咸亨二年，其父亲为户部侍郎，很有可能即《张惇墓志》所载户部尚书张大象。张无量与张惇为兄妹关系。张惇家族世系为：

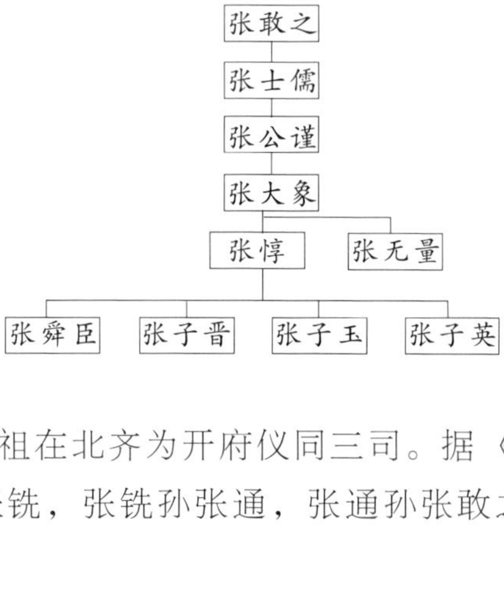

而张惇高祖在北齐为开府仪同三司。据《北史·张湛传》记载，张湛兄张铣，张铣孙张通，张通孙张敢之，张敢之“位太

中大夫、乐陵郡守”。张敢之是否在北齐做官不得而知。如果张惇高祖张敢之与张铣玄孙张敢之为同一人，那么张惇也是敦煌张湛一族了。但若如此，为何《张惇墓志》不继续向上追溯至张湛，从而强化其敦煌名族的地位？笔者认为二者之间暂时不能画等号，两位张敢之之间的具体关系还有待进一步考证。

《新唐书·宰相世系表》中出现张参，系于“河间张氏”。又《张参墓志》中记载到一位敦煌张参，这位张参是张湛后人。关于敦煌张参一族的人物，有以下材料可以佐证：《张参墓志》《张群墓志》《张正则墓志》《张知实墓志》《张宏茂墓志》《李素墓志》等。《张正则墓志》记载“由后魏太常博士湛而下，六代生德裕”，可知张湛为其先人[①]。张湛与张参一族的关系，除了《张正则墓志》所载相关内容以外，还有大中十年（856）《张茂弘墓志》记载：“十三代祖湛，仕后魏博士，用儒术高行，为时宗师。”[②]但是，无论十三代祖还是六代祖的说法，都无确凿的世系关系可以将其联系起来。学者根据其家族史料绘制了《敦煌张氏世系图》[③]，因其家族祖先与张湛关系暂无法考实，现节录《敦煌张氏世系图》，保留张参家族世系如下：

① 赵振华、王学春《唐张正则、张知实父子墓志研究》，西安碑林博物馆编《碑林集刊》（11），2005年，西安：陕西人民美术出版社，第123—125页。

② 录文参见周绍良主编《唐代墓志汇编》，第2343页。

③ 杜镇、苗轶飞、刘皓妍《新出唐建中元年〈张参夫妇墓志〉与唐代经史问题》，第51页。

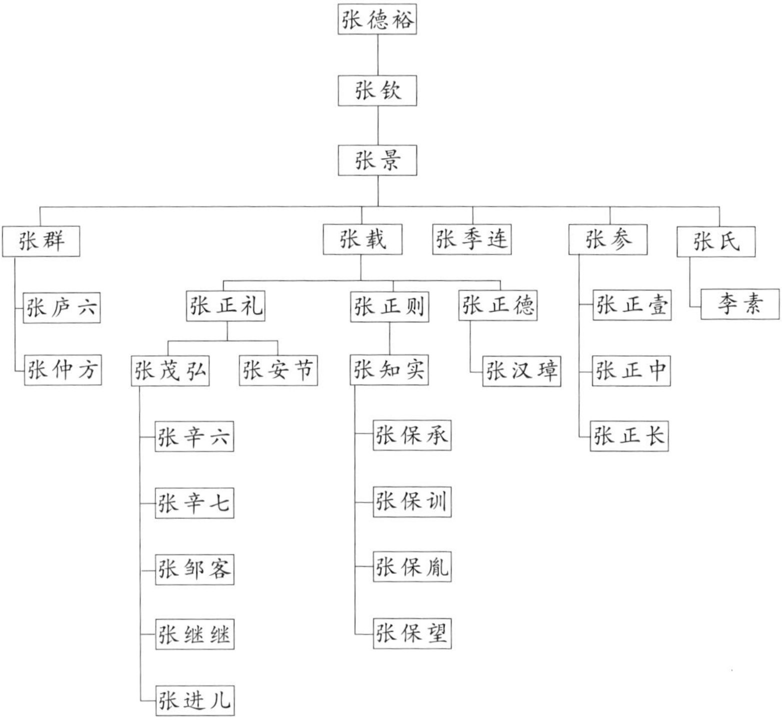

除了以上自敦煌东迁的张湛家族、张琼家族、张惇家族、张参家族，十六国北朝时期敦煌张氏家族亦有大规模迁徙至高昌者。宋晓梅据诸方墓志梳理出张雄一族五代（张武忠—张端—张雄—张怀寂—张礼臣）世系①，如图：

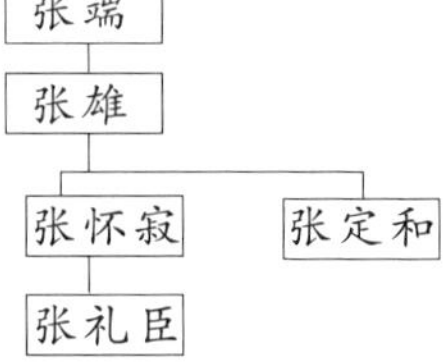

① 宋晓梅《麹氏高昌国张氏之仕宦——张氏家族研究之一》，第198—200页。

除张雄一族外，出土墓志中可见多位张氏成员在高昌政权中的任职情况。高昌的张氏家族，始终保持着地方大族地位。高昌张氏与敦煌张氏关系密切，有诸多墓表可予以佐证，如《麹弹那及妻张氏墓表》称："延昌十七年丁酉岁七月壬申朔……夫人敦煌张氏。"[①]《张阿□墓表》云，阿□"原出敦煌功曹后也"[②]。《氾绍和及夫人张氏墓表》亦载："夫人敦煌张氏，享年六十二。"[③]《张阿质儿墓表》载："敦煌张氏阿质儿之墓表。"[④]《张武嵩墓表》载："故交河郡田曹司马敦煌张氏武嵩之墓表。"[⑤]又有《张鼻儿墓表》写作："敦煌张氏鼻儿之墓焉。"[⑥]不仅如此，高昌张氏的婚姻关系也继承了敦煌张氏的关系网络[⑦]。徙至高昌的张氏，与同样来自河西的大姓之间存在着广泛而密切的联姻。这种高门之间盘根错节的婚姻关系，无疑使得这些大族的地位更加稳固。《张文智墓表》云："敦煌张文智之墓表，夫人扶风马氏，夫人张掖巩氏。"[⑧]宋晓梅认为："张文智为张氏一世祖，其与马氏、巩氏联姻，是因为他们属于一个婚姻圈，均为世族等级……二世张氏与索氏、氾氏、焦氏等的联姻，带有极强的地域集团性，这是因为，旧有的姻缘仍把他们联结在一个婚姻圈内。

---

① 图版及录文参见侯灿、吴美琳《吐鲁番出土砖志集注》，第139—140页。

② 图版及录文参见侯灿、吴美琳《吐鲁番出土砖志集注》，第116—117页。

③ 图版及录文参见侯灿、吴美琳《吐鲁番出土砖志集注》，第51—52页。

④ 图版及录文参见侯灿、吴美琳《吐鲁番出土砖志集注》，第323—325页。

⑤ 图版及录文参见侯灿、吴美琳《吐鲁番出土砖志集注》，第316—317页。

⑥ 侯灿《解放后新出吐鲁番墓志录》48、50、51号，北京大学中国中古史研究中心编《敦煌吐鲁番出土文献研究论集》第5辑，北京：北京大学出版社，1990年，第580—581页。

⑦ 宋晓梅《高昌张氏家族的敦煌源流》，第96—99页；宋晓梅《麹氏高昌国张氏之婚姻》，第148—156页。

⑧张铭心《吐鲁番出土墓志汇考》，第41页。

同时，新的利益、新的形势要求他们结成一个强有力的地域集团，才能在政权争夺十分激烈的高昌社会处于不败的地位……到了四、五世时，张氏与王室的联姻比例进一步升高，可见张氏家族成员已经成为高昌政权的中坚力量。”[①]敦煌张氏在西迁入高昌后，依然保有其大族地位。同时，高昌地区张氏家族的联姻也随着其家族的发展而不断变化。

五、小结

敦煌张氏家族兴起于汉代，汉晋时期，敦煌张氏在地方治理、西域经略等方面发挥了重要作用。十六国北朝敦煌外徙支系亦有不少杰出的家族和人物。敦煌、吐鲁番地区的张氏祖先书写经历了整合的过程，形成了诸如“南阳—敦煌—高昌”等书写模式，同时，北朝后期敦煌张氏祖先书写也存在多条线索并存的情况，比如归义军时期敦煌张氏的郡望书写中，就有南阳张氏、清河张氏、墨池张氏等不同情况的出现，甚至还经常出现将诸条线索混杂的现象。敦煌张氏的成长历程及其祖先书写的演变过程等，展现了敦煌大族历史演进、文化认同等图景的丰富多彩，不过相关探讨已经超出本卷范围，笔者拟另撰文讨论。

---

① 宋晓梅《麹氏高昌国张氏之婚姻》，第149—154页。

第二节 家族历史的线性建构与整合：魏晋北朝敦煌索氏家族源流

索氏家族在汉代迁徙至敦煌，汉宋之间逐渐成长为敦煌大族。经过长期研究，汉宋间敦煌索氏的历史面貌得以完整呈现，汉晋十六国和归义军时期的敦煌索氏历史尤为学界所关注[①]。敦煌索氏家族的相关史料较为丰富，包括正史、姓氏书、敦煌文献、碑志文献等，根据史料记载，可以全面考察魏晋北朝之际敦煌索氏家族的历史，以及其间索氏家族历史的建构过程。敦煌索氏家族在汉武帝时期自中原迁居敦煌，成为敦煌著姓。《元和姓纂》“索”氏条载：“殷人七族索氏之后。（敦煌）晋索湛为北

---

① （日）池田温著，韩昇译《唐朝氏族志研究——关于〈敦煌名族志〉残卷》，载池田温《唐研究论文选集》，第76—78、81—82页。郑炳林《〈索崇恩和尚修功德记〉考释》，《敦煌研究》1993年第2期，第54—64页；《〈索勋纪德碑〉研究》，《敦煌学辑刊》1994年第2期，第54—64页。刘雯《敦煌索氏家族研究》，兰州大学硕士学位论文，1998年。姚彩玉《汉唐敦煌索氏研究》，西北师范大学硕士学位论文，2012年。冯培红、孔令梅《汉宋间敦煌家族史研究回顾与述评（中）》，《敦煌学辑刊》2008年第4期，第60—62页。李金娟《敦煌莫高窟索义辩窟研究》，兰州：甘肃教育出版社，2018年。冯培红《敦煌文献与石窟所见的索义辩家族》，高田时雄主编《敦煌寫本研究年報》第13号，2019年，第3—31页。

地太守；生靖，尚书、后将军、安乐亭侯；生綝，侍中、吏部尚书。”[①]《元和姓纂》仅取晋时敦煌索氏人物，可知此时敦煌索氏最为知名。北朝隋唐时期，索氏家族的祖先历史书写逐渐呈现出程式化的特点。北朝《索泰墓志》中，索氏汉代及以前的祖先书写已经初步形成。至唐代前期，P.2625《敦煌名族志》补充完善了汉晋时期索氏家族历史，形成了模式化的祖先历史书写。因为《敦煌名族志》对于研究敦煌索氏家族至为重要，我们对索氏家族相关内容录文如下：

索氏

右其先商王帝甲，封子丹于京索，因而氏焉。武王灭商，迁之于鲁，封之为侯。秦并六国，庄侯索番致仕，国除。汉武帝时，太中大夫索抚、丞相赵周直谏忤旨徙边。以元鼎六年，从钜鹿南和迁于敦煌。凡有二祖，号南索、北索。初，索抚在东，居钜鹿之北，号为北索。至王莽天凤三年，鸣开都尉索骏复西敦煌。骏在东，居钜鹿之南，号为南索。莫知其长幼，咸累代官族。后汉有索頵，明帝永平中，为西域戊己校尉，居高昌城。頵子堪，字伯高，才明举孝廉明经，对策高第，拜尚书郎，后迁幽州刺史。其抚玄孙翊，字厚山，有文武才，明兵法。汉安帝永初六年，拜行西域长史。弟华除为郎。华之后展，字文长，师事太尉杨赐。展孙翰，字子曾，师事司徒王即（朗?），咸致士官。宗人德，字益济。祖殷、太尉椽。父祇，杜陵令。德举孝廉，拜驸马都尉，桓帝延熹元年，拜东平太守。子

① ［唐］林宝撰，岑仲勉校记《元和姓纂（附四校记）》卷一〇，北京：中华书局，1994年，第1569页。

> 韶，西部长史。族子隆，字［□□］。祖其。父宜，清灵洁净，好黄、老，沉深笃学。事继母，以孝闻，不应辟召，乡人号曰腐儒。隆子苺，蜀郡太守。族父靖，字幼安。父湛，北地太守。靖少有逸群之量。与乡人张甝、索紾、汜衷、索永等五人，俱游太学，号称敦煌五龙，四人早亡，唯靖得聘（后缺）①

《敦煌名族志》中索氏部分，记述的内容主要包括：索氏家族的先秦历史、汉代索氏迁徙至敦煌的历史、汉晋之间敦煌索氏家族世系等。其中前两部分内容，在北朝时期敦煌索氏墓志中就已经出现，第三部分则体现了索氏家族祖先书写的建构过程，下文将对此逐一进行分析。

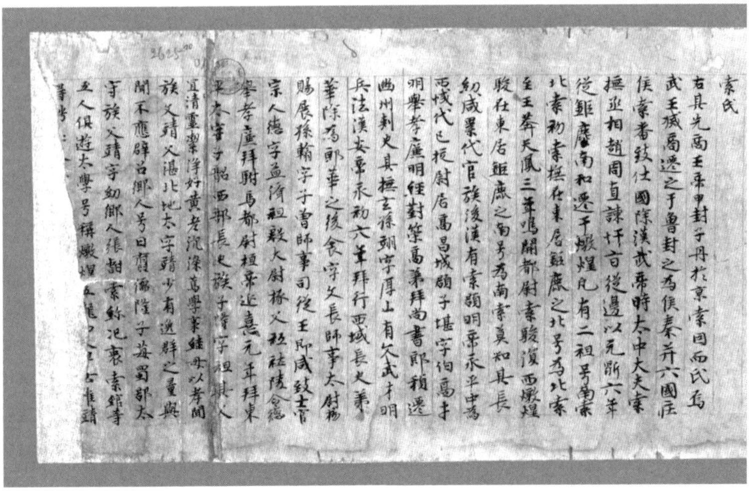
索氏
右其先商王帝甲封子丹於京索因而氏焉
武王滅商遷之于魯封之為侯秦并六國莊
侯索番致仕國除漢武帝時太中大夫索
撫丞相趙周直諫忤旨徙邊以元鼎六年
從鉅鹿南和遷于燉煌凡有二祖号南索
北索初索撫在東居鉅鹿之北号為北索
至王莽天鳳三年鳴鶴都尉索駿復西燉煌
駿在東居鉅鹿之南号為南索莫知其長
幼咸累代官族後漢有索頵明帝永平中為
西域代已校尉居高昌城頵子堪字伯高才
明舉孝廉明經對策高第拜尚書郎稍遷
幽州刺史具撫玄孫翊字厚山有文武才明
兵法漢安帝永初六年拜行西域長史弟
華除為郎華之後食字文長師事太尉楊
賜展孫輸字子會師事司徒王朗咸致士官
宗人德字益演祖敷大尉掾父祉陵令德
舉孝廉拜駙馬都尉桓帝延熹元年拜東
平太守子韶西部長史族子隆字祖其人
宜清靈潔淨好黃老沈深篤學事繼母以孝聞
族父靖父湛北地太守靖少有逸群之量與
聞不應辟召鄉人号曰腐儒隆子苺蜀郡太
守族父靖字幼安鄉人張甝索紾汜衷索永等
五人俱遊太學号稱燉煌五龍四人早亡唯靖
得聘

图3-13 P.2625《敦煌名族志》

① （日）池田温著，韩昇译《唐朝氏族志研究——关于〈敦煌名族志〉残卷》，载池田温《唐研究论文选集》，第76—78。图版参见上海古籍出版社、法国国家图书馆合编《法藏敦煌西域文献》第16册，第329—331页。

一、北朝隋唐时期索氏先秦祖先书写的形成

（一）“殷人六族”与“殷人七族”

唐代姓氏书《元和姓纂》称索氏为“殷人七族索氏之后”[①]。所谓“殷人七族索氏之后”的说法，最早可见于《左传》。《左传》定公四年记“殷民六族，条氏、徐氏、萧氏、索氏、长勺氏、尾勺氏”，同年另一则记载“殷民七族，陶氏、施氏、繁氏、锜氏、樊氏、饥氏、终葵氏”[②]。两者分处于不同地区，“殷民六族”包含索氏，据《左传》言“以伯禽而封于少皞之墟”，可知“殷民六族”居于鲁；而“殷民七族”则居于卫。学者认为称索氏家族“殷人七族索氏之后”或为《元和姓纂》混误二者所致[③]，若检索索氏墓志，可知唐前期关于索氏祖先源于“殷人七族之后”的记载已经较为流行，准确地讲，混误“六族”为“七族”的现象非始于《元和姓纂》，而是《元和姓纂》沿用前世说法，且未详加考证所致。

根据中原出土的敦煌索氏墓志，可大致还原索氏先秦祖先书写模式的形成过程。撰于北齐皇建二年（561）的《索泰墓志》记载：“昔商契肇祚，成汤启运，雅颂典坟，光垂不朽，大甲子丹，胙土京索，有昭谱牒，岂砚再宣。”[④]志文称索泰为“敦煌效谷人”，并将其祖先追溯至殷商之后，与《元和姓纂》所载内

① ［唐］林宝撰，岑仲勉校记《元和姓纂（附四校记）》卷一〇，第1569页。
② 杨伯峻《春秋左传注（修订本）》“定公四年”，北京：中华书局，1981年，第1536—1538页。
③ 王其祎、周晓薇《安阳出土隋代索氏家族五兄弟墓志集释》，杜文玉主编《唐史论丛》第23辑，西安：三秦出版社，2016年，第217页。
④ 拓片参见赵君平、赵文成编《秦晋豫新出墓志搜佚》，第131页。录文参见王连龙《南北朝墓志集成》，上海：上海人民出版社，2021年，第698页。

图3-14 《索泰墓志》（图片采自赵君平、赵文成编《秦晋豫新出墓志搜佚》，北京：国家图书馆出版社，2012年，第131页）

容类似。《索泰墓志》关于索氏迁徙的记载较简："自七族东辅，两宗西捍，良史图其景迹，方书刊为实录。"[①]所谓"七族"，应即《元和姓纂》所载"殷商七族"。可知《元和姓纂》所载索氏祖先历史中的"殷民七族"一类的内容，在北朝时期已经出现。

又隋开皇九年（589）《索叡墓志》载："伯禽封鲁，七族迁殷。"[②]相较《索泰墓志》《元和姓纂》，多出了"伯禽封鲁"

① 录文参见王连龙《南北朝墓志集成》，第698页。
② 王其祎、周晓薇《安阳出土隋代索氏家族五兄弟墓志集释》，第208页。

这一典故。《索叡墓志》中“伯禽封鲁”符合《左传》中“殷民六族居于鲁”的记载，而“七族迁殷”又涉及“殷民七族”的典故。该墓志将“殷民六族”“殷民七族”两者并提，有混淆“六族”“七族”的嫌疑。综观《索泰墓志》《索叡墓志》《元和姓纂》中的索氏先秦祖先书写，虽细节略有不同，但主线一致，即将索氏家族祖先追溯至“殷人之后”。

唐代前期《敦煌名族志》记载：“其先商王帝甲，封子丹于京索，因而氏焉。武王灭商，迁之于鲁，封之为侯。”[①]言索氏为殷商帝甲之子，被封于京索[②]，殷商亡后被迁至鲁地，该记载与《左传》中“殷民六族居鲁”相符合。

（二）索氏先秦祖先的书写模式

根据前文，《索泰墓志》《索叡墓志》已经存在混淆殷民“六族”与“七族”的情况，《敦煌名族志》的记述相对准确。不过，《敦煌名族志》亦存在讹误之处。《索泰墓志》记载“成汤启运……大甲子丹”，此谓商王“大甲”之子始居于京索，而《敦煌名族志》则记载商王“帝甲”之子始居于京索间。“大甲”处于商代初年[③]，而“帝甲”处于商王朝转衰时期，《史记》言“帝甲淫乱，殷复衰”[④]，由此可知《敦煌名族志》中的“帝甲”似乎不合情理，应为“大甲子丹”在流传过程中产生的讹误。

---

① 图版参见上海古籍出版社、法国国家图书馆合编《法藏敦煌西域文献》第16册，第330页。

② 京县属河南郡，索县是武陵郡之首县，参见冯培红《敦煌文献与石窟所见的索义辩家族》，第20页。

③ 郭静云《夏商周：从神话到史实》，上海：上海古籍出版社，2013年，第348页。张惟捷《从古文字角度谈〈夏商周：从神话到史实〉的若干问题》，《历史研究》2016年第1期，第132—133页。

④［汉］司马迁撰《史记》卷三《殷本纪》，北京：中华书局，1959年，第104页。

整体上看，《敦煌名族志》继承了唐以前索氏家族墓志中的内容，并且线索更加完整。通过以上材料，可知敦煌索氏家族先秦祖先的叙述模式主要包含“殷商之后”“以地为氏”“周初迁鲁”几个重要环节。从《索泰墓志》《索叡墓志》到《敦煌名族志》，所载内容渐趋完善，不过其主体线索、叙述模式仍未超出北齐时期的《索泰墓志》。《敦煌名族志》以后，索氏先秦祖先的书写方式基本没有变化，如P.4640《沙州释门索法律窟铭》载“其先商王帝甲之后，封子丹于京索间，因而氏焉”[①]，该内容袭自《敦煌名族志》，并略有简化（无“迁鲁”内容）。

综上可知，索氏家族先秦历史的书写模式在北朝时期已经基本定型，至唐前期又进一步完善。不同史料对于索氏先秦祖先历史的记载虽大致相同，但仍存在抵牾之处。《元和姓纂》编撰者对于索氏家族先秦历史书写应是经过甄别的，最终《元和姓纂》未载索氏先秦祖先的详细历史，仅称索氏为“殷人七族之后”，这就标志着索氏家族渊源于殷商的祖先历史被“官方”认可。

二、汉晋索氏人物与索氏汉晋祖先书写

（一）汉晋索氏人物

东汉两晋以来，敦煌索氏入仕中原，同时积极参与地方事务，家族人才辈出，颇具影响力，逐渐跻身敦煌地区一流士族。此后，自敦煌外迁索氏支系亦选择敦煌索氏代表性人物来装点世系，可见敦煌索氏之显赫。

根据早期敦煌索氏的事迹，可知其家族人物主要是因军功显贵，并且存在“由武向文”的转变过程。索氏家族最初主要在

---

① 学界对于此篇窟铭撰写的确切时间尚有不同看法，但大致推断在唐咸通十一年（870）前后，参见郑炳林、郑怡楠《敦煌碑铭赞辑释（增订本）》，上海：上海古籍出版社，2019年，第292、297—298页。

西域经营过程之中建立功勋。传世史料中所见索氏家族人物，有索頵、索班、索劢。东汉时期戊己校尉索頵，见载于《后汉书》：

> （永元）八年（96），戊己校尉索頵欲废后部王涿鞮，立破虏侯细致。涿鞮忿前王尉卑大卖己，因反击尉卑大，获其妻子。明年，汉遣将兵长史王林，发凉州六郡兵及羌（虏）胡二万余人，以讨涿鞮，获首虏千余人。涿鞮入北匈奴，汉军追击，斩之，立涿鞮弟农奇为王。至永宁元年（120），后王军就及母沙麻反叛，杀后部司马及敦煌行事。[①]

此处记载了戊己校尉索頵等经营西域的历史事件，反映了敦煌大族谙熟西域事务。《后汉书》中还记载了敦煌长史索班，史载：

> 敦煌太守曹宗患其暴害，元初六年（119），乃上遣行长史索班，将千余人屯伊吾以招抚之，于是车师前王及鄯善王来降。数月，北匈奴复率车师后部王共攻没班等，遂击走其前王。[②]
>
> 元初六年，敦煌太守曹宗遣长史索班将千余人屯伊吾，车师前王及鄯善王皆来降班。后数月，北单于与车师后部遂共攻没班，进击走前王，略有北道。[③]

---

① 《后汉书》卷八八《西域传》，第2929—2930页。
② 《后汉书》卷八八《西域传》，第2911页。
③ 《后汉书》卷四七《班超附班勇传》，第1587页。

索班在与匈奴作战中被杀，后班勇“捕得军就及匈奴持节使者，将至索班没处斩之，以报其耻，传首京师”[1]，可见班勇颇为重视敦煌索班战没一事。还有敦煌索劢，《水经注》卷二《河水注二》云：

> 敦煌索劢，字彦义，有才略。刺史毛奕表行贰师将军将酒泉、敦煌兵千人，至楼兰屯田，起白屋，召鄯善、焉耆、龟兹三国兵各千，横断注滨河。河断之日，水奋势激，波陵冒堤。劢厉声曰：“王尊建节，河堤不溢。王霸精诚，呼沱不流。水德神明，古今一也。”劢躬祷祀，水犹未减。乃列阵被杖，鼓噪欢叫，且刺且射，大战三日，水乃回减，灌浸沃衍，胡人称神。大田三年，积粟百万，威服外国。[2]

其文载索劢于楼兰屯田，“积粟百万”“威服外国”“胡人称神”，说明索劢获得了西域百姓的支持，突出了索劢在西域治理方面的功绩。索氏人物在西域经营中建立功勋，从而在敦煌确立起其家族的社会地位。

汉晋之际，敦煌索氏凭借军功逐渐崛起，至西晋时期逐渐成为儒学世家，并出现了索靖等闻名于洛阳的人物。《晋书》记载：

---

① 《后汉书》卷四七《班超附班勇传》，第1590页。

② ［北魏］郦道元注，［清］杨守敬、熊会贞疏，段熙仲点校，陈桥驿复校《水经注疏》卷二《河水二》，南京：江苏古籍出版社，1989年，第97—98页。［清］张澍辑，李鼎文校点《续敦煌实录》，第29页。

> 索靖，字幼安，敦煌人也。累世官族，父湛，北地太守。靖少有逸群之量，与乡人氾衷、张甝、索紾、索永俱诣太学，驰名海内，号称“敦煌五龙”。四人并早亡，唯靖该博经史，兼通内纬。州辟别驾，郡举贤良方正，对策高第。傅玄、张华与靖一面，皆厚与之相结。[①]

索靖其父已位至北地太守，索靖更以其才学知名于洛阳，与索靖齐名的“敦煌五龙”中有索氏家族成员索紾、索永。索氏的佼佼者索靖在通晓经学的同时，亦有战功，且涉猎广泛，这与索氏家族文武兼修、玄儒并举的家传教育不无关系。索氏家族的发展呈现出由地方到中央、由武功向儒学的发展趋势。汉代敦煌大族主要是以武功立世，但是由于远离政治中心，其影响力有限。晋代以后，敦煌大族获得了较快的发展，唐长孺认为：“东汉至魏晋最基本的统治势力是地方大族，由地方大族中孕育出来的两类人构成统治阶级中的当权分子。一是以强宗豪族为核心的地方武装集团……二是具有高度文化水平、熟谙封建统治术的士大夫。二者也常常合二为一。”[②]敦煌索氏应属于唐长孺所说的两种特征合二为一的地方大族。

经过长期积累，索氏家族发展成为具有较高文化水平的儒学家族。史载索靖“与襄阳罗尚、河南潘岳、吴郡顾荣同官，咸器服焉”“与尚书令卫瓘俱以善草书知名，帝爱之。瓘笔胜靖，然有楷法，远不能及靖”[③]。索靖之才学、修养可与中原大族相媲。敦煌索氏向儒家士族的转向，使其能够适应儒家化的西晋政

---

① 《晋书》卷六〇《索靖传》，第1648页。
② 唐长孺《魏晋南北朝史论丛》，石家庄：河北教育出版社，2000年，第161页。
③ 《晋书》卷六〇《索靖传》，第1648页。

权[①]。实际上，曹魏政治已经开始了向儒家政治的转向，仇鹿鸣指出："曹操法术之政向儒家政治转化的趋势相当明显……但这不妨碍西晋政权推行一些带有儒家色彩的政治举措。"[②]西晋时期儒学士族崛起，同时玄学渐兴。而敦煌士人经过长期儒学积累，因而能通经入仕。索靖与傅玄、张华交好，据《晋书·傅玄传》记载"傅玄字休奕，北地泥阳人也"[③]，而索靖父亲索湛，曾任北地太守[④]，这可能是二者交好的原因之一。但是索靖、傅玄在教育背景、思想观念、政治取向方面的共同点，应该是其二人交好的主要因素。傅玄在《举清远疏》中攻击何晏等，称"近者魏武好法术，而天下贵刑名；魏文慕通达，而天下贱守节。其后纲维不摄，而虚无放诞之论，盈于朝野，使天下无复清议，而亡秦之病，复发于外矣"。傅玄精通儒学，批判魏晋以来"百官子弟不修经艺而务交游，未知莅事而坐享天禄"的风气，主张"尊儒尚学，贵农贱商"。东汉魏晋时期，玄学取代经学，成为中原士人崇尚的主流。而河陇地区却能够保存汉代中原学术的传统，陈寅恪认为："当东汉末中原纷乱，而能保持章句之儒业，讲学著书，如周生烈、贾洪、薛夏、隗禧之流，俱关陇区域之人，则中原章句之儒业，自此之后已逐渐向西北转移，其事深可注意也。"[⑤]此外与索靖交好的张华，是庶人出身，史载张华

---

① 陈寅恪指出西晋政权的儒家化倾向，参见氏著《金明馆丛稿初编》，北京：生活·读书·新知三联书店，2001年，第47—54页。

② 仇鹿鸣《魏晋之际的政治权力与家族网络》，上海：上海古籍出版社，2012年，第291页。

③《晋书》卷四七《傅玄传》，第1317页。

④《晋书》卷六〇《索靖传》，第1648页。

⑤ 陈寅恪《隋唐制度渊源略论稿》，上海：上海古籍出版社，1982年，第21页。

“少自修谨，造次必以礼度”[1]。其子张祎，“谦敬有父风”，其子张韪，“博儒，晓天文”，可知张华也是以儒学传家。根据傅玄、张华的特点，索靖的人生追求、处事作风亦可略知。总体上看，西晋时期，敦煌索氏完成了向儒学世家的转型，凭借其家学修养取得较高的政治地位。

另一方面，索靖仍旧保持着敦煌大族尚武的传统，能够凭借武力立足于西晋政权核心阶层。史载索靖：“拜驸马都尉，出为西域戊己校尉长史……靖在台积年，除雁门太守，迁鲁相，又拜酒泉太守。惠帝即位，赐爵关内侯。靖有先识远量，知天下将乱，指洛阳宫门铜驼，叹曰：‘会见汝在荆棘中耳！’元康中，西戎反叛，拜靖大将军，梁王肜左司马，加荡寇将军，屯兵粟邑，击贼，败之。迁始平内史。及赵王伦篡位，靖应三王义举，以左卫将军讨孙秀有功，加散骑常侍，迁后将军。太安末，河间王颙举兵向洛阳，拜靖使持节、监洛城诸军事、游击将军，领雍、秦、凉义兵，与贼战，大破之，靖亦被伤而卒，追赠太常，时年六十五。”[2]可知索靖不仅才学一流，而且在军事上亦有建树。其子索綝，在西晋末年动乱中率凉州义军与刘曜作战，史载：“及怀帝蒙尘，长安又陷，模被害，綝泣曰：‘与其俱死，宁为伍子胥。’乃赴安定，与雍州刺史贾疋、扶风太守梁综、安夷护军麹允等纠合义众，频破贼党，修复旧馆，迁定宗庙。进救新平，小大百战，綝手擒贼帅李羌，与阎鼎立秦王为皇太子，及即尊位，是为愍帝。”[3]可知西晋时期，敦煌索靖父子因学问与功事俱佳，立足于西晋政权。敦煌索氏等河

---

①《晋书》卷三六《张华传》，第1068页。
②《晋书》卷六〇《索靖传》，第1648页。
③《晋书》卷六〇《索綝传》，第1650页。

陇地区大族成为晋末永嘉乱世中辅佐王室的中坚力量，其家族事迹也为后世铭记。

《晋书》记载："先时，靖行见姑臧城南石地，曰：'此后当起宫殿。'至张骏，于其地立南城，起宗庙，建宫殿焉。"[①]可知索靖在凉州一带亦盛名卓著。后世敦煌索氏墓志，多上溯魏晋，祖述索靖。索靖是索氏家族里程碑式的人物，亦成为后世索姓人物炫耀其世系的重要素材。如天宝三载（744）《大唐故左清道率忠武将军敦煌索公墓志》、P.4010+P.4615《索崇恩和尚修功德记》等，它们皆以"索靖"或与之相关的符号来显示家族身份。

（二）索氏汉晋祖先书写

1.汉代迁徙书写

北齐《索泰墓志》在"七族东辅"之后，接叙"两宗西捍"，"两宗"应指汉代西迁敦煌的两支索氏支系。《敦煌名族志》则详细记载了自中原迁徙至敦煌的两支索氏：

> 汉武帝时，太中大夫索抚、丞相赵周，直谏忤旨徙边。以元鼎六年，从钜鹿南和迁于敦煌。凡有二祖，号南索、北索。初，索抚在东，居钜鹿之北，号为北索。至王莽天凤三年，鸣开都尉索骏复西敦煌。骏在东，居钜鹿之南，号为南索。[②]

《敦煌名族志》所载索抚、索骏不见于正史，两人是否真实存在，颇值得怀疑。

---

① 《晋书》卷六〇《索靖传》，第1650页。

② 图版参见上海古籍出版社、法国国家图书馆合编《法藏敦煌西域文献》第16册，第330—331页。

汉代自中原徙边的情节，在敦煌大族历史书写中十分常见[①]。若仔细考察相关历史书写，可以发现其中的人物多不可靠。如敦煌大族张氏，《敦煌名族志》亦记载其祖先历史：

> 时有司隶校尉张襄者，赵王敖□□□孙。襄奏霍光妻显毒煞许后。帝以光有大功，寝其事。襄惧，以地节元年自清河绎幕举家西奔天水，病卒。子□□年适来此郡，家于北府，俗号北府张。[②]

《敦煌名族志》将张氏家族汉代祖先追溯至赵王张耳的儿子张敖。赵王敖的后代张襄即张氏家族西迁敦煌的始祖，张襄子定居敦煌，其家族被称为“北府张”。这与索氏家族西迁敦煌，后分别称“北索”“南索”的过程颇有相似之处。池田温认为司隶校尉张襄的记载乃是后人捏造，“霍光死后霍氏一族因谋反而被诛时，有一位叫作张章的平民因密告霍氏谋反而立功，封博成侯。章与襄在字音、字形上略近，所以张襄有可能是根据张章的事迹创造出来的”[③]。此推断颇有道理。仇鹿鸣认为关于张氏家族祖先的记载中，附会成分居多，且“自中原西徙敦煌的叙事”在敦煌、吐鲁番地区已成为一种典范化的记忆[④]。实际上，除了敦煌张氏，敦煌大族氾氏[⑤]、令狐氏[⑥]等家族的汉代祖先迁徙书写亦

---

① 冯培红《汉晋敦煌大族略论》，第101—103页。

② 图版参见上海古籍出版社、法国国家图书馆合编《法藏敦煌西域文献》第16册，第329页。

③（日）池田温著，韩昇译《唐朝氏族志研究——关于〈敦煌名族志〉残卷》，载池田温《唐研究论文选集》，第105页注释11。

④ 仇鹿鸣《制作郡望：中古南阳张氏的形成》，第34页。

⑤ 郝春文等《英藏敦煌社会历史文献释录》第8卷，北京：社会科学文献出版社，2012年，第176—181页。

⑥《新唐书》卷七五下《宰相世系表五下》，第3397页。

采用了类似的模式。因此准确地说，这种“自中原西徙敦煌的叙事”不仅是敦煌张氏家族的典范化记忆，而且是敦煌大族普遍采用的祖先书写模式。历史书写很难被看作“客观史实”的载体，但却是在人们各种主观情感、偏见，以及社会权力下的社会记忆的产物[①]，此种观点即强调历史书写的主观性。在笔者看来，历史书写应是基于“客观史实”“主观情境”两者的共同产物。敦煌大族的迁徙历史，不仅是主观产物，而且是有其客观历史依据的。检索两汉正史，可以发现其中存有“中原家族因罪而迁徙边地”事例，如汉武帝征和二年（前91）戾太子兵败，“吏士劫略者，皆徙敦煌郡”[②]；汉成帝朝“汤与万年俱徙敦煌”[③]。《敦煌名族志》所载家族迁徙历史，与正史中“因罪徙边”的叙事相类。可知“因罪徙边”无疑是一些敦煌大族迁徙历史的真实反映。敦煌大族汉代祖先徙边历史书写，往往将“因罪徙边”修饰成一段“避难徙边”或“因宦徙边”的曲折历史，同时家族祖先人物也被塑造为忠义耿直的形象。这样的迁徙历史书写，一方面强化了其祖先来自中原的华夏身份认同，另一方面树立了家族的良好形象，创造了地方一流大族所应具备的声望。在敦煌大族祖先历史书写中，“汉代自中原西徙敦煌”成为不可或缺的重要环节。

2.索氏汉代祖先书写的攀附痕迹

《敦煌名族志》所载索抚、索骏不见于传世典籍，但其并非完全凭空捏造。《敦煌名族志》记载：“汉武帝时，太中大夫索抚、丞相赵周，直谏忤旨徙边。”其中丞相赵周为真实存在的人

---

① 王明珂《历史事实、历史记忆与历史心性》，《历史研究》2001年第5期，第139页。

② ［汉］班固撰，［唐］颜师古注《汉书》卷六六《刘屈氂传》，北京：中华书局，1964年，第2882页。

③《汉书》卷七〇《陈汤传》，第3026页。

物，《汉书·武帝纪》载，元鼎五年（前112）底“列侯坐献黄金酎祭宗庙不如法夺爵者百六人，丞相赵周下狱死”[①]。若详观此事原委可知赵周所受刑罚是不公允的。《敦煌名族志》将索抚、赵周并列，意味着索抚因直谏忤旨徙边，亦受到不公平的待遇，从而烘托出索抚的正直形象。值得注意的是，《汉书·武帝纪》载元鼎六年，“分武威、酒泉地置张掖、敦煌郡，徙民以实之”[②]。《敦煌名族志》将索氏家族迁徙至敦煌的时间亦置于元鼎六年（前111），刚好与早期的中原百姓西迁敦煌的史实相符，如此安排，意在说明索氏在敦煌建郡之初即迁徙至敦煌。《敦煌名族志》又载：“王莽天凤三年（16），鸣开都尉索骏复西敦煌。”《资治通鉴》载，王莽天凤三年，“遣大使五威将王骏、西域都护李崇、戊己校尉郭钦出西域……骏欲袭击之，焉耆诈降而聚兵自备，骏等将莎车、龟兹兵七千余人分为数部，命郭钦及佐帅何封别将居后。骏等入焉耆；焉耆伏兵要遮骏，及姑墨、封犁、危须国兵为反间，还共袭骏，皆杀之”[③]。索骏名同王骏，《敦煌名族志》中的索骏或是根据王骏编织出来的人物。至于为何要编织索骏这一人物，笔者认为一是为了补充索氏家族世系（详见下节）；二是由于王莽乃篡夺汉政权者，索氏家族在王莽时期西迁敦煌，从而以王莽的负面形象反衬索氏家族不仕伪朝的正义举动。“王莽时期西迁敦煌叙事”，亦是敦煌各家族祖先历史书写中的常见情节。

《后汉书》记载了东汉时期的戊己校尉索頵，其文曰：

> （永元）八年（96），戊己校尉索頵欲废后部王涿鞮，立

① 《汉书》卷六《武帝纪》，第187页。
② 《汉书》卷六《武帝纪》，第189页。
③ 《资治通鉴》卷三八“王莽天凤三年”条，第1212—1213页。

破虏侯细致。[①]

戊己校尉索颧亦见于《敦煌名族志》："后汉有索颧，明帝永平中为西域戊己校尉，居高昌城。颧子堪，字伯高，才明，举孝廉、明经，对策高弟（第），拜尚书郎，稍迁幽州刺史。"其明确记载索颧为敦煌人。池田温认为《敦煌名族志》所载"明帝永平中"为"和帝永元中"之误[②]，而冯培红则指出"明帝永平中"这一记载的合理性：《敦煌名族志》所载史事与《后汉书》汉明帝永平十七年（74）始置西域都护、戊己校尉的记载相符，可证索颧在永平年间即已出任西域戊己校尉，永元时仍然任职[③]，但若果真如此的话，索颧在永平十七年至永元八年间（74—96）担任戊己校尉，任职时间在二十年以上，似乎过长。而笔者认为，池、冯二说并不矛盾，但二说皆需要略做修正。实际情况是：《敦煌名族志》中"明帝永平中"的记载并非笔误，而是撰者刻意附会永平年间始置戊己校尉一事，这样一来，索颧就被塑造成东汉首任戊己校尉。至于索颧任西域戊己校尉的实际时间，应如《后汉书》所言，在永元年间。

《后汉书》亦载敦煌长史索班：

敦煌太守曹宗患其暴害，元初六年（119），乃上遣行长史索班，将千余人屯伊吾以招抚之，于是车师前王及鄯善王来降。数月，北匈奴复率车师后部王共攻没班等，遂击

① 《后汉书》卷八八《西域传》，第2929—2930页。
② （日）池田温著，韩昇译《唐朝氏族志研究——关于〈敦煌名族志〉残卷》，载池田温《唐研究论文选集》，第82页。
③ 冯培红《敦煌学与五凉史论稿》，第196页。

走其前王。[①]

索班为敦煌长史，并负责招徕西域诸国事务，不幸在对匈奴作战中被杀。后班勇“捕得军就及匈奴持节使者，将至索班没处斩之，以报其耻，传首京师”[②]，可见班勇颇重视敦煌索班战没一事。清代学者张澍以“长史必本郡人”，而将索班认定为敦煌人[③]。《敦煌名族志》所载索翊，为西汉索抚玄孙，“汉安帝永初六年（112）拜西域长史”，池田温认为《后汉书》中索班与《敦煌名族志》中索翊为同一人，其中的“永初六年”当是“元初六年”的误写[④]。然而冯培红认为索翊与索班非同一人，但两人籍贯均为敦煌[⑤]。索班、索翊之间是怎样的关系呢？笔者认为，索班为历史中真实存在的人物，“索翊”或为《敦煌名族志》编撰者根据《后汉书》中索班事迹编造出来的人物。“班”“翊”字形近似，二人“敦煌长史”“西域长史”官职亦近似，“永初六年”与“元初六年”亦只有一字之差，由此可以看出其中的攀附痕迹。

《敦煌名族志》所载索氏世系中的索骏、索抚、索頵、索翊相关事迹，是编撰者以正史为基础，并通过对相关素材的修饰、改编、糅合而塑造出来的。《敦煌名族志》的记载展现了汉代索氏家族在西北经略中的重要作用。据《后汉书》“戊己校尉索頵欲废后部王涿鞮，立破虏侯细致”，可知正史对索頵的历史功

① 《后汉书》卷八八《西域传》，第2911页。
② 《后汉书》卷四七《班超附班勇传》，第1590页。
③ ［清］张澍辑，李鼎文校点《续敦煌实录》，第28页。
④ （日）池田温著，韩昇译《唐朝氏族志研究——关于〈敦煌名族志〉残卷》，载池田温《唐研究论文选集》，第82页。
⑤ 冯培红《敦煌学与五凉史论稿》，第195—196页。

绩有明确的记载。但是，为何《敦煌名族志》不直接摘录正史，而是做了一些改编呢？笔者认为，这样的处理方式，一方面是为了丰富索氏家族的历史发展细节，另一方面，通过系统地构建，将汉代敦煌索氏与魏晋敦煌索氏之间的家族世系串联起来。

3.《敦煌名族志》展现的敦煌索氏世系

池田温据《敦煌名族志》将索氏家族世系分为以下几个阶段：祖先起源、西迁始祖、索颧家谱、北索家谱（2世纪子孙同宗和3世纪索靖），此外还绘制了索氏家族人物表①。他同时认为，对于文书上的每一个人，要经过严格探讨方能准确定其是否实在。若依照这一标准，笔者认为索氏家族世系表仍需进一步完善。

首先，《敦煌名族志》记载敦煌“北索”“南索”以后，又言“莫知长幼，咸累代官族”，可知敦煌索氏的“北索”“南索”区分并不明显。后面出现的索德、索隆、索靖，分别被称为“宗人德”“族子隆”“族父靖”，可知这几支索氏的家族世系已经模糊，不应被划为“北索”一系。

其次，详观索氏祖先书写，其世系的确可以细分为四个部分。索华之后索展曾至太尉杨赐门下求学，索展孙索翰师事司徒王朗，虽然几位索氏成员事迹不载于正史，但杨赐、王朗皆为汉魏之际的知名人物，可知索华、索展、索翰事迹皆以正史为依托进行创造。若仔细分析，可以发现《敦煌名族志》中索颧及以后的家族历史是经过精心设计的。从时间上看，杨赐担任太尉的时间在182—184年间，王朗任司徒的时间在227—228年间。《敦煌名族志》通过对索颧、索翊、索华三个家族世系的建构，完整地将敦煌索氏世系从1世纪延展至3世纪，因此，索颧、索翊、

① （日）池田温著，韩昇译《唐朝氏族志研究——关于〈敦煌名族志〉残卷》，载池田温《唐研究论文选集》，第81—82页。

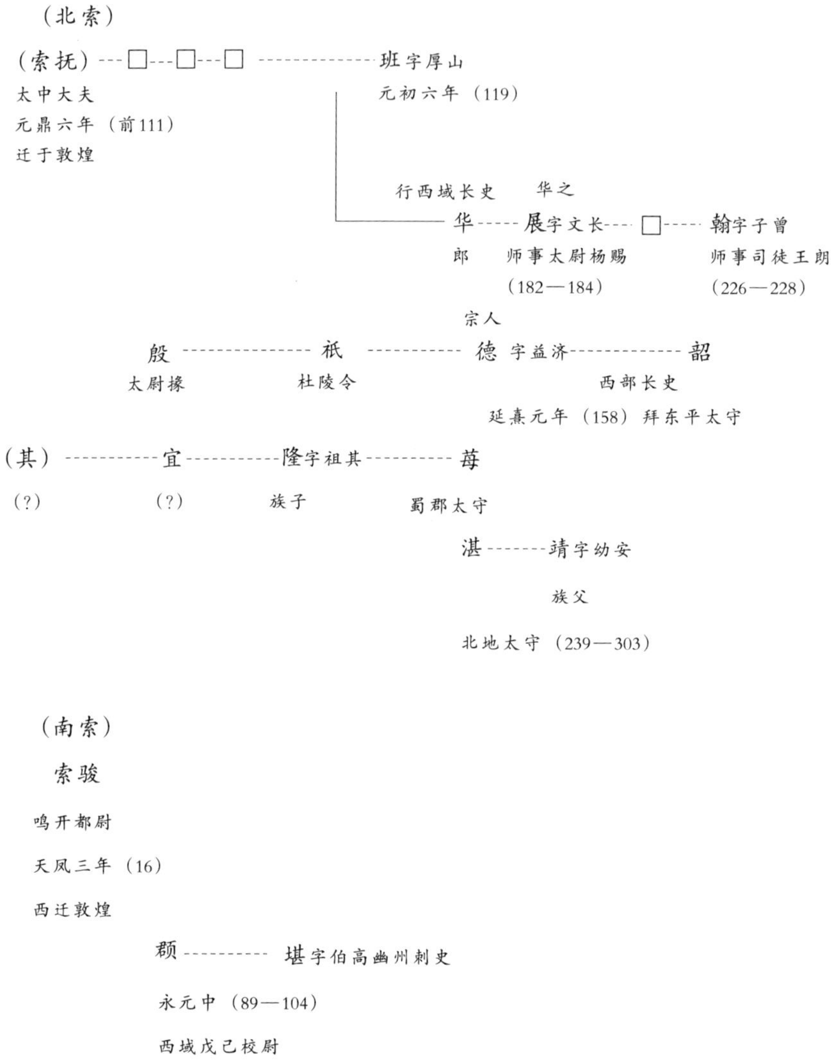

图3-15 池田温所绘索氏世系图，图片采自（日）池田温著，韩昇译《唐朝氏族志研究——关于〈敦煌名族志〉残卷》，载池田温《唐研究论文选集》，第81页

索华三个家族的内容应归为一部分。之后索德、索隆、索靖三系，皆为汉晋之际的家族，三个支系以“宗人”“族子”“族父”开头，族出记载较为含混，可以归为另一部分。那么索氏家族世系可以分为四个部分：祖先起源，西迁始祖（索骏与索抚），汉魏明晰世系（索翾、索翊、索华家族），汉晋模糊支系（索德、索隆、索靖家族）。

最后，《敦煌名族志》所述汉晋世系中，索靖为核心人物。《晋书·索靖传》记载：

> 索靖，字幼安，敦煌人也。累世官族，父湛，北地太守。靖少有逸群之量，与乡人氾衷、张甝、索纱、索永俱诣太学，驰名海内，号称“敦煌五龙”。四人并早亡，唯靖该博经史……对策高第。[①]

《敦煌名族志》中关于索靖的记载与《晋书》基本相同。虽然文书所载索靖事迹后部残缺，但保存下来的部分有三行，不仅其内容来自正史，而且字数在诸人物描写中最多。《敦煌名族志》所载汉魏世系将索氏家族延展至3世纪初，后面即可与索靖家族相连，“展孙翰，字子曾，师事司徒王朗，咸致士官”，后接“族父靖，字幼安。父湛，北地太守”，这样的叙述完全可以前后衔接。那么为何《敦煌名族志》要在中间增加“宗人德”“族子隆”这两个支系呢？笔者认为，《敦煌名族志》将族出不甚清晰的索德、索隆两支夹在索翊、索靖两家族之间，一方面增加了索氏家族谱系的可信度与完整性，另一方面与前述“莫知长幼”相呼应。通过这样的世系叙述，既连接到西晋名士敦煌索靖家族，

---

① 《晋书》卷六〇《索靖传》，第1648页。

又将整个汉晋索氏世系系统地呈现出来。根据《敦煌名族志》所载索氏家族世系，笔者绘制了下面的表格，以展示先秦至西晋索氏家族世系的全貌，同时可以体现索氏家族祖先塑造的内在理路。

表3-4　P.2625《敦煌名族志》与索氏世系

<table>
<tr><td>时代</td><td colspan="6">索氏人物及世系关系</td><td colspan="2">《敦煌名族志》</td></tr>
<tr><td>祖源</td><td colspan="6">索丹</td><td colspan="2">其先商王帝甲,封子丹京索,因而氏焉。武王灭商,迁之于鲁</td></tr>
<tr><td>西迁始祖</td><td colspan="6">索抚
索骏</td><td colspan="2">汉武帝时,太中大夫索抚、丞相赵周,直谏忤旨徙边。以元鼎六年(前111),从钜鹿南和，迁于敦煌……至王莽天凤三年(16),鸣开都尉索骏,复西敦煌</td></tr>
<tr><td rowspan="9">汉晋敦煌索氏</td><td rowspan="3">1</td><td colspan="2">2、3</td><td rowspan="3">4</td><td rowspan="3">5</td><td rowspan="3">6</td><td rowspan="9">1. 后汉有索颙,明帝永平中（74),为西域戊己校尉,居高昌城。颙子堪,字伯高，才明举孝廉明经,对策高第,拜尚书郎，稍迁幽州刺史。2. 其抚玄孙翊,字厚山,有文武才,明兵法。汉安帝永初六年(112),拜行西域长史。3.弟华除为郎。华之后展,字文长,师事太尉杨赐(182—184)。展孙翰,字子曾,师事司徒王朗(227—228),咸致士官。</td><td rowspan="9">4.宗人德,字益济。祖殷、太尉掾。父祗,杜陵令。德举孝廉,拜驸马都尉,桓帝延熹元年(158),拜东平太守。子韶,西部长史。5. 族子隆,字[□□]。祖其。父宜，清灵洁净,好黄、老,沉深笃学。事继母,以孝闻,不应辟召,乡人号曰腐儒。隆子苺,蜀郡太守。6. 族父靖,字幼安。父湛,北地太守。</td></tr>
<tr><td colspan="2">(索抚之后)</td></tr>
<tr><td>□□</td><td></td></tr>
<tr><td>索颙</td><td>□□</td><td></td><td>索殷</td><td></td><td></td></tr>
<tr><td>索堪</td><td>索翊</td><td>索华</td><td>索祗</td><td></td><td></td></tr>
<tr><td></td><td></td><td>索展</td><td>索德</td><td>索其</td><td></td></tr>
<tr><td></td><td></td><td>□□</td><td>索韶</td><td>索宜</td><td>索湛</td></tr>
<tr><td></td><td></td><td>索翰</td><td></td><td>索隆</td><td>索靖</td></tr>
<tr><td></td><td></td><td></td><td></td><td>索苺</td><td></td></tr>
</table>

《敦煌名族志》通过世系建构，将汉代索氏谱系与魏晋名士索靖联系起来，那么该书写模式的出现不会早于西晋。《敦煌名族志》所载索靖事迹或本于《晋书》，《晋书》于唐初修订完成，不过唐以前已有不同版本的《晋书》流行，因此《敦煌名族志》所载索氏家族历史或许在唐以前就已经初步形成。北朝隋唐之际，索氏家族祖先书写模式逐步趋于完备。《敦煌名族志》编撰者或许已经不能掌握汉代索氏家族谱系的确凿信息，因此只能根据历史上的索氏家族名人塑造其世系。《敦煌名族志》所载索氏汉晋世系中，武帝元鼎年间索骏迁居敦煌，王莽时期索抚迁居敦煌，索颧为首任戊己校尉，索翊出任西域长史，西晋名士索靖为家族核心人物。这样的记载使得敦煌索氏的祖先历史清晰连贯，同时将著名的索氏人物皆纳入了家族世系，提升了家族威望。《敦煌名族志》所载索氏世系中的人物除索靖外，皆不完全符合正史记载。不过，其中重要人物的名字、事迹、生活时代等，又与正史中的真实事件、人物等密切相关。因此，敦煌索氏祖先的历史书写呈现出虚实相间的特征，从而成功构建起世系绵长、人才辈出的敦煌索氏祖先历史。

三、十六国时期的敦煌索氏

十六国时期，敦煌索氏家族持续发展壮大，不仅在诸凉政权中屡有身居高位者，并且多以儒学传家，成为敦煌世族。张澍《续敦煌实录》中统计十六国时期的敦煌索氏人物有二十八位之多，仅前凉一朝，索氏家族入仕者至少有十五人[①]。冯培红在分析前凉索氏家族人物时指出，索氏家族人物最典型的特征是学术文化上的贡献，其次亦有出色的军事人才，再次，索氏人物对前凉经济贡献突出[②]。

---

① ［清］张澍辑，李鼎文校点《续敦煌实录》，第28—49页。

② 冯培红《敦煌学与五凉史论稿》，第268—270页。

这一时期的敦煌索氏家族发展的特点承袭西晋，且逐渐发展为地方世家大族。敦煌索氏人物更多地表现出儒学世家的特征，产生了一批享誉地方的高士。如《晋书·索袭传》记载：

> 索袭字伟祖，敦煌人也。虚靖好学，不应州郡之命，举孝廉、贤良方正，皆以疾辞。游思于阴阳之术，著天文地理十余篇，多所启发……张茂时，敦煌太守阴澹奇而造焉，经日忘反，出而叹曰："索先生硕德名儒，真可以咨大义。"澹欲行乡射之礼，请袭为三老，曰："今四表辑宁，将行乡射之礼，先生年耆望重，道冠一时，养老之义，实系儒贤。既树非梧桐，而希鸾凤降翼；器谢曹公，而冀盖公枉驾，诚非所谓也。然夫子至圣，有召赴焉；孟轲大德，无聘不至，盖欲弘阐大猷，敷明道化故也。今之相屈，遵道崇教，非有爵位，意者或可然乎！"会病卒，时年七十九。澹素服会葬，赠钱二万……乃谥曰玄居先生。[①]

可知索袭以学问、德行知名，并且被敦煌太守阴澹推崇为"硕德名儒"。又据《太平御览》引《敦煌实录》记载，前凉时期有高士索丞，"字伯夷，善鼓筝悲歌，能使喜者堕泪；改调易讴，能使戚者起舞。时人号曰'雍门调'"。索丞以伯夷为字，乃是追慕先秦高士伯夷、叔齐之遗风。可见敦煌索氏在文化上经历了长久的沉淀，以道德学问传家，为当时人所推崇。

十六国时期，敦煌索氏家族发展成为地方世族，人才辈出。索姓人物在各政权内任职，显示出卓越的政治才能。史载：

① 《晋书》卷九四《索袭传》，第2448—2449页。

> 索孚，字国明，前凉时期敦煌人。善射，十中八九……张骏辟为参军。时骏议治石田，孚谏曰："凡为治者，动不逆天机，作不破地德。昔后稷之播百谷，不垦磐石；禹决江河，不逆流势。今欲徙石为田，运土植谷，计所损用，亩盈百石，所收不过三石而已，窃所未安。"骏怒，出为伊吾都尉。累迁至张掖太守。①

前凉时期敦煌索孚既勇武善射，又明营田之术，一度任张掖太守，为前凉张氏重用。张重华时期，亦有敦煌索遐，为张重华政权中的重要人物。史载：

> 麻秋又据枹罕，有众十二万，进屯河内……重华议欲亲出距之，谢艾固谏以为不可。别驾从事索遐进曰："贼众甚盛，渐逼京畿。君者，国之镇也，不可以亲动。左长史谢艾，文武兼资，国之方邵，宜委以推毂之任。殿下居中作镇，授以算略，小贼不足平也。"重华纳之，于是以艾为使持节、都督征讨诸军事、行卫将军，遐为军正将军，率步骑二万距之。艾建牙旗，盟将士，有西北风吹旌旗东南指。遐曰："风为号令，今能令旗指之，天所赞也，破之必矣。"军次神鸟，王擢与前锋战，败，遁还河南。还讨叛虏斯骨真万余落，破之，斩首千余级，俘擒二千八百，获牛羊十余万头。
>
> 重华自以连破勍敌，颇怠政事，希接宾客。司直索遐谏曰："殿下承四圣之基，当升平之会，荷当今之任，忧率土之涂炭，宜躬亲万机，开延英乂，夙夜乾乾，勉于庶政。

① ［清］张澍辑，李鼎文校点《续敦煌实录》，第33页。

> 自顷内外嚣然，皆云去贼投诚者应即抚慰，而弥日不接。国老朝贤，当虚己引纳，询访政事，比多经旬积朔，不留意接之。文奏入内，历月不省，废替见务，注情于棋弈之间，缱绻左右小臣之娱，不存将相远大之谋。至使亲臣不言，朝吏杜口，愚臣所以回惶忘寝与食也。今王室如毁，百姓倒悬，正是殿下衔胆茹辛厉心之日。深愿垂心朝政，延纳直言，周爰五美，以成六德，捐彼近习，弭塞外声，修政听朝，使下观而化。”重华览之大悦，优文答谢，然不之改也。[①]

可知张重华时期索遐为张重华所倚重，在击退麻秋军队的军事行动中发挥了重要作用，乃张重华政权中的核心人物之一。张重华晚年懒政，索遐的劝谏被张重华赏识。又有敦煌索戢、索绥父子，史载：

> 索绥，字士艾，敦煌人。父戢，晋司徒。绥家贫好学，初举孝廉，为记室祭酒。母丧去官，又举秀才，为儒林祭酒。张骏命西曹掾集阁内外事付绥，著《凉春秋》五十卷。又作《六夷颂》《符命传》十余篇。以著述之功，封平乐亭侯……玄靓僭号五年，夏六月，大旱，令诸祈雨之官皆咏《云汉》诗。绥曰：“《云汉》陈周宣之美，非祈旱之文。昔周鼎之出，汉吾丘不贺。今辞与事违，恐非致泽之意也。”玄靓乃止。[②]

---

① 《晋书》卷八六《张轨传》，第2243—2244页。
② ［清］张澍辑，李鼎文校点《续敦煌实录》，第37—38页。

索绥父亲索戢晋时为司徒，索绥在学术上成就颇高，著《凉春秋》五十卷，并且“以著述之功，封为乐侯”，为前凉张氏所信任。又《晋书·索泮传》记载：

> 索泮字德林，敦煌人也。世为冠族。泮少时游侠，及长，变节好学，有佐世才器。张天锡辅政，以泮为冠军、记室参军。天锡即位，拜司兵，历位禁中录事。执法御掾，州府肃然，郡县改迹。迁羽林左监，有勤干之称。出为中垒将军、西郡武威太守、典戎校尉。政务宽和，戎夏怀其惠，天锡甚敬之。苻坚见而叹曰：“凉州信多君子！”既而以泮河西德望，拜别驾。[1]

《晋书》记载索泮“世为冠族”，说明敦煌索氏已经被公认为敦煌第一流的大族。索苞有文武材，为前凉大将，同宋澄共阻羌于金城[2]。索泮任官颇有政绩，史称其有“佐世才器”，为政有“勤干之称”。索泮又以气节著称，吕光克姑臧后，索泮“固守不降”，后被吕光杀害。索泮弟索菱，“有俊才，仕张天锡为执法中郎、冗从右监。苻坚世至伏波将军、典农都尉，与泮俱被害”[3]。索泮、索菱兄弟出仕前凉、前秦，任官能有作为，为人亦有气节，是敦煌索氏家族人物的典型。此外，还有索商在前凉张天锡时期任“荡难将军、校书祭酒”[4]。索辅、索询、索振亦仕宦于前凉，就货币财政、政治局势等方面出谋划策[5]。吕光时

---

① 《晋书》卷一一五《索泮传》，第2954页。

② ［清］张澍辑，李鼎文校点《续敦煌实录》，第8页。

③ 《晋书》卷一一五《索泮传》，第2955页。

④ 《晋书》卷八六《张轨传》，第2250页。

⑤ ［清］张澍辑，李鼎文校点《续敦煌实录》，第43页。《晋书》卷八六《张重华传》，第2245页。

期有敦煌索嘏，与敦煌郭瑀起兵，并担任敦煌太守，后王穆“忌其威名”，又西伐索嘏。据此可知吕光时期，索氏仍为敦煌著姓。索稜、索卢曜仕姚苌，索稜“好学博文，姚苌甚器重之，委以机密，文章诏檄，皆稜之文也”。且索稜任地方太守时管辖区域内德风蔚然；姚兴以其为太尉、领陇西内史，使招抚西秦[①]。吕凉末期有敦煌索仙，任沙州治中，与敦煌护军郭谦推举李玄盛为敦煌太守。西凉建立后，李暠任命索仙为左长史。李暠去世后，索仙又辅佐李歆，被任命为征虏将军、张掖太守[②]，与宋繇共同辅助后主李歆。另有索训、索慈与索术等人皆辅助李暠理政，索训为威远将军、西平太守，索慈为广武太守，索术为武兴太守[③]。段业僭号凉王时以其右卫将军敦煌索嗣继任敦煌太守，蒙逊以索嗣子索元绪行敦煌太守[④]。

魏晋十六国时期的敦煌索氏，不仅在各政权内任职，显示出卓越的政治才能，又以儒学传家，成为敦煌世族。索氏家族在敦煌乃至河西地区亦具有很大的影响力。北魏灭北凉后，凉土人物风华东迁入魏。索氏家族人物迁徙中原者较多。《北史·索敞传》载：

> 索敞字巨振，敦煌人也……入魏，以儒学为中书博士。京师大族贵游之子，皆敬惮威严，多所成益，前后显达位

① ［清］张澍辑，李鼎文校点《续敦煌实录》，第41—42页；《资治通鉴》卷一一六“安帝义熙七年”条，第3642—3643页。

② 《晋书》卷八七《李歆传》，第2268页。

③ ［清］张澍辑，李鼎文校点《续敦煌实录》，第46页；《晋书》卷八七《李暠传》，第2258—2259页。

④ ［清］张澍辑，李鼎文校点《续敦煌实录》，第47页；《晋书》卷八七《李暠传》，第2258、2270—2271页。

> 至尚书、牧、守者数十人，皆受业于敞。敞以丧服散在众篇，遂撰比为《丧服要记》。出补扶风太守，在位清贫，未几卒官。时旧同学生等为请谥，诏赠平南将军、凉州刺史，谥曰献。①

根据记载可知，敦煌索氏家族发展至北朝时期已经成为名副其实的儒学世家。索敞徙至北魏之后，以儒学修养闻名京师。索敞撰写《丧服要记》，说明其谙熟中原传统礼乐文明。凉州士人确实为儒家文化的传承作出了贡献。

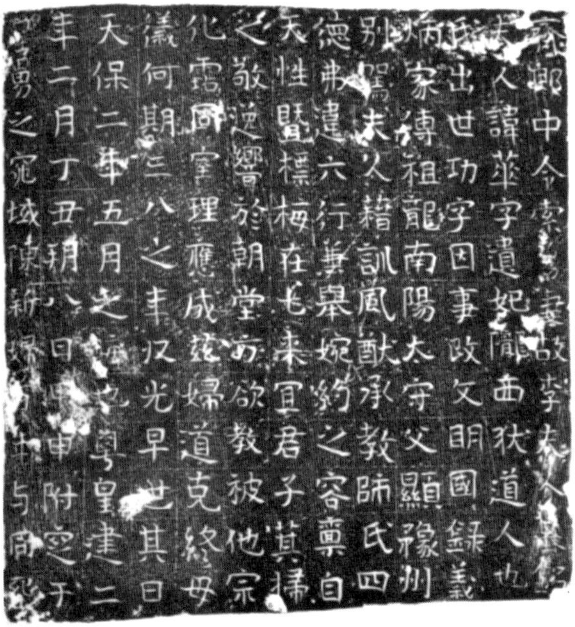

图3-16 《索勇妻李华墓志》（图片采自毛远明《西南大学新藏墓志集释》，南京：凤凰出版社，2018年，第18页）

① 《北史》卷三四《索敞传》，第1270页。

图3-17《索诞墓志》（图片采自叶炜、刘秀峰主编《墨香阁藏北朝墓志》，2016年，第168—169页）

图3-18《索勋纪德碑》（图片采自吴景山、张洪《〈索勋纪德碑〉辨证》，《敦煌学辑刊》2012年第1期，第40页）

四、北朝隋唐的敦煌索氏

（一）人物与世系

北朝隋唐时期，敦煌索氏见诸史籍者不多，幸赖出土墓志所载敦煌索氏人物，我们可以管窥索氏家族十六国以后的发展历程。笔者对相关墓志做了初步统计，并表列索氏墓志中祖先书写的相关内容，以勾勒其家族历史记忆中的核心线索。

表3-5　碑志所见索氏祖先历史书写

史料	祖先历史		
	先秦祖先	西迁历史	魏晋祖先
索泰墓志	大甲子丹,胙土京索	两宗西捍	
索诞墓志			索靖
索叡墓志	伯禽封鲁		
索玄墓志	吐源商野		
索达墓志	流芬鲁□	腾誉敦煌	晋国表银钩之妙①
索行墓志		腾清流于陇西	
索礼墓志			前魏□灵，擅银钩而绝代
索思礼墓志	以地为一方之性(姓)		当晋有五龙之号
索玄爱墓志	其初出自殷之族也。封疆先命,氏因谓索		
索义辩窟铭等	商王帝甲之后，封子丹于京索间	远祖前汉太中大夫抚	晋代英贤，魏朝樟木
索勋纪德碑			祖靖,仕魏晋
索崇恩功德记			及晋司空索靖,惠帝时敦煌贤达

① 《晋书》卷六〇《索靖传》：“盖草书之为状也，婉若银钩，漂若惊鸾。”(第1649页)

上表所展示的内容可以使我们对敦煌索氏的祖先书写有一全面的认识。永徽六年（655）《索谦墓志》记载："白狼锡瑞，玄乙降祥，三人去受，九有来王。"[①]龙朔二年（662）《索玄墓志》称："族濬长河，委崐峰而积浪，疏源葱岭，架蒲海而遥峦。卯金之苑，敦煌遂为著□；白狼之郊，索邑高封元孙……吐源商野，宗繁汉诸，兰芷交华，松筠钓侣。"[②]索谦与索玄墓志所提及的"白狼"为敦煌地区发现的祥瑞，此处用于籍贯为敦煌的索姓人物墓志。索氏墓志中的"白狼"极可能代指敦煌。《索玄墓志》所载"吐源商野"直接展示出其家族源自殷商之后。《索玄墓志》关于其家族迁徙的内容记载较详，其所提及的"葱岭""蒲海"展现出索玄家族本为西北著姓。天宝三载（744）《索思礼墓志》记叙："其先敦煌人也。以地为一方之性（姓），当晋有五龙之号。"[③]敦煌五龙详见于《晋书·索靖传》，称："靖少有逸群之量，与乡人氾衷、张甝、索紾、索永俱诣太学，驰名海内，号称'敦煌五龙'。四人并早亡，唯靖该博经史，兼通内纬。"[④]此处以"敦煌五龙"来记叙索思礼家族祖先世系，并补充强化了索思礼"敦煌效谷人"的身份。《敦煌名族志》以后的敦煌文献中，关于索氏家族世系的记录皆如《敦煌名族志》所载。P.4640《沙州释门索法律窟铭》记录："其先商王帝甲之后，封子丹于京索间，因而氏焉。远祖前汉太中大夫抚，直谏飞龙，既犯逆鳞之势，赵周下狱。抚恐被诛，以元鼎六年，自钜鹿南和徙居流沙，子孙因家焉，遂为敦煌人也。"据考证此篇

① 录文参见周绍良、赵超主编《唐代墓志汇编续集》，上海：上海古籍出版社，2001年，第76—77页。

② 录文参见周绍良主编《唐代墓志汇编》，第362页。

③ 录文参见周绍良主编《唐代墓志汇编》，第1564页。

④《晋书》卷六〇《索靖传》，第1648页。

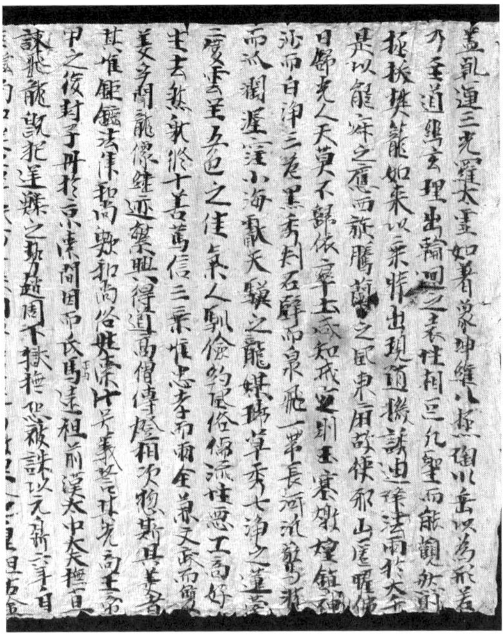

图3-19 S.530《索法律窟铭稿》

文书撰写于唐懿宗咸通年间[①]。而其中索氏祖先历史的相关内容与《敦煌名族志》所载基本一致，应是直接继承《敦煌名族志》而来。P.4660文德元年（888）悟真所作《金光明寺索法律邈真赞并序》载："钜鹿律公，贵门子也。丹［墀］之远派，亲怋则百从无疏。抚徙敦煌，宗盟则一族无异。"[②]该文书称敦煌索氏源于汉代索抚，与《敦煌名族志》无异。又撰写于归义军时期的P.4010+P.4615《索崇恩和尚修功德记》载："虽事各有时，亦贵宜后代。及晋司空索靖，惠帝时敦煌贤达，临池学书，翰墨无双，对策弟（第）一。帝佳之，拜驸马都尉、酒泉郡太守。"[③]其中仅提及"索靖"，不过"索靖"为敦煌索氏代表性人物，且《敦煌名族志》中也存篇幅记叙。晚唐敦煌出土文书中，多称索

① 郑炳林、郑怡楠《敦煌碑铭赞辑释（增订本）》，第297页。S.530《索法律窟铭稿》记载略同："远祖前汉太中大夫抚，直谏飞龙，既犯逆鳞之势，赵周下狱，抚恐被诛，以元鼎六年自钜鹿南和徒居于流沙，子孙因家焉，遂为敦煌人也。"亦记载敦煌索氏始于元鼎六年索抚迁居敦煌。
② 郑炳林、郑怡楠《敦煌碑铭赞辑释（增订本）》，第360页。
③ 郑炳林、郑怡楠《敦煌碑铭赞辑释（增订本）》，第720页。

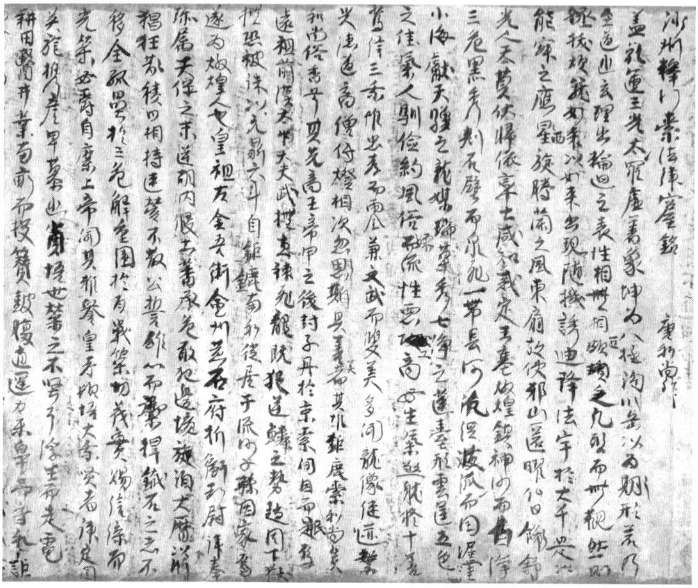

图3-20 P.4640《沙州释门索法律窟铭》

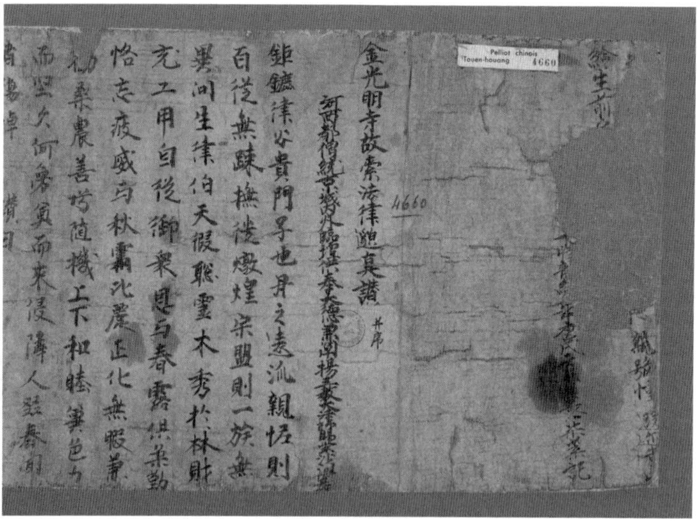

图3-21 P.4660《金光明寺索法律邈真赞并序》

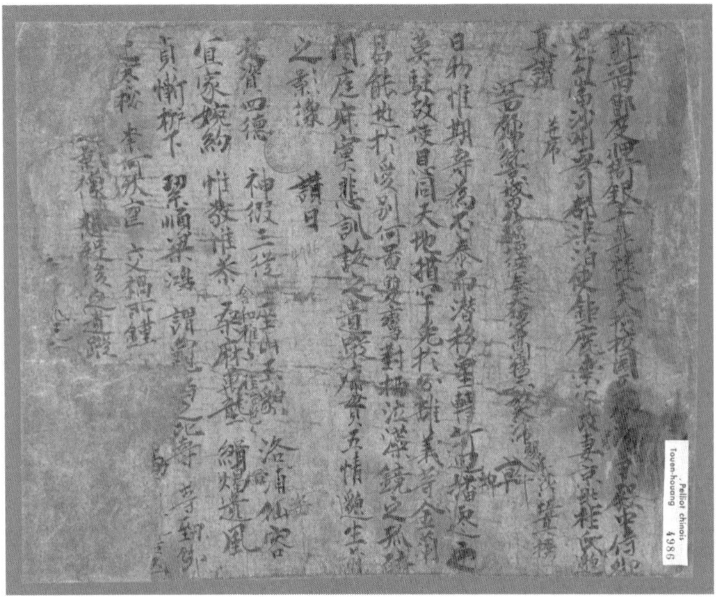

图3-22 P.4986+P.4660《都渠泊使索公妻京兆杜氏邈真赞并序》

氏为“钜鹿索氏”，亦符合《敦煌名族志》所载祖先书写模式。如P.4660《节度押衙索公邈真赞》题署“唐河西节度押衙兼侍御使（史）钜鹿索公邈真赞”，龙纪二年（890）悟真所作P.4986+P.4660《都渠泊使索公妻京兆杜氏邈真赞并序》题署“……钜鹿索公故贤妻京兆杜氏邈真赞并序”，P.3703V《释迦牟尼如来涅槃会功德赞并序》载“厥有信士钜鹿索公讳［□□］，趋庭受训，无亏鲤也”[①]。由此可见，至迟在唐代前期，敦煌索氏家族已经完整建构了其家族世系。《敦煌名族志》中的索氏家族历史已经呈现出典范化状态，此后索氏家族先祖记忆与迁徙历史，基本未超出

① 郑炳林、郑怡楠《敦煌碑铭赞辑释（增订本）》，第471、349、1502页。

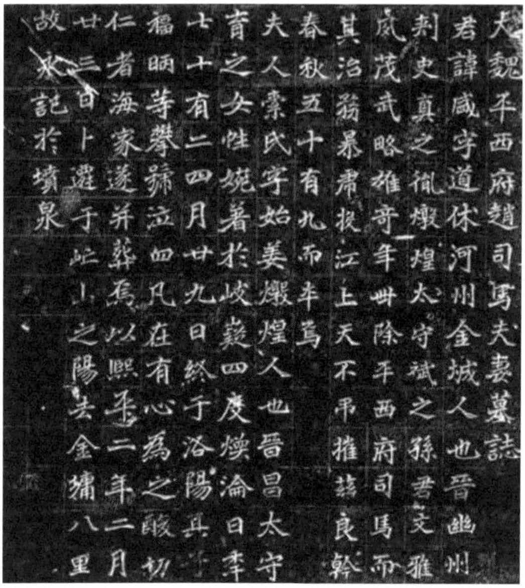

图3-23 《赵盛墓志》（图片采自魏军刚《北魏〈赵盛墓志〉考略》，《中国书法》2018年第5期，第99页）

《敦煌名族志》的内容。

整体上看，北朝隋唐墓志中索氏祖先书写的演变趋势，与本文前两部分的分析相契合。即北朝时期索氏家族祖先书写模式已经出现，至唐代逐步丰富。隋唐时期，名士索靖在索氏家族历史书写中被频繁提及，逐渐成为家族历史书写中的重要一环。至迟在唐代前期，敦煌索氏家族已经完整建构了其家族世系，《敦煌名族志》中的索氏家族历史已经呈现出典范化状态，此后索氏家族祖先书写多本于此书写模式。

根据敦煌索氏相关墓志，可以了解部分迁居中原的索氏的面貌及家族世系。北魏熙平二年（517）《赵盛夫妻墓志》记载："夫人索氏，字始姜，敦煌人也。晋昌太守之女。"[①]索始姜父亲担任晋昌太守或在北魏时期。赵盛父亲为敦煌太守赵斌之孙，赵盛子赵福、赵昞。另据北魏正光五年（524）《赵昞墓志》记载："父讳成，圣世酒泉子、都司马；亲敦煌索氏，父讳祚，敦煌录

① 录文参见王连龙《南北朝墓志集成》，第143页。

事参军。”[①]赵昞父赵成，赵成应即赵盛。《赵昞墓志》亦记载了其母索氏的情况，索氏父亲索祚，为敦煌录事参军。《赵盛墓志》记其妻索氏的父亲索育，为晋昌太守。索育、索祚二者应为同一人。可知在北魏时期，敦煌索氏在敦煌、晋昌做官。敦煌索氏女与金城赵氏结为姻亲，并随其东迁至洛阳地区。

又北齐皇建二年（561）《索泰墓志》等揭示出其家族世系：

图3-24 《赵昞墓志》（图片采自赵文成、赵君平编《秦晋豫新出墓志搜佚续编》，第58页）

① 拓片参见赵文成、赵君平《秦晋豫新出墓志搜佚续编》，第58页。

> 曾祖曷，凉沮渠屋兰护军，魏赠使持节、安西将军、凉州刺史、效谷侯，谥曰忠。祖元兴，袭爵安远将军、效谷子、假节、冠军将军、抚冥镇将。父虎，魏世东光令、平漠将军、北征别将。长兄宁，门下录事、前将军、卢乡县开国男。①

可知索泰曾祖在北凉任官，由凉入魏后，父祖皆仕居高第。《索泰墓志》称曾祖为索曷，祖父为索元兴，父为索虎，长兄索宁。其中“索宁”亦可见于安阳出土的隋代索氏家族五兄弟墓志，且此六方墓志皆载志主葬地为邺城紫陌河北，因而可推断双方为同一家族②。此外，唐永隆元年（680）《索义弘墓志》称其祖为索叡，父为索彦③。索叡与索宁子同名，两人可能为同一人。索叡居于相州，索义弘起家于许州，都距离洛阳不远。索义弘自称洛阳人，可能是在索叡之后其家已经迁居洛阳。又《索崇墓志》记载：“公讳崇，字敬，洛阳人也。惟考厥祖，出自敦煌……父弘，任嘉州龙游令。”④索弘，即索义弘，虽然索义弘墓志自称

① 录文参见王连龙《南北朝墓志集成》，第698页。

② 安阳出土的隋代索氏五兄弟墓志分别为：索诞《齐故使持节都督义州诸军事骠骑大将军义州刺史索君墓铭》、索雄《大隋故翊军将军开府主簿索府君墓志铭》、索叡《大隋故骠骑大将军襄城郡守肥阳县开国伯索府君墓志铭》、索欣《大隋故踰岷将军奉朝请索府君墓志铭》、索昉《大隋故大都督索府君墓志铭》。索宁一系墓志皆称索宁之父为索迴（回），而索泰墓志载其父为索虎，同时索虎与索迴（回）仕宦官职有异。参见王其祎、周晓薇《安阳出土隋代索氏家族五兄弟墓志集释》，第204—209页；叶炜、刘秀峰主编《墨香阁藏北朝墓志》，2016年，第208—209、210—211页；王连龙《南北朝墓志集成》，第698页。

③ 录文参见周绍良主编《唐代墓志汇编》，第673页。

④ 录文参见周绍良主编《唐代墓志汇编》，第1311页。

洛阳人，但索义弘子索崇墓志载其祖为敦煌人，这样就进一步印证了索宁、索叡、索义弘、索崇应属于同一家族，他们北朝时期自敦煌内迁至邺，唐代以后著籍洛阳，根据出土墓志可以绘制其家族世系。

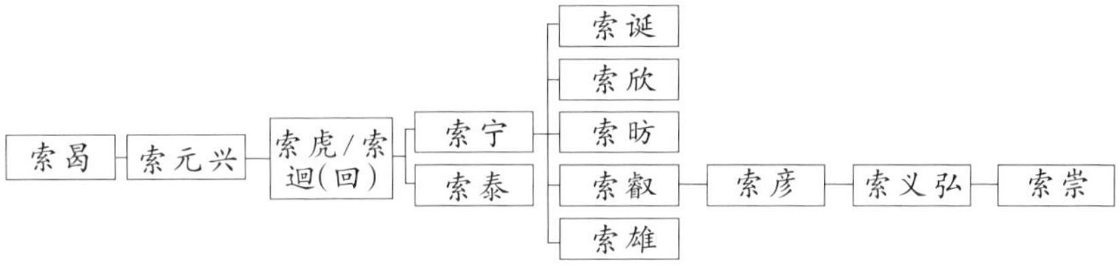

（二）迁徙与郡望

1.敦煌外迁索氏家族的在地化

北朝隋唐之际，部分迁居中原的敦煌索氏仍使用敦煌郡望，同时敦煌索氏逐渐著籍当地。北齐《索泰墓志》称其为“敦煌效谷人”，去世后“迁葬于邺京”，索泰家族逐步著籍邺城。唐龙朔二年（662）《索玄墓志》记载，索玄为敦煌人，“今寓居洛阳县”。唐天宝三载（744）《索思礼墓志》记载：“其先敦煌人也……卒于长安安定里之私第，殡于京兆龙门乡。”唐建中元年（780）《索森墓志》记载索森本为敦煌人，“终于东都恭安里，二年殡于龙门山之阴原”。唐贞元十四年（798）《索义忠妻张氏墓志》记载索公为京兆人，但本望敦煌。综观中古索氏墓志等史料，北朝隋唐时期洛阳、京兆、朔方、汾州、建业等地皆有索氏人物定居，虽不能将其全部归入敦煌外迁索氏，但可以推知其中定有不少索氏人物是自敦煌迁徙并落籍当地的。

除了迁徙至中原，敦煌索氏还有徙至高昌者。高昌索氏仍旧和张氏家族保持紧密的联系，同时索氏家族在高昌做官者也不少，如索演孙为高昌客曹参令兵将，索守猪曾担任兵曹主簿、兵曹参军[①]，索显宗担任虎牙将军[②]等。另外还有虎牙将军、相上将贾买苟妻子索氏[③]、户曹参军妻索氏[④]等的记载，表明索氏家族在高昌多出任基层官员。高昌地区出土的索氏家族材料多集中于麹氏高昌王国时期，笔者大致统计墓表中的索氏如下：

表3-6 吐鲁番墓表所见索氏人物

时代	史料	人物仕宦
北凉承平三年（445）	凉王大且渠安周功德碑	典作御史索宁
高昌章和七年（537）	张孝真妻索氏墓表	（张孝真）民部参军
高昌章和七年（537）	张归宗夫人索氏墓表	（张归宗）平远府录事参军
高昌延昌三年（563）	索演孙及妻张氏墓表	（索演孙）记室参军，客曹参令兵将
高昌延昌十二年（572）	索守猪墓表	兵曹主簿，兵曹参军
高昌延昌十三年（573）	索显忠妻曹氏墓表	（索显忠）虎牙将军
高昌延昌廿二年（582）	贾买苟妻索谦仪墓表	（贾买苟）虎牙将军，相上将
高昌延昌廿五年（585）	户曹参军妻索氏墓表	（夫）户曹参军
高昌延昌卅五年（595）	索氏妻张孝英墓表	（索氏）镇西府虎牙将军，三门将
高昌延昌卌一年（601）	索显忠墓表	虎牙将军，内将
唐咸亨五年（674）	曹怀明妻索氏墓志铭	

说明：该表主要参考侯灿、吴美琳《吐鲁番出土砖志集注》；张铭心《吐鲁番出土墓志汇考》。

① 录文参见侯灿、吴美琳《吐鲁番出土砖志集注》，第115页。
② 图文及录文参见侯灿、吴美琳《吐鲁番出土砖志集注》，第123—124、240—241页。
③ 图文及录文参见侯灿、吴美琳《吐鲁番出土砖志集注》，第157—158页。
④ 图文及录文参见侯灿、吴美琳《吐鲁番出土砖志集注》，第163—164页。

根据统计可知，有索守猪墓表书其出自敦煌，“敦煌北府人，寝疾于交河岸上”。魏晋五凉时期，河西居民多次徙居高昌地区，其家族分支遂构成高昌政权的基础①，可知高昌索氏应为敦煌索氏西迁分支。麹氏高昌前期，张、索之间联姻较多，应为敦煌两家族互通婚姻状态的延续。敦煌大族迁至高昌以后，保持旧有的姻缘关系并形成“地域性”婚姻集团，张孝真、张归宗与索演孙的姻亲就体现出此种状况。随着张氏家族逐渐融入高昌社会，其家族婚姻对象多来自居于权力核心的麹氏家族。到麹氏高昌晚期，张、索之间联姻逐渐减少②。高昌属典型的家族社会，随着麹氏家族的崛起，高昌地区的“敦煌旧族联姻”现象逐渐减少。高昌地区索氏逐步在地化的同时，其保持地方世族身份的进程显得日趋艰难。

2.敦煌本地索氏望称钜鹿

归义军时期，生活在敦煌的索氏家族往往自称钜鹿索氏。如P.4660《节度押衙索公邈真赞》题署“唐河西节度押衙兼御使（史）钜鹿索公邈真赞”，龙纪二年（890）悟真所作P.4986+P.4660《都渠泊使索公妻京兆杜氏邈真赞并序》题署“……钜鹿索公故贤妻京兆杜氏邈真赞并序”，P.3703V《释迦牟尼如来涅槃会功德赞并序》但载“厥有信士钜鹿索公讳［□□］，趋庭受训，无亏鲤也”③。归义军时期的敦煌索氏虽然望称“钜鹿”，但在祖先历史书写中仍采用“殷人后裔”“汉代迁徙”“名士索靖”等叙事环节，说明索氏家族的“钜鹿”郡望并非真实郡望，乃是敦煌索氏为了提升其家族威望而伪冒。据笔者所见，钜鹿索

① 陈国灿《从吐鲁番出土文献看高昌王国》，《兰州大学学报（社会科学版）》2003年第4期，第3—4页。
② 宋晓梅《麹氏高昌国张氏之婚姻》，第150页。
③ 郑炳林、郑怡楠《敦煌碑铭赞辑释（增订本）》，第471、349、1502页。

图3-25《张孝真妻索氏墓表》（图片采自陈凌《万里同文——新疆出土汉文书迹集萃》，杭州：浙江大学出版社，2020年，第253页）

图3-26 《张归宗夫人索氏墓表》（图片采自侯灿、吴美琳《吐鲁番出土砖志集注》，第23页）

氏最早出现于《敦煌名族志》[1]。《敦煌名族志》所载索氏家族历史，显示了敦煌索氏构建祖先历史的愿望与努力。敦煌索氏家族塑造了其汉代迁徙历史，完善了其汉晋祖先世系，同时制造了索氏家族中原钜鹿郡望。归义军时期敦煌地区的索氏家族历史书写虽详略不一，但皆本于此。

图3-27 《高昌延昌三年（563）索演孙及妻张氏墓表》（图片采自侯灿、吴美琳《吐鲁番出土砖志集注》，第81页）

五、小结

敦煌索氏的祖先历史书写存在逐步完善的过程：其汉代及以前的部分在北朝时期已经出现，在北朝《索泰墓志》中，“殷商后裔”“周初迁鲁”“西徙敦煌”几个环节已经初步形成；北朝隋唐之际，名士索靖逐步被纳入索氏家族历史书写。《敦煌名族志》“索氏部分”以“直谏徙边”叙事构建了其家族汉代迁徙至敦煌的历史，基于正史塑造了汉晋间完整的家族世系，并且塑

① “钜鹿”为拟构郡望，抑或该地确实有索氏分布，还有待进一步考察。

造了“钜鹿索氏”这一祖先记忆。至此，敦煌索氏家族历史呈现出典范化的书写模式，其中的叙事环节成为中古索氏共有的集体记忆，并为家族祖先书写提供了可资利用的知识体系。因敦煌索氏为汉晋十六国时期地方名族，北朝隋唐时期，许多迁居中原的敦煌索氏仍以敦煌人自居，亦有部分索氏逐渐著籍当地。北朝隋唐高昌地区索氏一般不书敦煌郡望，表明其融入高昌地方的意愿。晚唐五代归义军时期，敦煌地区的索氏家族仍然保持较大影响力，此时索氏号称“钜鹿索氏”，不过其家族历史书写仍采用前述敦煌索氏祖先书写模式。

中古时期，敦煌索氏通过自身努力获得了家族地位的提升，成为敦煌名族，自敦煌外徙的索氏家族亦展现出世系绵长、累代官族的一面。索氏家族重视其中原大族出身，并通过祖先历史书写巩固其华夏祖先记忆，“殷商后裔”“西徙敦煌”“钜鹿索氏”等祖先书写皆反映了敦煌索氏家族根植于中原的意愿，以及敦煌索氏对自我华夏身份的强调。

第三节　祖先书写的变奏：魏晋北朝敦煌氾氏家族源流

一、《氾氏家传》对氾氏早期历史的建构

氾氏作为敦煌地方士族，在汉唐之际，家族势力几经浮沉。敦煌文书S.1889《敦煌氾氏家传并序》（后文简称《氾氏家传》）存有敦煌氾氏家族早期历史的详细记载：

> 氾氏之先，出自有周，帝喾之苗裔也。帝妃姜原，履大人之迹，感而有娠，十二月生弃，即帝尧弟也。能播植百谷，为稷官，曰稷。历夏殷，常为农正。世世居于西戎，后迁于豳。大王为狄所侵，[止]于岐阳，百姓从之，若归于市。招辑戎俗，筑城墎，立宗庙。王道之端，始于此矣。后稷受封于邰，赐姓曰姬。稷生不窋，不窋孙公刘，受封于邵陵。公刘[孙]皇仆，受国于邠。仆生差弗，弗生毁舆，舆生公非，公非生高圉，高圉生亚圉，亚圉生祖累，累生古公亶甫，甫生大王季历，历生文王昌，[昌]生武王发。武王受命，封弟旦于周。故《春秋左氏传》曰："凡、蒋、邢、茅、胙、祭，周公之胤。"享国者七子，凡

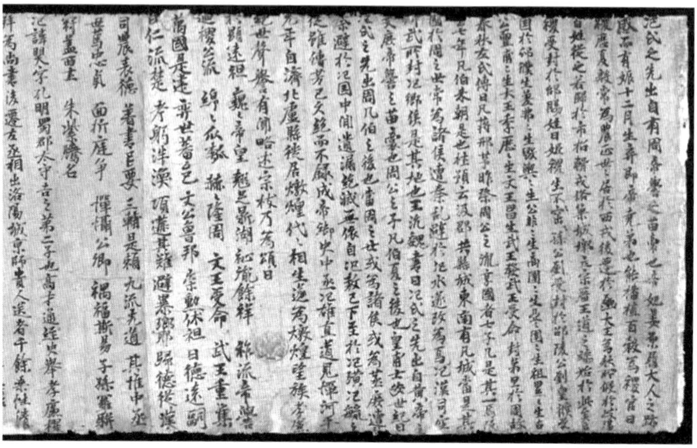

图3-28 S.1889《敦煌氾氏家传并序》

是其一焉。隐公七年，凡伯来朝是也。杜预云：汲郡共县城东南有凡城，当是其国。于周之世，常为诸侯，遭秦乱，避于氾水，遂改为氾焉。汉司空何武所封氾乡侯，是其地也。

王沈《魏书》曰：氾氏之先，出自黄帝之支庶，帝喾之苗裔也。周公之子凡伯，夏之后也。皇甫士安《世纪》曰：氾氏之先，出周凡伯之后也。当周之世，或为诸侯，或为蒸庶，遭秦乱，避于氾国。中间遗漏，绝灭无依。自氾敖已下，至于氾璜、氾毓之徒，虽芳传已久，绝而不录。成帝御史中丞氾雄，直道见惮。河平元年，自济北卢县徙居敦煌，代代相生，遂为敦煌望族。孝廉纪世，声誉有闻，略述宗枝，乃为颂曰：

于显远祖，巍巍帝皇。翘足鼎湖，祉胤余祥。祚流帝喾，迺稷公流。绵绵瓜瓞，赫赫隆周。文王受命，武王重集。万国是建，弈世蕃邑。文公鲁邦，崇勋休祖。曰德远嗣，曰仁流楚。考躬泮涣，顷构其难。避暴瑯邪，归德从汉。司农表德，著书民要。三辅是赖，九流先道。其惟中丞，世笃忠贞。面折庭争，惮慑公卿。祸福斯易，子孙罗骈。冠盖西土，朱紫腾名。[1]

该文书详细记叙敦煌氾氏家族的祖先记忆与迁徙历史，并罗列东汉前凉时期氾氏代表性人物。学界较早关注此文书，对其性质与时代的判断大致相类。池田温认为其编撰年代可追溯至初唐甚至更早[2]。王仲荦认为《氾氏家传》中列纪人物，凡东汉一人，其余悉是前凉时人。考其字迹，当是唐代书手所写[3]。郭锋认为该则文书为晋南北朝时期作品，现存此件为唐人抄本[4]。钟书林亦赞同前人观点，并认为此文书为贞观时期抄本[5]。郝春文认为，该《氾氏家传》部分，上起帝喾，下至十六国时期前凉氾瑗，实际为节录刘昞《敦煌实录》诸条加以编排而成，文书抄写时代在归义军时期了[6]。可知，该文书内容撰写时代较早，但不会早于前凉；抄写时代则较晚，应如前贤所论，属归义军时期抄本。

《氾氏家传》应是敦煌氾氏家族对先秦至两汉氾氏祖先历史的整合。其内容主要包括三个方面：第一，建立凡氏与氾氏之间

---

① 图版参见中国社会科学院历史研究所、中国敦煌吐鲁番学会敦煌古文献编辑委员会、英国国家图书馆、伦敦大学亚非学院合编《英藏敦煌文献（汉文佛经以外部分）》第3卷，成都：四川人民出版社，1990年，第168—169页；录文参见郝春文等《英藏敦煌社会历史文献释录》第8卷，第176—177页。

② （日）池田温《敦煌氾氏家伝殘卷について》，《東方学》第24辑，1962年，第19页。

③王仲荦著，郑宜秀整理《敦煌石室地志残卷考释》，北京：中华书局，2007年，第183页。

④ 郭锋《晋唐时期的谱牒修撰》，《中国社会经济史研究》1995年第1期，第36页。

⑤ 钟书林《〈敦煌氾氏家传〉与先周世系》，《中南大学学报（社会科学版）》2015年第1期，第229页。

⑥ 郝春文等《英藏敦煌社会历史文献释录》第8卷，第182页。

的联系；第二，建立济北氾氏与敦煌氾氏之间的联系；第三，将凡氏、济北氾氏、敦煌氾氏做一纵向的串联。以下做一简要分析。

（一）凡氏与氾氏

《春秋左氏传》曰："凡、蒋、邢、茅、胙、祭，周公之胤也。"①杜预有注云："汲郡共县城东南有凡城。"可知春秋时期有凡氏，凡氏或以地为氏。《氾氏家传》引王沈《魏书》记载："氾氏之先，出自黄帝之支庶，帝喾之苗裔也。周公之子凡伯，夏之后也。"又引皇甫士安《世纪》载："氾氏之先，出周凡伯之后也。当周之世，或为诸侯，或为蒸庶，遭秦乱，避于氾国。"王沈《魏书》、皇甫谧《世纪》原文已经亡佚，二者与《氾氏家传》的渊源关系具体如何，无法详考。不过《水经注》记载清水经凡城："又南经凡城东。司马彪、袁山松《郡国志》曰：共县有凡亭。周凡伯国，《春秋·隐公七年经》书，王使凡伯来聘是也。杜预曰：汲郡共县东南有凡城。今在西南。其水又西南与前四水总为一渎，又谓之陶水，南流注于清水。"②因此，《氾氏家族》所云"当是其国。于周之世，常为诸侯，遭秦乱，避于氾水，遂改为氾焉。汉司空何武所封氾乡侯，是其地也"，或是在杜预《春秋经传集解》、王沈《魏书》、皇甫谧《世纪》、郦道元《水经注》等唐以前著作的基础之上，将氾氏家族与凡氏家族联系起来。

（二）济北氾氏与敦煌氾氏

关于二者之间的关系，《氾氏家传》通过编织其祖先的迁徙历史，将济北氾氏与敦煌氾氏联系起来，即：西汉成帝时御史大

---

① 杨伯峻《春秋左传注（修订本）》，第423页。
② ［北魏］郦道元注，［清］杨守敬、熊会贞疏，段熙仲点校，陈桥驿复校《水经注疏》，第810—811页。

夫氾雄因恪守公义，“既犯龙鳞”“直道见惮”，家族为避罪责，自济北卢县徙居敦煌，“代代相生，遂为敦煌望族”[①]。其中“氾雄”这一人物，除《氾氏家传》外并无文献提及，这一人物是否为真实历史人物，目前仍存在疑问。由于不见于正史记载，即使氾雄为真实历史人物，也应为一地域性人物，并不具标志性。笔者认为，《氾氏家传》关于“氾雄徙边”的历史书写，其侧重处或并非“氾雄”这一人物，而是更多着眼于氾雄所任御史大夫之官职，及氾雄所代表的中原政治与文化身份。《氾氏家传》中“氾雄徙边”叙事可归纳为“御史大夫直道见惮，为避天威而西迁敦煌”，在补充氾氏西迁历史的同时，凸显出氾氏家族“孝廉纪世，声誉有闻”，以及其官族身份。其故事原型或源于两汉正史所载“中原官族因罪而迁徙边地”事迹，此类“官族徙边”书写故事亦可见于前述P.2625《敦煌名族志》索氏家族追溯家族先祖之书写。P.2625《敦煌名族志》所述“西汉太中大夫索抚直谏忤旨徙敦煌”一事，与《氾氏家传》“御史大夫氾雄直道见惮西迁敦煌”故事结构相似。

“氾雄徙边事迹”将济北氾氏与敦煌氾氏相连接。除此之外，“氾胜之事迹”亦体现出济北氾氏与敦煌氾氏之间的联系。有学者指出：“带领氾氏家族入徙敦煌者不一定为氾雄，还可能存在另一种说法，即迁居敦煌者为同时期的氾胜之一家，因为其子氾辑曾为敦煌太守，子孙于当地安家。”[②]亦有学者专门考证氾胜之事迹，认为他有可能为济北氾氏[③]。《汉书·艺文志》注曰：

---

① S.1889《敦煌氾氏家传并序》，郝春文等《英藏敦煌社会历史文献释录》第8卷，第177页。

② 冯培红、孔令梅《汉宋间敦煌家族史研究回顾与述评（中）》，第62页。

③ 孙振民《氾胜之小考》，《华夏文化》2019年第3期，第17页。

"刘向《别录》云使教田三辅，有好田者师之，徙为御史。"[①]此处虽未记载氾胜之籍贯，但根据氾胜之擅长于农业生产，推测其非敦煌人。由于正史记载过于简单，很难将氾胜之或济北氾氏与敦煌氾氏联系起来。《元和姓纂》记载敦煌氾氏为"胜之后"[②]，但不知其有何依据。《广韵》记载："汉有氾胜之，撰书言种植之事。子辑，为敦煌太守，子孙因家焉。又音汎。"[③]《广韵》成书时代较后，其中增加了氾辑事迹，亦不知有何依据。据池田温考证，氾雄与氾辑的事迹皆为虚构[④]。根据目前的记载，济北氾氏与敦煌氾氏之间实际并无明确的联系。

《氾氏家传》与《广韵》所记氾氏家族的迁徙历史不同，但二者也有相似性。《氾氏家传》内容可概括为"御史大夫因避难而西迁敦煌"，《广韵》则为"因任敦煌太守而留居敦煌"，两则故事在叙事模式上相似，即"官族徙边"叙事。在此类叙事模式中，"氾雄"与"氾辑"仅作为填充家族迁徙历史的符号，其真实与否似乎已经无关紧要。

（三）氾氏家族历史的纵向串联与"二次建构"

《氾氏家传》将氾氏家族与先秦凡氏联系起来，又通过凡氏为"周公之后"的说法，将氾氏家族历史上溯至传说时代的五帝时期。同时借助迁徙叙事的构建，将敦煌氾氏与中原济北氾氏相连，形成了完整的氾氏祖先历史书写，即周公之胤—凡氏—济北氾氏—敦煌氾氏。由此可见，《氾氏家传》塑造了氾氏家族祖先书写的主线，意义重大。但是，这一祖先历史书写并未一直延续

① 《汉书》卷三〇《艺文志》，第1743页
② ［唐］林宝撰，岑仲勉校记《元和姓纂（附四校记）》卷九，第1400页。
③ ［北宋］陈彭年等《广韵》卷二《氾第二十九》，上海：商务印书馆，1936年，第66页。
④ 冯培红、孔令梅《汉宋间敦煌家族史研究回顾与述评（中）》，第62页。

下去，唐代以后，情况又有不同。

《元和姓纂》卷五“凡氏”条称凡氏为“周公第二子凡伯之后”，其下仅录“晋陵”一支[①]。卷九“氾氏”条记氾氏家族祖先为周大夫，因食采于氾而以为氏，下附“敦煌”与“济北卢县”两支[②]。《元和姓纂》未载“凡氏”与“敦煌氾氏”之间的关联，同时以氾胜之为敦煌氾氏代表人物，后者影响到后世关于敦煌氾氏祖先历史的书写。

北宋《广韵》记载：“氾，国名，又姓，出敦煌、济北二望。皇甫谧云：本姓凡氏，遭秦乱，避地于氾水，因改焉。汉有氾胜之，撰书言种植之事。子辑，为敦煌太守，子孙因家焉。”[③]《广韵》叙述氾氏起源与《氾氏家传》略同，但未载氾雄避难徙边历史，而是称氾胜之子氾辑到敦煌做官，可知《广韵》兼采了《元和姓纂》与《氾氏家传》内容。《广韵》兼有字书、类书、词书之用，其侧重为审音辨韵[④]，其中关于氾氏家族的记载，是相关史料的辑录，因此《广韵》所载氾辑任敦煌太守一事，或并非原创，而可能是引用氾氏家族谱牒、姓氏书、碑志文献等，具体来源还有待考证。

传世典籍与中古墓志多简要提及氾氏为周公之后，而《氾氏家传》叙事详细，罗列出有序而冗长的氾氏家族的先周世系，并建构起“帝喾—周公—凡氏—氾氏”的祖先书写，形成了源远流长的祖先历史。《氾氏家传》创作时间应在十六国北朝之际，但是我们看到的北朝敦煌氾氏墓志较少，目前为止仅有一方，《氾

① ［唐］林宝撰，岑仲勉校记《元和姓纂（附四校记）》卷五，第785页。
② ［唐］林宝撰，岑仲勉校记《元和姓纂（附四校记）》卷九，第1400页。
③ ［北宋］陈彭年等《广韵》卷二《凡第二十九》，第66页。
④ 王迅川《〈广韵〉的性质及其现实意义》，《杭州师院学报（社会科学版）》1983年第1期，第85页。

氏家传》祖先历史书写的形成过程很难进一步还原。结合《氾氏家传》的创作时代，我们只能对其创作背景进行简要分析。在南北朝胡汉交融的大趋势下，为彰显家族华夏祖源，大族墓志书写普遍采取华夏化叙事模式。“胡人”以此追求彻底的汉化（实际上，此时的胡汉界限已经不甚明显），而“汉人”则主要是证明自身汉人血统之正宗[①]。敦煌氾氏家族通过祖先历史的建构，显示其家族的世系绵长，强调其华夏身份。唐代以后，氾氏家族意识到“氾雄徙边”叙事说服力不足，转而借氾氏著名人物氾胜之事迹来塑造其家族迁徙历史。

二、汉晋之际氾氏人物

氾氏家族两汉时期迁入敦煌地区，早期敦煌氾氏并非地方著姓。检阅S.1889《氾氏家传》《元和姓纂》及其他相关史料，可知西汉氾姓显要人物较少，仅提及氾雄、氾辑两位氾氏人物，二者真伪难以考证。《氾氏家传》将敦煌氾氏历史上溯至西汉，意在表明敦煌氾氏家族的根基深厚。

东汉时期，中央政府时常无力顾及西域经略，依靠河西军民经营西域成为权宜之计；因敦煌地接西域，敦煌大族能更积极与深入地参与西域事务管理，遂借此契机而崛起[②]。敦煌氾氏积极参与地方军政，家族获得发展与晋升。《氾氏家传》“氾绪”条记载：“氾绪，字叔纵，为西域长史洋之曾孙也。”[③]氾绪生活于西晋前凉之际，氾绪为氾洋曾孙，遂推知氾洋为东汉人物；氾洋曾出仕西域长史，《后汉书·班固传》记载班固、班勇、徐

① 马建红《中古士族的谱系建构与北朝隋唐胡汉认同——以韦氏墓志的追祖方式为中心》，《云南社会科学》2019年第3期，第163—169页。

② 冯培红《敦煌学与五凉史论稿》，第189—190页。

③ 郝春文等《英藏敦煌社会历史文献释录》第8卷，第180—181页。

干、索班等人皆曾出任西域长史一职，领辖地方军政[1]，西域长史是经营西域的重要官职，氾洋是否担任过西域长史一职，难以考实。不过东汉时期敦煌大族在西域任职是比较常见的现象，氾氏人物很可能参与到西域地区军政之中，并且可能立有军功。同时，汉晋时期，氾氏家族成员仕宦范围并不局限于西北地区，还呈现出向全国扩展的趋势。《氾氏家传》亦有相关记载：

> 氾讳贶，字孔明，蜀郡太守吉之第二子也。高才，通经史，举孝廉，擢拜为尚书，后迁左丞相。出洛阳城，京师贵人送者千余乘。性清严高亮，言不妄出，时人为之语曰：宁为刑法所加，不为氾君所非。
>
> 氾孚，字仲夏，蜀郡太守吉之孙。通经笃行，州辟为从事，太守马艾甚重之，征为州辟司空，屡辞不起。孚志节尤高，耽道乐业。州累辟命，司空曹公察孝廉，皆不就。下惟（帷）潜思，不窥门庭，或半年百日。吟咏古文，欣然犹笑。精黄老术。苍梧太守令狐溥与太常张奂书曰：仲夏居高笃学，有梁鸿、周党之伦。
>
> ……
>
> 氾咸，字宣合，为侍御史辅之玄孙也。咸弱冠从苍梧太守同郡令狐溥受学，明通经纬，行不苟合。初，咸当世，非政不合，门无杂客。太常奂致书与令狐溥曰："宣合独怀白玉，进退由道，是以尤屈。"咸轻财好施，奉禄虽丰，而家常不足。[2]

---

① 《后汉书》卷四七《班超附班勇传》，第1571—1590页。
② 郝春文等《英藏敦煌社会历史文献释录》第8卷，第177—180页。

氾吉之孙氾孚与马艾属于同时代人物，曾与敦煌硕儒令狐溥、张奂交游。《后汉书·张奂传》记张奂卒于光和四年（181），终岁七十八，其生活时代约在104—181年；建宁二年（169）后张奂转仕太常[①]，此时氾孚于敦煌地区已有声誉，氾孚的生活年代应为东汉后期。氾孚为氾吉之孙，氾吉活动时间应是东汉前期。氾吉于东汉前期曾任蜀郡太守。氾吉之子氾贶、孙氾孚与同族氾咸皆为通经高才之士。氾贶才学横溢，通明典籍，官至左丞相，任职洛阳，品性高洁，为时人所重。氾孚品才兼优，马艾任敦煌太守之时甚重氾孚并征召为官，氾孚辞而不就；其志洁高远，倾心学术，精通黄老之学；被比为东汉名隐士梁鸿、周党。氾咸师从令狐溥，通晓儒学典籍，轻财乐施，乐与志同道合之人交游。综合视之，至东汉时期，氾氏家族已经逐渐成为地方大族，在道德文化上，氾氏家族不乏一流人才。历经数代沉淀与积累，魏晋之际氾氏家族影响力不断扩大。

西晋氾衷力行儒学，与乡人张甝、索紾、索永、索靖等齐名，驰名海内，时人称其为“敦煌五龙”。《晋书·隐逸传》列当世高雅名士，氾腾即名列其中，《晋书》记载：

> 氾腾字无忌，敦煌人也。举孝廉，除郎中。属天下兵乱，去官还家。太守张阏造之，闭门不见，礼遗一无所受。叹曰：“生于乱世，贵而能贫，乃可以免。”散家财五十万，以施宗族，柴门灌园，琴书自适。张轨征之为府司马，腾曰：“门一杜，其可开乎！”固辞。[②]

---

① 《后汉书》卷六五《张奂传》，第2138—2145页。

② 《晋书》卷九四《氾腾传》，第2438页。

氾腾品性清高，明察局势，隐归敦煌后婉拒太守张阏造访与张轨征召，拒不出仕，以琴书自适，不为外物所累，“散家财五十万，以施宗族”。前凉氾固与氾腾事迹相似，“推家财百万与寡弟妇，二百万与孤兄子”[①]。一方面可以看出氾氏人物优秀的道德品行，同时可见敦煌氾氏家族上层人物已经具备了雄厚的经济实力。

三、五凉时期氾氏人物

据《氾氏家传》《晋书》《十六国春秋》等史料可知，前凉时期氾氏家族成员任官者较多。“晋永平令”氾宗孙氾瑗自小遍读典籍，学识丰沛；“少刚果，有壮节”；面对“三王兴弋，惠帝复祚，相国齐王冏专权失和”局势，氾瑗“切谏不从”，转归河西；并为前凉武王张轨所赏识，称其为“共济世难之真将相才”[②]。永宁年间，张轨出镇凉州，“以宋配、阴充、氾瑗、阴澹为股肱谋主”。永嘉初年，东羌校尉韩稚逆反，擅杀秦州刺史张辅，张轨遣时任中督护之氾瑗讨击之，氾瑗晓之以理，修书一封劝降韩稚[③]。氾瑗仕宦张轨朝，参与军旅并以此立足。《十六国春秋辑补》卷六七《前凉录》记曾有相士言氾瑗“腹有逆毛，当兵死无后”；平定韩稚之乱后不久，氾瑗即“为乱兵所杀”[④]。同族氾昭少时受业于同郡硕德名儒索袭，善属文，曾与武威著姓段氏论圣人之道；氾昭为人正直，在职清平，品性高洁；张寔称

① ［清］张澍辑，李鼎文校点《续敦煌实录》，第85页。
② 郝春文等《英藏敦煌社会历史文献释录》第8卷，第181页。
③《晋书》卷八六《张轨传》，第2221—2222页。
④ ［北魏］崔鸿撰，［清］汤球辑补，聂溦萌、罗新、华喆点校《十六国春秋辑补》卷六七《前凉录》，北京：中华书局，2020年，第783页；［清］张澍辑，李鼎文校点《续敦煌实录》，第85—86页。

汜昭有东汉鲍永、鲍恢之遗风，以汜昭匡定刑政，肃清武威驰废之风，地方豪杰“望风慄服，拜揖次长”①。

汜祎“少好学”，师从敦煌名士索靖，文识涉猎广泛，才学横溢，“通三礼、三传、三易、河洛图书，玄明，究算历”；其性刚直，曾“举孝廉、贤良方正，对策第一，拜驸马都尉”，后“除护羌将军、驸马都尉，徙禄福令”。汜祎性格刚强，历宦居延令，三朝为官，张寔、张茂、张骏朝皆任左长史，终官至西海太守②。其任左长史期间，逢刘曜西征，“临洮人翟楷、石琮等逐令长，以县应曜，河西大震”。在迎击战略方面，汜祎与参军马岌存有争论，史载：

> 参军马岌劝张茂亲征，长史汜祎怒曰：“亡国之人复欲干乱大事，宜斩岌及安百姓。”岌曰：“汜公书生糟粕，刺举近才，不惟国家大计。且朝廷旰食有年矣，今大贼自至，不烦远师，遐迩之情，实系此州，事势不可以不出。且宜立信勇之验，以副秦陇之望。”茂曰：“马生之言得之矣。”乃出次石头。③

面对刘曜的进逼，与河西震荡、人心离散的情形，马岌谏劝张茂亲征，而汜祎则相对保守，或虑及张茂与前凉地方百姓之安危，极力反对马岌之谏，并径称马岌为“亡国之人”。汜祎属前凉文士阶层的代表人物。张骏继张茂而立，年少即位，亟待积累威信与声望，为稳固前凉张骏时期的统治秩序，汜祎致力于谋求张骏

① 郝春文等《英藏敦煌社会历史文献释录》第8卷，第180页。

② ［清］张澍辑，李鼎文校点《续敦煌实录》，第87页；郝春文等《英藏敦煌社会历史文献释录》第8卷，第178页。

③《晋书》卷八六《张轨传》，第2231页。

政权的合法性与正统性。《晋书·张轨传》记载：

> （张骏）及统任，年十八。先是，愍帝使人黄门侍郎史淑在姑臧，左长史氾祎、右长史马谟等讽淑，令拜骏使持节、大都督、大将军、凉州牧、领护羌校尉、西平公。赦其境内，置左右前后四率官，缮南宫。刘曜又使人拜骏凉州牧、凉王。[①]

张骏即位时晋愍帝使者黄门侍郎史淑在姑臧，氾祎与左长史马谟等人示意史淑拜张骏为凉州牧等，以稳固张骏之地位。后晋室南渡，河西与之音问隔绝。氾祎遂劝谏张骏自立年号，史载：

> 太宁元年，骏犹称建兴十二年，骏亲耕藉田。寻承元帝崩问，骏大临三日。会有黄龙见于揟次之嘉泉，右长史氾祎言于骏曰："案建兴之年，是少帝始起之号。帝以凶终，理应改易。朝廷越在江南，音问隔绝，宜因龙改号，以章休征。"不从。[②]

张骏虽未即刻采纳氾祎之谏，可此事反映了以氾祎为代表的敦煌氾氏家族对于前凉政权的坚定支持，而氾祎三朝皆居高位，亦体现出张氏对于敦煌氾氏家族的认可与赏识。氾氏家族势力于前凉时期迅速发展，以氾祎家族支系为代表，数代家族成员皆仕宦前凉政权。氾祎弟氾毗"清素有节行，学通经礼，好立然诺之信"，西晋永兴年间，"举秀才，除郎中、酒泉令、太宰参军"，

---

① 《晋书》卷八六《张轨传》，第2233页。
② 《晋书》卷八六《张轨传》，第2234页。

因讨伐“羌虏”而封安乐亭侯，加食邑两百户。好贤雅，善荐才，曾举荐酒泉赵彝、西平田祐之贤能。永嘉五年（311），除上洛太守，但因时局震荡、道路阻塞无法致任[①]。氾祎孙氾澔“刚鲠峻直，博学属文”，常论时政损益，为张骏嘉赏，征辟为都官从事；其在职奉公守正，明笔直绳，为权贵所忌惮，于前凉文王张骏时期被擢为儒林郎中[②]。氾祎族侄氾续“博学有才度”，氾毗曾赞其为“吾宗千里驹”；氾续历仕前凉三朝，其清亮品行为河西士人所嘉赏称服；“举秀才，为郎中，迁中部谒者”，后迁“小府参军，转右军部都尉”[③]。

除氾祎支系外，西域长史氾洋之曾孙氾绪“敦方正直”，曾于敦煌别驾令狐富处受学《春秋》《尚书》，“事母以孝廉”，历宦郡上计掾，为官以仁厚清廉著称。氾曼“性沉邃，有志行”，由秀才拜临津都尉。后凉桓王张重华崩，氾曼洞察时势，单马去官。后凉吕氏即位，氾曼以佐命之功受封安乐亭侯，拜凉兴令。“其丧母，至诚泣血，毁瘠过礼”；后征补理曹郎中、禁中监，仕湟河太守，任职期间境内称治，为百姓所歌颂德行；再加陵江将军，转振武将军[④]。

《氾氏家传》仅至前凉氾瑗而止；其间罗列约十二位敦煌氾氏代表人物，七人属前凉并出仕前凉王国任各级官吏。《氾氏家传》多强调宗族人物博通经籍、铄懿渊积，彰显出氾氏家族经学传世的文化传统。同时，《氾氏家传》也展现出其家族武功方面的成就，如永宁年间张轨遣氾瑗平定东羌校尉韩稚之叛乱，氾

① 郝春文等《英藏敦煌社会历史文献释录》第8卷，第178—179页。
② ［清］张澍辑，李鼎文校点《续敦煌实录》，第8页；郝春文等《英藏敦煌社会历史文献释录》第8卷，第179页。
③ 郝春文等《英藏敦煌社会历史文献释录》第8卷，第178页。
④ 郝春文等《英藏敦煌社会历史文献释录》第8卷，第180—181页。

祎、氾毗与氾济皆存征讨“羌虏”[1]之履历，或因讨羌封侯，或历护羌将军、护羌参军之职。相较于两汉时期敦煌氾氏儒学世家之面貌，晋凉之际，在河西地区略显动荡的政治环境之下，氾氏家族的尚武特点亦显现出来。

敦煌新台店墓群所出土的60M1:26陶罐墨书铭文展露出前凉时期氾氏家族姻亲嫁娶的情况，铭文全文为：

> 升平十三年（369）润（闰）月甲子朔廿一（日）壬寅张弘妻氾心容（盛）五谷瓶[2]

文中的张弘，《晋书·张轨传》载其为前凉将领，张重华时曾与后赵、前秦交战而没于军前。张氏与氾氏为敦煌地方大族，族人

图3-29 敦煌新台店墓群所出陶罐（图片采自敦煌文物研究所考古组《敦煌晋墓》，《考古》1974年第3期，图版柒）

① 此“羌虏”为以河西鲜卑为首的地方族群势力。
② 马世长、孙国璋等《敦煌晋墓》，《考古》1974年第3期，第196—198页。

张弘与氾心容结为夫妻，是敦煌大族间联姻的现象。《氾氏家传》所录氾昭弱冠即“从贤良同郡索袭受业”，氾祎“师事司空索靖”，氾绪“尝于当郡别驾令狐富受《春秋》《尚书》”，可见至前凉时期敦煌地方大族已经凭借交游、文化修养、婚姻等方式凝结成地方性的社会共同体，其间各个大族守望相助，以不断积累家族势力。

前秦氐族政权与后凉吕光势力继前凉张氏政权治辖河西地区，以笼络前凉旧僚与河西汉姓大族等温和式手段与“以德怀远”的德治主义管辖河西地区，从而建立起相对稳定的有效统治[①]。随前秦因淝水战役落败，吕光即割据自立，于河西地区建立后凉政权。后凉吕氏一改前秦治理策略，施行氐族本位政策，外族一般仅任偏裨之职[②]。此时敦煌大族出仕后凉政权人物较少，敦煌大族对于后凉的态度远不及对待前凉政权那样热情与忠心[③]。敦煌名士更是直接支持并参与前凉张氏遗世子张大豫与郭麐反抗后凉之役。

李暠于敦煌起家，建立西凉王国，敦煌大族凭借乡里家族网络而具有天然政治优势；《晋书·凉武昭王李玄盛传》列有一份西凉核心辅臣名单，共计二十一人，其中十七人出自索、张、宋、氾、令狐等敦煌士族[④]。但检阅传世文献，不难发现西凉历史中留下痕迹的敦煌氾氏人物仅有氾德瑜、氾称二人。氾德瑜位

---

①（日）谷川道雄《隋唐帝國形成史論》第1编第3章“五胡十六國史上における苻堅の位置”之四“統一事業と德治主義”，筑摩书房，1971年，第112—115页；冯培红《敦煌学与五凉史论稿》，第287页。

② 赵向群著，贾小军修订《五凉史》，北京：社会科学文献出版社，2019年，第143—149页。

③ 李聚宝《十六国时期敦煌的政治状况》，《兰州学刊》1987年第3期，第82页。

④《晋书》卷八七《凉武昭王李玄盛传》，第2259页。

列上述核心辅臣名单，李暠时官至“宁远将军、西郡太守”；氾称于李歆朝任主簿，曾以天人哲学思想谏言李歆，强调为政以德，心系社稷百姓之安危[①]。氾氏出仕西凉较少的原因，或与河西政治生态的微妙变化相关。西凉与前凉相似，为地方化士族社会，士族与王权存在抗衡且共生的关系。西凉移都酒泉、西凉后期政治权力家族化，反映了李氏家族希冀重建地方政权的权威性。而敦煌氾氏家族逐渐隐退，映射出河西政治暗流涌动且复杂多变的特质。北凉沮渠氏攻克西凉，虽礼遇敦煌名士，但敦煌士人的仕宦范围有限。北凉时期敦煌氾氏家族任官者，仅《十六国春秋》与《续敦煌实录》所录“氾雋”一人。氾雋官至常侍，曾携方物奉表出使南朝宋，为沮渠氏求取官方正统名号[②]。

前凉时敦煌氾氏家族成员广泛参与社会政治活动，推动敦煌氾氏家族突破敦煌地域性，并逐渐晋升成为河西甚至西北一流望族；而后凉以降，敦煌氾氏家族未能维持其蓬勃发展之趋势，家族发展迟滞而偏居一隅。

四、北朝时期敦煌氾氏的动向

（一）氾氏家族迁徙至中原

北魏时期，大量河西望族迁入中原地区。此阶段史籍中有关敦煌氾氏家族人物的记载又寥寥几笔，知晓名姓的敦煌氾氏人物仅有氾潜。《魏书·胡叟传》记载：

> 时敦煌氾潜，家善酿酒，每节，送一壶与叟。著作佐郎博陵许赤虎、河东裴定宗等谓潜曰：“再三之惠，以为过

---

① ［清］张澍辑，李鼎文校点《续敦煌实录》，第88—89页。

② 《宋书》卷九八《氐胡传》记为“氾儁”，第2417页。

厚。子惠于叟，何其恒也？”潜曰：“我恒给祭者，以其恒于孝思也。”论者以潜为君子矣。[1]

氾潜与北魏名隐胡叟交游，为许赤虎、裴定宗等儒士以君子相称，可知氾潜本人亦具雅正之品格。家族文化与家族人物价值取向、道德品性等密切相关，具体人物亦可视为家族文化性格之具体呈现。不过，敦煌氾氏人物于《魏书》记载较少，由此推知北魏时迁徙至中原的敦煌氾氏或已远离北魏权力中枢。

唐贞观二十年（646）《氾文墓志》描绘出北朝隋唐之际氾氏家族仕宦景象，其称：

君讳文，字伏养，本望敦煌人也。往因官宦住在长安。曾祖昌□□冠军将军、太中大都督府司马。祖买，隋任临州临川县令。[2]

氾文曾祖或仕宦于北朝末期，而志文提及“往因官宦住在长安”，可知氾文曾祖或出仕西魏、北周，官至冠军将军、太中大都督府司马。氾文曾参与于李唐王朝创业事业，辅助李氏平定秦泾之地；高祖以勋酬劳，遂授氾文“勋官上仪同，加开府”。氾文长子氾义协亦存墓志，神龙元年（705）《氾义协墓志》载：

公讳义协，字师宝，敦煌人也。曾祖，随（隋）兖州都督府长史。祖买，随（隋）临州临江县令。父伏养，皇初

---

① 《魏书》卷五二《胡叟传》，第1151页。
② 拓片及录文参见西安市长安博物馆编《长安新出墓志》，北京：文物出版社，2011年，第52—53页。

图3-30 《氾文墓志》（图片采自西安市长安博物馆编《长安新出墓志》，北京：文物出版社，2011年，第52页）

起义，授通议大夫、仪同三司。

（氾义协）解褐将仕郎。夫人王氏，临沂县君。长子从彦，将仕郎；次子玄祚，朝请大夫、上柱国，前灵州鸣沙县令。①

氾义协“性穷淳至，德播始终”，但是其仕途仅初入将仕郎，便止步于此。其夫人为魏晋旧高门士族临沂琅琊王氏，受封临沂县君。从这两方墓志可见，氾文家族人物品阶虽高，但职事仅限于

① 拓片及录文参见陕西省考古研究院编《长安高阳原新出土隋唐墓志》，北京：文物出版社，2016年，第140—141页。

基层官职。氾文家族世系如下：

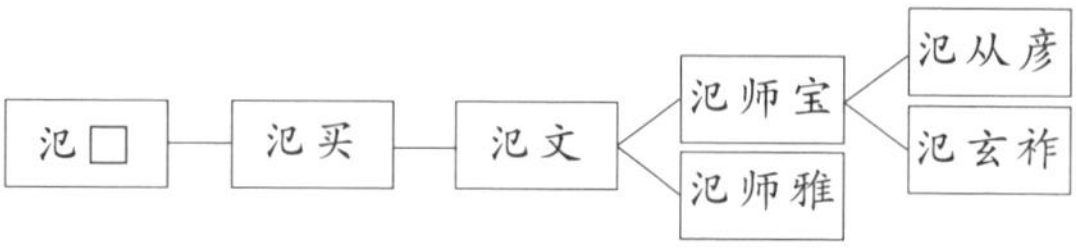

从氾文家族仕宦经历与婚嫁状况可观氾氏东迁支系逐步融入中原士族的历程。氾氏家族无家族“英雄式”人物凭借个人能力出将入相来推动家族晋升，因此很难跃为中原一流士族。

天宝十五载（756）《氾山琮墓志》记载：

图3－31　《氾义协墓志》（图片采自陕西省考古研究院编《长安高阳原新出土隋唐墓志》，北京：文物出版社，2016年，第140页）

图3-32 《氾山琮墓志》（图片采自张启芮、张启荣《五方隋唐乌兰墓志考释》，《敦煌研究》2017年第2期，第121页）

> 曾祖寿，皇郓州司马。……祖慎，上柱国。……嗣子知宪，昭武校尉、左武卫武威郡武安府折冲、赐紫金鱼袋、上柱国。仲子知鄚，昭武校尉、右骁卫广陵郡方山府折冲、赐紫金鱼袋。上柱国。[①]

冯培红、王蕾认为，中古时期乌兰县濒临黄河，地居丝路北道交通要冲；并由此地所出土的氾氏墓志推测乌兰县为氾氏家族东迁

① 张启芮、张启荣《五方隋唐乌兰墓志考释》，《敦煌研究》2017年第2期，第120—121页。

路线据点之一，即从河西西部经由河西走廊、丝路北道，渡过黄河而落脚乌兰县[①]。氾山琮曾祖氾寿官至郓州司马，《元和郡县图志》记“郓州”为大都督府[②]，《唐六典》载大都督司马官品为从四品下[③]。其子氾知宪为昭武校尉、左武卫武威郡武安府折冲。氾知鄭为右骁卫广陵郡方山府折冲，《唐六典》载诸府折冲都尉品阶为正四品上至正五品下[④]，可知其两子皆为中层武官。据氾山琮家族人物仕宦经历可见氾山琮支系武功属性较为明显，于河陇地区颇具实力，而放眼全国其仍处于中末流地位。

此外，西安灞桥区所出土的贞元三年（787）《氾慆墓志》，展示了东迁至长安地区的氾氏家族图景。《氾慆墓志》所涉及家族人物仕宦经历及其个人生平如下：

> 曾祖惠明，苏州吴县尉。太父思敬，赠太府卿。考彬，金紫光禄大夫，行襄王府司马、敦煌郡开国公……（氾慆）起家试恒王府参军，历太子通事舍人。丁太夫人忧，水浆不入口五日。既除丧，拜少府监丞，除均州别驾。虽位则四迁，皆谋参三府。衮职之有阙者，多赖府君弥缝之。颍川公十年秉钧，一志尊主，而妨功害能之士，竞媒孽其短。府君称闲进塾，颍川公未之从，因谢病杜门，绝其造请。未周星颍川公果有赤族之祸，从事者亦多及之，而府君独

① 冯培红、王蕾《中古时期乌兰关、县位置考辨》，《敦煌研究》2017年第2期，第108—117页。

② ［唐］李吉甫撰，贺次君点校《元和郡县图志》卷一〇《河南道六》，北京：中华书局，1983年，第257页。

③ ［唐］李林甫等撰，陈仲夫点校《唐六典》卷三〇“三府督护州县官吏”，北京：中华书局，1992年，第743页。

④ ［唐］李林甫等撰，陈仲夫点校《唐六典》卷二五“诸卫府”，第644页。

图3-33 《氾慆墓志》（图片采自西安碑林博物馆编，赵力光主编《西安碑林博物馆新藏墓志汇编》，北京：线装书局，2007年，第550页）

以智免，得非知几者乎？后以功加朝散大夫，转虢州长史。秩满，丁敦煌公艰，哀毁过礼，殆将灭性。今相国、魏国公，建中初，节制益部，思举所知，以府君久跡掖垣，练习故事。亟佐郡国，深达理道。表起复守左卫率府率、兼蜀州别驾。号诉恳至，才遂终制。既卒，哭而致事，吾秉礼以从周也。洎束马九折，见忠臣之节；比展骥治中，歌别驾之功。逮敷奏君前，嘉使乎德贤。夫如是见府君之移孝于忠也，明魏公之举，不失德也……才子七人，嗣子眉州司户参军昂，次子杞王府参军昱，次子前国子明经昌，次子前庐州参军晏，次子贞懿皇后挽郎曼，次子左卫翊晕，次子太庙斋郎炅。[①]

氾惛家族“多历年所”而定居华阴，其父氾彬行襄王府司马，此襄王应为唐肃宗子李僙，可知氾彬官品为从四品下[②]。氾惛终年六十有二，历仕玄、肃、代、德四朝，德才兼具，孝悌忠信；为魏国公所赏识，官至正四品上左卫率府率、从四品下蜀州别驾[③]。氾惛七子皆入仕，其中氾曼选为代宗贞懿皇后独孤氏之挽郎。挽郎作为皇家丧礼中的服务人员，以门荫为选拔标准，其父祖官多在五品以上或为名臣之后[④]。由此可见氾惛家族已经颇具底蕴。隋唐科举制度盛行，深刻影响着社会尚学读书风气。虽然世家大族在政治文化领域仍具有相当程度的优势，但基层家族依旧可以凭借家族教育、文化底蕴跻身上层社会。墓志所描绘出的氾惛家族成员历代仕宦的情形，展示出氾惛家族注重文化教育的特征。氾惛父氾彬任襄王府司马一职，与皇族权贵交游，为氾惛一支的崛起奠定了良好的基石。其后家族成员多入仕，逐渐具备了世家大族的特征。

（二）氾氏人物迁徙至高昌

敦煌氾氏家族支系迁徙至高昌地区的具体原因、时间已无从

① 拓片及录文参见西安碑林博物馆编，赵力光主编《西安碑林博物馆新藏墓志汇编》，北京：线装书局，2007年，第549—552页。
② ［唐］李林甫等撰，陈仲夫点校《唐六典》卷二九“诸王府公主邑司”，第729页。
③ ［唐］李吉甫撰，贺次君点校《元和郡县图志》卷三一《剑南道上》，第775页；［唐］李林甫等撰，陈仲夫点校《唐六典》卷二八“太子左右卫及诸率府”、卷三〇“三府督护州县官吏”，第715、745页
④ 吴丽娱《助葬必执绋——唐代挽郎一角》，《首都师范大学学报（社会科学版）》2014年第2期，第1—7页。

考证。根据高昌地区出土的砖志，可知氾氏于高昌地区的活动轨迹最早可追溯至高昌章和十八年（548）。现将笔者所见吐鲁番墓表中的氾氏人物列表如下：

表3-7 吐鲁番墓表所见氾氏人物

时代	墓主	仕宦经历	姻亲状况
高昌章和十八年(548)	氾灵岳	田地郡虎牙将军，内干将，交河郡宣威将军，殿中中郎,三门散望将	
高昌和平二年(552)	氾昭和	镇西府虎牙将军,领内干将	妻敦煌张氏
高昌延昌廿一年(581)	和氏女	(氾神武)记室参军	夫氾神武
高昌延昌卅二年(592)	氾崇庆	内直主簿,内直参军,殿中将军	
高昌延和十一年(612)	氾氏女	(张武嵩)交河郡司马	夫张武嵩
高昌义和四年(617)	氾氏	田曹参军,记室参军,录事参军	
高昌重光元年(620)	氾法济	鹿门散望,虎牙将军	
高昌延寿十一年(634)	氾延熹	公听(厅)上敢望	
高昌延寿十五年(638)	张欢台		夫氾延海
唐永徽元年(650)	氾朋祐		
唐龙朔二年(662)	氾武欢	右戎卫岸头府队副	
唐麟德元年(664)	氾相达		
唐永淳二年(683)	氾智□	安西府□□□	
唐垂拱二年(686)	氾建	前庭府队正,上骑都尉	
唐永昌元年(689)	氾延仕		
武周久视元年(700)	氾德达	上轻车都尉	一女适曹氏
七世纪末	氾傑	前庭府校尉,上柱国	

说明:该表主要参考侯灿、吴美琳《吐鲁番出土砖志集注》;张铭心《吐鲁番出土墓志汇考》。

图3-34 《氾灵岳墓表》（图片采自侯灿、吴美琳《吐鲁番出土砖志集注》，第39页）

上表统计氾氏家族人物砖志共计近二十方，其中氾氏多与高昌张氏、曹氏等家族互通婚姻。如氾昭和娶敦煌张氏女为妻，氾氏女嫁于张武嵩，氾德达之女适曹氏，其或为敦煌地方婚姻关系之延续，西迁至高昌地区的敦煌大族支系仍维持故有乡里网络，以巩固与发展家族势力。结合侯灿《麹氏高昌王国官职研究》与《旧唐书·职官志》可知，高昌第四、五等级的官职多为氾氏、马氏等高门望族所占据。此外，氾氏家族人物出仕官品多属中低等级官品，如虎牙将军属第八等级小号将军，记室参军官品为第七等级，殿中中郎属第六等级官[①]，上骑都尉为正五品上勋官，前庭府队正属正九品下卫官[②]。根据以上高昌氾氏人物仕宦经历可知，迁居高昌地区的氾氏家族虽未如敦煌氾氏般属于地方一流家族，但家族成员广泛参与仕宦，家族势力仍不可小觑。

五、余论

唐代氾氏家族墓志叙述氾氏家族祖先起源，基本采用其先世为周公之胤的说法。唐天宝十五载（756）《氾山琮墓志》记载："肇有周族。立望西土，敦煌赫然。"[③]唐贞元三年（787）《氾慆墓志》记载："其先周公之胤也。"[④]检索敦煌氾氏家族墓志相关记载，可以发现，其内容大多无汉代敦煌氾氏家族历史的记述，往往是简要提及"周公""敦煌"与"济北"等符号。此种情况出现的原因，可能与《元和姓纂》并未认可"氾氏"与"凡氏"的渊源关系有关。此外，不同时代的氾氏祖先书写，亦呈现出差异性。根据笔者目前搜集的中古时期敦煌氾氏家族墓志，可知氾氏东迁家族成员及其后裔多以敦煌为郡望。如贞观二十年（646）《氾文墓志》自称"本望敦煌人也"，讲述祖辈"因官宦住在长安"[⑤]；天宝十五载（756）《氾山琮墓志》记载："肇有周族。立望西土，敦煌赫然。"[⑥]贞元三年（787）《氾慆墓志》同载："其先周公之胤也。锡土敦煌，代为著姓，为敦煌

① 侯灿《麹氏高昌王国官职研究》，《文史》第22辑，北京：中华书局，1984年，第29—76页。
② 《旧唐书》卷四二《职官志一》，第1794、1802页。
③ 张启芮、张启荣《五方隋唐乌兰墓志考释》，第120—121页。
④ 拓片及录文参见西安碑林博物馆编，赵力光主编《西安碑林博物馆新藏墓志汇编》，第549—552页。
⑤ 拓片及录文参见西安市长安博物馆编《长安新出墓志》，第52—53页。
⑥ 张启芮、张启荣《五方隋唐乌兰墓志考释》，第120—121页。

人。”[①]可见唐代前中期，氾氏东迁成员仍维持着“敦煌”地域认同。而至晚唐五代时期，“济北”郡望在敦煌地区氾氏家族内部颇为流行，归义军时期，在敦煌文献中，氾氏家族成员皆望称“济北”。P.2482+P.3268文书记录曹氏归义军都头左厢都知兵马使氾金刚被称为“济北氾府君”[②]。S.390《氾嗣宗和尚邈真赞并序》录氾嗣宗家族为“济北名家，敦煌鼎族”[③]。S.8159《氾僧正邈真赞并序》载氾氏家族“济北名家，敦煌鼎族”[④]。可见，唐末五代时期敦煌氾氏家族就家族迁徙历史已形成典范化认知。如此强调门承济北，是其家族为了凸显家族华夏渊源与推崇华夏文化所致。华夏文化是敦煌文化的基底，在唐王朝的长期经营之下，敦煌地区民众的文化认同经历了华夏文化持续、长久的浸润，华夏认同是地方大族身份建构的基石。归义军时期敦煌文化呈现出多元化特征，而氾氏家族普遍追溯并强调家族华夏渊源，彰显出华夏认同在敦煌已经深入人心。

氾氏家族自中原迁徙至敦煌地区，并于边地成长为地方一流士族，在河陇地区颇具影响力。敦煌氾氏家族亦向外迁徙、东进西出，这种持续的社会流动，正是维持氾氏家族活力的关键所在。本节所谓祖先书写的“变奏”，一方面指氾氏家族西迁敦煌历史经过了两次建构，《氾氏家传》所载济北氾雄避难敦煌，但是此说并未一直流行，《元和姓纂》将氾胜之列入敦煌氾氏，唐宋时期，氾氏家族又编撰出氾胜之子氾辑任敦煌太守的历史，此

---

① 拓片及录文参见西安碑林博物馆编，赵力光主编《西安碑林博物馆新藏墓志汇编》，第549—552页。

② 郑炳林、郑怡楠《敦煌碑铭赞辑释（增订版）》，第1140—1141页。

③ 郑炳林、郑怡楠《敦煌碑铭赞辑释（增订版）》，第1160页。

④ 郑炳林、郑怡楠《敦煌碑铭赞辑释（增订版）》，第1584页。

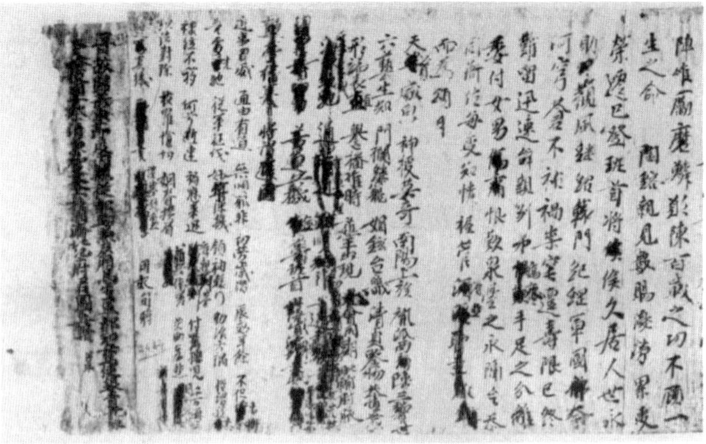

图3-35 P.2482《氾府君邈真赞》

为变奏所指之一；另一方面，氾氏家族外迁后自称为敦煌氾氏，而归义军时期氾氏家族皆望称济北，也是其祖先书写的变奏，这是许多敦煌大族发展历程中的共同现象。氾氏家族历史书写与家族发展的历程并非“变奏”的孤例，本节以氾氏家族为例，展现出敦煌大族身份建构历程的复杂性。

第四节　未经“雕琢”的地方著姓：魏晋北朝敦煌宋氏家族源流

一、敦煌宋氏与中原宋氏

宋氏是敦煌大族之一，关于西晋以前敦煌宋氏家族的历史，史籍记载较少。因此，宋氏家族迁徙至敦煌的时间与缘由及其早期家族渊源并不明晰。敦煌宋氏祖先世系似未经系统的建构。

检阅史籍可知，敦煌宋氏与中原广平宋氏之间有一定关联。中古时期，广平宋氏一支薪火相传，为宋氏郡望之大宗，敦煌宋氏亦列入官方姓氏书。《元和姓纂》宋氏条目并载“广平”“敦煌”两支，但并未记载两支宋氏之间的联系。

关于“广平”宋氏与“敦煌”宋氏之间的联系，据笔者所见，最早可追溯至《北齐书·宋游道传》，其文曰：“宋游道，广平人，其先自敦煌徙焉。”[①]《北齐书·宋游道传》校记称其所云“广平人，自敦煌徙焉”是后人妄改[②]。宋游道为宋繇玄孙，且其父宋稚履历与宋游道传记并未提及任何与“广平”相关仕宦

① 《北齐书》卷四七《宋游道传》，第652页。
② 《北齐书》卷四七《宋游道传》，第660页。

经历及具体迁徙过程。《北齐书》所载宋游道为广平人士，或为后人攀附所致。由此可知，敦煌宋氏与广平宋氏之间并无确切联系，该条记载反映了在魏晋南北朝时期攀附祖先、伪冒郡望的风气影响下，内迁敦煌宋氏塑造家族历史的努力。

敦煌归义军时期石窟供养人题记与碑铭赞文书①，普遍认同关于“广平—敦煌”宋氏之间的渊源，这一说法实际是源于北朝时期。至归义军时期，作为流传于敦煌地方社会的历史书写，敦煌宋氏源于广平的书写具有其特殊功能。归义军时期敦煌大族普遍强调其家族的中原郡望。相关记载反映了敦煌宋氏家族对于家

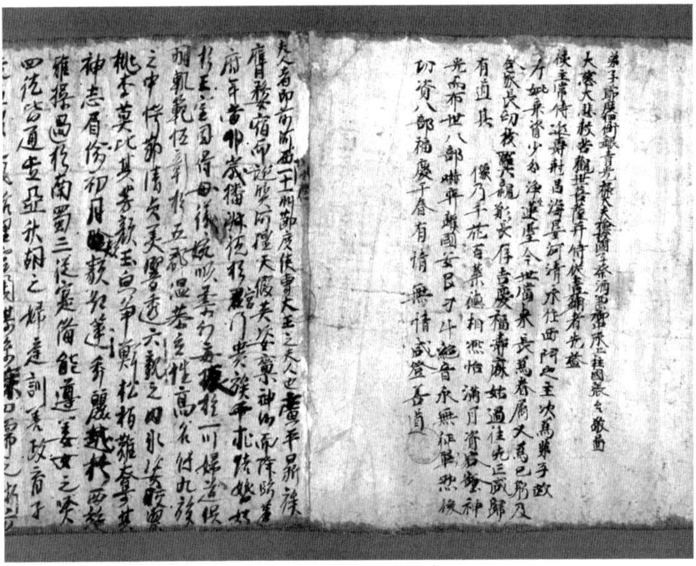

图3-36 P.4638《河西陇右节度使曹大王夫人宋氏邈真赞并序》

① 唐咸通八年（867）P.4660《敦煌唱导法将兼毗尼藏主广平宋律伯彩真赞》；P.4638《河西陇右节度使曹大王夫人宋氏邈真赞并序》载：“广平鼎族，膺婺宿而诞质河湟。”莫高窟第156窟（张议潮窟）甬道北壁西向第一身题“敕宋国河内郡君太夫人广平宋氏一心供养”。参郑炳林、郑怡楠《敦煌碑铭赞辑释（增订本）》，第502、505、596页。

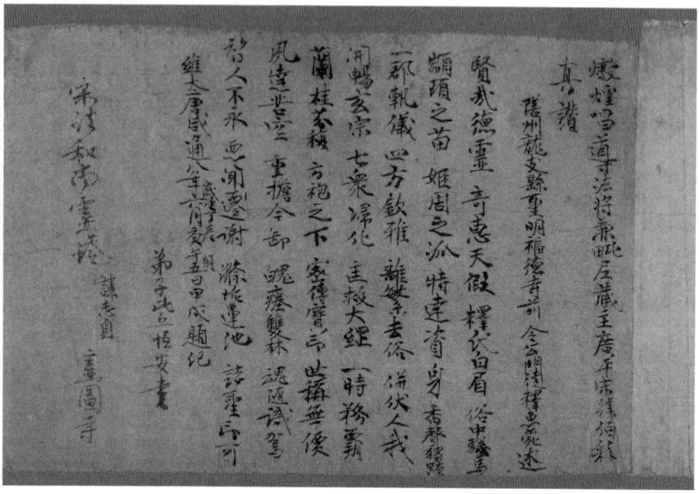

图3-37 P.4660《敦煌唱导法将兼毗尼藏主广平宋律伯彩真赞》

族郡望、祖先历史的华夏认同。

结合汉晋之际敦煌大族的发展历史，可知敦煌宋氏家族也应为自中原迁徙至边地，可就目前所见典籍与出土材料，我们并不能精确考证其来源。追溯典籍，可见西汉敦煌地区宋氏并无显要人物，宋氏家族早期代表性人物为东汉桓帝年间出仕敦煌太守的宋亮[①]。《元和姓纂》“敦煌”条载：“汉有宋谅。谅裔孙后汉清水公繇，曾孙游道。繇六代孙寿，唐同州郃阳县令。”[②]关于“宋亮”与“宋谅”，冯培红认为两者实为同一人物[③]。《后汉书》虽未记宋亮籍贯，可自东汉安帝永初年起，西域与敦煌事务多为敦煌地方大族经营与管理，因此宋亮很有可能为敦煌人，或许正如冯培红所论，宋亮与《元和姓纂》所记“宋谅”为同一人

① 《后汉书》卷八八《西域传》，第2916、2931页。

② ［唐］林宝撰，岑仲勉校记《元和姓纂（附四校记）》卷八，第1171页。

③ 冯培红、孔令梅《汉宋间敦煌家族史研究回顾与述评（中）》，第65页。

物。不过，如果结合前述索氏等家族对祖先历史的塑造，可知或许还有另外一种可能，即“宋谅”乃北朝隋唐敦煌宋氏根据《后汉书》“宋亮”拟构出来的人物。因汉代“宋亮”时代较早，与北朝隋唐敦煌宋氏之间的世系关系已无从考证，故以“宋谅”来攀附汉代名人“宋亮”。不过，由于没有宋氏谱牒、家传一类的文书相印证，北朝敦煌宋氏人物墓志较少，敦煌宋氏祖先书写的形成过程我们无法得知。

二、汉晋之际的敦煌宋氏

据敦煌出土汉简可知，宋氏家族人物或于西汉末东汉初已充任地方基层官员①。因此，两汉时期宋氏同敦煌张氏、索氏、氾氏等一样，通过积极参与敦煌及西域地方事务，逐渐积累起家族政治资源，进而推动家族势力崛起。东汉末年至三国，中原政治局势纷纭不定；敦煌“郡在西陲，以丧乱隔绝，旷无太守二十岁，大姓雄张，遂以为俗”。甚至中央所委任的敦煌太守也“循故而已，无所匡革”②。虽曹魏时期敦煌太守仓慈与皇甫隆曾一度抑制敦煌权右豪强，但敦煌大族仍具有左右地方政局的能力。西晋之初，泰始六年（270）河西鲜卑秃发树机能领兵叛逆，西

① 敦煌马圈湾出土汉简与敦煌宋氏相关条目如下：“军王游君大司空大夫宋仲子射声校尉任巨通（62）”“富昌队长宋恭 送囚龙勒（266）”“庤地候史宋贤六月食縻三石三斗三升少（339）”“候史宋君长 入麦二石九斗直泉二百州偿奉长（362）”。参见吴礽骧等释校，甘肃省文物考古研究所编《敦煌汉简释文》，兰州：甘肃人民出版社，1991年，第7、26、35、37页。马圈湾出土可考年代汉简主要集中于公元前1世纪至公元30年前后，参见甘肃省博物馆、敦煌县文物馆《敦煌马圈湾汉代烽燧遗址发掘简报》，《文物》1981年第10期，第6页；罗见今《敦煌马圈湾汉简年代考释》，《敦煌研究》2008年第1期，第77—85页。
②《三国志》卷一六《仓慈传》，第512页。

晋朝廷节节败退，竟不能克[①]。河陇地区陷入兵戈，敦煌权右遂借此契机扩张权势。《资治通鉴》“晋武帝泰始八年（272）”条载：

> 敦煌太守尹璩卒，凉州刺史杨欣表敦煌令梁澄领太守。功曹宋质辄废澄，表议郎令狐丰为太守。杨欣遣兵击之，为质所败。[②]

时任敦煌功曹之宋质能抗拒凉州刺史杨欣对于敦煌官员的任命，并领携私人化的地方武装迎战杨欣所遣军队。由此可见以宋质为代表的敦煌大族权势之盛，宋氏家族于敦煌乡里社会已颇具威望，并掌控着一定数量的武装力量。佐藤智水认为此事件表明晋初河陇震荡阶段敦煌豪族宋氏、令狐氏曾一度统领敦煌地区[③]。孙晓林指出此事反映出西晋初年令狐氏、宋氏之属的豪门大姓势力之强大以及他们意欲控制敦煌地方政权的强悍态度[④]。魏晋时期，宋氏家族已展现出地方大族特征。此外，宋氏与令狐氏合作抗拒杨欣，此事展现出以宋氏与令狐氏为代表的敦煌地方大族之间已经形成紧密的关系网络。

三、十六国时期的敦煌宋氏

至十六国时期，敦煌宋氏家族渐成为区域性武力强宗，在河西诸政权中发挥着举足轻重的作用。有学者统计了五凉政权中

---

① 《资治通鉴》卷七九“武帝泰始六年”条，第2513页。

② 《资治通鉴》卷七九“武帝泰始八年”条，第2523页。

③ （日）榎一雄主编《講座敦煌》第2卷《敦煌の歴史》，东京：大东出版社，1980年，第43页。

④ 孙晓林《汉——十六国敦煌令狐氏述略》，《北京图书馆馆刊》1996年第4期，第94—95页。

任职并见于史籍的敦煌宋氏成员，有十余人之多[①]。

西晋永宁年间，张轨出仕护羌校尉、凉州刺史。其统辖河西时多与地方豪族合作，“课农桑，拔贤才，以宋配、阴充、汜瑗、阴澹为股肱谋主”[②]。其中宋配“字仲业，敦煌人也”，是敦煌宋氏代表性人物。宋配作为张轨“股肱谋主”之一，深为张轨所重。“永兴中，鲜卑若罗拔能皆为寇，轨遣司马宋配击之，斩拔能，俘十余万口。”[③]河西鲜卑作乱，宋配领兵迎击并凯旋，威名大震。后张轨病重，晋昌大族张越、张镇兄弟等谋代张轨。张轨遂“命寔率尹员、宋配步骑三万讨祛”[④]。及刘曜攻陷长安，迁晋帝司马炽于平阳，秦王司马邺入关，张轨兴师勤王，“遣前锋都护宋配步骑二万，径至长安，翼卫乘舆，折冲左右”。时“秦州刺史裴苞、东羌校尉贯与据险断使”，阻隔晋廷与凉州之交通；张轨遂“命宋配讨之”[⑤]。由此可见，宋配在前凉张氏政权中屡立功勋。

张轨寝疾薨，其子张寔继而统辖河西，时北族南下，中原倾

---

① 施光明《西州大姓敦煌宋氏研究》，中国魏晋南北朝史学会编《魏晋南北朝史论文集》，济南：齐鲁书社，1991年，第166—167页。

② 《晋书》卷八六《张轨传》，第2221—2222页；［北魏］崔鸿撰，［清］汤球辑补，聂溦萌、罗新、华喆点校《十六国春秋辑补》卷六七《前凉录一》，第782页。

③ 《晋书》卷八六《张轨传》，第2222页；［北魏］崔鸿撰，［清］汤球辑补，聂溦萌、罗新、华喆点校《十六国春秋辑补》卷六七《前凉录一》，第782页。

④ 《晋书》卷八六《张轨传》，第2224页；［北魏］崔鸿撰，［清］汤球辑补，聂溦萌、罗新、华喆点校《十六国春秋辑补》卷六七《前凉录一》，第785页。

⑤ 《晋书》卷八六《张轨传》，第2225页；［北魏］崔鸿撰，［清］汤球辑补，聂溦萌、罗新、华喆点校《十六国春秋辑补》卷六七《前凉录一》，第786—787页。后者“贯与”作“贯兴”。

覆，各方势力争相据地称王。太兴元年（318），“焦崧、陈安逼上邽，南阳王保遣使告急。（张寔）以金城太守窦涛为轻车将军，率威远将军宋毅及和苞、张阆、宋辑、辛韬、张选、董广步骑二万赴之”[①]。南阳王司马保临危告急，张寔遣军相救，宋毅、宋辑名列所遣将领名单。太兴二年（319），陈安叛司马保，张寔再出兵相救，史载：

> 俄而保为陈安所叛，氐羌皆应之。保窘迫，遂去上邽，迁祁山，寔遣将韩璞步骑五千赴难。陈安退保绵诸，保归上邽。未几，保复为安所败，使诣寔乞师。寔遣宋毅赴之，而安退。[②]

宋毅亦具有军事才能，为张寔所重，多次受命领兵征战，立下赫赫之功。张骏继张茂统辖河陇。晋咸和年间，“骏惧为刘曜所逼，使将军宋辑、魏纂将兵，徙陇西、南安二千余家于姑臧”。后又“遣武威太守窦涛、金城太守张阆、武兴太守辛岩、扬烈将军宋辑等率众东会韩璞，攻讨秦州诸郡”[③]。宋辑作为张寔、张骏时期重要将领，数次征战沙场；且其亦博通经史，曾引经据典劝说张骏立嗣，史载：

---

① 《晋书》卷八六《张寔传》，第2229页；［北魏］崔鸿撰，［清］汤球辑补，聂溦萌、罗新、华喆点校《十六国春秋辑补》卷六八《前凉录二》，第797页。
② 《晋书》卷八六《张寔传》，第2230页；［北魏］崔鸿撰，［清］汤球辑补，聂溦萌、罗新、华喆点校《十六国春秋辑补》卷六八《前凉录二》，第797—798页。
③ ［北魏］崔鸿撰，［清］汤球辑补，聂溦萌、罗新、华喆点校《十六国春秋辑补》卷六九《前凉录三》，第809页。

> 群僚又请骏立世子，骏不从。中坚将军宋辑言于骏曰："礼急储君者，盖重宗庙之故。周成、汉昭立于襁褓，诚以国嗣不可旷，储宫当素定也。昔武王始有国，元王作储君。建兴之初，先王在位，殿下正名统，况今社稷弥崇，圣躬介立，大业遂殷，继二阙然哉！臣窃以为国有累卵之危，而殿下以为安逾泰山，非所谓也。"骏纳之，遂立子重华为世子。①

关于立嗣问题，张骏采纳宋辑谏言，立张重华为世子。群臣劝谏而张骏不采，独纳宋辑之言，显示出宋辑个人具有较高的政治威信。此外，从宋辑劝谏话语可见其文化修养出色，博学有才。这显示出前凉时期敦煌宋氏家族向文化世家转型的趋势，崇尚武功的同时注重家族成员文化修养的培养。

至张重华时期，仕宦于前凉政权并见于史籍的宋氏人物共三位，分别为宛戍都尉、振威将军宋矩，大夏太守宋晏与将领宋修。时石虎西侵，遣王擢、麻秋、孙伏都等人攻袭前凉。史载：

> 石季龙遣将麻秋攻大夏，护军梁式执太守宋晏，以城应秋。秋遣晏以书致矩。矩既至，谓秋曰："辞父事君，当立功与义；苟功义不立，当守名节。矩终不背主覆宗，偷生于世。"先杀妻子，自刎而死。②

① 《晋书》卷八六《张骏传》，第2235—2236页；［北魏］崔鸿撰，［清］汤球辑补，聂溦萌、罗新、华喆点校《十六国春秋辑补》卷六九《前凉录三》，第811—812页。

② 《晋书》卷八九《宋矩传》，第2320页。

宋矩时任宛戍都尉，面对敌军迫挟与族人宋晏的劝降，抱守忠义而慷慨就义。宋矩因此举被麻秋称赞为“义士”，亦为张重华嘉赏而追赠振威将军。宋修曾参与保卫枹罕之战，守城抵御麻秋军队。时守城将领间战略谋划相左，故而内部离散，其中任晋阳太守的郎坦暗通麻秋，接应麻秋军队，并引其攻上城西北隅。枹罕危急存亡之际，张璩“使宋修、张弘、辛挹、郭普距之”[1]。双方短兵接战，宋修等斩敌二百余人，击退麻秋。然而在之后讨拒苻雄的战役中，宋修所领部队为苻雄、苻菁率众击败，其被送往长安，之后宋修相关境况音讯则不得而知[2]。

张耀灵[3]即位，因其年幼而为其叔张祚所废。其后张祚矫诏僭位自立，称“大都督、大将军、护羌校尉、凉州牧、凉公”[4]。张祚荒虐无道，顾忌河州刺史张瓘势强，遂暗谋欲削害之。张瓘知晓此事后，“起兵击祚，传檄州郡，废祚，以侯还第，复立凉宁侯曜灵”[5]。因“骁骑将军宋混兄修素与祚有隙”，宋混遂西奔，聚众万余人以应张瓘，协助攻伐张祚，并推立时年七岁的张

---

① 《晋书》卷八六《张重华传》，第2242页；［北魏］崔鸿撰，［清］汤球辑补，聂溦萌、罗新、华喆点校《十六国春秋辑补》卷七一《前凉五》第828—829页。

② 《晋书》卷一一二《苻坚载记》，第2870页。

③ 张耀灵之名，《晋书》本传、《晋书·穆帝纪》《五行志》并作“耀灵”，《魏书·序纪》《张寔传》《资治通鉴》并作“曜灵”，《太平御览·偏霸部》引作“灵曜”。《十六国春秋辑补·前凉录》皆作“灵曜”。参［北魏］崔鸿撰，［清］汤球辑补，聂溦萌、罗新、华喆点校《十六国春秋辑补》卷七一《前凉录五》校勘记（十七），第834页。

④ ［北魏］崔鸿撰，［清］汤球辑补，聂溦萌、罗新、华喆点校《十六国春秋辑补》卷七二《前凉录六》，第835页。

⑤ 《资治通鉴》卷九九“穆帝永和九年”条，第3136页。

耀灵庶弟张玄靓[1]。张瓘辅政，主幼臣强。东晋永和十二年（356）张瓘平定马基、田平之叛，个人声势与权威达到巅峰，遂生自立之心，史称“瓘兄弟强盛，负其勋力，有篡立之谋”[2]。时宋混辅国，张瓘忌惮之。后双方交战于姑臧，宋氏二兄弟攻灭张瓘势力，史云：

> （晋升平三年）辅国将军宋混，性忠鲠，瓘惮之，欲杀混及弟澄，因废凉王玄靓而代之；征兵数万，集姑臧。混知之，与澄帅壮士杨和等四十余骑奄入南城，宣告诸营曰：“张瓘谋逆，被太后令诛之。”俄而众至二千，瓘帅众出战，混击破之。瓘麾下玄胪刺混，不能穿甲，混擒之，瓘众悉降。瓘与弟琚皆自杀，混夷其宗族。玄靓以混为使持节、都督中外诸军事、骠骑大将军、酒泉郡侯，代瓘辅正。[3]

经此政变，宋混、宋澄二兄弟代张瓘而把持朝政，可谓人臣之极。史载“时宋混兄弟擅权，玄靖虚坐而已”[4]。施光明就此事称“前凉安危系于宋氏，此言亦不为过也”[5]。张玄靓时期，宋

---

① 张玄靓之名，《太平广记·偏霸部》引《前凉录》《魏书序纪》《张寔传》均作“玄靖”，《晋书》《资治通鉴》作“玄靓”。《辑补前凉录》皆作“玄靖”。参［北魏］崔鸿撰，［清］汤球辑补，聂溦萌、罗新、华喆点校《十六国春秋辑补》卷七二《前凉录六》校勘记（二八），第845页。

② ［北魏］崔鸿撰，［清］汤球辑补，聂溦萌、罗新、华喆点校《十六国春秋辑补》卷七二《前凉录六》，第840页。

③ 《资治通鉴》卷一〇〇“穆帝升平三年”条，第3175页。

④ ［北魏］崔鸿撰，［清］汤球辑补，聂溦萌、罗新、华喆点校《十六国春秋辑补》卷七二《前凉录六》，第840页。

⑤ 施光明《西州大姓敦煌宋氏研究》，第170页。

配孙宋寮也仕宦于前凉，官至龙骧将军、武兴太守[①]。晋升平五年（361）宋混卒，宋澄代其位而秉持政权，“右司马张邕恶澄专政，杀之，遂灭宋氏”。致使敦煌宋氏势力急转而下，元气大伤，家族力量大为削弱。时年龄尚小的宋繇自勉道：“门户倾覆，负荷在繇，不衔胆自厉，何以继承先业！”[②]通过其言“门户倾覆”，可见宋氏家族经此政治风波后之惨状。后来张天锡在诛伐张邕、陈述张邕罪状时亦宣称：“诸宋何罪，尽诛灭之？”[③]

张天锡时期，前秦苻坚来犯。凉军败退，宋皓劝降张天锡，为天锡所贬。史载：“安西将军敦煌宋皓言于天锡曰：‘臣昼察人事，夜观天文，秦兵不可敌也，不如降之。’天锡怒，贬皓为宣威护军。”[④]

综上可知，敦煌宋氏出仕前凉政权之人物多为武将，这显示出宋氏传统的武功性格与武勇忠义门风。宋氏尚武性格推动宋氏家族成员于社会震荡下跻身于权力核心，使家族势力迅速发展。

此外，宋氏家族文化底蕴亦深厚。上文提及的张骏、张寔时期重要将领宋辑，从其劝谏张骏立世子的谏言可见其熟识经典。至前凉后期，宋氏家族开始从武力强宗向儒学世族转变[⑤]。这于宋纤、宋繇等人物经历中可窥一二。关于宋纤，《晋书·宋纤传》载：

> 宋纤字令艾，敦煌效谷人也。少有远操，沈（沉）靖不与世交，隐居于酒泉南山。明究经纬，弟子受业三千余人……

---

① 《魏书》卷五二《宋繇传》，第1152页。

② 《魏书》卷五二《宋繇传》，第1152页。

③ 《晋书》卷八六《张玄靓传》，第2249页。

④ 《资治通鉴》卷一〇四“孝武帝太元元年”条，第3275页。

⑤ 冯培红《敦煌学与五凉史论稿》，第266页。

> 纤注《论语》，及为诗颂数万言。年八十，笃学不倦……[1]

宋纤作为前凉硕儒，传业教授弟子多达三千余人；名著于世，敦煌太守杨宣称其“身不可见，名不可求”，酒泉太守马岌赞其“名可闻而身不可见，德可仰而行不可睹”，是“人中之龙”。张祚遣使者备礼造访宋纤，征辟其为太子友、太子太傅。可宋纤厌烦政治，寄情山林，竟绝食而亡。前凉晚期，宋氏遭张邕之劫，宋繇自幼失怙，随张彦至酒泉，“追师就学，闭室诵书，昼夜不倦，博通经史，诸子群言，靡不览综”[2]。可见，至前凉晚期，敦煌宋氏部分家族成员成长为通经儒士，家族逐渐实现由武力大族向儒学家族之转变。

宋繇认为段业无深谋远略，非乱世之才，遂西奔投靠敦煌李暠。李暠出身陇西李氏，父祖皆仕宦前凉。李暠父李昶早逝，其母改嫁宋繇之父宋僚。姻亲网络促进宋、李家族关系愈发亲密，且宋繇与李暠为同母兄弟，二者私人关系更是亲近。李暠称王与建制过程中，宋繇助力良多，史载：

> （李暠）尝与吕光太史令郭黁及同母弟宋繇同宿，黁起谓繇曰：“君当位极人臣，李君有国土之分，家有騧草马生白额驹，此其时也。”
>
> 吕光末，京兆段业自称凉州牧，以敦煌太守赵郡孟敏为沙州刺史，署玄盛效谷令。敏寻卒，敦煌护军冯翊郭谦、沙州治中敦煌索仙以玄盛温毅有惠政，推为宁朔将军、敦煌太守。玄盛初难之，会宋繇仕于业，告归敦煌，言于玄

① 《晋书》卷九四《宋纤传》，第2453页。
② 《魏书》卷五二《宋繇传》，第1152页。

> 盛曰："兄忘郭黁之言邪？白额驹今已生矣。"玄盛乃从之。寻进号冠军，称藩于业。业以玄盛为安西将军、敦煌太守，领护西胡校尉。[①]

在西凉创业过程中，宋繇支持并勉励李暠，帮辅李暠坚定志向。后段业僭立为凉王，索嗣于段业处构陷李暠，段业遂撤李暠敦煌太守之职，转附命于索嗣，并命索嗣"率骑五百而西"。宋繇再次以李暠"军师"身份谏言李暠出兵抗拒。至李暠自立，封宋繇为"从事中郎，加折冲将军"。且宋繇并非仅为传统儒士文官，其亦具治军领兵之能。李暠立西凉之初，"遣宋繇东伐凉兴，并击玉门已西诸城，皆下之，遂屯玉门、阳关，广田积谷，为东伐之资"[②]。及李暠迁都酒泉，"征宋繇为右将军、领敦煌护军，与其子敦煌太守让镇敦煌"[③]。迁都或为李暠脱离敦煌地方乡里网络并削弱敦煌大族的手段。留任宋繇镇守敦煌，反映出李暠对宋繇的信任。及李暠寝疾，以宋繇为顾命大臣，史载李暠临终托付之言：

> 吾少离荼毒，百艰备尝，于丧乱之际，遂为此方所推，才弱智浅，不能一同河右。今气力惙然，当不复起矣。死者大理，吾不悲之，所恨志不申耳。居元首之位者，宜深诫危殆之机。吾终之后，世子犹卿子也，善相辅导，述吾

---

①《晋书》卷八七《凉武昭王李玄盛传》，第2257—2258页。

②《晋书》卷八七《凉武昭王李玄盛传》，第2259页。［北魏］崔鸿撰，［清］汤球辑补，聂溦萌、罗新、华喆点校《十六国春秋辑补》卷九二《西凉录一》，第1025页。

③《晋书》卷八七《凉武昭王李玄盛传》，第2261页。［北魏］崔鸿撰，［清］汤球辑补，聂溦萌、罗新、华喆点校《十六国春秋辑补》卷九二《西凉录一》，第1028页。

平生，勿令居人之上，专骄自任。军国之宜，委之于卿，无使筹略乖衷，失成败之要。[①]

顾命大臣多品行厚德高洁，通经熟典。李暠以宋繇为顾命大臣，临终肺腑之言恳挚真切，可见宋繇之才能与威望。李歆即位，尊宋繇为“武卫将军、广夏太守、军谘祭酒、录三府事”[②]。李歆才能逊色其父，于时机并不成熟之时贸然东进，攻伐沮渠氏，最终身死国灭。其后，宋繇转仕北凉，拜尚书吏部郎中，被委以选贤举能之重任。沮渠蒙逊叹曰：“孤不喜克李歆，欣得宋繇耳。”[③]蒙逊临终将逝，亦委托其子沮渠牧犍[④]于宋繇，宋繇复为顾命之臣。牧犍执政，委任宋繇为左丞。时北魏世祖拓跋焘以其妹武威公主嫁于沮渠牧犍，宋繇代北凉至平城奉表入谢。北魏并凉州，宋繇跟随牧犍迁至京师。宋繇一生征战东西，立下殊勋无数，于西凉与北凉都是肱股辅政之臣。西凉与北凉时期，仕宦于地方政权的敦煌宋氏人物不少。且经前凉张邕之劫，以宋繇为代表的宋氏家族或更加谙熟为政之道，能够适应河西地方政权的频繁更替，并能够使其家族得以保全。

综上，敦煌宋氏在前凉、西凉与北凉政权中具有举足轻重的地位，宋氏家族精英理政修道、治兵征战，在河西地方具有较强的号召力。施光明评价称：一定意义上，前凉、西凉、北凉的兴衰，都是和敦煌宋氏的支持与否分不开的[⑤]。

① 《晋书》卷八七《凉武昭王李玄盛传》，第2267页。
② 《晋书》卷八七《李歆传》，第2268页。
③ 《魏书》卷五二《宋繇传》，第1153页。
④ 沮渠牧犍，另作沮渠茂虔。
⑤ 施光明《西州大姓敦煌宋氏研究》，第173页。

四、敦煌宋氏家族的外徙

（一）敦煌宋氏迁徙至中原

前凉为前秦苻坚所灭，武威出土《前秦梁舒墓表》载：

> 凉故中郎、中督护公国中尉、晋昌太守、安定郡乌氏县梁舒字叔仁，夫人故三府录事、掌军中侯、京兆宋延女，名华，字成子。以建元十二年十一月卅日，葬城西十七里杨墓东百步，深五丈。[①]

前秦建元十二年（376）前凉灭亡，这一年梁舒去世，墓志中记载其妻子宋华为京兆宋延女。梁舒为前凉官员，宋延应当也在前凉做官，那么其京兆郡望是否可靠就值得怀疑。或许宋延家族在前凉灭亡后迁徙至中原，京兆郡望为其后人附会。

北魏一统，"徙凉州民三万余家于京师"，宋繇随沮渠牧犍迁徙至平城，其子孙遂仕宦于北魏政权并定居中原。《魏书·宋繇传》记载：

> 长子岩，袭爵，改为西平侯。
>
> 岩子荫，中书议郎、乐安王范从事中郎。卒，赠辅国将军、咸阳太守。
>
> 子超，尚书度支郎。
>
> 超弟稚，字季预。师事安邑李绍伯，受诸经传。性清严，治家如官府。太和中，拜司徒属。又以例降，除西中府户曹参军，转并州城阳王鸾城局参军。景明二年，拜白

① 王其英编《武威金石录》，兰州：兰州大学出版社，2001年，第14页。

水县令。在县十一年，颇得民和。迁青州渤海太守。

子游道，武定末，太尉长史。[①]

图3-38 《前凉晋昌太守梁舒墓表》（图片采自徐诗雨《十六国时期西北地区碑刻书法艺术特征分析——以〈前凉晋昌太守梁舒墓表〉为中心》，《西泠艺丛》2021年第11期，第68页）

宋繇家族是一个典型的官宦世家。宋繇玄孙宋游道品性至孝，“事母以孝闻”，刚正不阿，不畏权豪。高欢摄政，对宋游道表示欣赏，上奏荐游道出任中尉。高澄亦“以游道为尚书左丞”，并对崔暹、宋游道言“卿一人处南台，一人处北省，当使天下肃然”[②]。史籍所载游道三子分别为士素、士约与士慎。其中宋士素为赵彦深引入内省，“参典机密，历中书、黄门侍郎，迁仪同三司、散骑常侍，常领黄门侍郎。自处机要近二十年”[③]，宋士约“亦为善士，官尚书左丞”。可见宋繇支系东迁中原后，与政治中枢与权力核心交往密切，凭借家族门风与仕宦仍维持着士族高第的身份。

除史籍所刊载宋繇家族人物外，北魏太和元年（477）《宋

① 《魏书》卷五二《宋繇传》，第1153页。
② 《北齐书》卷四七《宋游道传》，第653页。
③ 《北齐书》卷四七《宋游道传》，第657页。

绍祖墓志》记载：

大代太和元年岁次丁巳，幽州刺史敦煌公敦煌郡宋绍祖之柩。[1]

图3-39 宋绍祖墓铭砖（图片采自刘俊喜、张志忠、左雁《大同市北魏宋绍祖墓发掘简报》，《文物》2001年第7期，第36页）

宋绍祖不见于史籍，张庆捷、刘俊喜据敦煌籍贯与人骨测定推测其为宋繇族人[2]。罗新、叶炜对此推论存疑，他们指出："宋绍祖得封本郡是很高的荣誉，可入魏之初的敦煌宋氏似乎找不到一个合适的人物来担任这一荣誉；且墓志有爵无谥，这暗示出封爵的有始无终。"同时罗、叶也给出了两种可能性，其一是这一爵位为宋氏从沮渠政权所得，宋繇后人出于虚荣而援引昔日爵号，其二是宋绍祖本人由于奇异机缘而与某位权势人物牵连，由此被短暂地封了本郡爵位[3]。

北魏正始四年（507）《奚

① 罗新、叶炜《新出魏晋南北朝墓志疏证（修订本）》，北京：中华书局，2016年，第50页。
② 张庆捷、刘俊喜《北魏宋绍祖墓两处铭记析》，《文物》2001年第7期，第60—61页。
③ 罗新、叶炜《新出魏晋南北朝墓志疏证（修订本）》，第51页。

智墓志》记叙其妻为“敦煌宋氏”[①]，虽奚智本人不曾担任重要官职，但其家族出自北魏统治阶层，“始与大魏同先，仆脍可汗之后裔”。敦煌宋氏作为奚智元妻，可见宋氏家族入魏后，仍维持较高地位。

图3-40 《奚智墓志》（图片采自北京图书馆金石组编《北京图书馆藏中国历代石刻拓本汇编》第3册，第98页）

北魏太昌元年（532）《宋虎墓志》记载：

> 君讳虎，字安威，敦煌人也。盖微子启之远裔。曾祖茜，龙骧将军凉州刺史。祖龙周酒泉太守之元孙。父嗣祖新乡令之长子。君禀训过庭……家贫干禄，便任将作曹掾……朝廷追伤，褒赠中坚将军桑乾太守。[②]

宋虎高祖、曾祖皆出仕凉州，但其家族支系与宋繇联系似乎不甚紧密，或为敦煌宋氏不同宗支。至宋虎及其父祖时，家族人物或出仕低品职官或不仕，其家族渐趋式微，仅是末流士族。此外，北齐天统元年（565）《宋洪敬妻游氏墓志》记游玉夫为敦煌宋

① 录文参见赵超《汉魏南北朝墓志汇编（修订本）》，北京：中华书局，2021年，第74页。

② 录文参见赵超《汉魏南北朝墓志汇编（修订本）》，第375页。

图3-41 《宋虎墓志》（图片采自北京图书馆金石组编《北京图书馆藏中国历代石刻拓本汇编》第5册，第170页）

洪敬①。

敦煌宋氏内迁支系分布范围较广，宋繇家族自平城向外扩散，随仕宦调转而迁徙。宋绍祖葬于大同，奚智妻宋氏随其夫居于洛阳，宋虎葬于周城，宋洪敬葬于北齐邺城。

（二）敦煌宋氏迁徙至高昌

西晋末年中原战乱频仍，地方豪强势力各据地自立，为避战乱，大批中原与河西居民渐西迁至高昌地区。检阅高昌地区出土砖志，可知宋氏家族最早的活动轨迹可追溯至沮渠氏高昌大凉时期，即公元5世纪中期。宋氏相关砖志列表如下页，以供参考：

① 贾振林《文化安丰》，郑州：大象出版社，2011年，第284—285页。

表3-8 吐鲁番墓表所见宋氏人物

时代	志主	仕宦经历	姻亲状况	籍贯
沮渠大凉	宋氏女	(张季宗)河西王通事舍人	夫敦煌张季宗	敦煌
沮渠大凉	宋氏女	(张幼达)龙骧将军,散骑常侍	夫敦煌张幼达	
高昌章和八年(538)	宋阿虎	兵部主簿或兵曹主簿		燕国
高昌延寿四年(627)	宋佛住	北厅散望,永安兵曹参军,内行兵曹司马	妻张氏	
高昌年间	宋仁			
唐永徽六年(655)	宋怀熹	武牙将军,东宫厅上子弟,厅上干将、飞骑尉		西州高昌县
唐显庆元年(656)	宋武欢	从事参军		西州永安
唐龙朔四年(664)	宋怀仁	户部参军		高昌

说明:此表参侯灿、吴美琳《吐鲁番出土砖志集注》;张铭心《吐鲁番出土墓志汇考》。

虽宋怀熹、宋武欢等砖志皆未提及敦煌,但家族祖先为敦煌宋氏西迁支系的可能性极大。高昌地区宋氏人物砖志仅八方,其中确定与敦煌宋氏相关之人物有两位。张季宗、张幼达皆娶妻宋氏女。高昌宋氏家族的联姻,亦为敦煌地方乡里网络之延续。且张、宋互通婚姻的情况多集中于沮渠大凉时期,或许与这一时期沮渠氏与敦煌宋氏关系密切有关。张氏作为高昌地方大族,亦多与宋氏互相联姻。至高昌王国时期,张氏家族渐融入高昌社会,姻亲圈扩大,而宋氏家族渐趋沉寂,因此张氏更倾向于

图3-42《张幼达及妻宋氏墓表》（图片采自陈凌《万里同文——新疆出土汉文书迹集萃》，杭州：浙江大学出版社，2020年，第290页）

选择居于核心地位的家族联姻①。

入唐后，高昌宋氏人物多自称为“高昌”人或“西州”人。孟宪实指出：“唐统一高昌前，高昌人的故乡无一例外都是高昌以外的内地某处；统一之后，西州人的故乡很快都变成了西州，具体可指州下县乡。”②这类书写与“高昌”文化认同的转变有关。裴成国指出“高昌”一词是高昌王国颠覆之后高昌遗民的自觉意识③。高昌汉人因战乱迁居西域，并在此生活繁衍已经数代，对于高昌已形成地方认同。归唐以前高昌与中原分属不同政治集团，高昌汉姓的中原故土归属感与地方认同感无法得到统一。及唐一统西域，中原归属与地方认同走向统一，因此唐廷一统之后的高昌砖志所反映的，或许也包含高昌归唐以后地方认同与华夏认同的统一。唐王朝大一统的形成，使得西北地区大族获得了更加自洽的身份认同。

---

① 宋晓梅《麹氏高昌国张氏之婚姻》，第150页。

② 孟宪实《唐统一后西州人故乡观念的转变——以吐鲁番出土墓砖资料为中心》，《新疆师范大学学报（哲学社会科学版）》1994年第2期，第42页。

③ 裴成国《高昌国末年以降砖志书写中的“高昌人”》，《中国边疆史地研究》2020年第1期，第98—106页。

第五节 祖先书写的双重面向：魏晋北朝敦煌令狐氏家族源流

一、敦煌令狐家族的上源

敦煌令狐氏为中古大姓，其姓氏源头可上溯至周代。《元和姓纂》“令狐氏”条记载：“周文王子毕公高之后有毕万，仕晋。孙魏犨武子，生颗，别封令狐，因氏焉；生颉。”[①]《新唐书·宰相世系表》亦云：“令狐氏出自姬姓。周文王子毕公高裔孙毕万，为晋大夫，生芒季。芒季生武子魏犨。犨生颗，以获秦将杜回功，别封令狐，生文子颉，因以为氏，世居太原。”[②]可知，令狐氏原出姬姓之后，令狐本为地名，魏犨子颗，因功别封于令狐，因而以地为氏。这一令狐氏起源历史，或可在《左传》《国语》中找到一些线索。《左传·宣公十五年》记载：

> 秋七月，秦桓公伐晋，次于辅氏。壬午，晋侯治兵于稷，以略狄土，立黎侯而还。及雒，魏颗败秦师于辅氏，

---

① ［唐］林宝撰，岑仲勉校记《元和姓纂（附四校记）》卷五，第632页。

②《新唐书》卷七五下《宰相世系表五下》，第3397页。

> 获杜回，秦之力人也。初，魏武子有嬖妾，无子。武子疾，命颗曰："必嫁是。"疾病，则曰："必以为殉！"及卒，颗嫁之，曰："疾病则乱，吾从其治也。"及辅氏之役，颗见老人结草以亢杜回。杜回踬而颠，故获之。夜梦之曰："余，而所嫁妇人之父也。尔用先人之治命。余是以报。"①

又《国语》记载：

> 故以鼀季屏其宗，使令狐文子佐之，曰："昔克潞之役，秦来图败晋功，魏颗以其身却退秦师于辅氏，亲止杜回，其勋铭于景钟，至于今不育，其子不可不兴也。"
>
> ……
>
> 令狐文子卒，公以魏绛为不犯，使佐新军。②

根据《左传》《国语》中的记载可知，令狐文子（魏颉）以魏为姓，以令狐为氏，因其父魏颗军功而得以为晋卿。令狐文子去世后，魏绛继为晋卿。因魏颗家族在春秋时期的地位显赫，后世令狐家族以魏颗获封令狐氏的典故，为其家族得姓之始。该祖先起源的记载在令狐家族墓志中被普遍采用。由于十六国北朝时期令狐家族碑志材料较少，为说明情况，此处列举几个唐代令狐氏碑志的例子。如贞观十一年（637）《令狐熙碑》记载："□大夫□□之后□□□□□□□，食邑……"③宝应元年（762）《马君夫

① 杨伯峻《春秋左传注（修订本）》，第763—764页。

② 令狐文子，即魏颉。参见韦昭注《国语（附校刊札记）三册》，收入《丛书集成初编》，上海：商务印书馆，1937年，第156—157页。

③［清］董诰等编《全唐文》卷一三七《隋故（阙八字）桂州总管武康郡开国公令狐使君碑铭》，北京：中华书局，1983年，第1393—1395页。

人敦煌令狐氏墓志》记载："夫人其先，出自周文王子毕公之苗裔也。其□晋侯，赐邑令狐，因以命氏。"[①]大中十年（856）《令狐梅墓志》记载："得姓于周定王十三年，魏文子食菜于令狐，因以为氏。"[②]咸通六年（865）《令狐缄墓志》记载："令狐氏之先，盖周毕公高之后，自令狐文子食菜为氏。"[③]咸通九年（868）《令狐纬墓志》记载："恭惟遥源，系自有周。文子食菜，因封命氏。"大和三年（829）《彭阳侯令狐氏先庙碑》记载："令狐，晋邑也。晋大夫魏颗以辅氏之功始封焉。其易名曰文，国语所谓令狐文子是也。其先

图3-43 令狐熙墓神道碑额：隋故桂州总管武康郡公之碑（图片采自杨明、王平《大唐令狐德菜家族墓》，"帝陵文化"公众号，2019年1月3日）

① 甘肃五凉古籍数字技术有限公司"中国金石总录"数据库。
② 吴钢主编《全唐文补遗》第6辑，西安：三秦出版社，1999年，第168页。
③ 张蕊侠、韩民兴等《西安市长安区晚唐时期令狐家族墓葬发掘简报》，《文博》2011年第5期，第17页。

图3-44 《令狐缄墓志》（图片采自张蕊侠、韩民兴等《西安市长安区晚唐时期令狐家族墓葬发掘简报》，《文博》2011年第5期，第17页）

文王之昭，毕公高之裔。毕万为晋卿，始封于魏，自万至颗，盖四世。”①还有宋嘉祐三年（1058）《令狐挺墓志铭》载：“公高之别，有晋大夫，曰文子颉，始氏令狐。”②以上碑志文献中关于令狐氏家族早期祖先源流的记载大致相同。其中，刘禹锡《彭阳侯令狐氏先庙碑》将魏颗与令狐文子视为一人，与《国

① ［唐］刘禹锡撰，《刘禹锡集》整理组点校，卞孝萱校订《刘禹锡集》卷二“碑上”，北京：中华书局，1990年，第23页。

② ［宋］毕仲游、［宋］张端义撰，陈斌、梁玉玮校点《西台集·贵耳集》卷一二，郑州：中州古籍出版社，2005年，第211页。

语》记载不符，或许撰者未对此做深入考证。除了《彭阳侯令狐氏先庙碑》相关记载考证不周外，其余文献亦存在细节上的微小差异，不过总体上基本一致。《令狐熙碑》中存在大量阙文，根据“大夫”“食邑”等残存文字，笔者推测《令狐熙碑》关于令狐氏早期渊源的记载应该也是如此。令狐文子作为春秋时期的重要人物，被令狐家族视为祖先起源叙述中的关键人物。敦煌令狐家族诸人物的祖先起源大多采用此说。

二、敦煌令狐氏家族的汉晋祖先书写

关于令狐家族迁徙至敦煌的经过，常见的说法是在西汉末年，令狐家族避难敦煌，并在敦煌安家。《元和姓纂》记载：“汉有令狐迈，避王莽乱，居敦煌，生称。【敦煌效谷县】称曾孙溥，后汉苍梧太守。五代孙馨，晋谏议大夫。”[①]《新唐书·宰相世系表》关于秦汉时期令狐家族的内容则更加丰富，其文曰：“秦有太原守五马亭侯范，十四世孙汉建威将军迈，与翟义起兵讨王莽，兵败死之。三子：伯友、文公、称，皆奔敦煌。伯友入龟兹，文公入疏勒，称为故吏所匿，遂居效彀（谷）。称六子：扶、坚、由、羡、瑾、猛。由字仲平，后汉伊吾都尉。六子：禹、霸、容、明、涣、淳。禹字巨先，博陵太守。四子：辉、洽、延、溥。溥字文悟，苍梧太守。三子：璜、叡、玚。溥五世孙晋谏议大夫馨，馨孙亚，字就胤，前凉西海太守、安人亭侯。”[②]《元和姓纂》《宰相世系表》中的记载虽然详略不同，但线索是相通的。《元和姓纂》中汉晋时期令狐家族世系的基本线索为：令狐迈—令狐称—令狐溥—令狐馨；《宰相世系表》的

① ［唐］林宝撰，岑仲勉校记《元和姓纂（附四校记）》卷五，第632页。
② 《新唐书》卷七五下《宰相世系表五下》，第3397页。

线索更为完整，其主干为：令狐迈—令狐称—令狐由—令狐禹—令狐溥—令狐馨。

敦煌令狐氏人物碑志中亦有相关内容，唐仪凤元年（676）《马君夫人敦煌令狐氏墓志》记载："王莽篡汉，将军迈，匡复汉室，为莽见败，子孙避难于敦煌，因为敦煌人。自兹厥后，宗叶蕃硕。"[①]唐大中十年（856）《令狐梅墓志》记载："西汉王莽居摄，将迁汉祚，远祖建威将军迈与翟义同谋匡复汉室，事泄为莽所害。迈子鸿逃匿敦煌，因家焉，遂为西州著姓。由汉而下，轩裳不绝。"[②]有些碑文中的记载已经残缺，但根据残存文字可判断，其祖先叙述中采用了"令狐氏因王莽之乱迁居敦煌"的说法。唐贞观十一年（637）《令狐熙碑》记载："远祖迈，为建威将军。与翟义连谋为莽所害。子孙避（后阙）。"[③]关于汉晋时期敦煌令狐氏的记载，墓志中往往仅记载"令狐迈"之事。只有《令狐梅墓志》增加了"令狐迈"之子"令狐鸿"这一线索。唐咸通六年（865）《令狐缄墓志》与唐咸通九年（868）《令狐纬墓志》对周代令狐家族事迹记述较完整，但是对汉代令狐家族事迹记载则较为模糊。《令狐缄墓志》记载："世居敦煌，厥后昌大。"《令狐纬墓志》记载："秦汉已□，□□□□，代不绝书。"令狐氏家族碑志一般很少提及汉晋之间的敦煌令狐家族的情况，出现这种情况或许是因为令狐家族在汉晋之际并无值得攀附的人物、事迹等。笔者推测，《元和姓纂》《新唐书·宰相世系表》中完整的令狐家族世系很有可能出于建构，不过这种建构并非凭空捏造，而是以现实令狐家族人物事迹为基

① 甘肃五凉古籍数字技术有限公司"中国金石总录"数据库。

② 吴钢主编《全唐文补遗》第6辑，第168页。

③［清］董诰等编《全唐文》卷一三七《隋故（阙八字）桂州总管武康郡开国公令狐使君碑铭》，第1393—1395页。

础，并在已有线索基础上进行扩充的结果。

在《元和姓纂》《新唐书·宰相世系表》以及令狐家族碑志记载的汉晋祖先世系中，部分人物是实际存在的，在传世史籍、敦煌文书中皆有涉及，下面对相关记载做一梳理。与翟义共同起兵的令狐迈，正史中无载，但翟义讨莽则确有其事。《汉书·翟义传》记载：

> 义遂与东郡都尉刘宇、严乡侯刘信、信弟武平侯刘璜结谋。及东郡王孙庆素有勇略，以明兵法，征在京师，义乃诈移书以重罪传逮庆。于是以九月都试日斩观令，因勒其车骑材官士，募郡中勇敢，部署将帅。严乡侯信者，东平王云子也。云诛死，信兄开明嗣为王，薨，无子，而信子匡复立为王，故义举兵并东平，立信为天子。义自号大司马柱天大将军，以东平王傅苏隆为丞相，中尉皋丹为御史大夫，移檄郡国，言莽鸩杀孝平皇帝，矫摄尊号，今天子已立，共行天罚。郡国皆震，比至山阳，众十余万。[①]

翟义此次举兵讨莽，波及范围较广。学者推测，令狐迈或参与其中，其家族或在新莽始初元年（8）迁徙至敦煌[②]。这种迁徙叙事，是中古敦煌大族普遍采用的祖先建构方式，即将正史相关事件改编成其家族西迁事迹。这种叙事模式的形成时间一般在十六国时期以后了，由于距离汉代久远，往往虚实杂糅、真伪难辨。实际上，虽然隋唐以后的文献中将令狐家族迁徙至敦煌的时间放在新莽时期，但是并无十分可靠的依据。东汉时期，敦煌令狐家

① 《汉书》卷八四《翟方进传》，第3426—3427页。
② 孙晓林《汉——十六国敦煌令狐氏述略》，第92页。

图3-45 S.1889《敦煌氾氏家传并序》

族不像其他汉姓大族那样活跃，因此，令狐迈迁徙敦煌一事似乎应存疑。关于令狐氏家族的迁徙，孙晓林认为：“令狐氏为太原大姓，在当地自然有较雄厚的经济实力和强大的宗族基础。从以后令狐氏在敦煌的繁衍、发展和分布来看，入迁敦煌时绝非一家一户，当有同族其他支系同时西徙。”①根据以上分析可知，令狐氏本为太原大族，后因为避祸故而不远千里徙入敦煌，同时也不排除因其他原因迁入敦煌的可能。至于避王莽乱而迁徙至敦煌的说法，尚无早期史料印证。可能由于敦煌令狐氏迁徙至敦煌的时代较晚，亦或许迁徙至敦煌的令狐氏规模较小，因而西汉至东汉前期，敦煌令狐氏湮没无闻。

东汉以后，敦煌令狐氏家族逐渐发展，敦煌文献中出现令狐溥，可与《元和姓纂》《新唐书·宰相世系表》等文献互证。令狐溥具有深厚的儒学修养，是颇具声望的大儒，曾为很多敦煌大族子弟授业，S.1889《敦煌氾氏家传并序》云：

① 孙晓林《汉——十六国敦煌令狐氏述略》，第92页。

> 氾孚，字仲夏，蜀郡太守吉之孙。通经笃行，州辟为从事。太守马艾甚重之，征为州辟司空，屡辞不起。孚志节尤高，耽道乐业。州累辟命，司空曹公察孝廉，皆不就。下帷潜思，不闚门庭，或半年百日，吟味古文，欣然犹笑。精黄老术。苍梧太守令狐溥与太常张奂书曰：仲夏居高笃学，有梁鸿、周党之伦。其见重如此。病卒。
>
> ……
>
> 氾咸，字宣合。为侍御史辅之玄孙也。咸弱冠，从苍梧大守同郡令狐溥受学。明通经纬，行不苟合。初咸当世，非政不合，门无杂客。太常奂致书与令狐溥曰：宣合独怀白玉，进退由道。

氾孚、氾咸为敦煌"经学世家"氾氏家族代表人物，其中氾咸即曾受业于令狐溥，可见令狐溥对儒学的精通。张奂出自敦煌张氏，既有军功，亦修文采，曾"养徒千人，著《尚书记难》三十余万言"[①]，《敦煌氾氏家传》专门记载令狐溥与张奂互通书信，对氾氏家族人物氾孚、氾咸进行评赞，以此表明氾氏家族的地位，可见令狐溥与张奂都是敦煌有威望的人物。东汉以来，敦煌令狐氏虽默默无闻，但有儒学背景，令狐家族依靠经学修养，逐渐跻身敦煌大族之列。《敦煌氾氏家传》是归义军时期抄本，应节录了刘昞《敦煌实录》中的氾氏人物诸条[②]。《敦煌实录》的作者刘昞亦是凉州地区硕儒，因此《敦煌实录》的内容可能取自早期的敦煌大族谱牒等。那么，令狐溥或非虚构，而是敦煌令狐家族的代表人物，《元和姓纂》《新唐书·宰相世系表》等关

① 《后汉书》卷六五《张奂传》，第2142页。
② 郝春文等《英藏敦煌社会历史文献释录》第8卷，第182页。

于令狐溥的记载应来自《敦煌实录》或者敦煌令狐氏家传、谱牒、碑志等史料。

魏晋时期，敦煌令狐家族势力进一步发展，西晋初年，令狐丰一度把持敦煌政务。《资治通鉴》记载：

> 敦煌太守尹璩卒，凉州刺史杨欣表敦煌令梁澄领太守。功曹宋质辄废澄，表议郎令狐丰为太守。杨欣遣兵击之，为质所败。①

令狐丰窃据敦煌太守一事亦见于《晋书·武帝纪》，其文曰：

> 议郎令狐丰废澄，自领郡事。②

《晋护羌校尉彭祈碑》中亦载：

> （彭祈）迁西郡太守，至官未久，复临酒泉……敦煌令狐丰，距违王度。渊泉之阵，兵不血刃。③

这一敦煌太守更替事件由敦煌宋氏、令狐氏主导，显示出这一时期敦煌大族势力扩张的态势。令狐丰自立后，杨欣、彭祈举兵征讨，这次举兵似乎未改变令狐丰占据敦煌的局面。佐藤智水认为："这一事件表明，在当时陇右河西一带不安定的情势下，位处凉州西境的敦煌一度从中央分立出去，而处于敦煌豪族宋氏、

---

①《资治通鉴》卷七九"武帝泰始八年"条，第2523页。

②《晋书》卷三《武帝纪》，第66页。

③［清］严可均辑《全晋文》卷一四六《阙名》，《全上古三代秦汉三国六朝文》第3册，北京：中华书局，1958年，第2306页。

令狐氏的统治之下。此时的敦煌虽说还没有发展到独立政权，但豪族们的动向却应注意。”[①]虽然令狐丰占据敦煌的事实不可否认，但是并不能认为敦煌从中央分立出去，史料记载“功曹宋质辄废澄，表议郎令狐丰为太守”，可知宋质废梁澄后，上表西晋政权，请求改易敦煌太守，敦煌宋质、令狐丰似乎并非谋求分立。此一事件反映的是地方势力之间的矛盾。前敦煌太守尹璩、凉州刺史杨欣，以及杨欣所立敦煌太守梁澄，都非敦煌本地大族，尹氏、杨氏、梁氏家族皆为陇西大族，并把持凉州事务。敦煌宋质、令狐丰废梁澄一事反映了敦煌本地大族与陇西大族之间对于敦煌太守之位的争夺。对于宋氏和令狐氏在这一事件中的角色和作用，孙晓林认为：“宋氏地方豪族的色彩更多一些，而令狐丰，本来的身份是作为储官的议郎，是官不是吏，又被推举为一郡之长的太守，自当有较高的声望……令狐家族的地方高门的特点似乎更为明显。”[②]令狐丰在担任敦煌太守四年之后，于咸宁二年（276）去世，其弟令狐宏继任，凉州刺史杨欣再次举兵，攻杀令狐宏，敦煌大族把持地方事务的情况暂时结束，此次事件对敦煌令狐家族的打击应当不小。

根据《元和姓纂》《新唐书·宰相世系表》所载，由令狐称至令狐溥，四世之间，已有多人任都尉、太守之职。东汉时期，令狐由任伊吾都尉，令狐禹任博陵太守，令狐溥任苍梧太守。令狐溥的五代孙令狐馨，为晋谏议大夫。但实际上，上述汉晋时期的令狐氏家族人物，可考者仅令狐溥一人，这反映出隋唐时期敦煌令狐家族谱牒对于祖先世系的建构。再结合十六国北朝时期令狐家族的实际情况，或可以更加清晰地还原这一过程。

---

① （日）榎一雄主编《講座敦煌》第2卷《敦煌の歷史》，第43页。
② 孙晓林《汉——十六国敦煌令狐氏述略》，第95页。

三、五凉时期的敦煌令狐氏

张轨建立前凉政权后，倚仗凉州大族势力以维护统治。任职于前凉政权的令狐氏成员有令狐亚、令狐敏和令狐浏等。

《元和姓纂》未记载十六国时期敦煌令狐氏人物。《新唐书·宰相世系表》记载较详细，其文曰："溥五世孙晋谏议大夫馨。馨孙亚，字就胤，前凉西海太守、安人亭侯。二子：琿、绥。亚孙敏，字永昌，前凉鸣沙令。四子，达、忠、袭、越。"①据此可知，令狐亚为令狐溥之后，在前凉政权中担任西海太守、安人亭侯。《晋书·张轨传》记载，永嘉元年（307），南阳王司马模为征西大将军，都督秦、雍、梁、益诸军事，镇长安。张轨"遣主簿令狐亚聘南阳王模，模甚悦，遗轨以帝所赐剑，谓轨曰：'自陇以西，征伐断割悉以相委，如此剑矣。'"②主簿令狐亚较好完成了出使任务，与司马模建立了友好关系，为张轨赢得了司马模的支持。令狐亚为前凉历史上真实存在的杰出人物。

在应对张越、张镇反叛的过程中，令狐亚亦作出了贡献。面对叛乱，张轨派遣说客对反叛集团中的中间势力进行游说。《晋书·张轨传》载：

> （张轨）遣镇外甥太府主簿令狐亚前喻镇曰："舅何不审安危，明成败？主公西河著德，兵马如云，此犹烈火已焚，待江汉之水，溺于洪流，望越人之助，其何及哉！今数万之军已临近境。今唯全老亲，存门户，输诚归官，必保万全之福。"③

---

① 《新唐书》卷七五下《宰相世系表五下》，第 3397 页。

② 《晋书》卷八六《张轨传》，第 2222—2223页。

③ 《晋书》卷八六《张轨传》，第 2224页。

令狐亚的劝说应当起到了一定作用，张镇声称自己为人所误，后“委罪功曹鲁连而斩之，诣寔归罪”[①]。令狐亚为张镇外甥，说明在令狐氏、张氏之间存在联姻，这是敦煌大族之间姻亲关系的反映。从这两次经历来看，一方面可看出，令狐亚具有卓越的外交游说才能，不论是对内还是对外，都发挥着重要作用；另一方面，也可见张轨对其信任有加。

前凉时期，还有治中令狐浏，曾助张轨平定胡勖之乱。史载：“金城太守胡勖叛，轨遣都护宋毅、治中令狐浏讨之。济河中流，白鱼入船。浏曰：‘鱼，鳞物，虏必解甲归我矣。’勖果请降，轨宥之。”[②]令狐浏还曾向张寔进言，《晋书·张轨传》云：“初，寔平麴儒，徙元恶六百余家。治中令狐浏曰：‘夫除恶人，犹农夫之去草，令绝其本，勿使能滋。今宜悉徙，以绝后患。’寔不纳，儒党果叛，寔进平之。”[③]令狐浏的才能更多体现在出色的军事能力上，既可负带兵讨逆之责，又能谋划论断，当是富于宦海经验的干吏[④]。令狐亚、令狐浏是张轨政权里的关键人物，可见敦煌令狐氏在前凉政权中发挥了重要作用。但是在前秦和后凉统治河西时，敦煌令狐氏则相对沉寂。

李暠建立起西凉政权后，令狐氏成员再次活跃于政治舞台上。《晋书·李玄盛传》记载，令狐溢为右长史，令狐迁为武卫将军、晋兴太守，令狐赫为武威太守[⑤]。西凉政权辖境主要在敦

---

① 《晋书》卷八六《张轨传》，第 2224页。

② ［北魏］崔鸿撰，［清］汤球辑补，聂溦萌、罗新、华喆点校《十六国春秋辑补》卷六七《前凉录》，第 485 页。

③ 《晋书》卷八六《张轨传》，第 2226 页。

④ 孙晓林《汉——十六国敦煌令狐氏述略》，第96页。

⑤ 《晋书》卷八七《凉武昭王李玄盛传》，第2259页。［清］张澍辑，李鼎文校点《续敦煌实录》，第 95 页。

煌、酒泉，敦煌大族自然成为李暠依靠的主要力量。《晋书·李玄盛传》中还载有令狐炽托梦一事。西凉将亡之前，人心涣散，“又有敦煌父老令狐炽梦白头公衣帢而谓炽曰：‘南风动，吹长木，胡桐椎，不中毂。’言讫忽然不见”①。这一预兆西凉败亡命运的梦后来果然应验。此事也从侧面证明了令狐氏在乡里间颇具威望。《晋书·索纨传》记载令狐策曾向索纨占梦，并且为太守田豹（一作“田邈”）娶妻做媒②。田氏非敦煌大族，而令狐策促成了田氏与敦煌张氏的联姻，说明令狐家族在敦煌基层事务中颇具影响力。S.1889《敦煌氾氏家传》记载：“氾绪，字叔纵，为西域长史洋之曾孙也。敦方正直，尝于当郡别驾令狐富受《春秋》《尚书》。”此令狐富生活的具体年代不详，应该也是在五凉时期。

五凉时期的敦煌令狐氏，重要人物有令狐亚、令狐浏、令狐溢、令狐迁、令狐赫、令狐炽、令狐富等。但是《新唐书·宰相世系表》所载诸人物，除令狐亚之外，其余皆不可考。《新唐书·宰相世系表》中所载十六国时期敦煌令狐家族世系中，还有令狐亚之孙令狐敏在前凉政权中担任过鸣沙令。如果《新唐书·宰相世系表》中的令狐祖先世系为后世令狐家族建构，为何不取之于历史上真实存在的人物呢？笔者认为其原因亦不难分析，西凉时期的令狐炽梦到西凉李氏政权灭亡的先兆，而李唐皇室将其祖先追溯至西凉李暠，因此李唐王朝时期的令狐家族后代对于西凉令狐家族人物（令狐溢、令狐迁、令狐赫、令狐炽）只字未提，或许是有意回避。令狐亚、令狐浏生活时代相近，其中令狐亚更具代表性，在前凉时期影响力最大。因此，令狐亚成为后世

---

①《晋书》卷八七《凉武昭王李玄盛传》，第2270页。

②《晋书》卷九五《索纨传》，第2494—2495页。

令狐家族祖先建构的关键人物。《宰相世系表》以令狐亚为线索，将令狐虬与令狐溥串联起来。而实际上，令狐溥与令狐亚之间的关系并无可靠依据，令狐亚到令狐虬之间也存在断裂之处，《宰相世系表》中的一系列记载可谓真伪杂糅。尽管如此，隋唐令狐氏家族通过对家族祖先的建构，使得令狐氏家族魏晋十六国至北朝之间的世系完整且丰富。

四、北朝敦煌令狐氏家族

（一）敦煌令狐氏西迁高昌

《吐鲁番出土文书》所载阿斯塔那524号墓所出《高昌章和五年（535）令狐孝忠妻随葬衣物疏》云："章和五年乙卯岁正（月）一日，令狐孝忠元出敦煌，今来高昌。"[①]这一信息勾勒出敦煌令狐氏西入高昌的迁徙轨迹。另有《高昌建昌三年（557）令狐孝忠随葬衣物疏》曰："建昌三年（中缺）南（平）主簿令狐孝忠原出（中缺）民。"[②]可以猜测，此件文书中的缺字应该也记录了令狐孝忠徙出敦煌、为高昌民的内容。关于令狐氏离开敦煌、西入高昌的时间和原因，王素认为可能有二：一是在前秦灭前凉时，河西战乱不断，敦煌震动，令狐氏为避祸，所以同张氏等大族一起西迁高昌；二是在北凉灭西凉时，令狐氏已预感到敦煌再非安居之地，所以进入高昌[③]。但也不排除令狐家族西徙高昌的时代在北魏灭北凉时期的可能。而从《吐鲁番出土文书》中北魏、北周时期的一些记录来看，本为敦煌大族的令狐氏在进

---

① 中国文物研究所、新疆维吾尔自治区博物馆、武汉大学历史系编《吐鲁番出土文书》［壹］，北京：文物出版社，1992年，第130页。

② 中国文物研究所、新疆维吾尔自治区博物馆、武汉大学历史系编《吐鲁番出土文书》［壹］，第131页。

③ 王素《高昌令狐氏的由来》，《学林漫录》9集，北京：中华书局，1984年，第184—188页。

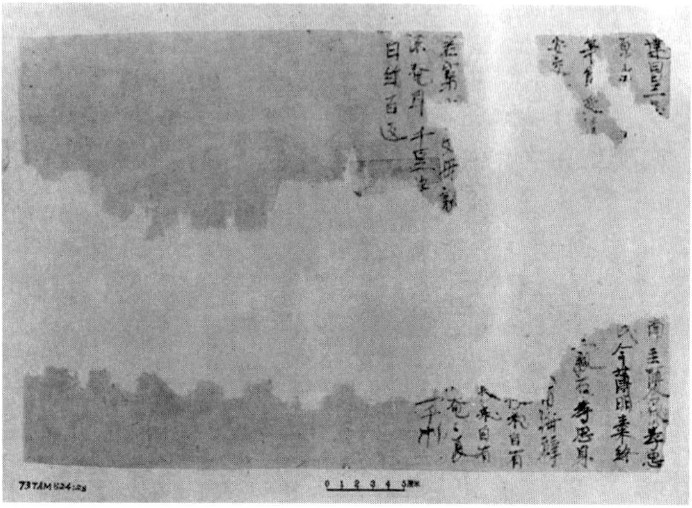

图3-46 《高昌建昌三年（557）令狐孝忠随葬衣物疏》（图片采自《吐鲁番出土文书》［壹］，第131页）

入高昌以后，仕宦方面似乎并不得意。如《细射步矟等兵人名集》中出现有一令狐氏成员令狐玩任步矟兵，此外，其他一些令狐氏成员，除令狐蚕生任幢帅外，其余像令狐国、令狐询、令狐宗、令狐受等人皆为普通兵士。可知，令狐氏在高昌的政治舞台上并非重要角色。

与此同时，从文书中记录的家族联姻情况，已经很难看到与地方望族联姻的令狐氏的身影了，这也从一个方面说明，徙入高昌的这部分令狐氏在高昌的政治生活中际遇黯淡。

（二）敦煌令狐氏迁徙至中原

北魏于439年进攻凉州，灭北凉，又于442年开始统治敦煌。政权的更迭为令狐氏家族带来新的机遇。《周书·令狐整传》载：

> 令狐整字延保，敦煌人也，本名延，世为西土冠冕。曾祖嗣、祖诏安，并官至郡守，咸为良二千石。父虬，早以

> 名德著闻，仕历瓜州司马、敦煌郡守、郢州刺史，封长城县子。大统末，卒于家，太祖伤悼之，遣使者监护丧事，又敕乡人为营坟垄。赠龙骧将军、瓜州刺史。①

北魏时期，世为西州著姓的令狐氏家族在敦煌扮演着重要角色，其家族地位逐步显赫。由上述材料可知，令狐整的曾祖令狐嗣、祖父令狐诏安皆仕于北魏，其父令狐虬在北魏末至西魏时期身居高位，生前身后都受到当权者优待。

在北魏、西魏、北周三朝，令狐整始终受到重用。北魏孝昌元年（525），宗室元荣被封任瓜州刺史，治理敦煌，得到令狐氏家族的有力协助。元荣赏识令狐整，“辟整为主簿，加荡寇将军”②。魏孝武帝西迁，河右地区陷入动乱，元荣倚仗令狐整进行治理，州境获宁。西魏大统十一年（545），令狐整协助申徽抓获了窃据瓜州的邓彦并送至京师，“太祖嘉其忠节，表为都督”③。其后又因平定了张保之乱，令狐整被征赴阙，任寿昌郡守，被封为襄武县男。太祖对其功劳大加赞赏，“遂立为瓜州义首，仍除持节、抚军将军、通直散骑常侍、大都督”④。令狐整以国难未宁，率领两千多乡人入朝随军征讨，因功“迁使持节、车骑将军、仪同三司、散骑常侍……寻除骠骑大将军、开府仪同三司，加侍中”⑤，并被赐名姓，称宇文整。孝闵帝即位后，令狐整治理丰州时颇有治绩，得到兵民敬服，于是“拜御正

① ［唐］令狐德棻等撰《周书》卷三六《令狐整传》，北京：中华书局，1971年，第641页。
② 《周书》卷三六《令狐整传》，第641页。
③ 《周书》卷三六《令狐整传》，第642页。
④ 《周书》卷三六《令狐整传》，第643页。
⑤ 《周书》卷三六《令狐整传》，第643页。

中大夫，出为中华郡守，转同州司会，迁始州刺史”[①]，又于天和六年（571）进位为大将军。令狐整的才能得到了北周权臣宇文护的看重，宇文护欲招至麾下，但受到了令狐整的推辞。令狐整卒于建德二年（573），身后亦尽哀荣，得“赠本官，加鄜宜豳盐四州诸军事、鄜州刺史，谥曰襄”[②]。令狐整的弟弟令狐休始为太学生，曾协助其兄令狐整平定了张保之乱，被授以都督，又“累迁大都督、乐安郡守。入为中外府乐曹参军”[③]，在担任敦煌郡守期间，令狐休甚有政绩，“进位仪同三司，迁合州刺史”[④]，直至卒于官。令狐整之子令狐熙任隋吏部中大夫、仪同大将军。北魏时期，诸多河西著姓被迁往平城，这些大族往往不复昔日境遇。令狐氏家族北朝及以后却颇受重用，究其原因，其一种可能性是：统治者看重令狐氏的家族声威和其成员的才能，故而使其留镇河西，借之稳定敦煌及河西的局势，从而巩固中央的统治。

除此之外，不排除此令狐氏家族本非敦煌豪族，甚至其族并非汉晋时期一直生活在敦煌的令狐氏家族，而是在北魏时期才至敦煌任官；抑或其族是在前凉灭亡后迁出敦煌，至北魏时期又回到敦煌任官。刘禹锡《彭阳侯令狐氏先庙碑》中的相关记载颇值得注意，其中未载令狐氏汉代迁徙至敦煌的历史，而是记其族在北魏时期任敦煌太守后，方成为敦煌大族，其文曰：“其后三十七世蓝田侯虬，仕拓跋魏为敦煌太守，子孙因家，遂占数为郡人。”刘禹锡、令狐楚似乎并不认可其家族北魏以前的祖先世系，根据碑文内容，似乎令狐德棻家族北朝以前或非敦煌大族，

---

① 《周书》卷三六《令狐整传》，第644页。
② 《周书》卷三六《令狐整传》，第644页。
③ 《周书》卷三六《令狐整传》，第644页。
④ 《周书》卷三六《令狐整传》，第644页。

而是生活在中原，并投靠北魏政权，其祖上协助北魏政权治理敦煌，并定居于此，以敦煌为郡望。因此，令狐德棻家族亦有可能是通过祖先世系的构建将家族历史上溯至汉代，而其家族在敦煌的历史并非如史传所言。这样一来，即可以解释在河西大族普遍不受重视的北魏，令狐家族何以能够在敦煌地区长期任职。而唐代令狐家族为提高声望，将家族世系上溯至汉代，并以敦煌令狐氏家族历史上的著名人物令狐溥、令狐亚为线索，构建起家族祖先世系，也就形成了史传、《元和姓纂》《新唐书·宰相世系表》中的令狐家族世系。

五、小结

通过对敦煌令狐氏家族的考察，可知由于其家族出现了令狐德棻这样的关键人物，作为唐王朝权臣，其有能力对其家族历史进行系统的建构。不过，正因为家族世系的编织痕迹过于明显，以至于其家族成员亦怀疑其家族出身，刘禹锡《彭阳侯令狐氏先庙碑》即是重要例证。由此，中古敦煌大族祖先世系除了呈现出逐渐条理化、系统化、整合化的倾向之外，亦存在另外一种书写，即对其家族祖先世系的怀疑与否定。笔者所言“祖先历史书写的双重面向”即指这种自相矛盾的现象。历史上，敦煌大族除了有在汉代大规模的迁徙历史之外，在十六国北朝时期，敦煌大族或也曾经历过成规模的迁徙，其祖先历史书写的双重面向或与此有关。

第六节　糅合与重塑：魏晋北朝敦煌李氏家族源流

李暠以敦煌为中心建立西凉政权，标志着敦煌李氏家族的兴起[①]。入魏后，李氏家族与北魏皇室被政治利益与婚姻纽带紧紧联系在一起，又因与北魏羁绊太深而在东魏北齐逐渐淡出政权核心[②]。十六国北朝时期，李暠家族经历了兴衰变迁[③]，通过参与政治促进了北朝鲜卑贵族与汉士族的合流。

《北史·序传》《新唐书·宗室世系表》等史料将李暠祖先上溯至李广、李陵[④]，陇西李氏敦煌房、姑臧房皆为李暠的后

① 王义康《论陇西李暠家族》，《陕西师范大学学报（哲学社会科学版）》2002年第1期，第30—35页。

② 王敬《陇西李宝家族、尔朱荣与高欢时代的政治——以李彧之死为线索》，《长江师范学院学报》2021年第2期，第76—81页。

③ 张金龙《陇西李氏初论——北朝时期的陇西李氏》，《兰州大学学报（社会科学版）》1994年第4期，第108—113页。

④《北史》卷一〇〇《序传》，第3314页。《新唐书》卷七〇上《宗室世系表上》，第1957页。

代[①]。不过，学者认为《新唐书》所载的汉晋北朝之间李氏世系并不可靠[②]。李暠家族后裔通常不称自己为敦煌人或姑臧人，而称自己为陇西狄道人。学者一般以李暠家族为陇西李氏[③]，同时李暠家族长期生活在敦煌，莫高窟李氏三碑还记载唐代敦煌李氏为李广、李暠后代，即陇西李氏后代。实际上，中古时期陇西李氏已经成为一种符号。敦煌李氏与陇西李氏关系密切，同时其家族渊源又错综复杂。只有全面系统梳理早期敦煌李氏家族源流、世系，才有可能还原中古敦煌李氏的真实面貌。

至晚唐五代归义军时期，敦煌李氏家族仍然是影响敦煌政权的一支重要政治力量。敦煌李氏三碑载其为北周李穆后代[④]，其中可疑之处颇多。学者对其世系做了反复考订，绘制了其家族世系表[⑤]。不过，刘可维《陇西李氏敦煌房考辨》一文重申陇西李

① 张琛《唐宗室姑臧房世系校补》，《西南交通大学学报（社会科学版）》2013年第6期，第126—130、135页；赵超《新唐书宰相世系表集校》，北京：中华书局，2018年，第243—250页；吴炯炯《〈新唐书·宰相世系表〉所载陇西李氏“姑臧大房”李元俭一支家族世系考订》，《敦煌学辑刊》2019年第4期，第129—137页；马振颖《武威汉唐碑铭校录研究》，兰州大学博士学位论文，2021年，第139—143页。

② 陈寅恪《金明馆丛稿二编》，北京：生活·读书·新知三联书店，2001年，第335页。张金龙《李唐出于赵郡李氏说》，《历史研究》1993年第5期，第186页。

③ 张金龙《陇西李氏初论——北朝时期的陇西李氏》，第108—113页。刘雯《陇西李氏家族研究》，《敦煌学辑刊》1996年第2期，第88—93页。王义康《论陇西李暠家族》，第30—35页。

④ 谢生保《敦煌李氏三碑研究综述》，《敦煌研究》2000年第2期，第105—111页；冯培红、孔令梅《汉宋间敦煌家族史研究回顾与述评》（中），第70—74页。

⑤ 李永宁《敦煌莫高窟碑文录及有关问题（一）》，《敦煌研究》1982年第1期，第72页。孙修身《敦煌李姓世系考》，《西北史地》1983年第3期，第36—47页。孙修身《伯3718〈李府君邈真赞〉有关问题考》，《敦煌研究》1991年第1期，第71—73页。马德《敦煌李氏世系订误》，《敦煌研究》1992年第4期，第87—90页。

氏敦煌房为李暠后代，将三碑所载敦煌李氏视为李暠后裔[①]。但刘文并未将李暠家族与三碑所载李氏家族之间的世系串联起来。冯培红亦指出敦煌李氏家族世系、家族成员履历等仍有前后龃龉之处[②]。可知，虽然学者对相关问题研究用功颇深，但是敦煌李氏家族渊源尚未最终明晰，相关结论仍有推进余地。笔者尝试在前贤研究基础上全面考察敦煌李氏碑志等史料，详考敦煌李氏源流，探讨其祖先历史中的建构成分，进而揭示敦煌李氏祖先书写糅合与重塑的过程。

一、敦煌李氏与汉代李广的关系

（一）李暠家族与李广

《魏书》载李暠为李广之后[③]，《晋书》亦载李暠为李广十六世孙[④]，《十六国春秋》亦是如此，但是李广、李暠之间的关系，并无可靠世系作为证据。张金龙认为，至迟在西凉建立时，李暠家族已经与西汉李广家族建立起联系，《晋书》进一步在李暠世系中添枝加叶，乃唐初史臣为了迎合李唐皇室出于陇西李氏且为西凉李暠嫡裔的政治需要[⑤]。《新唐书·宗室世系表》中秦将李信至西凉李暠之间的世系，附会成分更多。史书所载李暠为李广后代的说法不可信。

十六国敦煌李氏并非敦煌本地成长起来的大族，《十六国春

① 刘可维《陇西李氏敦煌房考辨》，《敦煌研究》2008年第4期，第109—111页。
② 冯培红、孔令梅《汉宋间敦煌家族史研究回顾与述评（中）》，第71—72页。
③ 《魏书》卷九九《李暠传》，第2202页。
④ 《晋书》卷八七《凉武昭王李玄盛传》，第2257页。
⑤ 张金龙《陇西李氏初论——北朝时期的陇西李氏》，第108页；《李唐出于赵郡李氏说》，第185—186页。

秋辑补》载："李暠字玄盛，小字长生，陇西狄道人也。"[①]《魏书·李暠传》记载："李暠，字玄盛，小字长生，陇西狄道人也。"[②]《魏书·李宝传》记载："李宝，字怀素，小字衍孙，陇西狄道人，私署凉王暠之孙也。"[③]《魏书·李琰之传》记载："李琰之，字景珍，小字默蠡，陇西狄道人，司空韶之族弟。"[④]根据以上李暠家族史料，可知李暠本贯应是陇西狄道。

关于李暠籍贯亦有陇西成纪说。《北史》记载："仲翔临阵殒命，葬狄道川，因家焉。"[⑤]其子伯考奔丧后定居狄道，在《晋书》与《十六国春秋辑补》中有相关记载。李伯考之子任成纪令，遂居成纪，成为从狄道房分出的成纪房[⑥]。张金龙根据十六国时期的政治形势，认为李暠家族不可能出自陇西成纪。成纪在静宁县西南，永嘉乱后为胡族所占，因此李暠家族出自成纪的说法不可信[⑦]，"成纪说"是为了攀附陇西李广。《史记》记载李广为陇西成纪人[⑧]。《晋书·李玄盛传》载："武昭王讳暠，字玄盛，小字长生，陇西成纪人，姓李氏，汉前将军广之十六世孙也。"[⑨]《晋书》将李广塑造为李暠祖先，因此称李暠为成

① 《十六国春秋辑补》参《太平御览》辑补。

② 《魏书》卷九九《李暠传》，第2202页。

③ 《魏书》卷三九《李宝传》，第885页。

④ 《魏书》卷八二《李琰之传》，第1797页。《晋书·李玄盛传》《隋书·李礼成传》《旧唐书·李大亮传》亦载其家族出自陇西狄道。

⑤ 《北史》卷一〇〇《序传》，第3313—3314页。

⑥ 刘雯《陇西李氏家族研究》，第88页；陈继宏《〈魏书·李暠传〉〈晋书·李玄盛传〉〈十六国春秋·西凉录〉对读札记》，《名作欣赏》2016年第11期，第39页。

⑦ 张金龙《陇西李氏初论——北朝时期的陇西李氏》，第108页。

⑧ 《史记》卷一〇九《李将军列传》记载："李将军广者，陇西成纪人也……故槐里，徙成纪。"（第2867页）。

⑨ 《晋书》卷八七《凉武昭王李玄盛传》，第2257页。

纪人。

综上，李暠与李广皆出自陇西李氏，狄道与成纪李氏亦有关联。但是，李暠家族通常自称狄道人，其家族与李广家族无确切的世系联系。史家称李暠为李广后代实为攀附之辞。

（二）李穆家族与李广、李陵

李永宁结合敦煌李氏三碑及P.4615文书等，对敦煌李氏家族世系进行了梳理，复原出自西凉武昭王李暠，到北朝李穆，再到归义军时期李明振之间的敦煌李氏世系[①]。李氏三碑将其祖先追溯至李广、李暠。但孙修身认为唐代敦煌李氏与李暠家族无关[②]，唐敦煌李氏是李广、李陵、李贤、李穆之后[③]，其祖先不是陇西狄道人，而是陇西成纪人[④]。马德对敦煌李氏世系表做了订补，亦将李广、李陵看作是唐代敦煌李氏的远祖，不过马文主要探讨的是北朝隋唐敦煌李氏的世系情况，而对李广、李陵与唐敦煌李氏的关系未做进一步考订[⑤]。钱斌、岳锋认为李穆先祖可上溯至李陵[⑥]。笔者以为，北朝时期李贤、李穆家族至敦煌任官，唐李氏三碑载其族为李贤、李穆后裔，是比较可信的。但是，李广、李陵与北周李贤、李穆之间的关系是否可靠呢？对此仍需做一考证。

关于李贤、李穆家族与李陵的关系，主要有如下记载。《周

---

① 李永宁《敦煌莫高窟碑文录及有关问题（一）》，第56—72页。藤枝晃《敦煌千佛洞之中兴》亦有论及。

② 孙修身《敦煌李姓世系考》，第39—40页。

③ 孙修身《伯3718〈李府君邈真赞〉有关问题考》，第70—74页。

④ 谢生保《敦煌李氏三碑研究综述》，第109—110页。

⑤ 马德《敦煌李氏世系订误》，第87—90页。

⑥ 钱斌、岳锋《周故仪同三司彭阳伯妻夫人李氏墓志考释》，《陇右文博》2022年第1期，第12页。

书·李贤传》仅载其先为“陇西成纪人”，《北史》则多出攀附李陵的部分。《北史·李贤传》记载：“李贤字贤和，自云陇西成纪人，汉骑都尉陵之后也，陵没匈奴，子孙因居北狄。后随魏南迁，复归汧、陇。”[①]《隋书·李穆传》记载：“李穆字显庆，自云陇西成纪人，汉骑都尉陵之后也。陵没匈奴，子孙代居北狄，其后随魏南迁，复归汧、陇。”[②]《李贤墓志》中也记载：“本姓李，汉将陵之后也。十世祖俟地归，聪明仁智，有则哲之。监知魏圣帝齐圣广渊，奄有天下，乃率诸国，定扶戴之议。凿石开路，南越阴山，竭手爪之功，成股肱之任。建国擒（拓）跋，因以为氏。”[③]李贤、李穆为兄弟，二人传记中关于汉代祖先的内容基本一致。汉代李陵与李贤、李穆祖先之间，并无可靠世系相连。正史中追溯李陵的内容，是一种程式化的叙述。《宁夏固原北周李贤夫妇墓发掘简报》据志文“建国拓跋，因以为氏”一句，认为李贤、李穆家族非李陵之后，而是鲜卑拓跋氏后裔[④]。罗丰亦考李贤远祖为鲜卑人，与李陵没有什么关系[⑤]。何德章指出《刘玉墓志》《李贤墓志》《王真保墓志》杜撰了先祖从中原外迁的史实，以证明其家族在血统上确实源自华夏[⑥]。李荣辉认

---

① 《北史》卷五九《李贤传》，2105页。

② ［唐］魏徵、令狐德棻撰《隋书》卷三七《李穆传》，北京：中华书局，1973年，第1115页。

③ 韩兆民等《宁夏固原北周李贤夫妇墓发掘简报》，《文物》1985年第11期，第19页。

④ 韩兆民等《宁夏固原北周李贤夫妇墓发掘简报》，第16页。

⑤ 罗丰《李贤夫妇墓志考略》，《美术研究》1985年第4期，第59—60页。

⑥ 何德章《伪托望族与冒袭先祖：以北族人墓志为中心——读北朝碑志札记之二》，武汉大学中国三至九世纪研究所编《魏晋南北朝隋唐史资料》第17辑，上海：上海古籍出版社，2017年，第142页。

图3-47 《李贤墓志》（图片采自宁夏回族自治区博物馆、宁夏固原博物馆《宁夏固原北周李贤夫妇墓发掘简报》，《文物》1985年第11期，第17页）

为北周李贤家族属于冒认祖先，并伪造谱牒①。综合以上论述，可知李贤家族自称李陵后裔，是祖先叙述环节的伪冒。这一伪冒行为或许并非家族后代有意识篡改谱牒，而是受到北朝冒认华夏祖先的风气影响，属于当时较为常见的现象。准确地讲，李贤家族出自鲜卑而自称为李陵之后，是属于拓跋族属“匈奴说”范

① 李荣辉《中古时期李陵后裔辨伪》，《内蒙古社会科学（汉文版）》2019年第5期，第69—74页。

畴。关于拓跋氏的族属，主要有“鲜卑说”“匈奴说”两种[①]。陈勇考证了“匈奴说”流行的政治背景，“匈奴说”将拓跋部归为汉朝降将李陵的后裔，由此，拓跋部建立的北魏等政权则被矮化为华夏国家的余绪或支脉。“匈奴说”于北魏后期被禁绝，但却流行于南朝[②]。李陵与李贤之间的关系不见于《周书·李贤传》，应与《周书》为“北朝系史书”有关。正史、碑志关于李贤祖先的叙述，符合拓跋族属“匈奴说”中李陵投降匈奴、其部南迁中原的说法。可知，中古北族种姓的变化受到政治、血缘、地域、社会等诸层面的影响。因此，对于墓志等史料所载李贤为李陵后裔说，我们不能将其等同于家族世系。此外，对于李贤的族属亦有学者提出“高车说”[③]，然《李贤墓志》中载“建国搶跋”，“搶”为“拓”的俗写[④]，可知李贤为鲜卑拓跋部后裔的可能性更大。综上，各类史料皆将李贤祖先指向鲜卑拓跋部，受到拓跋族属“匈奴说”影响，李贤家族自称李陵之后。李贤家族以李陵为祖先，与南朝史书“矮化”北朝政权的用意不同。李贤家族更看重李陵的华夏血脉，至北魏时期，生活在匈奴的李陵家族世系实际已难以考订，李贤家族以李陵为祖先，实际是对华夏

---

① 《宋书·索虏传》记载：“索头虏姓托跋氏，其先汉将李陵后也。陵降匈奴，有数百千种，各立名号，索头亦其一也。”《南齐书·魏虏传》还记载：“匈奴女名拓跋，妻李陵，胡俗以母名为姓，故虏为李陵之后。”在南朝史书中，拓跋氏被认为是李陵之后，此即拓跋种姓“匈奴说”。《魏书》中强调拓跋氏鲜卑之“后”，鲜卑部落联盟最早的首领，并与匈奴一系各部划清界限，即拓跋种姓“鲜卑说”。

② 陈勇《拓跋种姓“匈奴说”的政治史考察》，《历史研究》2016年第2期，第85页。

③ 姚薇元《北朝胡姓考》（修订本），武汉：武汉大学出版社，2013年，第205页。陈仲安《李贤墓志申论》，国家文物局文献研究室编《出土文献研究续集》，北京：文物出版社，1989年，第301—303页。

④ 毛远明《汉魏六朝碑刻异体字典》，北京：中华书局，2014年，第861页。

祖先的攀附。此说标志着其家族自我认同由北族后裔向华夏后裔的转变。

李暠为陇西狄道人，其后世攀附家族祖先至陇西李广。北周李贤、李穆兄弟出自鲜卑，自称李陵后裔，这与南北朝时期拓跋祖先“匈奴说”有关。其用意是攀附华夏祖先，隐藏其家族北族血统，将李陵没于匈奴的史实与北族内迁的史实衔接起来。唐代敦煌李氏无论出自哪一支，都与李广、李陵并无直接的世系关系，故李氏三碑所载家族世系显然是经过后人加工的。

二、李暠家族世系

西凉亡后，李暠子孙因避难离开敦煌。北魏灭北凉后，内迁河西大族普遍较为沉寂，而敦煌李氏则迎来转机。李暠孙李宝回到敦煌[①]，并于三年后入朝，其后代子孙相继入仕北魏政权。由河西入中原，敦煌李氏一跃而成为中原高门大族。唐长孺以《晋书》中陇西李含被指为寒门的例子，认为李含与李暠同出陇西狄道，以李含为寒门推断李暠亦非士族[②]。李宝入仕北魏，是北魏统治者借李宝家族影响力以遏阻沮渠氏政权的现实政治需要。张金龙指出：“李宝诸子几乎无人在平城政权任职，少子李冲外几乎全是在35岁以后进入仕途的。”[③]冯太后及孝文帝秉政后，李氏才逐渐崭露头角。史载：“李氏自初入魏，人位兼举，因冲宠遇，遂为当世盛门”“冲兄弟六人，四母所出，颇相忿阋。及冲之贵，封禄恩赐皆以共之，内外辑睦。父亡后同居二十余

---

① ［北魏］崔鸿撰，［清］汤球辑补，聂溦萌、罗新、华喆点校《十六国春秋辑补》，第1047页。

② 唐长孺《论北魏孝文帝定姓族》，氏著《魏晋南北朝史论拾遗》，北京：中华书局，2011年，第83页。

③ 张金龙《陇西李氏初论——北朝时期的陇西李氏》，第110页。

年，至洛乃别第宅，更相友爱，久无间然。皆冲之德也。”[①]随着李冲仕途渐起，其家族的政治地位与经济实力逐渐攀升。因此，决定陇西李氏成为第一流高门的主要因素是现世官爵。

根据正史中其家族人物传记及家族碑志史料等记载，李冲家族成员所任起家官职务多为中书博士、中书学生、散骑侍郎、著作郎、秘书郎、参军等，文职官员占有相当大的比例，在文化、政教、诏令及北魏政权的封建化等方面起着重要作用。这些官职多为清官，出任者世资大多超越五品，政治前途光明，屡列清要甚至位列公卿[②]。李氏家族与权势家族间的联姻更是稳固了其家族高门地位。目前所见北朝时期李暠家族成员碑志，多属李宝一支。在许多南北朝墓志文中，在志首或志铭之后会叙述志主的家族世系及婚宦活动[③]。李媛华是李冲之女，《李媛华墓志》中的婚嫁记载可弥补史传之阙，墓志文首先介绍李媛华的家世及婚宦情况。

> 亡祖讳宝，使持节侍中镇西大将军开府仪同三司并州刺史敦煌宣公。亡父讳冲，司空清渊文穆公。夫人荥阳郑氏。父德玄，字文通，宋散骑常侍，魏使持节、冠军将军、豫州刺史、阳武靖侯。兄延寔，今持节督光州诸军事、左将

---

① 《魏书》（点校本二十四史修订本）卷三九《李宝传》，第992页；卷五三《李冲传》，第1303页。

② 有关中书博士、秘书郎、著作郎等北魏职官详细可参考：荆韵佳《北魏秘书著作考述》，吉林大学硕士学位论文，2021年。张凡《北魏中书博士考述》，吉林大学硕士学位论文，2022年。

③ 这一种墓志书写体例应是墓主家族谱牒的直接抄录或节选部分。陈爽《墓志所见中古谱牒探迹》，《中国史研究》2013年第4期，第69—100页。范兆飞《中古早期谱系、谱牒与墓志关系辩证》，《中国史研究》2021年第2期，第85—104页。

> 军、光州刺史、清渊县开国侯。亡弟休纂。故太子舍人。弟延考，今太尉外兵参军。姊长妃，适故使持节、镇北将军、相州刺史、文恭子荥阳郑道昭。姊仲玉，适故司徒主簿荥阳郑洪建。姊令妃，适故使持节抚军青州刺史文子范阳卢道裕。妹稚妃，适前轻车将军尚书郎中朝阳伯清河崔勖。妹稚华，适今太尉参军事河南元季海。子子讷，字令言，今彭城郡王。妃陇西李氏，父休纂。子子攸，字彦达，今中书侍郎武城县开国公。子子正，字休度，今霸城县开国公。女楚华，今光城县主，适故光禄大夫长乐郡开国公长乐冯颢。父诞，故使持节司徒长乐元公。女季瑶，今安阳乡主，适今员外散骑侍郎清渊世子陇西李彧，父延寔。妃讳媛华，陇西狄道县都乡和风里人。[①]

从其家族人物的婚宦状况来看，李冲之女即李媛华的姐妹们分别嫁于荥阳郑氏、范阳卢氏、清河崔氏、河南元氏等。崔、卢、郑等为魏晋旧门，北魏孝文帝时期重定姓族，“以当代官爵为主要标准，从而突破‘士族旧籍’的限制，确立了新的门阀序列。在新的门阀序列中，一些次等士族、非士族地方豪强，有的提高了门户等级，有的进入了士族行列”[②]。陇西李氏恰是由此机会跻身于一流高门，随后通过婚姻网络来稳固其家族的显贵地位。李媛华嫁与献文帝之子、孝文帝之弟元勰[③]。李媛华子女的婚姻中：子讷妃为李修纂之女，女季瑶嫁李延寔之子李彧。同出陇西

① 录文参见赵超《汉魏南北朝墓志汇编（修订本）》，第198—200页。

② 唐长孺《论北魏孝文帝定姓族》，氏著《魏晋南北朝史论拾遗》，第83页。

③ 《元勰墓志》录文参见赵超《汉魏南北朝墓志汇编（修订本）》，第79—80页。

李宝世系的李修纂、李彧家族能够与北魏宗室联姻，或许也与李冲的扶持有关。陇西李氏之间相互照应，形成以陇西为地域标志的李氏家族集团。史载“魏主雅重门族，以范阳卢敏、清河崔宗伯、荥阳郑羲、太原王琼四姓衣冠所推，咸纳其女以充后宫。陇西李冲以才识见任，当朝贵重，所结姻连，莫非清望，帝亦以其女为夫人”[①]。陈爽认为崔、卢、李、郑得以在北魏成为首望一流高门，除“魏晋旧籍”因素外，其自身的当朝官爵和政治权势是更关键的因素。这种当朝权势最为突出的反映即是他们与陇西李氏通过婚姻关系所结成的政治联盟[②]。元勰与李媛华第三子元子攸在河阴之变后被立为帝，即孝庄帝。

此外，《李伯钦墓志》[③]《李蕤墓志》[④]等志文中都有谱牒式家族世系的详细叙述。加上《李媛华墓志》，这三方墓志志主恰恰是李宝后代世系中时代较早的三个人物。类似出现在墓志中的谱牒内容存在逐渐淡化的趋势，后世李氏家族墓志虽少见谱牒氏的家族世系、婚姻记载，但多数仍将家族祖先追溯至李暠。《李遵墓志》[⑤]《李晖仪墓志》[⑥]《李艳华墓志》[⑦]《李挺墓志》[⑧]《李叔

① 《资治通鉴》卷一四〇“明帝建武三年”条，第4393页。
② 陈爽《世家大族与北朝政治》，北京：中国社会科学出版社，1998年，第65页。
③ 拓片及录文参见叶炜、刘秀峰主编《墨香阁藏北朝墓志》，第2—3页。
④ 录文参见赵超《汉魏南北朝墓志汇编（修订本）》，第71页。
⑤ 录文参见赵超《汉魏南北朝墓志汇编（修订本）》，第217—219页。
⑥ 韩理洲等辑校编年《全北魏东魏西魏文补遗》，西安：三秦出版社，2010年，第339页。
⑦ 录文参见赵超《汉魏南北朝墓志汇编（修订本）》，第439页。
⑧ 录文参见赵超《汉魏南北朝墓志汇编（修订本）》，第442—444页。

俭墓志》[①]《李伯宪墓志》[②]《李礼之墓志》[③]《李倩之墓志》[④]《李仲膺墓志》[⑤]等都追溯凉武昭王李暠为家族世系源头，《李刿墓志》[⑥]则追溯到李宝。还有一些后代墓志并未凸显出志主与凉武昭王李暠或李宝等人的世系关系。如《李世举墓志》[⑦]《李月相墓志》[⑧]是追溯到李韶，《李彰墓志》则是只叙及其祖父李冲。赠官与赠谥作为极具国家哀荣属性的行为，对于死者及其家属具有重大意义。赠官行为本身是受赠者身份地位较高的一种体现[⑨]。从列传及墓志材料来看，李宝家族入魏第二、三、四代获得赠官者颇多，尤其第四代，可证李氏家族与皇权关系之密切。李氏家族多人死于河阴之变，一方面可见陇西李氏在政治上与皇权的密切关系；另一方面亦可看出，随着北魏末年皇室的衰落，李氏家族亦逐渐黯淡。

---

① 拓片及录文参见叶炜、刘秀峰主编《墨香阁藏北朝墓志》，第126—127页。

② 贾振林《文化安丰》，第289—290页。另有周晓薇《安阳出土隋代卢胜髣李伯宪墓志释读》，《碑林论丛》，2018年，第11—21页。韩达《李伯宪墓志与河阴之变》，《三门峡职业技术学院学报》2020年第2期，第78—84页。

③ 张同利《新见北齐李礼之、李倩之墓志及相关问题考论》，《兰台世界》2016年第10期，第107—109页。

④ 张同利《新见北齐李礼之、李倩之墓志及相关问题考论》，第107—109页。

⑤ 何石《读隋〈李仲膺墓志〉》，2010年12月31日发布于豆丁网，2011年3月26日发布于新浪博客。

⑥ 拓片参见赵文成、赵君平编《秦晋豫新出墓志搜佚续编》，第65页；录文参见王连龙《南北朝墓志集成》，第315页。

⑦ 拓片及录文参见王其祎、周晓薇《隋代墓志铭汇考》第4册，北京：线装书局，2007年，第30—32页。

⑧ 录文参见周绍良主编《唐代墓志汇编》，第2—3页。

⑨ 北魏一代的赠官是以将军号加地方长官号为主，不少官员会因死于王事，而被超赠。（日）窪添庆文《关于北魏的赠官》，《文史哲》1993年第3期，第74、81—83页。

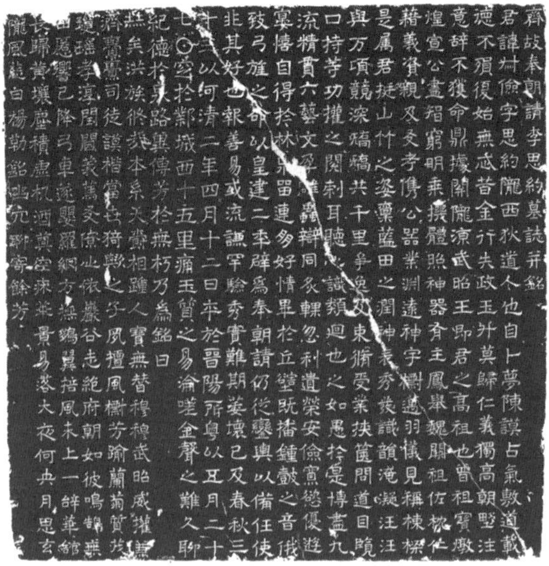

图3-48 《李叔俭墓志》（图片采自叶炜、刘秀峰主编《墨香阁藏北朝墓志》，第127页）

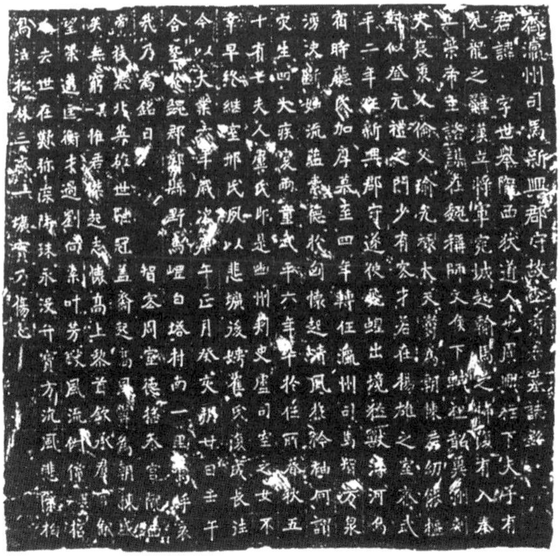

图3-49 《李世举墓志》（图片采自王其祎、周晓薇《隋代墓志铭汇考》第4册，第30页）

图3-50 《李剢墓志》（图片采自赵文成、赵君平编《秦晋豫新出墓志搜佚续编》，第65页）

虽然其家族衰落了，但是陇西李氏这一象征符号却保留下来。甚至李唐皇室也塑造并强化其家族源出陇西李氏的家族记忆，此后，李氏家族的陇西郡望超越其他李氏郡望，成为李姓人物追逐的郡望。值得注意的是，北朝时期李暠家族碑志基本都以陇西狄道作为郡望，对于敦煌并无直接的书写。反而是到了北朝之后的隋唐时期，在李氏人物的碑志书写中，出现了明确地将敦煌作为郡望的情况，以及标榜与敦煌相关封爵的情况。《李善墓志》[①]（695）志文称其为敦煌人。《李君墓志》[②]（749）志题即“□□陇西敦煌李君墓志铭并序”，《李元淳墓志》[③]称志主为“陇西敦煌人”。这几方墓志都未将志主与李暠或李宝建立世

① 拓片及录文参见毛远明《西南大学新藏墓志集释》，南京：凤凰出版社，2018年，第329—330页。

② 中国历代墓志数据库。

③ ［清］吴廷燮《唐方镇年表》卷四《河阳》所引《孟县志》，北京：中华书局，1980年，第358页。黄楼《祁连郡王李公（元淳）墓志铭——兼论唐德宗贞元年间昭义军三次择帅问题》，氏著《碑志与唐代政治史论稿》，北京：科学出版社，2017年，第19—37页。黄文以康熙《孟县志》为底本，参据乾隆《孟县志》、民国《孟县志》，将墓志全文整理出来。

系关联。《李□基墓志》[①]（670）称“大唐故越州都督府长史上柱国敦煌县开国公李君之墓志铭并序”“敦煌公李君墓志”及“陇西□□人，凉武昭王之八叶孙也”，其中“陇西□□人”有阙文。《李□基墓志》言志主为李暠八世孙，又叙及其高祖茂、曾祖孚、祖昭等信息，在《魏书·李宝传》中记载其子李茂、茂子孚，孚有惠昭、惠湛二子。考虑到中古时期名字中省略行辈字的情况较为常见，故墓志中李昭或许就是李惠昭，如此李茂—李孚—李惠昭的世系基本可以与志文比对成功。考虑到北朝时期李宝世系子孙的墓志中都称“陇西狄道人也”，故《李□基墓志》中“陇西□□人”的阙字为“狄道”的可能性大一些，但不排除原文是“陇西敦煌”的可能。此外，隋《李椿墓志》记载“陇西敦煌人也”，李椿为西魏北周八柱国之一李弼之子，后过继给其叔李标。《周书·李弼传》载其为“辽东襄平人”[②]，而《北史》又言其为“陇西成纪人也”[③]。辽东为其本贯，陇西为西魏时期“以关内诸州为其本望”时所改[④]。所以《李椿墓志》言其为“陇西敦煌人”显得十分突兀，有待进一步研究。李椿曾孙李政则墓志记载“陇西成纪人也”[⑤]，倒是符合李弼家族改关内郡望后的情况。这或许反映了“陇西成纪”与“陇西敦煌”等郡望易被混淆的情况。

---

① 录文参见周绍良、赵超主编《唐代墓志汇编续集》，第182—183页。
② 《周书》卷一五《李弼传》，第239页。
③ 《北史》卷六〇《李弼传》，第2129页。
④ 陇西成纪这一籍贯还在李弼曾孙李密的传记及墓志中有所记载，《李密墓志》载于《文苑英华》卷九四八。不过李弼之子李纶的墓志记载为“梁城郡泉洪县人”，详见《徒何纶墓志》，刘合心、呼林贵《北周徒何纶志史地考》，《文博》2002年第2期，第66—69页；罗新、叶炜《新出魏晋南北朝墓志疏证（修订本）》，第253—255页。
⑤ 录文参见周绍良、赵超主编《唐代墓志汇编续集》，第371页。

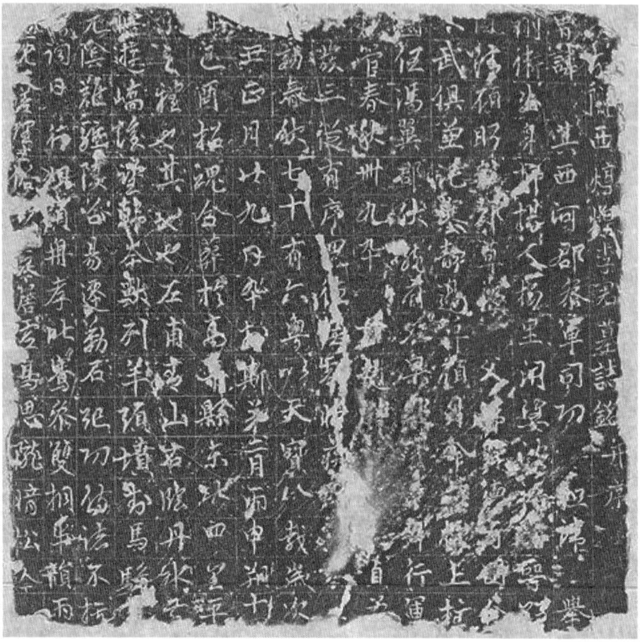

图3-51 《李君墓志》（图片采自中国历代墓志数据库）

根据以上统计，可知隋唐之际李氏敦煌郡望的使用者增多，但是使用敦煌郡望的李氏家族与敦煌之间的关系并不明确。虽然唐代敦煌房、姑臧房、仆射房皆出李暠后代，但是李暠后代中称其为敦煌李氏的不多，这一现象还有待进一步研究。

《魏书·李宝传》最后部分提到李暠家族另一支系的情况，即自凉州赴江左后又北入魏的李抗家族，相关研究不多，现节录于下：

> （李）韶从叔思穆，字叔仁。父抗，自凉州渡江左，仕刘骏，历晋寿、安东、东莱三郡太守。思穆有度量，善谈论，工草隶，为当时所称。太和十七年，携家累自汉中归国，除步兵校尉……彭城王勰为定州，请为司马，带钜鹿太

> 守。勰徙镇扬州，仍请为司马。府解，除征虏将军、太中大夫。[①]

李韶从叔李思穆，当与其父李承同辈，两人或为从兄弟，则李抗应当与李宝为兄弟。李抗从凉州渡江，仕宦于刘骏，历任晋寿、安东（陆）、东莱三郡太守[②]。刘骏曾先后都督梁、雍、青等州，李抗活动范围恰好与刘骏出镇要藩的轨迹基本重合，足见李抗与刘骏关系之密切。这或许与李抗自凉州进入刘宋境内的交通线路有关，出凉州无论是走秦陇还是走吐谷浑（即河南道）都进入刘宋政权的秦州、益州境内，恰在刘骏的统辖范围内。李思穆在刘宋凸显出卓越的才能，史载其“有度量，善谈论，工草隶”[③]，可见李思穆应该获得了较好的教育，其家族在南朝的境遇应当不错。因其家族地位较高，在太和十七年（493）李思穆携家归附北魏后，便立即除官，与彭城王元勰关系密切，获得魏王室礼遇。李思穆在北魏很快扎下根基，或也是建立在李宝家族的关系网络之上的。元勰延纳李思穆为僚佐，又进一步加深了李氏家族与北魏宗室的联系。

李暠家族至南朝者，还有李歆之子李重耳，李重耳与李宝当为从兄弟辈关系。“重耳脱身奔于江左，仕于宋，后归魏，为弘

① 《魏书》（点校本二十四史修订本）卷三九《李宝传》，第991—992页。《北史》卷一〇〇《序传》（第3336—3337页）对李抗及其世系有所增补。
② 《魏书·李宝传》中此条校勘记载：“‘安东’《北史》卷一〇〇《序传》作‘安陆’，当是。”《魏书》（点校本二十四史修订本）卷三九《李宝传》，第994—995页。《宋书·州郡志》不见有“安东”郡，卷三六《州郡志》二司州下有安陆郡，“孝武孝建元年，分江夏立”。
③ 《魏书》（点校本二十四史修订本）卷三九《李宝传》，第991页。

农太守”[①]，说明李重耳南下的时间在西凉灭国之际。至于李抗南奔的时间，也应在西凉灭国后，不过可能稍晚一些。根据《魏书》，李思穆生平大约在455—516年间，西凉灭国之时（421）其父可能较年幼，因此其南迁的时间也不会太早。439年北凉姑臧城破，而后北魏征发凉州三万户徙平城，平凉户政治地位低下，李抗亦有在此时南下的可能。后李氏家族在北魏受到礼遇，因而李抗再次入魏。

对于曾处敦煌的陇西李氏在南朝时期的处境，相关材料较少，李思穆家族仅为个例，不足以展现全貌。至于其北迁的原因，很可能与李冲家族的显贵与招徕有关，其根本原因或出于北魏太和改制的需要。

图3-52 丁家闸五号墓壁画（图片采自赵开山《走进酒泉》，兰州：甘肃教育出版社，2021年，第16页）

① ［北魏］崔鸿撰，［清］汤球辑补，聂溦萌、罗新、华喆点校《十六国春秋辑补》，第1047页。

表3-9　北朝时期李宝家族世系

（表格信息来源《魏书·李宝传》《魏书·李延寔传》《北齐书·李玙传》《北史·序传》等，* 表示该人物有墓志可见）

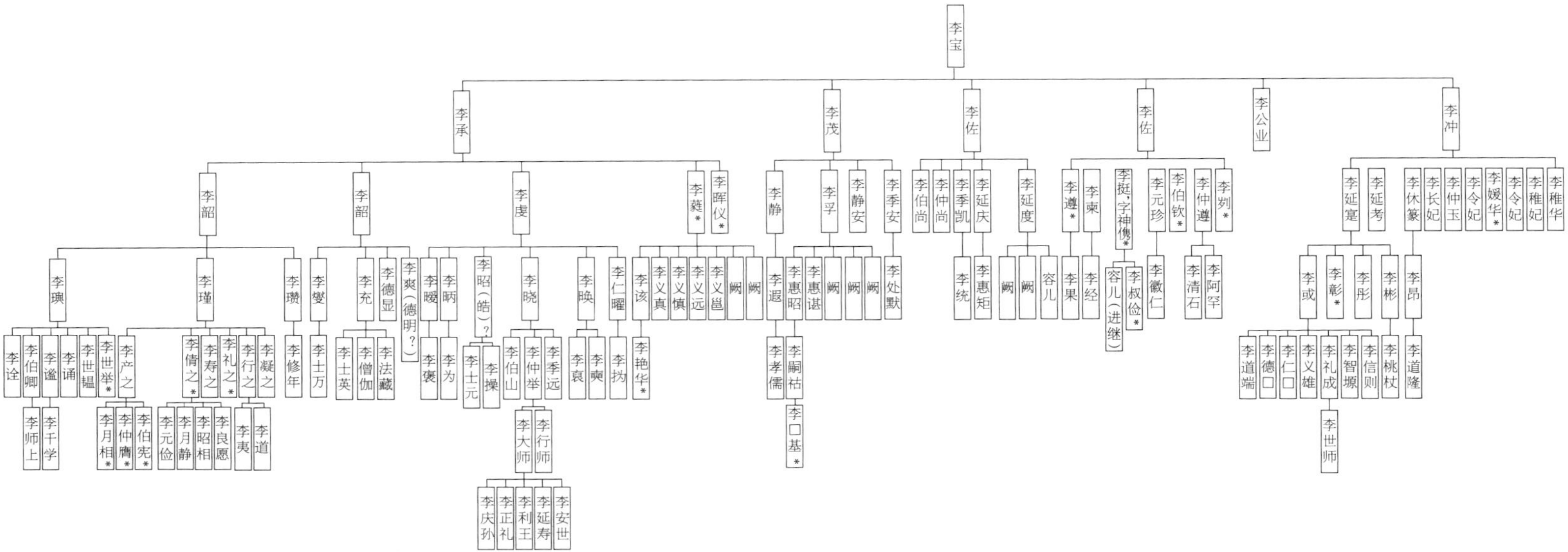

三、李穆家族与敦煌李氏

（一）李氏三碑所载敦煌李氏世系

至唐代，敦煌李氏仍旧是敦煌大族，在张氏归义军时期，李氏一度掌控归义军政权。归义军时期李氏家族与节度使张氏家族联姻，其家族历史见于前述“李氏三碑”[①]。李永宁结合《圣历碑》《大历碑》《乾宁碑》及P.4615文书对碑文中所反映的敦煌李氏家族世系进行了梳理，其绘制的陇西李氏敦煌支脉世系表，上溯至西凉武昭王，其中李暠与李穆之间的世系存在空缺，对于李穆以后的敦煌李氏世系，则基本上完整勾勒出来[②]。孙修身《敦煌李姓世系考》一文专门探讨了敦煌李姓的源流世系。《大历碑》所载李宝职衔“随（隋）使持节、侍中、西垂（陲）诸军事、镇西大将军、领护西戎校尉、开府议（仪）同三司、沙州牧、敦煌公、玉门西封邑三千户”，与《魏书·李宝传》所载李宝世系相合，虽然如此，李宝家族与三碑所载李氏家族在世系、时代、官职等方面多不相合，因此唐代敦煌李姓与李暠家族无关。李氏三碑称其家族为陇西李氏，但是《新唐书·宰相世系表》中陇西李氏“定著四房”中，无一人能同碑文中所见之人对应起来，且《新唐书·宗室世系表》亦无一人与李氏三碑中的人物相合，因此唐代敦煌李氏与李唐宗室亦无关。总之，唐代敦煌李氏乃是出自李陵、李穆一系，是代北李，文章还进一步厘清了唐代敦煌李姓世系[③]。孙修身《伯3718〈李府君邈真赞〉有关问题考》

---

① 关于李氏三碑的研究，2000年之前的成果可参见谢生保《敦煌李氏三碑研究综述》，第105—111页；2000—2008年的研究参见冯培红、孔令梅《汉宋间敦煌家族史研究回顾与述评（中）》，第70—74页。

② 李永宁《敦煌莫高窟碑文录及有关问题（一）》，第72页。（日）藤枝晃《敦煌千佛洞之中兴》亦有论及。

③ 孙修身《敦煌李姓世系考》，第36—47页。

一文认为敦煌李氏即李穆子系，李穆子侄中，李基、李端、李隆、李直曾任车骑将军，皆合于《圣历碑》所载李穆之子官职，李直的可能性最大[①]。马德《敦煌李氏世系订误》对唐代敦煌李氏世系研究中的几个具体问题做了考订，通过对P.2551文书的释读，确认《圣历碑》所载李怀让之祖名操，并认为李操即正史所载李穆之子李直，因其家族隋末之难，李直改名李操，且其家族亦攀附李暠家族。《大历碑》所载李大宾六代祖李宝，实际是李大宾六代祖李文保的"移花接木"，根据P.3608文书，《大历碑》中的李太宾实际为李大宾[②]。冯培红指出李氏家族世系、家族成员履历等仍有前后龃龉之处，同时李氏家族与西凉李暠家族的关系仍值得进一步思考[③]。笔者据敦煌李氏三碑及相关史料记载，认为唐代敦煌李氏与李穆家族关系密切，李氏三碑所呈现出来的家族世系可信度较高，现对其相关内容进行一简要梳理。

P.2551《李君莫高窟佛龛碑并序》为圣历碑的抄本或稿本。其文记载李怀让曾祖为李穆，"曾祖穆，周敦煌郡司马、使持节、张掖郡诸军事、张掖太守、兼河右道诸军事、检校永兴酒泉二郡大中正、荡寇将军"[④]。前述李永宁、孙修身、谢生保、马德等皆认为李穆即正史所载李穆。正史所载李穆、李贤兄弟在周隋之际影响力颇大，属于关陇集团成员。虽然正史中未明确记载李穆本人与敦煌的关系，但却记载了其兄李贤在河西、敦煌任职的情形。《周书·李贤传》记载：

（大统）十二年，随独孤信征凉州，平之。又抚慰张掖

① 孙修身《伯3718〈李府君邈真赞〉有关问题考》，第71—73页。
② 马德《敦煌李氏世系订误》，第87—90页。
③ 冯培红、孔令梅《汉宋间敦煌家族史研究回顾与述评（中）》，第71—72页。
④ 郑炳林、郑怡楠《敦煌碑铭赞辑释（增订本）》，第21—22页。

> 等五郡而还。俄而茹茹围逼州城，剽掠居民，驱拥畜牧。贤欲出战，大都督王德犹豫未决。贤固请，德乃从之。贤勒兵将出，贼密知之，乃引军退。贤因率骑士追击，斩二百余级，捕虏百余人，获驼马牛羊二万头，财物不可胜计。所掠之人，还得安堵。加授使持节、车骑大将军、仪同三司……魏恭帝元年，进爵河西郡公，增邑通前二千户。后以弟子植被诛，贤坐除名。俄授使持节、车骑大将军、仪同三司……保定二年，诏复贤官爵，仍授瓜州刺史。[①]

大统十二年（546），李贤跟随独孤信征凉州；西魏恭帝元年（554），李贤进爵河西郡公；保定二年（562），“诏复贤官爵，仍授瓜州刺史”；至保定四年（564），“授贤使持节、河州总管、三州七防诸军事、河州刺史”。可知在546—564年，李贤主要经历多与河西有关。其中562—564年间，李贤为瓜州刺史，并长期在瓜州居住。北魏时期设置敦煌镇，北魏孝明帝时，敦煌镇改为瓜州，领敦煌、酒泉等五郡，治所在敦煌。李贤任瓜州刺史期间，应居住于敦煌。

《李贤墓志》中亦记载李贤在河西敦煌任职的情形，即：“利建茅社，启土宇于河西。分竹敦煌，仍专万里之务。”[②]墓志专门记载了李贤在敦煌的经历。李贤任瓜州刺史期间（保定三年），周武帝宇文邕巡视原州，又令亲随专程赴瓜州慰劳李贤，表明李贤的确在敦煌拥有宅地并长期居住。史载：

> 及高祖西巡，幸贤第，诏曰：“朕昔冲幼，爰寓此州。

① 《周书》卷二五《李贤传》，第416页。
② 韩兆民等《宁夏固原北周李贤夫妇墓发掘简报》，第19页。

> 使持节、骠骑大将军、开府仪同三司、大都督、瓜州诸军事、瓜州刺史贤，斯土良家，勋德兼著，受委居朕，辅导积年。念其规弼，功劳甚茂。食彼桑椹，尚怀好音，矧兹惠矣，其庸可忘？今巡抚居此，不殊代邑，举目依然，益增旧想。虽无属籍，朕处之若亲。凡厥昆季乃至子姪等，可并豫宴赐。”于是令中侍上士尉迟恺往瓜州，降玺书劳贤，赐衣一袭及被褥，并御所服十三环金带一要、中厩马一匹、金装鞍勒、杂綵五百段、银钱一万。赐贤弟申国公穆亦如之。[①]

武帝幼时寄居原州李贤处，此事在《李贤墓志》中也有记载，“皇帝追保弼之勋，不拘恒例，爰降神笔，特赠柱国大将军、原泾秦河渭夏陇成豳灵十州诸军事，原州刺史”，可知天和四年（569）李贤去世时，周武帝念“保弼之勋”，亲自为李贤题赠官爵。武帝至瓜州抚慰李贤时，李穆应亦在敦煌，武帝以同样的物品赐给李穆[②]。隋初，李穆为并州总管，史载：“高祖作相，尉迥之作乱也，遣使招穆。穆锁其使，上其书。穆子士荣，以穆所居天下精兵处，阴劝穆反。穆深拒之，乃奉十三环金带于高祖，盖天子之服也。”[③]李穆所上之“十三环金带”，应即他在敦煌时为周武帝所赐。据学者考证，莫高窟或有李贤主持开凿的洞窟[④]。窟中与传世史料相合的文字记载为供养人题记“吴氏”，

---

① 《周书》卷二五《李贤传》，第417页。

② 张书城《〈新唐书〉陇西李氏敦煌房辨疑》，《敦煌研究》1997年第1期，第117页。

③ 《隋书》卷三七《李穆传》，第1116页。

④ 贺世哲认为第290窟窟主可能是李贤，参见贺世哲《石窟札记》，《敦煌研究》1999年第4期，第50—55页。李茹亦考证第290窟为李贤功德窟，参见李茹《敦煌李贤及其功德窟相关问题试论》，《敦煌学辑刊》2009年第4期，第112—126页。

据《周书·李贤传》载："高祖及齐王宪之在襁褓也，以避忌，不利居宫中。太祖令于贤家处之，六载乃还宫。因赐贤妻吴姓宇文氏，养为侄女，赐与甚厚。"[①]李贤妻子虽姓吴，但似乎在太祖时期已经被赐姓宇文氏，那么供养人题记为何书吴氏而不书宇文氏，是否该窟最终建成的时代已经至隋初了？相关问题仍值得进一步推敲。

李穆的后代中，与敦煌有关者，一为李远之子（李穆之侄）李基，曾进爵敦煌郡公。李基，字仲和，尚义归公主，魏恭帝即位，"迁使持节、车骑大将军、仪同三司、加散骑常侍，进爵敦煌郡公，寻加侍中、骠骑大将军、开府仪同三司、拜阳平国世子……宣政元年，追赠使持节、上开府仪同三司、大将军、曹徐谯三州刺史、敦煌郡公"[②]。不过，李基去世时所任官职为江州刺史，年仅31岁，后其子李威嗣敦煌郡公爵位。此外还有李端、李隆、李直，前述孙修身、马德皆认为李直最可能是《圣历碑》所载李穆之子。《圣历碑》中所载李穆子李操为"隋大黄府大都督、车骑将军"。《隋书·李穆传》记载李直为"官至车骑将军、归政县侯"[③]。马德认为李直或在隋末历时之难迁居敦煌，并改名李操[④]。对于李穆子孙迁居敦煌的具体过程，史籍、碑志文献皆无记载，学者得出的结论多是由李穆家族境遇推测出来的。

由于正史中专门记载了北周武帝遣使至敦煌慰问李贤、李穆兄弟一事，那么敦煌地区有李氏家族后代长期生活，应是合理的推测。且李氏家族在北周、隋两朝先后遭到打击，《周书·李贤传》记载李贤弟李远一家遇难的情形："于是护乃害植，并逼远

① 《周书》卷二五《李贤传》，第417页。
② 《周书》卷二五《李贤传》，第423页。
③ 《隋书》卷三七《李穆传》，第1119页。
④ 马德《敦煌李氏世系订误》，第89页。

令自杀。时年五十一。植弟叔谐、叔谦、叔让亦死。余并以年幼得免。”[①]《隋书·李穆传》记载了其宗族遭受的沉重打击：“于是诛浑、敏等宗族三十二人，自余无少长，皆徙岭外。”[②]在家族受难之际，敦煌或许是其家族成员得以避难的地方。从敦煌李氏三碑来看，李穆家族后代应有定居敦煌者。

（二）李穆与敦煌关系蠡测

敦煌李氏的兴起是在西凉李暠时期，后因政权交替与家族迁徙而集体转移。敦煌李氏三碑是记载唐代敦煌李氏的重要文献，其将唐代敦煌李氏与李穆家族联系起来。然而对于李穆与敦煌李氏之间的关系虽经多方推测但皆无定论。孙修身《伯3718〈李府君邈真赞〉有关问题考》一文认为李穆子侄中，李基、李端、李隆、李直曾任车骑将军，皆与《圣历碑》所载李穆之子官职相合，李直的可能性最大[③]。马德《敦煌李氏世系订误》一文通过对P.2551文书的释读，确认《圣历碑》所载李怀让之祖名操，并认为李操即正史所载李穆之子李直，因其家族隋末之难迁至敦煌，李直改名李操[④]。此为目前较为合理的解释，即所谓“避难说”。然而刘可维、冯培红对李穆与敦煌李氏之间的关系仍提出质疑[⑤]。笔者在前贤研究基础之上，结合北周刘义碑、刘义夫妇墓志等史料，提出“改宗说”，或可为李穆与敦煌李氏之间的关系再添新证。

---

① 《周书》卷二五《李贤传》，第422页。

② 《隋书》卷三七《李穆传》，第1121页。

③ 孙修身《伯3718〈李府君邈真赞〉有关问题考》，第71—73页。

④ 马德《敦煌李氏世系订误》，第87—90页。

⑤ 刘可维《陇西李氏敦煌房考辨》，第110页；冯培红、孔令梅《汉宋间敦煌家族史研究回顾与述评（中）》，第73页。

图3-53 《周故金紫光禄大夫仪同三司临洮郡守彭阳伯刘公妻李夫人志墓》（图片采自钱斌、岳锋《周故仪同三司彭阳伯妻夫人李氏墓志考释》，《陇右文博》2022年第1期，第11页）

近年甘肃榆中县新出土《刘义碑》[①]及《刘义夫人李氏墓志》，对于研究周隋时期的相关军政活动、陇西李氏与李穆间的关系具有重要史料价值。开皇十二年（592）《刘义夫人李氏墓志》记载：

> 夫人姓李，陇西狄道人也。将军信，英武冠拔，驰誉于秦庭；都尉陵，文雅纵横，飞名于汉阙。历兹以降，载德

① 岳锋、钱斌《北周刘义碑及墓志考释》，《陇右文博》2022年第1期，第3—9页。丁宏武、刘伟强《新出北周刘义夫妇墓碑墓志考释》，《甘肃社会科学》2022年第1期，第153—161页。董文强、周晓薇《丝路贞珉：新出隋代〈刘义碑〉研读》，《敦煌研究》2023年第1期，第101—110页。

> 无爽。公卿继踵，宁氏惭其九世；貂珥相晖，张家媿（愧）其七叶。祖，仪同，规略宏远，襟神条畅。父古，光禄大夫，风范弘润，理致渊雅。俱赞王猷，咸熙庶绩，纡青曳紫，拖玉锵金。从父弟，太师、上柱国、申国公……以周天和四年封汶山郡君。[①]

李氏父李古，光禄大夫。“从父弟，太师、上柱国、申国公”是指李穆。李穆、李贤与李氏为从姐弟关系。《周书·李贤传》记载：“祖斌，袭领父兵，镇于高平，因家焉。”正因李斌在北魏时期任领兵都督于原州，其家族势力才得以逐渐壮大。在宇文泰经营夏州时，原州李贤兄弟与之联系密切，后成为其信赖的亲随。夫人李氏所嫁刘义，也在宇文泰霸业初创时期追随其征战，以军功荣显，成为陇西临洮一带的地方豪族[②]。婚姻双方的家庭背景基本相同。

根据《刘义墓志》中其父祖姓名信息来看，“祖吐稽，父愁，仪同三司”，自称“其先楚国彭城人也，因宦河右，遂为陇西宛川人也”，董文强、周晓薇以相似经历的胡姓刘雄事迹推理刘义家族可能也是胡姓，伪冒彭城郡望而已。另有武威出土凉《刘和墓志》中言志主“彭城沛县人，楚元王交之后也。世祖因官龙城，仍居凉部”[③]，学者指出彭城是其攀附之郡望[④]。刘知

① 钱斌、岳锋《周故仪同三司彭阳伯妻夫人李氏墓志考释》，第10—14页。丁宏武、刘伟强《新出北周刘义夫妇墓碑墓志考释》，第153—161页。

② 岳锋、钱斌《北周刘义碑及墓志考释》，第3—9页。董文强、周晓薇《丝路贞珉：新出隋代〈刘义碑〉研读》，第104页。

③ 拓片及录文参见王其祎、周晓薇《隋代墓志铭汇考》第5册，第411—413页。

④ 李凤艳《〈刘和墓志〉考释》，《中国边疆史地研究》2018年第1期，第44页。

幾亦曾指出“姓卯金者咸曰彭城”，故刘义本应是北族后裔。刘义家族与李穆家族联姻，或与两家同为北族后裔有关，这与北朝以来河陇地区人口结构调整亦有关联。

值得注意的是，因李穆建立卓越功勋，家族亦得勋荣，“封穆姊妹皆为郡县君，宗从舅氏，颁赐各有差”[1]。《北史·李穆传》记载更为详细，“(又赐) 姊一人为郡君，自余姊妹并为县君”[2]，表明李穆姻亲有改宗李氏者。根据前述李贤、李穆长期生活于敦煌的记载，可知其家族女性极有可能嫁与敦煌大族。刘义为隋代功臣，因此其族不至于改姓为李。学者们以相关碑刻材料考索辑补其子刘嵩、刘高迁事迹[3]，亦颇有道理，刘义之子未曾改宗李姓。但据《刘义夫人李氏墓志》可知李穆家族女眷被封郡县君确有其事，《隋书·李穆传》记载此事约在宇文泰执政时期。而李穆从妹被封汶山郡君之事在北周天和四年（569），学者认为：宇文泰执政时期赐其封号，但在宇文护执政时期，由于李穆家族成员参与谋杀宇文护，故封号被免除，直到李穆复起进爵申国公，“子弟免官爵者悉复之”，这一分析较为合理[4]。《刘义夫人李氏墓志》重点提到李穆，表明其被册封郡君应与李穆有关。据正史记载，李贤曾任瓜州刺史并在敦煌拥有宅地，在敦煌更具声望，对于北周河西经营至关重要。然为何《圣历碑》等李氏三碑不载其为李贤后代而言其为李穆后代，亦颇令人疑惑。或许这显示出唐敦煌李氏为李穆支系或者姻亲。正史所载李穆姻亲

① 《隋书》卷三七《李穆传》，第1116页。
② 《北史》卷五九《李穆传》，第2115页。
③ 丁宏武、刘伟强《新出北周刘义夫妇墓碑墓志考释》，第159—160页。董文强、周晓薇《丝路贞珉：新出隋代〈刘义碑〉研读》，第104—105页。
④ 钱斌、岳锋《周故仪同三司彭阳伯妻夫人李氏墓志考释》，第13页。

家族“改宗说”为我们提供了李穆与唐敦煌李氏相关联的另一证据。据《隋书·李穆传》记载，550年前后北周太武帝“封穆姊妹皆为郡县君，宗从舅氏”[①]，即册封李穆姐妹，并令其姐妹所在家族子弟改宗李氏。

四、李氏三碑的祖先历史建构

（一）李氏三碑以唐敦煌李氏为李穆后代

根据前文考述，敦煌李氏应是北周李穆家族的支裔或姻亲。李氏三碑则建构起北周李穆家族与唐敦煌李氏之间的世系关联，相关内容主要见载于圣历元年（698）《李克让碑》（即《圣历碑》）与大历十一年（776）《李大宾碑》（即《大历碑》）。

P.2551V《李君莫高窟佛龛碑并序》（《圣历碑》底本或稿本）载李克让祖李操，为“隋大黄府上大都督、车骑将军”。李克让父李达，为“左玉钤卫效谷府旅帅、上护军、□□□军”。李克让弟怀操，“昭武校尉、行紫金镇将、上柱国”。李怀操子李奉国，为“翊卫”。

P.3608V《大唐陇西李氏莫高窟修功德记》（《大历碑》稿本或抄本）记载：李大宾曾祖父李达，为“皇敦煌司马”，自李达以后其家族安家于敦煌。文书又载李大宾祖父李操，为“皇大黄府车骑将军”，李大宾父李奉国“皇照（昭）武校尉、甘州和平镇将”。此碑为“朝散大夫、郑王府咨议参军、陇西李大宾”所立。

若比较《圣历碑》与《大历碑》所载李氏家族世系，可知，《圣历碑》为：李穆—李操—李达—李怀操—李奉国；《大历

① 《隋书》卷三七《李穆传》，第1116页。

图3-54 P.3608V《大唐陇西李氏莫高窟修功德记》

图3-55 P.4615V《凉州左司马李明振墓志铭并序》

碑》为“李达—李操—李奉国—李大宾”。《大历碑》与《乾宁碑》属于一碑之两面，说明其具有家族纪念碑的性质，因此《大历碑》存在修饰、塑造其祖先世系的可能性[1]。《大历碑》创制时间在后，李达以上的世系距离李大宾时代较远，因此《大历碑》将其家族世系做了简化。虽然两碑所载李氏家族人物世系、官职略有不同，但明显属于同一家族。

图3-56《圣历碑》碑阳（图片采自荣新江《石碑的力量——从敦煌写本看碑志的抄写与流传》，荣新江主编《唐研究》第23卷，北京：北京大学出版社，2017年，第316页）

正史所载李贤在瓜州时官职为“使持节、骠骑大将军、开府仪同三司、大都督、瓜州诸军事、瓜州刺史”[2]。关于李穆官职，正史中记载为：累拜上柱国、太傅，进爵申国公、并州总

① 仇鹿鸣《权力与观众——德政碑所见唐代的中央与地方》（荣新江主编《唐研究》第19卷，北京：北京大学出版社，2013年，第79—110页）述及神道碑是具有公共性的景观资源，而德政碑除此之外还是国家权力融入地方社会的象征；氏著《长安与河北之间》，北京：北京师范大学出版社，2018年，第124—173页。

②《北史》卷二五《李贤传》，第417页。

管[①]。但《圣历碑》却载李穆官职为“敦煌郡司马、使持节、张掖郡诸军事、张掖太守，兼河右道诸军事、检校永兴酒泉二郡大中正、荡寇将军”[②]，此处与正史所载不同，颇值得关注。刘可维据此指出两处李穆并非同一人[③]。北周时期，“诸军事”常常担任一州刺史，同时都督一州或数州军事。同时，北朝时期亦不见关于“河右道”的相关记载[④]。李穆所任张掖郡诸军事、张掖郡太守，兼河右道诸军事，不符合北朝河西职官的设置情况。然而，李穆诸官职却并非凭空捏造，若仔细比对正史李贤官职与《圣历碑》李穆官职，可发现《圣历碑》其中的龃龉之处或是由于唐人附会所致。也就是说，《圣历碑》所载李穆官职，如“张掖太守”“张掖郡诸军事”“河右道诸军事”一类的职务，或是碑文编撰者根据李贤“瓜州诸军事”“瓜州刺史”一类的官职改写。虽然敦煌李氏与李穆并非直系后代，但是《圣历碑》通过世系建构，将其家族上溯至李贤弟李穆。

（二）李氏三碑攀附李暠家族的过程

唐代敦煌李氏不仅将世系上溯至北朝李穆，还攀附李暠子李宝为其家族祖先。《大历碑》记载了李大宾六代祖李宝，该李宝应是借李穆之父李文保之名攀附李暠孙李宝[⑤]，李大宾实际是李文保六代孙。经过《圣历碑》《大历碑》的祖先建构，形成了“李暠—李穆—唐敦煌李氏”这样的祖先历史书写。

---

① 《隋书》卷三七《李穆传》，第1116页。

② 郑炳林、郑怡楠《敦煌碑铭赞辑释（增订本）》，第21—22页。

③ 刘可维《陇西李氏敦煌房考辨》，第110页。

④ 北魏后期，道逐渐具有了军区性质，相关制度主要为东魏北齐所承袭，相关研究参见张鹤泉《北魏后期的“道”考略》，《古代文明》2008年第1期，第41—54页；章鸿昊《北魏巡省“道”的产生和演变》，《内蒙古大学学报（哲学社会科学版）》2016年第5期，第48—56页。

⑤ 马德《敦煌李氏世系订误》，第90页。

P.4640《大唐宗子李氏再修功德记碑》，为乾宁元年（894）《李明振碑》（即《乾宁碑》）的抄本或稿本，两相比较，P.4640文书除没有立碑时间和署名外，内容基本一致。《乾宁碑》是李明振重修莫高窟第148窟的功德记碑，是在李明振死后，由其夫人南阳张氏出面所立之碑。关于李氏家族世系，P.4640有夺文，据《乾宁碑》，应为："曾祖颢，唐正议大夫□□□司郎中，赐绯鱼袋□□□□□□□□□□□□。□（祖）玮，唐赠右散骑常侍。"[①]又据P.4615V+P.4010V《凉州左司马李明振墓志铭并序》记载："曾祖大宾，唐赞善大夫。祖玮，兼御史中丞。"[②]可知李明振曾祖即李大宾（李颢）。《李克让碑》《李大宾碑》《李明振碑》中虚实相间的历史书写形成了完整的北朝隋唐敦煌李氏家族世系。

《唐会要·宗正寺》记载："凉武昭王孙宝已下，绛郡、姑臧、敦煌、武阳等四公子孙，并宜隶入宗正寺，编入属籍。"[③]又《新唐书·宗室世系表上》记载："翻孙三人，曰丞，姑臧房始祖也；曰茂，敦煌房始祖也；曰冲，仆射房始祖也。"[④]据此可知，陇西李氏敦煌房即李暠的后代[⑤]。《新唐书》中的陇西李氏敦煌房即凉武昭王后代，但是此类官方的记载无疑是出于李唐皇室攀

① 郑炳林、郑怡楠《敦煌碑铭赞辑释（增订本）》，第233—234页。
② 郑炳林、郑怡楠《敦煌碑铭赞辑释（增订本）》，第733页。
③［宋］王溥《唐会要》卷六五《宗正寺》，上海：上海古籍出版社，1991年，第1349页。
④《新唐书》卷七〇上《宗室世系表上》，第1957页。
⑤ 刘可维《陇西李氏敦煌房考辨》，第109—111页。刘可维此文是对张书城等观点的辨析。张书城认为北周时期李贤、李穆在敦煌任职驻守，可称为陇西李氏敦煌房的始祖，李贤、李穆后代在大业十一年（615）政治冤案中被平反后"放还乡里"。张书城《〈新唐书〉陇西李氏敦煌房辨疑》，第113—119页。

附祖先的需要。而对于李暠世系与唐代敦煌李氏家族之间的联系，史料无相关记载。因此，对于唐代敦煌李氏与李暠家族的关系，学者多认为是附会，笔者亦同意此观点。不过需要再思考的是，李氏三碑为何会攀附李暠家族。

《圣历碑》以及P.2551V《李君莫高窟佛龛碑并序》记载了其家族的起源：

> 李氏之先，出自帝颛项高阳氏之苗裔。其后咎繇，身佐唐虞，代为大理。既奉命为理官，因而以赐其姓。洎殷之季年，有理微，字德灵，得罪于纣，其子理贞违难，避地居殷，食李以全其寿，因改为李。其后汉武开拓四郡，辟李翔，持节为破羌将军督西戎都护，建功狄道，名高四海，殒命寇场，追赠太尉，遂葬此县，因而家焉。其后为陇西之人。逮凉昭食邑敦煌，又为敦煌人也。

《圣历碑》中追溯家族得姓之源，与李延寿在《北史·序传》中的叙述颇为相似。李凭对于李雍—李柔—李弇—李昶—李暠—李歆—李宝以及李晓—李大师—李延寿世系做了重点考察，并以此来分析三种宗族发展类型①，不过对于李氏在北魏中后期的探讨着墨不多。北朝时期对李暠及李宝的世系追踪中，并没有李雍、李柔详细事迹的记载，反倒是到了隋末唐初李氏后裔李延寿写作家族历史之时，对于远祖事迹颇为熟稔，不免让人有“层累的造成古史”的怀疑。李延寿“始末修撰，凡十六载”，于高宗显庆四年（659）写就《北史》。唐前期先后两次修撰《氏族志》与

① 李凭《李弇后裔的迁徙经历与文化传承——〈北史·序传〉读后》，《社会科学战线》2019年第6期，第111—125页。

《姓氏录》，恰恰表明唐初门阀等第、谱牒世系在社会风尚中的重要影响力。《北史·序传》对于李氏的世系及祖源的记忆便逐步在社会上流传。《圣历碑》写作背景或许正处于这种知识流播的年代。

《圣历碑》将其家族祖先追溯至李广，后提到“逮凉昭食邑敦煌，又为敦煌人也”，应是借助凉武昭王李暠抬高其家族声望，而并未将李暠家族列入具体的家族世系当中。

《大历碑》借助李大宾六代祖李文保，攀附至李宝，意味着将李暠列入其家族世系。即碑文所载：“开土西凉，称藩东晋。咨议即兴圣皇帝十三代孙。远泒天分，世济其美，灵根地植，代不乏贤。六代祖宝，随使持节侍中西陲诸军事镇西大将军领护西戎校尉开府仪同三司沙州牧敦煌公玉门西封邑三千户。”[①]可知，《圣历碑》仅借敦煌李暠家族抬高自身声望，而《大历碑》已经不满足于此，直接将李暠家族写入其祖先世系。

《乾宁碑》承袭了《大历碑》的家族历史书写，言李明振“西凉府（武）昭王之系也”，《大历碑》《乾宁碑》合刻碑具有家族纪念碑性质，其所谓李暠之后，是受到唐代士族攀附祖先风气的影响。敦煌李氏家族早期世系的记载应以《圣历碑》最为可靠。总之，李克让、李大宾、李明振家族并非李暠后代。

除了此家族以外，敦煌亦有其他李氏人物亦以敦煌李暠为其祖先，比如慧远和李庭光。《续高僧传》卷八《义解篇·隋京师净影寺释慧远传》中记载：“释慧远，姓李氏，敦煌人也，后居上党之高都焉。”“幼丧其父，与叔同居，偏蒙提诱，示以仁孝。”“十三辞叔，往泽州东山古贤谷寺。时有华阴沙门僧思禅

① 郑炳林、郑怡楠《敦煌碑铭赞辑释（增订本）》，第42页。

师，见而度之。”[1]释慧远大约生活于522—592年，关于慧远的详细研究及其在佛教史上的地位，学者已经做了细致研究[2]。上党高都曾置建兴郡，后改建州，隋初又改为泽州。从慧远的年少经历来看，不太可能在其年幼时迁徙到上党郡，其家族应在慧远父祖辈已经从敦煌迁徙至上党。史载“开皇五年，为泽州刺史千金公请赴本乡，此则像法再弘，桑梓重集，亲疏合庆，何以加之”[3]，根据其中“本乡”“桑梓”的记载，可见慧远俗家早已将泽州作为故乡。慧远家族以敦煌为郡望，但未明确记载其本人与李暠家族有何关联。慧远不一定出自敦煌李暠家族，自称陇西敦煌人，说明其家族可能是在西凉至北朝战乱时期东迁的李氏。魏太武帝曾徙民三万户至平城，北魏孝文帝时期对于平齐户、平凉户放松管制，许多河西家族得以离开平城。慧远家族是否是在此过程中迁徙至上党，亦未可知。

S.1523+上海市博物馆藏第40号《沙州刺史兼豆卢军使李庭光莫高灵岩佛窟碑并序》记载：

> 通义（议）大夫使持节沙州诸军事、沙州刺史兼豆卢军使上柱国陇西李府君，帝颛顼之贵胄，凉昭王之茂族。[4]

---

① ［唐］道宣撰，郭绍林点校《续高僧传》，北京：中华书局，2014年，第280—288页。

② 杜斗城《释慧远》，《敦煌学辑刊》1983年，第144—150页；《敦煌慧远述评》，《法音》1988年第9期；《北凉译经论》，兰州：甘肃文化出版社，1995年，第8—20页。

③ ［唐］道宣撰，郭绍林点校《续高僧传》，第280—288页。

④ 图版见中国社会科学院历史研究所、中国敦煌吐鲁番学会敦煌古文献编辑委员会、英国国家图书馆、伦敦大学亚非学院合编《英藏敦煌文献》第3卷，第91页；上海古籍出版社、上海博物馆编《上海博物馆藏敦煌吐鲁番文献》1册，上海：上海古籍出版社，1993年，第324页；录文参见郑炳林、郑怡楠《敦煌碑铭赞辑释》（增订本），第32—33页。

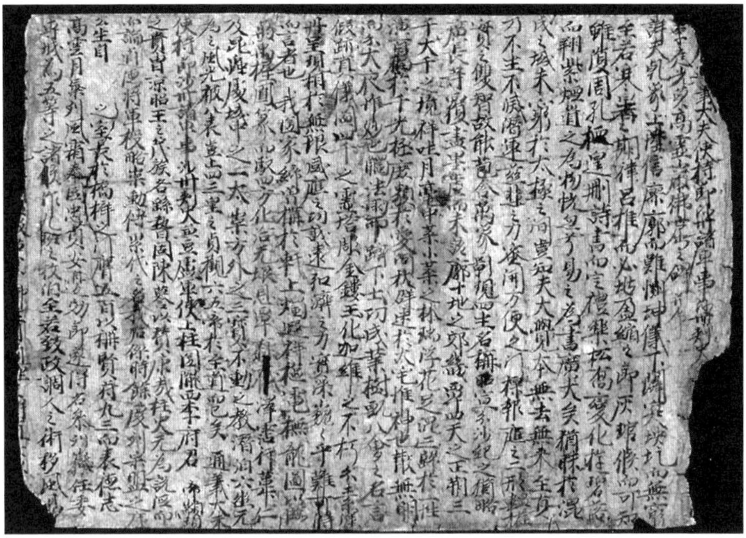

图3-57 S.1523《沙州刺史兼豆卢军使李庭光莫高灵岩佛窟碑并序》

据唐代任官避籍制度，沙州刺史李庭光应当不是沙州人。莫高窟所立李庭光碑却称其为凉昭王之茂族。可知，凉武昭王李暠已经成为一种象征符号，影响力颇大。沙州刺史李庭光之所以自称是李暠后裔，或是因为李唐皇室的缘故，抑或是考虑到李暠家族与敦煌的密切联系，亦有可能前两种原因皆有。李庭光借此彰显自身与沙州深厚的渊源关系，何尝不是一种接近沙州民众、便于有效管理的政治策略呢?

五、余论：唐代敦煌李氏家族的北朝渊源

唐代敦煌李氏家族为李穆后代，即北朝拓跋氏后裔。但是正史中仅提及李贤妻子吴氏因抚养宇文氏后代，被赐姓“宇文”，此外并无任何信息显示其家族在北朝时期的北族血统。不过，《李贤墓志》中保存了相关记载。《李贤墓志》撰于北周天和四年（569），志文并不避讳李贤的拓跋氏族源，可知《李贤墓志》

所记其家族历史应该可信，李贤祖上辅佐拓跋氏建国，其十世祖为（拓跋）俟地归。如果综合前文对敦煌李氏家族渊源的论述，可知唐代敦煌李氏与北朝时期地方统治有较深的渊源。

（一）李氏三碑攀附李广、李陵家族

李贤、李穆兄弟出自鲜卑拓跋，其攀附伪冒成李广、李陵后裔是受到拓跋族属“匈奴说”的影响。

敦煌李氏三碑，常常自称陇西人[①]，如P.3608《大唐陇西李氏莫高窟修功德记》（《大历碑》）额作《大唐陇西李府君修功德记》，《乾宁碑》额题《大唐宗子陇西李氏再修功德记》。《圣历碑》《大历碑》虽然不再追溯李陵没于匈奴、其家族随魏南迁的历史，但仍自称李广后裔，如“李广以猿臂标奇”“时高射虎”等记载，皆是如此。李氏三碑自称其家族为陇西李广后代，再次表明唐代敦煌李氏乃李贤、李穆族裔，李氏三碑承袭了“李广家族之后”这一祖先书写。

值得注意的是，唐代敦煌李氏不再专门记载李陵事迹，至《乾宁碑》中，李氏家族已经明确其为李暠后人，未再提及李广。这反映了入唐后的敦煌李氏已经将其北族后裔的身份逐渐遗忘，至归义军时期，李氏家族仅仅凭借碑志书写显示其家族源远流长、身份尊贵，并通过与李唐皇室建立关系，塑造其地方大族的身份。

（二）敦煌李氏号称李唐宗子

《乾宁碑》自称其族为“唐宗子”，攀附李唐王室。对于李唐皇室的族属，《新唐书·高祖本纪》称其祖为陇西李暠[②]。陈寅恪既否定了陇西李氏说，又提出李唐皇室出自河北大族赵郡李氏

---

① 郑炳林、郑怡楠《敦煌碑铭赞辑释（增订本）》，第21—22、42、233—234页。
② 《新唐书》卷一《高祖本纪》，第1页。

之“破落户”或“假冒牌”[①]。张金龙考李唐先世本为赵郡李氏之疏宗，李熙后代因避祸逃亡北镇并伪冒陇西李氏[②]。李唐王室本非李暠后人，即便唐代敦煌李氏通过世系修饰，攀附李暠为其祖先，也难以借此与李唐王室扯上关系。那么是否如学者所论，敦煌李氏与李唐宗室毫无关系，而是糊里糊涂地被认可并被长期因循下来呢[③]？笔者认为也并非完全如此。李贤、李穆家族在周隋之际为西京盛族，李贤虽非北周八柱国之一，但其家族亦属于北周关陇集团。关陇集团本身即一胡汉大族联合体，李唐王室亦是胡汉融合的家族。陈寅恪以“女系母统言之”，认为“李唐皇室之女系母统杂有胡族血胤，世所共知”。而李贤、李穆家族亦是如此，李贤为拓跋氏后裔，其夫人吴氏，李贤家族即一胡汉联姻家族。

《乾宁碑》记载：“公其时也，始蒙表荐，因依献捷，亲拜彤庭……公具家牒，面奏玉阶，上亦冲融破彦，群公愕视。乃从别敕，授凉州司马、检校国子祭酒、兼御史中丞、赐紫金鱼袋。”《乾宁碑》载李明振上其家族谱牒，可推知其家族或与李唐王室有亲戚关系。考诸正史，李穆子李浑妻为宇文述之妹[④]，唐高祖李渊娶宇文述女儿宇文昭仪[⑤]，可知李氏家族与唐皇室并非全无关系。

李贤孙李敏迎娶北周皇后杨丽华之女宇文娥英。杨丽华为隋文帝女儿，即隋乐平公主。隋初，乐平公主请求以李敏为柱

① 陈寅恪《金明馆丛稿二编》，第325—345页。
② 张金龙《李唐出于赵郡李氏说》，第186页。
③ 孙修身《伯3718〈李府君邈真赞〉有关问题考》，第72页。
④《隋书》卷三七《李穆传》，第1120页。
⑤《新唐书》卷七九《高祖诸子传》，第3551页。

国[①]。可知李贤家族与隋代王室亦存在姻亲关系。又据史载："高祖及齐王宪之在襁褓也，以避忌，不利居宫中。太祖令于贤家处之，六载乃还宫。因赐贤妻吴姓宇文氏。"[②]可知李贤深受北周宇文家族信任。又李贤外甥为"厍狄乐"，可知北周时期，李贤家族虽然汉化程度加深，但仍与鲜卑系家族关系密切。又李贤随独孤信征凉州[③]，李远亦久随独孤信，史载："（李远）寻从独孤信东略，遂入洛阳……及何桥之战，远与独孤信为右军。"[④]李贤家族与关陇集团核心家族关系密切，其家族本身即是胡汉融合身份的体现。

（三）《圣历碑》中莫高窟营建的历史书写

表3-10　莫高窟营建的相关记载

文献	具体内容
P.2551V《李君莫高窟佛龛碑并序》（《圣历碑》）	莫高窟者，厥初，秦建元二年，有沙门乐僔，戒行清虚，执心恬静，尝杖锡林野，行至此山，忽见金山，状有千佛，遂架空凿岩，造窟一龛。次有法良禅师，从东届此，又于僔师窟侧，更即营建。伽蓝之起，滥觞于二僧。复有刺史建平公、东阳王等各修一大窟，而后合州黎庶，造作相仍……爰自秦建元之日，迄大周圣历之辰，乐僔、法良发其宗，建平、东阳弘其迹，推甲子四百他岁，计窟室一千余龛
P.3608V《大唐陇西李氏莫高窟修功德记》（《大历碑》）	敦煌之东南，有山曰三危，结积阴之气，坤为德；成凝质之形，艮为象。崚嶒千峰，磅礴万里。呀豁中绝，块圠相嵚（嵌），凿为灵龛，上下云矗；构以飞阁，南北霞连

① 《隋书》卷三七《李穆传》，第1124页。
② 《周书》卷二五《李贤传》，第417页。
③ 《周书·李贤传》记载："（大统）十二年，随独孤信征凉州，平之。"（第416页）
④ 《周书》卷二五《李贤传》，第420页。

续表

文献	具体内容
P.4640《吴僧统碑》	中有三危极峻，化出长岩；宕谷虚通，神行石壁；龙天一会，佛应千身；虫书记司空之文，像迹有维摩之室
P.4640《阴处士碑》	是以艮体三峰，化似顶生之处；金容丈六，梦瑞诞于莫高。壁峻毗耶，岩深檀特。散花台上，会待踊身；合盖场中，方等贤劫
P.4640《翟家碑》	长岩万仞，开圣洞之千龛；呀豁澄泉，引青龙而吐润。崚嶒垠像，体势平源；分野膏腴，维邑坤德
P.4640《索法律窟铭》	是以能寂之应西旋，腾兰之风东扇，故使邪山匿曜，佛日舒光，人天莫不归依，率土咸知戒定。则玉塞敦煌，镇神沙儿白净；三危黑秀，刺石壁而泉飞；一带长河，泛惊波而派润，渥洼小海，献天骥之龙媒。瑞草秀七净值莲台，庆云呈五色之佳气
S.3939《董保德功德颂》	爰自乐僔遥礼，法良起崇，君臣缔构而兴隆，道俗镌妆而信仰。石壁刀削，虫书记仙岩之文；铁岭锥穿，像迹有维摩之室。金容宝相，晃耀千龛；月面星仪，晶晖万窟
P.3720V《莫高窟记》	右在州东南廿五里三危山上。秦建元年中，有沙门乐僔仗锡西游至此，遥礼其山，见金光如千佛之状，遂架空镌岩，大造龛像。次有法良禅师东来，多诸神异，复于僔师龛侧又造一龛。伽蓝之建，肇于二僧。晋司空索靖题壁，号仙岩寺。自兹以后，镌造不绝，可有五百余龛
P.t.1070《大蕃敕尚书令尚起律心儿圣光寺功德颂》	危峰百仞，接金方而镇地；悬泉一带，虽水浅于天河。池收龙马之驹，草秀莲台之瑞
P.2691《沙州城土境》	从永和八（九）年癸丑岁建窟

注：表格据马德《敦煌莫高窟史研究》，郑炳林、郑怡楠《敦煌碑铭赞辑释》（增订本）等辑录。

《圣历碑》应当是莫高窟中树立较早的一块碑石，其中对于莫高窟营建史进行了梳理。正因如此，相关内容为后世立碑者所效仿，碑文的传抄促使相关文本反复被效仿与改写。荣新江指出：晚唐咸通六年（865）所写《莫高窟记》其内容明显因袭自《圣历碑》，文脉及关键词都来自《圣历碑》，只是有少许词汇改动[①]。

关于乐僔、法良首创开窟一事，并非当时的记载，而是后世追记。《圣历碑》当属记述这一段历史的现存可见的最早记载，此后的论述诸如《莫高窟记》《董保德功德颂》等多都以此为据。从上述表格内容可知凡涉及莫高窟营建史或一些敦煌历史的内容，总有一些关键词语反复出现。这也表明在写本时代，样本或范文的存在具有重要作用，样本的流传产生新的知识，从而形塑新的历史记忆。

西晋以来，敦煌地区佛教逐渐兴盛起来。“敦煌菩萨”竺法护曾在敦煌大量译经修禅、弘扬佛法，他往返于敦煌、凉州、长安之间。大量译经与写经的传抄都促进佛教的传播，中原汉传佛教亦经敦煌传至高昌地区[②]。P.2691后汉乾祐二年（949）《沙州城土境》记载“从永和八（九）年癸丑岁建窟”，永和癸丑为353

① 荣新江《石碑的力量——从敦煌写本看碑志的抄写与流传》，荣新江主编《唐研究》第23卷，北京：北京大学出版社，2017年，第310—311页。

② 陈国灿《吐鲁番出土的〈诸佛要集经〉残卷与敦煌高僧竺法护的译经考略》，《敦煌学辑刊》1983年，第6—13页；李尚全《“敦煌菩萨”竺法护的生平及其佛学思想》，《敦煌学辑刊》2004年第1期，第77—82页；崔中慧《初期佛教写经反映的文化交流——以竺法护译场为例》，《敦煌研究》2019年第4期，第9—18页；王素《高昌至西州时期的弥勒信仰》，原载台北《中国佛学》第1卷第1期，1998年，后收入作者《汉唐历史与出土文献》，北京：故宫出版社，2011年，第346—351页。

年，这一开窟时间节点的记载是近六百年后的追述[1]。五凉前期是河西儒学发达的时期，佛教并未成为社会文化主流。后凉吕光西征获鸠摩罗什、北凉沮渠蒙逊推崇昙无谶等崇佛弘法的行为推动了河西佛教的兴盛，以至于形成以凉州为中心的石窟造像模式——“凉州模式”，敦煌亦受此影响。政治分裂的十六国时期出现多个佛教中心，凉州即是其中之一。《魏书·释老志》载：“凉州自张轨后，世信佛教。敦煌地接西域，道俗交得其旧式，村坞相属，多有塔寺。”[2]

《圣历碑》所载莫高窟营建时间集中于前秦、北魏、北周时期，而实际上，敦煌佛教在两晋、十六国时期已有明显的发展。因此《圣历碑》关于莫高窟营建历史的书写可能不是真实历史的反映，而是体现了北朝统治者对于莫高窟营建历史的理解。敦煌李氏家族乃李贤、李穆后裔，二人发迹于北朝，而《圣历碑》的相关内容出自北朝至唐初李氏家族的历史记忆。其中关于莫高窟史的记载，亦承袭了北朝时期莫高窟营建史的书写。

（四）范阳李无亏

《李无亏墓志铭》记载：

> 公讳无亏，字有待，本陇西成纪人，汉丞相蔡之后也。虎云表梦，才子彰迈种之风；龙德在躬，上仙启无为之绩。宗为魏将，名重七雄；信总秦兵，威吞六合。成陇西之冠族，为上京之羽仪。九代祖崇，后魏幽州刺史，子孙因家焉，故今更为范阳乃人也。唐杜移晋，无褰世禄之荣；和璧入秦，不减连城之价。人物世载，鼎鼐重光，逾四铉于

① 马德《敦煌莫高窟史研究》，兰州：甘肃教育出版社，1996年，第51页。
② 《魏书》卷一一四《释老志》，第3032页。

> 袁门，掩十轮于杨氏。曾祖子肃，北齐平原太守、范阳侯。祖叔琳，隋考功郎、齐州刺史，袭爵范阳公。并道暎簪裾，器标瑚琏。熊旌犀节，膺方岳之隆；白马丹书，叶山河之誓。父行机，唐益州九陇县令、梓州治中、上柱国、淮阴县开国公。[1]

根据墓志所载，李无亏也非敦煌人，他于载初元年（690）任沙州刺史兼豆卢军经略使，任职沙州期间，曾组织修筑堰渠、迁建驿站、奏报瑞应、修筑北大像诸事，最终在与吐蕃作战中殉国。李无亏出身范阳李氏，墓志言其本陇西成纪人，应依据《新唐书·宗室世系表》记载陇西李氏范阳房始祖为李广叔李向[2]。《李无亏墓志》记其家族始迁于范阳的时间在北魏时期，其九代祖利冲任幽州刺史以后，其家族方定居范阳。由此可知，《新唐书》所载陇西李氏范阳房始祖为李向并不可靠。李无亏家族兴起于北朝之际，主要活动于北边一带，因此其族是否与李穆家族一样，也是由北族改姓而来？似乎不能排除此种可能性。北朝隋唐之际，北族冒姓为中原姓氏的情况已经非常普遍。北魏时期陇西李氏晋升成为一流高门之列，其家族逐渐成为后世李姓的攀附对象。

唐五代时期，李氏家族再度成为敦煌地方大族，敦煌李氏三碑糅合了其祖先历史书写，塑造了完整的家族世系，即“李暠—李穆—李克让—李大宾—李明振”。敦煌李氏家族的碑志诉说可谓虚虚实实，真假交错。无论是真实的李氏家族扩大了陇西、敦

---

① 王团战《大周沙州刺史李无亏墓及征集到的三方唐代墓志》，《考古与文物》2004年第1期，第22页。

② 《新唐书》卷七〇上《宗室世系表上》，1956页。

煌郡望的影响力，抑或是陇西、敦煌李氏的符号魅力驱动着李氏家族去创造契合该郡望的家族记忆，总之，历史上的陇西、敦煌李氏已经成为一种家祚绵长、世系不坠的符号[①]。出于家族声望、自我形象塑造等目的，祖先冒认、家族世系的交错已经成为中古敦煌李氏家族历史书写中的常态。客观地讲，十六国北朝隋唐之际的敦煌李氏并非世系明确、家世煊赫的高门望族，也算不上突然崛起的新兴家族，其家族历史书写是一幅中古历史画卷的缩影，反映了涓涓细流融入大江大河的历史进程，从而呈现出源远流长、滔滔不绝的历史面貌。

---

① 侯旭东《东汉〈曹全碑〉"敦煌效谷人也"发微——兼论家族研究的视角》，《学术月刊》2022年第7期，第181—195页。

第七节 魏晋北朝其他敦煌大族

西晋时期，有西平太守曹祛[①]，虽然担任西平太守，但是其在河陇地区影响力很大，与河陇大族关系密切。张轨统治时期，晋昌张越联合河陇大族反对张轨的统治。史载："酒泉太守张镇潜引秦州刺史贾龛以代轨，密使诣京师，请尚书侍郎曹祛为西平太守，图为辅车之势。"[②]可见曹祛本在中原做官，因为其家族在河陇地区颇有影响力，因而被张镇拉拢，企图推翻张轨的统治，曹祛在张镇推荐下任西平太守。可知，曹祛与晋昌张越、张镇兄弟二人关系友善，可能很早就建立起密切的关系。晋昌郡为汉代敦煌、酒泉郡析置，曹祛亦有可能出自敦煌曹氏家族，冯培红即认为前凉张越的动乱即敦煌大族张越联合敦煌曹氏、武威贾氏、西平麹氏等推翻张轨政权的斗争[③]。最终，这次河陇大族颠

---

① ［宋］李昉等《太平御览》卷三六六《人事部七·耳》引王隐《晋书》，北京：中华书局，1960年，第1683—1684页。

② 《晋书》卷八六《张轨传》，第2223页。

③ 冯培红《敦煌学与五凉史论稿》，第254页。

覆张轨统治的计划失败，张轨“轨斩祛及牙门田嚣”[①]。曹祛战败被杀，可知曹祛反抗张轨统治的态度是较坚决的。此次政治事件以后，很少看到敦煌曹氏家族活动的踪影，可知张轨时期曹祛的被杀对河西曹氏家族势力的打击还是比较大的。张重华时期，有曹姓将领曹权，“重华将杨康等与宁战于沙阜，宁败绩，乃引还金城。王擢克武街，执重华护军曹权、胡宣，徙七千余户于雍州”[②]。虽未标明籍贯，但曹权应当是生活在河陇地区的曹氏家族，后来被迁徙至雍州地区。

汉末魏晋许多敦煌士人去往中原、陇右、河西东部做官。且武威地区亦有曹氏家族分布。武威出土《隋故燕山府鹰击郎将曹府君墓志铭》记载了曹氏家族的相关情况，魏迎春、冯培红等对该墓志进行了研究，墓志录文如下：

1 隋故燕山府鹰击郎将曹府君墓志铭

2 君讳庆珍，字光玚，沛国谯人。自陶丘启姓，播美春秋；沛国开

3 都，传芳魏史。植则离经万卷，丹乃连骑八千。文武纷纶，光□（辉）

4 载籍。十四世祖晃，汉太中大夫、镇西大将军、凉州刺史。遭吕□（禄）

5 之乱，因居凉州姑臧县焉。君其后也。祖达，禀兹辰象，素梃仁

① 《晋书》卷八六《张轨传》，第2224页。

② 《晋书》卷一〇七《石季龙载记》下，第2781页。

图3-58《曹庆珍墓志》

6 英。稽水镜于生年，蕴美玉于当世。周天和二年(567)，除甘州西安

7 县令。胶（皎）如白璧，清若流泉。伯起惭其让金，仲华愿其赠绢。父

8 浑，建德四年（575），授大都督、黄石镇将。居边作捍，亭鄣无虞。尽力

9 关河，亡身殉国。君生居戎马之间，长习韬奇之略。投笔掷砚，

10 志在立功。起家领统军，后除别将，又任都督。褰旗玉塞，斩将

11 金微。日逐亡魂，月氏丧胆。以功授旅帅，寻迁校尉兼府司马。

12 抚军若子，体国如家。趣事戎行，必同甘苦。隋敕进授鹰击□（郎）

13 将。河右地接莎车，境邻蒱（蒲）海。朔风既动，虏马嘶鸣。桂月初□（团），

14 胡笳忉思。君控桃花之马，历阵冲营；弯明月之弓，饮粱穿札。

15 劲草疾风，岁寒弥厉。方愿申威葱领（岭），宣力居延，而寿类浮泡，

16 命同风烛，以大唐贞观四年（630）十一月十日奄归长夜，春秋

17 七十有三，以五年二月六日迁窆于武威郡城之南。信知伯

18 牙怀旧，凄怆于绝弦；子期伤友，悲深于闻笛。呜呼哀哉，乃为

19 铭曰：

20 洪源浩浩，茂绪绵绵。播斯盛烈，迈后光前。将门赫弈，相第婵（蝉）

21 联。万年君子，百代仁贤。逮兹葆叶，世擅奇名。杨（阳）关驰誉，玉塞

22 流声。连旗绝漠，建节龙庭。生涯忽尽，泉路言归。夜台将奄，帐（怅）

23 然掀衣。腾芳无歇，独有音徽。[①]

① 魏迎春《读〈武威金石录〉札记》，《敦煌学辑刊》2003年第2期，第141—143页；冯培红《〈隋曹庆珍墓志铭〉与武威粟特曹氏》，《社会科学战线》2019年第1期，第119页。

志主曹庆珍的十四世祖曹晃，因中原之乱，迁居凉州姑臧县。据考证，曹庆珍的十四世祖曹晃，可能是汉末三国时期的人物[①]。因为墓志对曹晃的记载非常简单，我们只能推断曹晃可能是汉末时期迁居凉州，并且很有可能是从中原直接迁徙至凉州。如果真如墓志所说，曹晃是汉太中大夫、镇西大将军，并曾担任凉州刺史，那么根据汉代刺史的选拔任用过程，曹晃应当是出自汉姓大族。如西汉时期凉州刺史贡禹："以明经洁行著闻，征为博士、凉州刺史。"[②]翟方进也是由博士任刺史[③]。之后，到了东汉时期，刺史常常由出身孝廉的地方豪族子弟担任，如王龚"世为豪族，初举孝廉，稍迁青州刺史"[④]。可知曹庆珍家族出自中原曹氏的可能性很大。不过，墓志中的记载亦有可能为其后人编造附会。曹晃或许实际未曾担任刺史职位，仅担任刺史幕僚、掾属等。《宋书·恩倖传》序记载汉代以来刺史属官通常是由地方大族担任，"郡县掾史，并出豪家，负戈宿卫，皆由势族"[⑤]。汉末三国时期，属吏必用本境人的制度尚严格执行。那么曹晃亦有可能不是直接自中原迁徙至凉州，而是凉州地方上的大族，因而能担任刺史属吏。而河西地区敦煌曹氏在汉代颇为知名，因此不能排除曹晃是出自敦煌曹氏，而在凉州任官的可能。北朝时期有《曹礼墓志》记载："君姓曹名礼，凉州东平郡寿张县人也。"高昌地区也有不少曹氏，如"索显忠妻曹氏墓表（延昌十三年三月廿六日）"，这里的索显忠及其妻子曹氏应当均是出自敦煌大

---

① 冯培红《〈隋曹庆珍墓志铭〉与武威粟特曹氏》，第120页。
② 《汉书》卷七二《王贡两龚鲍传》，第3069页。
③ 《汉书》卷八四《翟方进传》，第3412页。
④ 《后汉书》卷五六《王龚传》，第1819页。
⑤ 《宋书》卷九四《恩倖传》，第2301页。

图3-59 《索显忠妻曹氏墓表》（图片采自侯灿、吴美琳《吐鲁番出土砖志集注》，第123页）

族。敦煌曹氏家族见于史籍者有僧人“释道法，姓曹，敦煌人”[①]。同时亦有学者认为，魏晋以降，河西一带的曹氏族属更偏向于粟特属性[②]。十六国北朝时期，粟特曹氏进入河西走廊。敦煌曹氏经历了长期的民族融合，至晚唐五代时期，已经很难区

① ［梁］释慧皎撰，汤用彤校注，汤一玄整理《高僧传》卷一一《习禅·宋成都释道法传》，北京：中华书局，1992年，第420页。
② 陈玮《新出〈唐曹怀直墓志〉所见安史之乱前后粟特武人动向研究》，《中华文史论丛》2016年第3期，第321—343页；冯培红《〈隋曹庆珍墓志铭〉与武威粟特曹氏》，第118—129页。

分具体曹氏人物的族属。魏晋南北朝时曹氏家族源流到底如何，还有待进一步考证。

此外，敦煌大族还有阴氏、翟氏等家族，根据《敦煌名族志》记载，唐代阴氏家族与唐以前阴氏家族之间未有直接关系，魏晋十六国时期的阴氏人物，前文已经顺带提及，故不再展开讨论。敦煌翟氏家族与曹氏家族类似，亦具备粟特属性，但其民族融合的过程更为复杂，涉及中古时期入华胡人华夏化进程等问题，因此笔者拟将魏晋北朝翟氏家族等的研究放到下一章。

第四章

魏晋北朝敦煌与民族交融

敦煌位于丝绸之路的咽喉地带，各民族文化汇聚于此，形成了灿烂的敦煌文化。据史籍载，汉代已有西域诸族民众居住于敦煌。晚唐五代时期，敦煌文献、莫高窟图像中所载胡人姓名、面貌等诸方面，大多已经与汉族人物没有差异，反映出敦煌乃至西北地区民族融合的整体趋势。魏晋隋唐之际，是敦煌各民族交流融合的重要时段。

汉代以来，河西走廊一直是多民族共同居住生活的地区，经过了长期的民族融合，河西走廊形成了多民族共同繁荣的局面。汉晋时期，河西走廊未遭受大规模的动荡，社会经济得到持续的发展。十六国北朝时期，西域胡人不断迁入河西走廊。总体上看，魏晋北朝时期随着胡人数量的增加，河西走廊胡汉交融趋势逐步增强。

第一节　敦煌多元文化交融的历史基础

《汉书·西域传下》记载："乌孙国，大昆弥治赤谷城，去长安八千九百里。户十二万，口六十三万，胜兵十八万八千八百人……东与匈奴、西北与康居、西与大宛、南与城郭诸国相接。本塞地也，大月氏西破走塞王，塞王南越县度，大月氏居其地。后乌孙昆莫击破大月氏，大月氏徙西臣大夏，而乌孙昆莫居之，故乌孙民有塞种、大月氏种云。始张骞言乌孙本与大月氏共在敦煌间，今乌孙虽强大，可厚赂招，令东居故地，妻以公主，与为昆弟，以制匈奴。语在《张骞传》。武帝即位，令骞赍金币往。"[①]据《汉书》记载，可知敦煌早期居民有大月氏、乌孙等。又《史记·大宛列传》载："始月氏居敦煌、祁连间，及为匈奴所败，乃远去。"[②]《汉书·西域传上》载："（大月氏）本居敦煌、祁

---

① ［汉］班固撰，［唐］颜师古注《汉书》卷九六下《西域传下》，北京：中华书局，1964年，第3901—3902页。

② ［汉］司马迁撰《史记》卷一二三《大宛列传》，北京：中华书局，1959年，第3162页。

连间。”[①]可知，秦汉之际，河西地区居民大致有乌孙、月氏、匈奴等，因此这一地区文化类型丰富。但是亦有学者认为月氏、乌孙故地并不位于河西走廊，而是位于以东天山为中心的区域，包括今新疆哈密、巴里坤、伊吾、木垒等市县和甘肃西北部肃北马鬃山区[②]。即便如此，也不能排除敦煌存在月氏、乌孙居民的可能。可见，早期敦煌居民成分具有多元化特征。

张骞第一次出使西域的时候，至大宛，“大宛闻汉之饶财，欲通不得，见骞，喜，问曰：‘若欲何之?’骞曰：‘为汉使月氏，而为匈奴所闭道。今亡，唯王使人导送我。诚得至，反汉，汉之赂遗王财物不可胜言。’大宛以为然”[③]。张骞第二次出使西域的时候，便携带大量财富，以吸引西域各国使者、商人东来。《史记·大宛列传》记载：“天子以为然，拜骞为中郎将，将三百人，马各二匹，牛羊以万数，赍金币帛直数千巨万，多持节副使，道可使，使遣之他旁国……骞因分遣副使使大宛、康居、大月氏、大夏、安息、身毒、于阗、扜罙及诸旁国。乌孙发导译送骞还，骞与乌孙遣使数十人，马数十匹报谢，因令窥汉，知其广大……乌孙使既见汉人众富厚，归报其国，其国乃益重汉。其后岁余，骞所遣使通大夏之属者皆颇与其人俱来，于是西北国始通于汉矣。”[④]汉朝开辟西域之后，其富庶繁荣的景象吸引着西域诸国东来，由于早期的西域使者大多会在敦煌以及河西

---

① 《汉书》卷九六上《西域传上》，第3890—3891页。

② 王建新、王茜《“敦煌、祁连间”究竟在何处?》，《西域研究》2020年第4期，第27—38页。

③ 《史记》卷一二三《大宛列传》，第3158页。

④ 《史记》卷一二三《大宛列传》，第3168—3169页。

地区停留，因此随着汉代以来丝绸之路使节、商贸等交通往来的频繁，敦煌逐渐成为“华戎所交、一都会也”，形成了多元与开放的敦煌文化。

一、河西走廊民族交融

汉代河西走廊为各民族共同生活的地区，诸如匈奴、月氏、羌、卢水胡等部落广泛分布于河西诸郡。史载“融率五郡太守及羌虏小月氏等……与大军会高平第一”[①]，“五郡”与“羌虏小月氏”并称，说明河西地区民族成分的多元化。

汉武帝开辟河西四郡后，斩断匈奴右臂、隔绝羌胡、通西北国的战略目标已经达到。《汉书·昭帝纪》记载，始元六年（前81），“以边塞阔远，取天水、陇西、张掖郡各二县置金城郡”[②]。又《汉书·宣帝纪》记载：

> 西羌反，发三辅、中都官徒弛刑，及应募佽飞射士、羽林孤儿，胡、越骑，三河、颍川、沛郡、淮阳、汝南材官，金城、陇西、天水、安定、北地、上郡骑士、羌骑，诣金城。夏四月，遣后将军赵充国、强弩将军许延寿击西羌。
>
> ……
>
> 即拜酒泉太守辛武贤为破羌将军，与两将军并进。诏曰：“军旅暴露，转输烦劳，其令诸侯王、列侯、蛮夷王侯君长当朝二年者，皆毋朝。”
>
> ……

---

① ［南朝宋］范晔撰，［唐］李贤等注《后汉书》卷二三《窦融传》，北京：中华书局，1965年，第805—806页。
② 《汉书》卷七《昭帝纪》，第224页。

夏五月，羌虏降服，斩其首恶大豪杨玉、酋非首。置金城属国以处降羌。[①]

可见，金城郡是汉朝遏制西羌的战略要地。在汉宣帝元康三年（前63）击败叛乱的西羌部众以后，汉朝又在金城郡设置金城属国，以安置投降的羌人。可知金城郡主要功能之一为管理河湟羌人部落。据《汉书·地理志》，金城郡统县有枹罕[②]，汉武帝元鼎五年时，“西羌众十万人反，与匈奴通使，攻故安，围枹罕”[③]。可知金城一带羌人的势力很大。史载：“益州蛮夷及金城塞外羌反叛，时州郡击破之。”[④]又载：“曜遣其将刘胤来距，屯于狄道城。韩璞进度沃干岭。辛岩曰：‘我握众数万，籍氐羌之锐，宜速战以灭之，不可以久，久则变生。’璞曰：‘自夏末以来，太白犯月，辰星逆行，白虹贯日，皆变之大者，不可以轻动。轻动而不捷，为祸更深。吾将久而毙之。且曜与石勒相攻，胤亦不能久也。’积七十余日，军粮竭，遣辛岩督运于金城。胤闻之，大悦，谓其将士曰：‘韩璞之众十倍于吾，羌胡皆叛，不为之用。吾粮廪将悬，难以持久。今虏分兵运粮，可谓天授吾也。若败辛岩，璞等自溃。彼众我寡，宜以死战。战而不捷，当无匹马得还，宜厉尔戈矛，竭汝智力。’众咸奋。于是率骑三千，袭岩于沃干岭，败之，璞军遂溃，死者二万余人。面缚归罪，骏曰：‘孤之罪也，将军何辱！’皆赦之。胤乘胜追奔，济河，攻陷令居，入据振武，河西大震。骏遣皇甫该御之，赦其境

① 《汉书》卷八《宣帝纪》，第260—262页。
② 《汉书》卷二八下《地理志下》，第1611页。
③ 《汉书》卷六《武帝纪》，第188页。
④ 《汉书》卷八四《翟方进传》，第3438页。

内。”[①]至前凉时期，金城仍是河西走廊东缘的重要战略基地，负责前线军粮的供给。史书中的沃干岭位于金城南，是扼守通向河西走廊的要道[②]。可见，金城郡的设立加强了中原王朝对河西东部地区的控制，此后延及前凉，金城郡始终作为河陇地区的军事重镇，承担着保障地区稳定的历史使命。

为了加强对河西的控制，汉王朝还设置张掖属国以管辖诸民族部落。《汉书·匈奴传》记载：“右贤王、犁汗王四千骑分三队，入日勒、屋兰、番和。张掖太守、属国都尉发兵击，大破之，得脱者数百人。属国千长义渠王骑士射杀犁汗王，赐黄金二百斤，马二百匹，因封为犁汗王。属国都尉郭忠封成安侯。”[③]相关记载还见于《汉书·景武昭宣元成功臣表》[④]。那么《汉书·匈奴传》中元凤二年（前79）“张掖太守、属国都尉”大破匈奴的记载中，“属国都尉”应即“张掖属国都尉”。可知元凤年间，张掖属国拥有较强的军事实力。《后汉书志·百官志》记载：“（武帝时期）又置属国都尉，主蛮夷降者。中兴建武六年，省诸郡都尉，并职太守，无都试之役。省关都尉，唯边郡往往置都尉及属国都尉，稍有分县，治民比郡。”[⑤]可知，东汉时期以属国管理边郡少数民族部落作为固定的制度一直延续下来。

① ［唐］房玄龄等撰《晋书》卷八六《张轨传》，北京：中华书局，1974年，第2234页。

② 三国时期，姜维趁魏司马师病亡，“将数万人至枹罕，趣狄道”，后姜维从狄道撤军，“军从金城南至沃干阪”。参见［晋］陈寿撰，［南朝宋］裴松之注《三国志》卷二二《陈泰传》，北京：中华书局，1959年，第639—640页。“沃干阪”即“沃干岭”，位于金城南。

③《汉书》卷九四上《匈奴传上》，第3783页。

④《汉书》卷一七《景武昭宣元成功臣表》，第668页。

⑤［晋］司马彪撰，［南朝梁］刘昭注补《后汉书志》二八《百官志五》，北京：中华书局，1965年，第3621页。

关于张掖属国设立的具体时间，肖化认为在汉武帝时期[①]，吴礽骧、余尧认为张掖属国的设置时间在西汉昭帝元凤以前[②]，王宗维考证其时间在李广利伐大宛后，约天汉元年（前100）至征和三年（前90）间，甚至可以具体到天汉至太始年间[③]，李并成认为《后汉书》中关于汉武帝时期设置张掖属国的记载可靠，并且信从《后汉书志·郡国志》的观点[④]，认为武帝时张掖属国已经设置，安帝时别领五城[⑤]。张掖属国的规模很大，《后汉书志·郡国志》记载，“张掖属国，户四千六百五十八，口万六千九百五十二”[⑥]，河西东部的金城郡，“户三千八百五十八，口万八千九百四十七”[⑦]。可知，东汉时期张掖属国的人口规模与金城郡相当，然而张掖属国仅辖五城，而金城郡则下辖十城。可知张掖属国的土地承载能力较强，其战时的动员能力亦强于一般郡县。《后汉书·窦融传》记载：“融见更始新立，东方尚扰，不欲出关，而高祖父尝为张掖太守，从祖父为护羌校尉，从弟亦为武威太守，累世在河西，知其土俗，独谓兄弟曰：‘天下安危未可知，河西殷富，带河为固，张掖属国精兵万骑，一旦缓急，杜绝河津，足以自守，此遗种处也。’兄弟皆然之。融于是日往守

---

① 肖化《略谈卢水胡的族源》，《西北师大学报（社会科学版）》1983年第2期，第81、118—120页。

② 吴礽骧、余尧《居延新获建武秦胡册再析》，《西北师大学报（社会科学版）》1984年第4期，第20—26页。

③ 王宗维《汉代丝绸之路的咽喉——河西路》，北京：昆仑出版社，2001年，第250页。

④《后汉书志》二三《郡国志五》，第3521页。

⑤ 李并成《河西走廊历史地理》，兰州：甘肃人民出版社，1995年，第136—139页。

⑥《后汉书志》二三《郡国志五》，第3521页。

⑦《后汉书志》二三《郡国志五》，第3518页。

萌，辞让钜鹿，图出河西，萌为言更始，乃得为张掖属国都尉。融大喜，即将家属而西。既到，抚结雄杰，怀辑羌虏，甚得其欢心，河西翕然归之。”[①]窦融任职张掖属国都尉后，依靠张掖属国的军事实力和政治地位，在河西地区建立起执政基础，最终被河西五郡联合推举为大将军，而得以保据河西。

张掖属国中的民族成分比较复杂，前引《汉书·匈奴传》载：“属国千长义渠王骑士射杀犁汙王，赐黄金二百斤，马二百匹，因封为犁汙王。”[②]该记载说明，张掖属国安置有义渠部落。“义渠王”因战功被封为“犁汙王”，“犁汙王”是匈奴王号，亦可以证明张掖属国内也应安置有匈奴部落。张掖属国中应还有卢水胡分布，唐长孺在《魏晋杂胡考》中做过细致考证，认为沮渠氏和湟中卢水胡是小月氏的后裔，其分布自张掖以南直达湟中[③]。《后汉书·西羌传》记载：“湟中月氏胡，其先大月氏之别也，旧在张掖酒泉地。”《水经注》引《十三州志》曰：“西平、张掖之间大月氏之别，小月氏之国。”那么，卢水胡或许在张掖属国当中也有分布。总之，张掖属国是集中安置西北边郡诸民族的地区，各民族居民经历了长期的交流融合。关于张掖属国的地理位置，王宗维认为应在武威西北的张掖不远[④]。《中国历史地图集》将张掖属国标于张掖以北[⑤]，可能是受到张掖居延属国的影响。肖化、李并成认为张掖属国应在张掖郡南部的黑河上游地区。李并成还实地考察了这一带的地理环境，认为张掖属国

---

① 《后汉书》卷二三《窦融传》，第796页。

② 《汉书》卷九四上《匈奴传》，第3783页。

③ 唐长孺《魏晋南北朝史论丛》，石家庄：河北教育出版社，2000年，第389页。

④ 王宗维《汉代丝绸之路的咽喉——河西路》，第250页。

⑤ 谭其骧主编《中国历史地图集》第2册，北京：中国地图出版社，第59—60页。

所在的黑河上游祁连山北麓地带，水草丰美，是匈奴祁连山、焉支山主要牧场。属国都尉可能在故匈奴西城，即今民乐县永固乡八卦营故城①。张掖属国属于河西走廊南山地带，所处的地理位置十分重要，对于游牧民族来说，这里成为他们得以互相联络、长久经营的根据地。《后汉书》记载，西域南部山脉绵延至河西走廊，“西域内属诸国，东西六千余里，南北千余里，东极玉门、阳关，西至葱岭。其东北与匈奴、乌孙相接。南北有大山，中央有河。其南山东出金城，与汉南山属焉”②。《后汉书志·郡国志》“姑臧”条注引《地道记》曰：“南山，谷水所出。”③可知张掖属国的位置非常重要，西北可以到达罗布泊以及更西的地方，东南可以抵达金城，因此自西域向东经南山，可与金城郡南的羌人部落相连。《汉书·赵充国传》记载：“疑匈奴更遣使至羌中，道从沙阴地，出盐泽，过长阬，入穷水塞，南抵属国，与先零相直。”④可知虽然河西走廊隔绝了南北通道，但是匈奴绕道罗布泊，沿着祁连山可以一直到达张掖属国、湟水流域。

汉代张掖北部居延地区，还设置有张掖居延属国。《后汉书志·郡国志》记载：“张掖居延属国，故郡都尉，安帝别领一城。”⑤汉武帝开辟河西四郡之后，在居延设置都尉。据地湾汉

① 肖化《略谈卢水胡的族源》，第118—120页，第81页；李并成《河西走廊历史地理》，第139页。

② 《后汉书》卷八八《西域传》，第2914页。

③ 《后汉书志》二三《郡国志五》，第3520页。

④ 《汉书》卷六九《赵充国辛庆忌传》，第2973页。

⑤ 《后汉书志》二三《郡国志五》，第3521页。安梅梅据此认为，东汉时期设置了张掖居延属国。参见安梅梅《两汉魏晋属国制度研究》，中央民族大学博士学位论文，2012年，第78页。

简所载“居延属国部”“敢告居延属国部”[1]，李并成据此认为西汉时期已经设置张掖居延属国，后为西海郡[2]。据《后汉书》记载，东汉献帝时期，设立西海郡。居延泽在居延县东北，《后汉书志·郡国志》记载：“居延有居延泽，古流沙。”[3]又载：“居延县，属张掖郡，居延泽在东北。”[4]居延泽一带水源丰富，《汉书·地理志》载“羌谷水出羌中，东北至居延入海”[5]。羌谷水即黑河，黑河注入居延泽，因此该地区适宜放牧，是安置游牧民族的理想地区。居延泽地理位置十分重要，汉军多次出击匈奴的路线，都是经过居延，后深入匈奴，“骠骑将军复与合骑侯数万骑出陇西、北地二千里，过居延，攻祁连山，得胡首虏三万余级”[6]“武帝以为（李陵）有广之风，使将八百骑，深入匈奴二千余里，过居延视地形，不见虏，还”[7]。说明居延是重要的水源补给地。同样，匈奴自漠北沿着居延泽、黑水南下，可直达张掖、酒泉郡，因此，为了应对匈奴的威胁，汉朝“益发戍甲卒十八万酒泉、张掖北，置居延、休屠以卫酒泉”[8]。然而仅靠居延城的屯田甲卒，不足以抵挡匈奴的南下。史载：“武帝末年，悔征伐之事……民或苦少牛，亡以趋泽，故平都令光教过以人挽犁。过奏光以为丞，教民相与庸挽犁。率多人者田日三十亩，少者十三亩，以故田多垦辟。过试以离宫卒田其宫堧地，课得谷皆多其旁田亩一斛以上。令命家田三辅公田，又教边郡及

---

① 大地湾出65·18简、大地湾出216·1简。
② 李并成《河西走廊历史地理》，第143页。
③《后汉书志》二三《郡国志五》，第3521页。
④《后汉书》卷四《孝和孝殇帝纪》，第172页。
⑤《汉书》卷二八下《地理志下》，第1613页。
⑥《汉书》卷九四《匈奴传》，第3768页。
⑦《汉书》卷五四《李广苏建传》，第2450—2451页。
⑧《汉书》卷六一《张骞李广利传》，第2700页。

居延城。是后边城、河东、弘农、三辅、太常民皆便代田，用力少而得谷多。”[①]汉朝徙民屯田于居延城，新的耕作技术提高了居延城耕作水平。但可想而知，限于地理及气候环境，居延的屯田规模应当有限。居延属国的军事地位应当更为重要。东汉居延属国都尉成了比郡属国，权力接近于郡太守[②]。东汉时期居延成为出征匈奴的战略要地，史载“（单于）愿发国中及诸部故胡新降精兵，遣左谷蠡王师子、左呼衍日逐王须訾将万骑出朔方，左贤王安国、右大且渠王交勒苏将万骑出居延，期十二月同会虏地”[③]“奉车都尉窦固出酒泉，驸马都尉耿秉出居延”[④]“固与忠率酒泉、敦煌、张掖甲卒及卢水羌胡万二千骑出酒泉塞，耿秉、秦彭率武威、陇西、天水募士及羌胡万骑出居延塞”[⑤]。此外，居延也负责招徕匈奴等民族，史载“北单于以汉还侍弟，复遣车谐储王等款居延塞，欲入朝见，愿请大使”[⑥]。可知居延位于河西走廊向北至匈奴部落的交通要道，张掖郡北部居延县是汉王朝设置的应对匈奴事务的边城。

《居延汉简》记载：“征和三年八月戊戌朔己未，第二亭长舒付属国百长千长□。”[⑦]学者认为“百长”“千长”之称原来是匈奴的中层带兵官员的称呼，张掖属国乃是沿袭匈奴旧制，由此也可以证明张掖属国民族构成中应有匈奴部族[⑧]。又载“甲渠言

---

① 《汉书》卷二四上《食货志上》，第1138—1139页。

② 安梅梅《两汉魏晋属国制度研究》，第78页。

③ 《后汉书》卷八九《南匈奴传》，第2952页。

④ 《后汉书》卷二《显宗孝明帝纪》，第120页。

⑤ 《后汉书》卷二三《窦融传》，第810页。

⑥ 《后汉书》卷二三《窦融传》，第818页。

⑦ 薛英群等《居延新简释粹》，兰州：兰州大学出版社，1988年，第60页。

⑧ 李并成《河西走廊历史地理》，第137页；安梅梅《两汉魏晋属国制度研究》，第65页。

部吏毋作使属国秦胡、卢水士民者”（E.P.F.22：696）；又“建武六年七月戊戌朔乙卯，甲渠鄣守敬敢言之，府移大将军莫府书曰：秦胡、卢水士民从兵起以来□困愁苦多流亡在郡县吏……”（E.P.F.22：42+322）又“……谨案部吏毋作使属秦胡、卢水士民敢言之”。《后汉书·窦融传》记载：“固与忠率酒泉、敦煌、张掖甲卒及卢水羌胡万二千骑出酒泉塞。”[①]这些文献中提到了秦胡、卢水士民、卢水羌胡。这里的卢水士民、卢水羌胡，应该与附近的卢溪水有关。《水经注·河水注》：“湟水又东，经临羌县故城北……卢溪水注之，水出西南卢川，东北流，注于湟水。”[②]居延属国中，应当有来自卢水一带的胡羌部落，因此被称为卢水士民、卢水羌胡。“秦胡”的具体含义尚无法明确[③]，或可以宽泛地理解为处于中原王朝管辖范围下的河陇

---

① 《后汉书》卷二三《窦融传》，第810页。

② ［北魏］郦道元注，［清］杨守敬、熊会贞疏，段熙仲点校，陈桥驿复校《水经注疏》卷二四《河水二》，南京：江苏古籍出版社，1989年，第165—166页。

③ 关于“秦胡”，诸家讨论甚多，可参考：初师宾《秦人、秦胡蠡测》，《考古》1983年第3期；吴礽骧、余尧《居延新获建武秦胡册再析》，第20—26页；方诗铭《释“秦胡”——读新出居延汉简“甲渠言部吏毋作使属国秦胡卢水士民书”札记》，《中国历史博物馆馆刊》1979年第1期；邢义田《“秦胡”小议——读新出居延汉简札记》，《傅乐成教授纪念论文集——中国史新论》，台北：台湾学生书局，1985年；弓建中等《秦夷、秦人、秦胡》，《陕西历史博物馆馆刊》第7辑，西安：三秦出版社，2000年；王宗维《“秦胡”别议》，《西北历史资料》1984年第1期；周银霞、李永平《“秦胡”的迁徙、流变与秦的民族政策——以六盘山区域考古材料为依据的考察》，《西安财经学院学报》2014年第5期；赵向群《五凉史探》，兰州：甘肃人民出版社，1996年；赵向群、方高峰《卢水胡源起考论》，《简牍学研究》第1辑，兰州：甘肃人民出版社，2009年；胡小鹏、郑煦卓《边疆法律视野下的“秦胡”身份》，《社科纵横》2017年第6期。

羌胡部落。

东汉时期在酒泉境内还置酒泉属国，《后汉书·西域传》记载："延光二年（123），敦煌太守张珰上书陈三策，以为'北虏呼衍王常展转蒲类、秦海之间，专制西域，共为寇钞。今以酒泉属国吏士二千余人集昆仑塞，先击呼衍王，绝其根本。因发鄯善兵五千人胁车师后部，此上计也。'"[①]又《后汉纪》记载："可发张掖、酒泉属国之吏士、义从合三千五百人集昆仑塞。"[②]可知东汉安帝时期已经设置酒泉属国，学者认为酒泉属国设立于安帝时期[③]。酒泉属国的居民成分与张掖属国、居延属国相类，应主要是匈奴降汉部落，同时也有其他部族。《汉书·赵充国传》记载："今诏破羌将军武贤将兵六千一百人，敦煌太守快将二千人，长水校尉富昌、酒泉（侯）奉世将婼、月氏兵四千人。"[④]酒泉侯所率领的婼羌、月氏兵有四千之众，这些兵马很可能出自酒泉郡内的羌人、月氏部落。又元封三年（前108）时，"武都氐人反，分徙酒泉郡"，可知酒泉郡境内还分布有氐人的部落。汉宣帝时期，酒泉太守辛武奏言中提道："郡兵皆屯备南山，北边空虚，势不可久。或曰至秋冬乃进兵，此虏在竟外之册。今虏朝夕为寇，土地寒苦，汉马不能冬，屯兵在武威、张掖、酒泉万骑以上，皆多羸瘦。可益马食，以七月上旬赍三十日粮，分兵并出张掖、酒泉，合击罕、开在鲜水上者。"[⑤]文中所言在南山屯备的骑兵，应包括各民族部落的骑兵。且酒泉郡南部分布有讨赖

---

① 《后汉书》卷八八《西域传》，第2911页。
② ［东晋］袁宏《后汉纪·孝安皇帝纪下》卷一七，张烈点校《两汉纪（下）》，北京：中华书局，2017年，第331页。
③ 安梅梅《两汉魏晋属国制度研究》，第80页。
④ 《汉书》卷六九《赵充国传》，第2980页。
⑤ 《汉书》卷六九《赵充国传》，第2977页。

河、洪水河、丰乐河，祁连山北麓一带水草丰美，植被良好，非常适宜放牧养马。东汉政府为了便于管理，仿照张掖属国的形式，在酒泉设立酒泉属国，来管理诸民族的部落，动员部落兵员。由于敦煌地区兵力不足，在出征西域的时候，常常要借助酒泉属国的兵力，前引《后汉书·西域传》，“以酒泉属国吏士二千余人集昆仑塞”[①]，昆仑塞即属于敦煌郡[②]。综上所述，酒泉属国军队战斗力很强，是汉朝进军西域、漠北的重要兵源地，匈奴、氐、羌、月氏等在酒泉属国内皆有分布。

武威是汉王朝军事重镇，设置有重要的“姑臧武库”。武威县设置在休屠泽附近，是匈奴进入河西走廊的要道，“元和元年，武威太守孟云上言北单于复愿与吏人合市，诏书听云遣驿使迎呼慰纳之。北单于乃遣大且渠伊莫訾王等，驱牛马万余头来与汉贾客交易。诸王大人或前至，所在郡县为设官邸”[③]。可知武威郡内应设有与匈奴等少数民族贸易的场所。唐长孺考证，至汉末三国时期，卢水胡的分布已经不限于湟水附近，凉州附近的卢水胡一度起事[④]。《后汉书》记载：“元和三年（86），卢水胡反叛，以训为谒者，乘传到武威，拜张掖太守。”[⑤]可见东汉时期，卢水胡在武威、张掖一带比较活跃。又据《后汉书》载：“时迷吾子迷唐，别与武威种羌合兵万骑，来至塞下，未敢攻训，先欲胁月氏胡。”[⑥]可知武威境内也有羌人分布，而月氏胡

① 《后汉书》卷八八《西域传》，第2911页。

② 《后汉书·明帝纪》记载：“遣奉车都尉窦固、驸马都尉耿秉、骑都尉刘张出敦煌昆仑塞。”参见《后汉书》卷二《显宗孝明帝纪》，第122页。

③ 《后汉书》卷八九《南匈奴传》，第2950页。

④ 唐长孺《魏晋南北朝史论丛》，第390页。

⑤ 《后汉书》卷一六《邓寇传》，第609页。

⑥ 《后汉书》卷一六《邓寇传》，第609页。

的分布范围比较广，史载“先是小月氏胡分居塞内，胜兵者二三千骑，皆勇健富强，每与羌战，常以少制多”[①]。因此，武威郡少数民族成分应该包括卢水胡、羌人、月氏、匈奴等。

武威郡少数民族部落主要分布在武威郡北部临近休屠泽的要塞地区。汉代羌人主要分布于湟水一带，天水、陇西、扶风诸郡亦安置有羌人部落[②]，然而河西地区羌人数量不多。因此，汉代武威郡中的羌胡人数量所占比例应不大。又据《后汉书》记载："二年春，还至敦煌。会众羌反叛，朝廷大发兵西击之，逆诏憧留为诸军援。憧至张掖日勒。羌诸种万余人攻亭候，杀略吏人。憧进兵击，大破之，乘胜追至昭武，虏遂散走，其能脱者十二三。及至姑臧，羌大豪三百余人诣憧降，并慰譬遣还故地，河西四郡复安。”[③]姑臧是武威郡治，同时又有重要的“武库”，因此不会大规模安置诸民族部落。武威郡地理位置非常重要，是陇右至河西的重要通道。河西四郡设立以后，大大促进了武威地区的发展。史载：“遭王莽乱，奋与老母幼弟避兵河西。建武五年，河西大将军窦融请奋署议曹掾，守姑臧长。八年，赐爵关内侯。时天下扰乱，唯河西独安，而姑臧称为富邑，通货羌胡，市日四合。”[④]据此可知，武威郡地理位置重要，姑臧城是诸民族贸易中转站，当设置有互市、驿站等场所，因此“称为富邑”。

河西四郡中的敦煌郡除了承担军事职能外，还承担了大部分经营西域的职能，亦是重要的商人、使者中转地。汉代敦煌郡亦有少数民族分布，史书中保留了关于敦煌地区羌胡部落的记载，《后汉书》载：“延光三年（124），出为酒泉太守。叛羌千余骑

① 《后汉书》卷一六《邓寇传》，第609页。
② 《后汉书》卷八七《西羌传》，第2877—2878页。
③ 《后汉书》卷四七《班梁传》，第1592页。
④ 《后汉书》卷三一《孔奋传》，第1098页。

徙敦煌来钞郡界，酺赴击，斩首九百级，羌众几尽，威名大震。”[①]“叛羌千余骑”即是自（或经）敦煌一带来骚扰酒泉的羌人部落。史书还有“发河西四郡、天水、陇西羌胡击其右”[②]的记载，李贤注文认为河西四郡为金城、武威、张掖、酒泉四郡，虽然如此，但河西四郡亦有可能是泛称，因此被征发的士兵中，或有部分来自敦煌。

总之，敦煌地区的居民、驻军虽然是以汉族为主，但是在敦煌活动的少数民族应当不在少数，比如匈奴、西域胡人、羌人等。这些少数民族部落，可能分布在敦煌南部的党河、昌马河一带。昭帝时，河西羌人暗结匈奴，史载：“羌侯狼何果遣使至匈奴借兵，欲击鄯善、敦煌以绝汉道。充国以为‘狼何，小月氏种，在阳关西南，势不能独造此计，疑匈奴使已至羌中，先零、罕、开乃解仇作约’。”[③]狼何所属的羌人部落位于敦煌西南，或与西羌、先零羌、罕羌、开羌（西羌主要活动在祁连山以南，陇西以西，即青海东部一带，先零羌的活动区域大致在青海湖以东，金城郡以西，罕羌、开羌稍微靠北）建立了联系。除此之外，在敦煌东南也有羌人分布。根据《汉书·赵充国传》的记载：

> 上乃拜侍中乐成侯许延寿为强弩将军，即拜酒泉太守武贤为破羌将军，赐玺书嘉纳其册。以书敕让充国曰：“皇帝问后将军，甚苦暴露。将军计欲至正月乃击罕羌，羌人当获麦，已远其妻子，精兵万人欲为酒泉、敦煌寇。”[④]

① 《后汉书》卷四八《翟酺传》，第1605页。
② 《后汉书》卷一八《臧宫传》，第695页。
③ 《汉书》卷六九《赵充国传》，第2973页。
④ 《汉书》卷六九《赵充国传》，第2979页。

可知汉宣帝派遣赵充国平定西羌叛乱，湟水流域的先零羌联合了罕羌等部落反叛。罕羌“精兵万人欲为酒泉、敦煌寇”，破羌将军辛武贤率军进攻罕羌。此罕羌分布的区域或为敦煌东南、酒泉南部至鲜水北一带。当然罕羌部落距离敦煌郡较远，其对敦煌的威胁应是以袭扰为主。敦煌郡南部山脉分布有少数民族部落，亦可从《汉书·地理志》中找出证据，《汉志》记载：“敦煌郡，武帝后元年分酒泉置。正西关外有白龙堆沙，有蒲昌海……氐置水出南羌中，东北入泽，溉民田。”[①]氐置水即党河，《汉志》记载其水出南羌中，说明敦煌南部的祁连山麓应该有羌胡部落存在（详参《敦煌通史·两汉卷》），不过这一地区地域相对狭窄，水资源并不丰富，人口数量应该较少。又据敦煌汉简983号简记载：“捕律亡入匈奴外蛮夷守弃亭鄣逢者不坚守降之及从塞徼外来降而贼杀之皆要斩妻子耐为司寇作如。”（敦煌汉简释文：1143：释MC.983（983））可知当时的律令规定凡是逃跑、投降匈奴蛮夷，以及杀害塞外来投降者，被捕之后腰斩，妻子纳作奴婢。可知敦煌关塞是接受并鼓励蛮夷的投降的，因此，敦煌地区的少数民族部落当有部分来自投降的匈奴等部族民众。

综上，汉代敦煌及其周边仍有少数民族分布。东汉时期，河陇地区羌人比较活跃，东汉王朝设置凉州刺史。《后汉书·西羌传》记载：“湟中月氏胡，其先大月氏之别也，旧在张掖、酒泉地。月氏王为匈奴冒顿所杀，余种分散，西逾葱领。其羸弱者南入山阻，依诸羌居止，遂与共婚姻。及骠骑将军霍去病破匈奴，取西河地，开湟中，于是月氏来降，与汉人错居。”[②]可知汉代河西地区是羌胡的主要分布地区。（河西走廊以南主要是羌人活

① 《汉书》卷二八下《地理志下》，第1614页。
② 《后汉书》卷八七《西羌传》，第2899页。

动区，以北是匈奴胡人分布区，河西是多民族混杂相处的区域）。金城郡、武威郡、酒泉郡、张掖郡常常面临胡羌叛乱等侵扰，而敦煌偏处一隅，处于相对安定的环境。

敦煌郡戍防的军队以内地戍防的汉人为主，且敦煌郡兵力有限，出兵作战时需酒泉、张掖等郡协同作战。史载："（延光）四年秋，勇发敦煌、张掖、酒泉六千骑及鄯善、疏勒、车师前部兵击后部王军就，大破之。首虏八千余人，马畜五万余头。捕得军就及匈奴持节使者，将至索班没处斩之，以报其耻，传首京师。"[①]又"司徒鲍昱议曰：'可令敦煌、酒泉太守各将精骑二千，多其幡帜，倍道兼行，以赴其急。匈奴疲极之兵，必不敢当，四十日间，足还入塞。'帝然之。乃遣征西将军耿秉屯酒泉，行太守事；遣秦彭与谒者王蒙、皇甫援发张掖、酒泉、敦煌三郡及鄯善兵，合七千余人。建初元年正月，会柳中击车师，攻交河城，斩首三千八百级，获生口三千余人，驼驴马牛羊三万七千头。北虏惊走，车师复降"[②]。可知敦煌郡军队兵力有限，经常与酒泉等郡配合发动军事行动。敦煌汉简1780A记载："敦煌郡到戍卒二千人茭酒泉郡。"据此可知，敦煌军队的主要成员应是中原派往敦煌的戍卒。

总体上看，敦煌地区的居民以汉族为主，亦有少量的羌胡使者、商人、降者、逃亡者等居住于此。不过敦煌周边分布有匈奴、羌等部落。汉晋时期，河西地区一直处于民族融合之中，敦煌因处于相对稳定的环境中，敦煌各民族均得到了持续的发展。河西诸郡居民成分较为复杂，在中原王朝长期稳定的统治下，河西走廊经历了长久的、深入的民族交流融合。

---

①《后汉书》卷四七《班勇传》，第1589—1590页。

②《后汉书》卷一九《耿弇传》，第721—722页。

二、敦煌与西域民族交融

敦煌郡位于汉朝与西域交通的孔道，汉唐时期敦煌地区的繁荣与中原王朝的西北经略有很大关系。汉武帝时期设立河西四郡，通西域诸国，敦煌处于非常关键的位置，因此得到了迅速发展；而东汉时期，中原与西域三通三绝，河西尤其是敦煌地方家族承担起西北经略的重任。

河西走廊纳入中原王朝的版图后，汉王朝以此为基础，着手经营西域。史书称："肇置四郡，据守敦煌。并域属国，一郡领方。立候隅北，建护西羌。"[①]西汉扬雄曾言："今大汉左东海，右渠搜，前番禺，后陶涂。东南一尉，西北一候。"注曰："敦煌玉门关候也。"[②]可知敦煌玉门关在汉朝人心目中的地位很高。前述贰师将军征伐大宛时，就是以敦煌为转运基地，从敦煌两关进兵。贰师将军二度出击大宛并最终取胜，西域为之震荡，纷纷派遣使者东来[③]。自敦煌向西为楼兰，汉朝在敦煌至楼兰的道路上设置亭障。史载："于是自敦煌西至盐泽，往往起亭，而轮台、渠犁皆有田卒数百人，置使者校尉领护。"[④]这条道路即"楼兰道"[⑤]。从整个丝绸之路的距离来看，这条道路实际上很短，但是其经营是非常不容易的。1931年，陈宗器考察了自敦煌至罗布泊的遗址，"由玉门关西九十里，至榆树泉，疑即都护井也。由此西北行，五十四里入绵延三十里之近塞群（无数奇怪小

---

① 《后汉书》卷八〇上《文苑列传上》，第2600页。

② 《汉书》卷八七下《扬雄传下》，第3568—3569页。

③ 史载："自贰师将军伐大宛之后，西域震惧，多遣使来贡献，汉使西域者益得职。"参见《汉书》卷九六上《西域传上》，第3873页。

④ 《汉书》卷九六上《西域传上》，第3873页。

⑤ "从玉门关西出，……到故楼兰，转西诣龟兹，至葱岭，为中道。"参见《三国志》卷三〇《魏书·乌丸鲜卑东夷传》注引《魏略·西戎传》，第859页。

岛之谓）。出迈塞群五里，有沙丘，即《魏略》中所述三隗沙。沙堆狭长，向西北伸展三里。出沙不远有废墟，垣址可辨，即居庐仓遗迹也。十五里为五棵树，井已干涸，掘二三尺，即可得水。由此沿孔达格西边西行一百二十里，绕阳达胡都克，地原有井，但已朽不可饮。折西北行一百三十里，稍可得水。复西行，沿陡坡戈壁，几百里，入纯粹咸滩。转西北行一百三十里，经威滩中之高地，作长条蜿蜒状东北走，当系汉之白龙堆也。蜿蜒如龙形，灰白色咸块则成鳞状，故有白龙堆之名。至此而达罗布泊之东岸，入古楼兰国境"[①]。可知该道路成为中原王朝出兵西域的重要通道。其中的居卢仓（或称"居卢訾仓"），孟凡人考证为罗布淖尔湖北岸的"土垠"遗址[②]，王炳华认为"土垠"遗址是距敦煌最近的可以提供淡水的地点，地理位置非常重要，是西出敦煌后可以取得淡水、草料补给的第一站。同时此处还出土带有"伊循都尉""龟兹王使者"字样的汉简，说明这里又是往来通使的交通要道[③]。还有一种可能，即居卢訾仓当不在玉门关外，很可能即大方盘城所在（具体参见《敦煌通史·两汉卷》）。在居卢仓遗址曾发掘出带有"坐仓受衆"与"居卢訾仓以邮行"的汉

---

① 陈宗器《罗布淖尔与罗布荒原》，《地理学报》1936年第1期，第19—49页。转引自黄文弼《古楼兰国历史及其在西域交通上之地位》，《西北史地论丛》，上海：上海人民出版社，1981年，第195页。

② 孟凡人《罗布淖尔土垠遗址试析》，《考古学报》1990年第2期，第169—186页。后收录于孟凡人《新疆考古论集》，兰州：兰州大学出版社，2010年，第105—128页。

③ 王炳华《居卢訾仓故址研究》，原收录于《丝路考古两题》，《香港大学饶宗颐学术馆学术论文/报告系列》第25辑，香港：香港大学饶宗颐学术馆，2010年。后收录于郑炜明主编《香港大学饶宗颐学术馆十周年馆庆同人论文集 敦煌学卷》，上海古籍出版社，2014年，第159—192页。王炳华《"土垠"遗址再考》，朱玉麒主编《西域文史》第4辑，北京：科学出版社，2010年，第61—82页。

简[①]，这说明，该道路上（从敦煌至楼兰的道路上），既有粮食、水源补给之地，又设有邮驿，为通使西域提供了必要的保障。在战争时期，此道路上的居卢仓还具备转运粮草的能力，元康二年（前64），汉宣帝派遣破羌校尉自敦煌讨伐乌孙，“汉遣破羌将军辛武贤将兵万五千人至敦煌，遣使者案行表，穿卑鞮侯井以西，欲通渠转谷，积居庐仓以讨之”[②]。据考，自西汉至曹魏时期敦煌玉门关通往西域的道路一直在不断地开辟与使用中[③]。汉晋时期敦煌在丝路交通中的重要性可见一斑。

汉武帝时，敦煌楼兰道已经开辟，赵破奴、李广利皆由此西征，汉宣帝时“遣卫司马使护鄯善以西数国。及破姑师，未尽殄，分以为车师前后王及山北六国。时汉独护南道，未能尽并北道也，然匈奴不自安矣”[④]。汉朝通使鄯善，进而控制了敦煌、鄯善、且末、和田、疏勒这样一条通使西域的通道。这条道路上有几条河流分布，《新唐书》对此记载比较详细，这条南道上的河流有且末河、勿遮水、建德力河等[⑤]。由于水资源相对丰富，加上该地区远离匈奴，因此汉朝通使西域主要依靠这条通道。史载：“敦煌、酒泉小郡及南道八国，给使者往来人马驴橐驼食，皆苦之。”[⑥]在历史发展的过程中，这条丝绸之路南道沿线的绿

① 初世宾主编《中国简牍集成》，兰州：敦煌文艺出版社，2005年，第20册，第2323—2326页。

②《汉书》卷九六下《西域传下》，第3907页。

③ 王蕾《中古丝路交通视野下的河陇关津研究》，兰州大学博士论文，2018年。

④《汉书》卷九六上《西域传上》，第3873页。

⑤［宋］欧阳修、宋祁撰《新唐书》卷四三下《地理志下》，北京：中华书局，第1150—1151页。

⑥《汉书》卷九六上《西域传上》，第3893页。

洲数量不断增加[①]。而此南道向东即经过敦煌，因此丝绸之路南道的开辟以及畅通就为此后敦煌的繁荣奠定了基础。

西域北道的经营面临诸多困难，史载宣帝时“破姑师，未尽殄。分以为车师前后王及山北六国。时汉独护南道，未能尽并北道也，然匈奴不自安矣”。汉朝为了打通通往西域的北道，击破姑师，匈奴震荡。神爵三年（前59），日逐王投降汉朝，汉派郑吉都护西域北道，并且在乌垒城设置西域都护[②]。这样一来，西域北道逐渐稳定下来，元帝时“复置戊己校尉，屯田车师前王庭”[③]。这就是《汉书·西域传》所言西域北道：“自车师前王庭随北山，波河西行至疏勒，为北道；北道西逾葱岭则出大宛、康居、奄蔡焉。”[④]

由于北道地近匈奴，沿途国家实力较强，汉王朝在西域北道的管控并不稳定，元初六年（119）“北单于与车师后部遂共攻没班，进击走前王，略有北道”[⑤]。东汉王朝经常在北道与匈奴发生战争，敦煌郡再次成为进军西域的前沿。永建二年（127），东汉军队进击焉耆时，“敦煌太守张朗将河西四郡兵三千人配勇，因发诸国兵四万余人，分骑为两道击之”[⑥]。敦煌太守张朗成为进军西域的统帅，他所率领的兵马由河西四郡兵和西域诸国军队组成。又东汉永建四年（129），“北匈奴呼衍王率兵侵后部，帝以车师六国接近北虏，为西域蔽扞，乃令敦煌太守发诸国

---

① 王北辰《古代西域南道上的若干历史地理问题》，《地理研究》1983年第3期，第34—38页。

② “都护治乌垒城，去阳关二千七百三十八里，与渠犁田官相近，土地肥饶，于西域为中，故都护治焉。”参见《汉书》卷九六上《西域传上》，第3873—3874页。

③《汉书》卷九六上《西域传上》，第3874页。

④《汉书》卷九六上《西域传上》。第3872页。

⑤《后汉书》卷四七《班超传附子班勇传》，第1587页。

⑥《后汉书》卷四七《班超传附子班勇传》，第1590页。

兵，及玉门关侯、伊吾司马，合六千三百骑救之，掩击北虏于勒山，汉军不利”[①]。汉军此次出击“北虏”（北匈奴），也是以敦煌太守为统帅，军队无河西四郡兵，而敦煌以西诸国军队都受其调遣。

宣帝元康二年（前64），乌孙请求和亲，汉“使长罗侯光禄大夫为副，凡持节者四人，送少主至敦煌。未出塞，闻乌孙昆弥翁归靡死，乌孙贵人共从本约，立岑陬子泥靡代为昆弥，号狂王。惠上书：‘愿留少主敦煌，惠驰至乌孙，责让不立元贵靡为昆弥，还迎少主。’事下公卿，望之复以为‘乌孙持两端，难约结。前公主在乌孙四十余年，恩爱不亲密，边竟未得安，此已事之验也。今少主以元贵靡不立而还，信无负于夷狄，中国之福也。少主不止，繇役将兴，其原起此。’天子从之，征还少主”。乌孙西徙以后，其主要在伊犁河、楚河流域[②]。由此可知，汉王朝使者无论走南道还是北道，敦煌都是出塞之前停留的地方。同时，敦煌地区应当设置有安置西域使者的机构，学者考证，为迎送接待外客，敦煌郡进行了基础设施的规范化建设，设有相关的外事机构、官吏、译者等，同时确立了甄别外客身份、发文通知酒泉郡外客入关等一系列细致而烦琐的惯例或规定。具体机构方面敦煌郡设有传舍、迎送客小筑等[③]。敦煌郡在中原与西域往来中发挥了重要的作用，主要表现在以下方面。

河西、西域军队配合中央王朝的军事行动。史载：“司徒鲍昱议曰：‘今使人于危难之地，急而弃之，外则纵蛮夷之暴，内则伤死难之臣。诚令权时后无边事可也，匈奴如复犯塞为寇，陛

---

① 《后汉书》卷八八《西域传》，第2930页。

② 余太山《塞种史研究》，北京：商务印书馆，2012年，第205页。

③ 郑炳林、司豪强《西汉敦煌郡迎送接待外客研究》，《西北民族研究》2022年第5期，第124—133页。

下将何以使将？又二部兵人裁各数十，匈奴围之，历旬不下，是其寡弱尽力之效也。可令敦煌、酒泉太守各将精骑二千，多其幡帜，倍道兼行，以赴其急。匈奴疲极之兵，必不敢当，四十日间，足还入塞。’帝然之。乃遣征西将军耿秉屯酒泉，行太守事；遣秦彭与谒者王蒙、皇甫援发张掖、酒泉、敦煌三郡及鄯善兵，合七千余人。建初元年正月，会柳中击车师，攻交河城，斩首三千八百级，获生口三千余人，驼驴马牛羊三万七千头。北虏惊走，车师复降。”[①]建初元年（76）征西将军耿秉率军西征，张掖、酒泉、敦煌及鄯善兵配合出征。又“（延光）四年秋，勇发敦煌、张掖、酒泉六千骑及鄯善、疏勒、车师前部兵击后部王军就，大破之。首虏八千余人，马畜五万余头。捕得军就及匈奴持节使者，将至索班没处斩之，以报其耻，传首京师”[②]。延光四年（125）班勇出击西域，敦煌、张掖、酒泉诸郡及西域诸国兵配合作战，战胜后，“将至索班没处斩之”，说明汉王朝对敦煌索班（索班应为敦煌索氏）的认可与尊重。又载：“至安帝时，西域背叛。延光中，超子勇为西域长史，复讨定诸国。元孟与尉黎、危须不降。永建二年，勇与敦煌太守张朗击破之，元孟乃遣子诣阙贡献”[③]。敦煌太守在东汉王朝经略西域的行动中发挥着重要作用，与班勇合击西域的张朗，很有可能就是出自敦煌张氏。敦煌在平定西域叛乱中发挥着重要作用，史载：

西域都护段会宗为乌孙兵所围，驿骑上书，愿发城郭敦煌兵以自救。丞相王商、大将军王凤及百僚议数日不决。凤

① 《后汉书》卷一九《耿弇传》，第721—722页。
② 《后汉书》卷四七《班勇传》，第1589—1590页。
③ 《后汉书》卷八八《西域传》，第2928页。

> 言："汤多筹策，习外国事，可问。"上召汤见宣室。汤击郅支时中寒病，两臂不诎申。汤入见，有诏毋拜，示以会宗奏。汤辞谢，曰："将相九卿皆贤材通明，小臣罢癃，不足以策大事。"上曰："国家有急，君其毋让。"对曰："臣以为此必无可忧也。"上曰："何以言之？"汤曰："夫胡兵五而当汉兵一，何者？兵刃朴钝，弓弩不利。今闻颇得汉巧，然犹三而当一。又兵法曰'客倍而主人半然后敌'，今围会宗者人众不足以胜会宗，唯陛下勿忧！且兵轻行五十里，重行三十里，今会宗欲发城郭敦煌，历时乃至，所谓报仇之兵，非救急之用也。"上曰："奈何？其解可必乎？度何时解？"汤知乌孙瓦合，不能久攻，故事不过数日，因对曰："已解矣！"诎指计其日，曰："不出五日，当有吉语闻。"居四日，军书到，言已解。大将军凤奏以为从事中郎，莫府事壹决于汤。汤明法令，善因事为势，纳说多从。常受人金钱作章奏，卒以此败。①

西域都护被乌孙兵马围困后，请"城郭敦煌兵以自救"，颜师古注曰，"西域城郭诸国及敦煌兵也"，可见敦煌在经营西域过程中的重要地位。汉王朝在国力衰落时，河西、西域驻守的少量汉军就担负起了经略西域的重任。首先，河西走廊粮食出产比较丰富，军事动员能力较强。其次，汉朝在河西走廊拥有骑兵训练的基地，加之先进的兵刃弓弩，地方军队能够应付一定规模的战斗。最后，西域地区地形复杂，西域诸部落分散居住在绿洲地带，难以组织大规模、长时间的军事行动，而敦煌地近西域，敦煌官员对于西域地形比较熟悉。因此敦煌等河西地方大族便承担

---

①《汉书》卷七〇《陈汤传》，第3022—3023页。

起经营西域的职责。即便如此，东汉时期，朝廷部分官员曾主张放弃西域地区的经营。史载：

> 及孝和晏驾，西域背叛。安帝永初元年（107），频攻围都护任尚、段禧等，朝廷以其险远，难相应赴，诏罢都护。自此遂弃西域。北匈奴即复收属诸国，共为边寇十余岁。敦煌太守曹宗患其暴害，元初六年，乃上遣行长史索班，将千余人屯伊吾以招抚之，于是车师前王及鄯善王来降。数月，北匈奴复率车师后部王共攻没班等，遂击走其前王。鄯善逼急，求救于曹宗，宗因此请出兵击匈奴，报索班之耻，复欲进取西域。邓太后不许，但令置护西域副校尉，居敦煌，复部营兵三百人，羁縻而已。其后北虏连与车师入寇河西，朝廷不能禁，议者因欲闭玉门、阳关，以绝其患。①

可知东汉安帝时期，西域诸国逐渐为匈奴控制。面对此种情况，敦煌太守曹宗谋划控制西域。元初六年（119）即开始采取行动，敦煌长史索班因此被匈奴杀害，学者考证索班应为敦煌索氏②。对于敦煌地方官员进军西域的主张，汉王朝应允在敦煌设置西域副校尉。《后汉书》记载：

> 明年，汉遣将兵长史王林，发凉州六郡兵及羌（虏）胡二万余人，以讨涿鞮，获首虏千余人。涿鞮入北匈奴，汉

① 《后汉书》卷八八《西域传》，第2911页。

② ［清］张澍辑，李鼎文校点《续敦煌实录》，兰州：甘肃人民出版社，1985年，第28—29页。冯培红《敦煌学与五凉史论稿》，杭州：浙江大学出版社，2017年，第195页。

> 军追击，斩之，立涿鞮弟农奇为王。至永宁元年，后王军就及母沙麻反叛，杀后部司马及敦煌行事。至安帝延光四年，长史班勇击军就，大破，斩之。①

永宁元年（120），“后王军就及母沙麻反叛，杀后部司马及敦煌行事”，此处敦煌行事，即指敦煌长史索班奉命屯驻伊吾，为车师后部与北匈奴联合攻杀。此时屯驻伊吾与班勇提议屯驻楼兰一样，皆是在敦煌郡以西即西域东缘设立军事支点，以威慑诸国。而西域诸国反叛时，敦煌面临的威胁最大，因此敦煌地方官员在经略西域的态度上表现十分积极。敦煌的重要地位不仅表现在配合中央王朝对西域的军事行动，还表现在敦煌官员及敦煌大族担负起经略西域的职责。

据史籍记载，敦煌太守有管理西域诸国的职能，如“敦煌太守宋亮上立后部故王军就质子卑君为后部王”。此外，东汉朝廷非常重视敦煌官员有关西域经营的策略，史载：

> 九年，康死，谥宣成王。弟贤代立，攻破拘弥、西夜国，皆杀其王，而立其兄康两子为拘弥、西夜王。十四年，贤与鄯善王安并遣使诣阙贡献，于是西域始通。葱领以东诸国皆属贤。十七年，贤复遣使奉献，请都护。天子以问大司空窦融，以为贤父子兄弟相约事汉，款诚又至，宜加号位以镇安之。帝乃因其使，赐贤西域都护印绶，及车旗黄金锦绣。敦煌太守裴遵上言：“夷狄不可假以大权，又令诸国失望。”诏书收还都护印绶，更赐贤以汉大将军印绶。其使不肯易，遵迫夺之，贤由是始恨。而犹诈称大都

① 《后汉书》卷八八《西域传》，第2930页。

> 护，移书诸国，诸国悉服属焉，号贤为单于。贤浸以骄横，重求赋税，数攻龟兹诸国，诸国愁惧。
>
> 二十一年冬，车师前王、鄯善、焉耆等十八国俱遣子入侍，献其珍宝。及得见，皆流涕稽首，愿得都护。天子以中国初定，北边未服，皆还其侍子，厚赏赐之。是时贤自负兵强，欲并兼西域，攻击益甚。诸国闻都护不出，而侍子皆还，大忧恐，乃与敦煌太守檄，愿留侍子以示莎车，言侍子见留，都护寻出，冀且息其兵。裴遵以状闻，天子许之。[①]

东汉光武帝建武年间，赐莎车王“西域都护印绶”，敦煌太守裴遵认为此举不利于汉王朝西域经略，朝廷采纳了裴遵的建议。后西域诸国遣子入侍汉朝未果，亦经敦煌太守上状，西域诸国侍子获准可以留在敦煌。可见敦煌太守对西域的情况非常熟悉，同时敦煌太守与西域居民建立了良好的关系，汉王朝的地方官员获得了西域百姓的信任。据《后汉书·西域传》记载：

> 顺帝永建元年（126），勇率后王农奇子加特奴及八滑等，发精兵击北虏呼衍王，破之。勇于是上立加特奴为后王，八滑为后部亲汉侯。阳嘉三年夏，车师后部司马率加特奴等千五百人，掩击北匈奴于阊吾陆谷，坏其庐落，斩数百级，获单于母、季母及妇女数百人，牛羊十余万头，车千余两，兵器什物甚众。四年春，北匈奴呼衍王率兵侵后部，帝以车师六国接近北虏，为西域蔽扞，乃令敦煌太守发诸国兵，及玉门关候、伊吾司马，合六千三百骑救之，掩击北虏于勒山，汉军不利。秋，呼衍王复将二千人攻后

① 《后汉书》卷八八《西域传》，第2923—2924页。

> 部，破之。桓帝元嘉元年，呼衍王将三千余骑寇伊吾，伊吾司马毛恺遣吏兵五百人于蒲类海东与呼衍王战，悉为所没，呼衍王遂攻伊吾屯城。夏，遣敦煌太守司马达将敦煌、酒泉、张掖属国吏士四千余人救之，出塞至蒲类海，呼衍王闻而引去，汉军无功而还。①

根据史料记载，顺帝永建四年，北匈奴入侵车师等国，敦煌太守率西域城邦兵马等抵御匈奴，战不利。后敦煌太守又率敦煌、酒泉、张掖属国兵马抵御匈奴进攻，敦煌太守在西域地区的军事行动中起着主导作用。东汉时期，敦煌地方官员在西域经略中地位越来越重要。史载：

> 顺帝永建四年（129），于阗王放前杀拘弥王兴，自立其子为拘弥王，而遣使者贡献于汉。敦煌太守徐由上求讨之，帝赦于阗罪，令归拘弥国，放前不肯。阳嘉元年（132），徐由遣疏勒王臣槃发二万人击于阗，破之，斩首数百级，放兵大掠，更立兴宗人成国为拘弥王而还。至灵帝熹平四年（175），于阗王安国攻拘弥，大破之，杀其王，死者甚众，戊己校尉、西域长史各发兵辅立拘弥侍子定兴为王。时人众裁有千口。其国西接于阗三百九十里。
>
> ……
>
> 顺帝永建六年（131），于阗王放前遣侍子诣阙贡献。元嘉元年（151），长史赵评在于阗病痈死，评子迎丧，道经拘弥。拘弥王成国与于阗王建素有隙，乃语评子云："于阗王令胡医持毒药著创中，故致死耳。"评子信之，还入

① 《后汉书》卷八八《西域传》，第2930页。

> 塞，以告敦煌太守马达。明年，以王敬代为长史，达令敬隐核其事。敬先过拘弥，成国复说云："于阗国人欲以我为王，今可因此罪诛建，于阗必服矣。"敬贪立功名，且受成国之说，前到于阗，设供具请建，而阴图之。或以敬谋告建，建不信，曰："我无罪，王长史何为欲杀我？"旦日，建从官属数十人诣敬。坐定，建起行酒，敬叱左右执之，吏士并无杀建意，官属悉得突走。时成国主簿秦牧随敬在会，持刀出曰："大事已定，何为复疑？"即前斩建。于阗侯将输僰等遂会兵攻敬，敬持建头上楼宣告曰："天子使我诛建耳。"于阗侯将遂焚营舍，烧杀吏士，上楼斩敬，悬首于市。输僰欲自立为王，国人杀之，而立建子安国焉。马达闻之，欲将诸郡兵出塞击于阗，桓帝不听，征达还，而以宋亮代为敦煌太守。亮到，开募于阗，令自斩输僰。时输僰死已经月，乃断死人头送敦煌，而不言其状。亮后知其诈，而竟不能出兵。于阗恃此遂骄。[①]

根据史料可知，敦煌太守在是否出兵西域一事上具有一定发言权。在处理于阗与拘弥之间的矛盾中，敦煌太守亦发挥了重要作用。据《后汉书》载："凉州刺史孟佗遣从事任涉将敦煌兵五百人，与戊司马曹宽、西域长史张晏，将焉耆、龟兹、车师前后部，合三万余人，讨疏勒，攻桢中城，四十余日不能下，引去。其后疏勒王连相杀害，朝廷亦不能禁。"[②]可知灵帝建宁五年（172）时，汉朝对疏勒作战的军事力量主要来自敦煌，且史料中的曹宽、张晏，学者认为就是出自敦煌大族[③]。

① 《后汉书》卷八八《西域传》，第2915—2916页。
② 《后汉书》卷八八《西域传》，第2927页。
③ 冯培红《敦煌学与五凉史论稿》，第199页。

东汉时期，北匈奴频频骚扰西域地区，为了确保获得汉王朝的庇护，西域诸国频频遣侍子至汉王朝，而敦煌郡中亦居住有西域诸国的侍子。

> 永兴元年，车师后部王阿罗多与戊部候严皓不相得，遂忿戾反叛，攻围汉屯田且固城，杀伤吏士。后部侯炭遮领余人叛阿罗多诣汉吏降。阿罗多迫急，将其母妻子从百余骑亡走北匈奴中，敦煌太守宋亮上立后部故王军就质子卑君为后部王。后阿罗多复从匈奴中还，与卑君争国，颇收其国人。戊校尉阎详虑其招引北虏，将乱西域，乃开信告示，许复为王，阿罗多乃诣详降。于是收夺所赐卑君印绶，更立阿罗多为王，仍将卑君还敦煌，以后部人三百帐别属役之，食其税。帐者，犹中国之户数也。[①]

可知敦煌郡中西域王国的侍子亦统属少量西域百姓。又据"鄯善、焉耆诸国侍子久留敦煌，愁思，皆亡归"，可知西域诸国侍子留在敦煌并不是个别或偶然的事情，而是比较常见或约定俗成的。敦煌既是战争时期的后方基地，又是和平时期使节、商人往来的要道，正所谓"并域属国，一郡领方"。汉魏之际，敦煌郡在西域经略中的作用尤为凸显。学者考证，西汉王朝经略西域的将领多是来自中原内地，而无出自河西者，反映出西汉时期敦煌人物还没有在经营西域的事功中扬名，而这种情况到东汉前期逐渐发生变化[②]。综上，敦煌郡的作用主要表现在三个方面：第一，敦煌军队

① 《后汉书》卷八八《西域传》，第2931页。
② 冯培红《敦煌学与五凉史论稿》，第188—189页。

配合中央王朝的军事行动；第二，敦煌地方官员参与西北经略，敦煌大族张氏、曹氏、索氏等在经略西域过程中发挥了重要作用；第三，敦煌郡中居住有西域诸国的侍子、百姓。敦煌并非依靠一郡之力维持对西域的经营，还需要有敦煌以东诸郡源源不断的补充。这样，以敦煌为纽带，经营整个西域地区就是可以实现的了。

第二节 魏晋北朝敦煌、河西走廊与粟特人

魏晋北朝时期，西域胡人不断进入河西走廊，并经由河西走廊进入长安、洛阳等地。中古时期，进入中原的西域胡人逐步融入华夏文明。中古胡人使用汉姓的情况渐趋普遍，敦煌粟特人的发展历程正是中古民族融合的缩影，P.3070V《行人转帖》中有“张王赵阴薛唐邓令狐正等，安康石必罗白米史曹何”，西域胡人使用的姓氏，有些本来为汉族大姓，有些是来自西域，但是到了晚唐时期，“安康石必罗白米史曹何”基本上成了粟特胡人姓氏的标志。敦煌地区历经魏晋北朝中原王朝的长期经营，地方大族势力强大，社会结构相对稳定。中原王朝在治理河西时，往往注重限制地方豪族的扩张，既减轻了普通民众的负担，也有利于地方的稳定。此外，地方政府亦注意缓和与羌胡的关系，具体表现在鼓励胡人经商、保证丝绸之路的畅通等。这些举措客观上促进了河西地区的民族融合。随着西域胡人不断进入河陇地区，并建立据点、形成郡望，胡人也逐渐成为地方上的一支重要力量，性质与豪强大族无异。这些胡人势力，有时表现出地方大族的割据性，有时表现出对中原王朝的依附性，通过商业网络、社会关系、仕宦身份等，逐渐扩大了其影响力，并成为影响中古河陇社

会的一支重要力量。

一、粟特人与河西走廊

粟特人被称为昭武九姓，“昭武”便与河西走廊关系密切。粟特“昭武”姓氏之来源见于《魏书·西域传》《北史·西域传》《隋书·西域传》等，而魏收撰《西域传》原本已佚[1]，今本《魏书·西域传》关于粟特“昭武”诸国之记载实出自《隋书·西域传》[2]。《隋书·西域传》曰：“康国者，康居之后也……其王本姓温，月氏人也。旧居祁连山北昭武城，因被匈奴所破，西逾葱岭，遂有其国。支庶各分王，故康国左右诸国并以昭武为姓，示不忘本也。”[3]两唐书对粟特“昭武”姓氏来历的记载亦皆本于此。据此记载可知，“昭武”本不是姓氏，而是祁连山北的昭武城名，后以康国为首的粟特诸国为了保持祖先的记忆，选择以“昭武”为姓氏。“以地为氏”乃始于先秦时期的中原文化传统，《左传》载：“天子建德，因生以赐姓，胙之土而命之氏。”[4]隋唐时期粟特人以“昭武”地名为姓氏，应是入华粟特人试图将其族源归属于华夏文化圈的附会之说，反映了魏晋北朝之际，粟特人定居河西走廊的事实。但是学者们通常忽略了《隋书·西域传》将“昭武”地名嵌入粟特人群体记忆的动机及其所隐含的历史事实，而是尝试从语音学的角度阐释粟特“昭武”姓氏之起源。马

① [北齐] 魏收撰《魏书》卷一〇二《西域传》，北京：中华书局，1974年，第2282页。

② 余太山《两汉魏晋南北朝正史西域传要注（下册）》，北京：商务印书馆，2013年，第419页。

③ [唐] 魏徵等撰《隋书》卷八三《西域传》，北京：中华书局，1973年，第1848页。

④ 杨伯峻《春秋左传注（修订本）》，北京：中华书局，1981年，第60—61页。

迦特即认为昭武不是地名，而是月氏国王钱币上之Javugasa（Javuga之所属格），《阙特勤碑》中Čub即大月氏语之Javuga[①]。白鸟库吉梳理了汤马斯彻克、马迦特、沙畹等学者的观点，认为"昭武"当来自《阙特勤碑》中之Čub；同时白鸟库吉认为"昭武"一词与祁连山北昭武城没有关系，"昭武"一词的来历只能从读音的角度来考虑[②]。岑仲勉梳理了诸家观点，亦同意"昭武"音译说，他认为，Čub为Jabghu之变音，为"叶护"之义，月氏西迁，既分立五翕侯（叶护），其后裔即以"叶护"（Jabghu）为姓，昭武当来源于此[③]。此外嚈哒首领头罗曼的Kura石刻铭文中有Rājādhirāja Mahārājā Toramāṇa Shahi Jobula的记载[④]，榎一雄认为Jobula即"昭武"，为嚈哒王室的姓氏或称号[⑤]。吉田丰通过对粟特文文献的细致考察，认为昭武是对7世纪粟特统治者姓名čamūk的语音转写，čamūk可能源于嚈哒语[⑥]。可见，虽然学界对于粟特"昭武"姓氏的来源莫衷一是，但多倾向于认为其

① （德） Marquart J., *Die Chronologie der alttürkischen Inschriften*, Leipzig: Dieterich' sche Verlags-Buchhandlung, 1898, pp.70—71.

② （日）白鸟库吉著，傅勤家译《康居粟特考》，上海：商务印书馆，1936年，第33页。

③ 岑仲勉《西突厥史料补阙及考证》，北京：中华书局，1958年，第133—135页。

④ （德）G.Bühler, "The New Inscription of Toramana Shaha." *Epigraphia India I* 1892: pp.238—241. 转引自余太山《嚈哒史研究》，北京：商务印书馆，2012年，第72页。

⑤ （日）榎一雄《キダーラ王朝の年代について》，《東洋學報》第40卷第3号，1958年，第1—52页。转引自余太山《嚈哒史研究》，第72页。

⑥ Yutaka Yoshida, "On the origin of the Sogdian surname Zhaowu and related problems", *Journal Asiatique* 291:1/2 (2003), 35-67. Yutaka Yoshida, "Some reflections about the origin of čamūk." Papers on the pre-Islamic documents and other materials unearthed from Central Asia, Kyoto: Hōyū shoten, 2004, 127-135.

来源非河西地名而是胡语音译。诚然，古代西北地名、人名与西域诸族语言有着密切的联系，如白玉冬考“成吉思”一词来历颇为复杂，可能属于阿尔泰语系之共同语；又确证了“贺兰”一词的突厥语源①。姚大力考察了晋宋间“阏氏”“焉支”“胭脂”三词被混淆为拥有共同来源的同义词之过程②。但同时，学者们也在重新审视近代以来普遍被视为音译的地名、称号等。如“敦煌”一名，近代以来多有学者认为是源于胡语音译，而谭世宝指出其说为伪命题③；“吐鲁番”一名，陈国灿考其非外来语词的音译，而是由汉文地名蜕变而来④；王丁将粟特人的汉文名字归纳为“音译”“义译”“接受汉名”等几种情况⑤，该研究注意到粟特人的名字中有“家族接受汉俗命名的方式”。因此对于西北诸地名、称号的来源需要逐一进行考证，不可一概而论，对于粟特“昭武”姓氏来源的探讨同样如此。“昭武”县自汉代已存在，汉张掖郡下辖昭武县⑥，晋临泽县，即“汉昭武县，避文帝讳改也”⑦，李并成考匈奴所建河西诸城有休屠王城、盖臧城、觻得城⑧，诸城名或与胡语有关，若寻“昭武”一词之语音源

---

① 白玉冬《成吉思汗称号的释音释义》，《历史研究》2019年第6期，第45—58页；白玉冬《“贺兰”释音释义》，《中国历史地理论丛》2020年第1期，第119—127页。

② 姚大力《河西走廊的几个古地名》，《西北民族研究》2020年第3期，第56—64页。

③ 谭世宝《燉煌的词源再探讨》，《敦煌研究》2014年第1期，第129页。

④ 陈国灿《西州回鹘时期吐鲁番地名的音变——吐鲁番古代地名研究之五》，《吐鲁番学研究》2017年第1期，第37页。

⑤ 王丁《胡名释例》，高田时雄主编《敦煌寫本研究年報》第13号（高田时雄先生古稀记念），京都：京都大学人文科学研究所，2019年，第99—134页。

⑥《汉书》卷二八下《地理志下》，第1613页。

⑦《晋书》卷一四上《地理志上》，第433页。

⑧ 李并成《河西走廊历史地理》，第18—19页。

头，亦当追至汉王朝占据河西走廊之时，但此源头实与粟特人无关[①]。粟特人“昭武”姓氏的来历，应求诸《隋书》中的历史记载。《隋书》中关于粟特“昭武”姓氏渊源的历史书写虽不是确凿历史的反映，但却承载着入华粟特人的历史记忆与族群认同。也就是说，这样的历史书写很难被看作“客观史实”的载体，但却是在人们各种主观情感、偏见，以及社会权力下的社会记忆的产物[②]。《隋书·西域传》强调了粟特“昭武”姓氏与地名的关系，在叙述“昭武”姓氏来源时，是将其与康国历史联系在一起的。这就为笔者以“昭武”与粟特康氏之关系为线索来探讨“昭武”姓氏的形成过程提供了可能。且《隋书》中“故康国左右诸国并以昭武为姓”的记载，其隐含的意义即康国为粟特诸国的宗主国。余太山并未采纳粟特“昭武”姓氏音译说，他认为“‘昭武’来源于祁连山北‘昭武城’的说法必有依据，可能得诸来华粟特人”[③]。笔者认为，虽然粟特人祖先与“昭武”一地或许并无关联，但中原史籍中关于“昭武”姓氏来源之记载并非纯粹虚构，而是基于粟特人之历史渊源及粟特人构建族群记忆之需求而形成的历史书写。粟特“昭武”姓氏非来自音译而是来自河西“昭武”地名。

粟特人来自中亚索格底亚那（Sogdiana）地区，粟特即其汉

---

① 有学者认为汉代河西走廊中多数地名为汉字音写的胡语地名，参见姚大力《河西走廊的几个古地名》，第56页。但汉代以来史籍中屡屡可以见到“昭武”将军等称号，虽与河西地名无关，但据此可推断“昭武”一词应该具有中原文化背景。本文探讨的是粟特“昭武”姓氏的来源，不是“昭武”词汇的来源，对此不再做进一步探讨。

② 王明珂《历史事实、历史记忆与历史心性》，《历史研究》2001年第5期，第139页。

③ 余太山《大宛和康居综考》，《西北民族研究》1991年第1期，第38—40页；余太山《两汉魏晋南北朝正史西域传要注（下册）》，第554页。

语音译。史籍和考古资料当中关于入华粟特人的记载大体上在公元3—8世纪之间[①]。索格底亚那地区居民自汉代就已经往中原迁徙，此时康居国是索格底亚那地区的宗主国。据考证，康居建国时间约在公元前230—前177年之间[②]；至4世纪六七十年代，嚈哒控制两河流域[③]，康居逐渐从史籍记载中消失。在此期间，康居是索格底亚那地区的统治者。汉武帝时期张骞出使西域，《汉书·张骞传》载："骞身所至者，大宛、大月氏、大夏、康居，而传闻其旁大国五六，具为天子言其地形，所有。"[④]张骞出使西域后，汉王朝与康居建立起联系。《汉书·西域传》记载康居国"户十二万，口六十万，胜兵十二万人"[⑤]，可知汉代康居为西域大国，因此史书中常常以康居的入贡作为汉王朝的代表性功绩来称颂，如："今陛下并有天下……夜郎、康居，殊方万里，说德归谊，此太平之致也。"[⑥]"夜郎""康居"并举，说明它们是汉王朝周边有影响力的邦国。又载："陛下即位，存抚天下，集安中国，然后兴师出兵，北征匈奴，单于怖骇，交臂受事，屈膝请和。康居西域，重译纳贡，稽首来享。"[⑦]匈奴、康居的遣使入贡足以显示汉王朝对北面、西面疆域经营的成功，北举匈奴、西举康居，说明在西域诸国中康居应属于实力较强大者。此时，索格底亚那地区就处于康居国的统治之下，《汉书·西域

① 荣新江《中古中国与粟特文明》，北京：生活·读书·新知三联书店，2014年，第2页。
② 陈海涛《康居与康国关系考——兼谈昭武诸国的起源》，《敦煌研究》2003年第3期，第56页。
③ 余太山《嚈哒史研究》，第71—72页。
④《汉书》卷六一《张骞传》，第2689页
⑤《汉书》卷九六上《西域传上》，第3892页。
⑥《汉书》卷五六《董仲舒传》，第2511页。
⑦《汉书》卷五七下《司马相如传下》，第2577页。

传》中记载了康居所属的五个王国：

> 康居有小王五：一曰苏䪥王，治苏䪥城，去都护五千七百七十六里，去阳关八千二十五里；二曰附墨王，治附墨城，去都护五千七百六十七里，去阳关八千二十五里；三曰窳匿王，治窳匿城，去都护五千二百六十六里，去阳关七千五百二十五里；四曰罽王，治罽城，去都护六千二百九十六里，去阳关八千五百五十五里；五曰奥鞬王，治奥鞬城，去都护六千九百六里，去阳关八千三百五十五里。凡五王，属康居。[①]

隶属于康居的“五王城”即位于中亚锡尔河与阿姆河流域的索格底亚那地区，其居民被认为就是后来史书中记载的粟特人。林梅村结合考古遗址，考证汉代康居王室是位于锡尔河北岸游牧的斯基泰部落，夏都“蕃内地”，冬都“乐越诺地”。康居所属的五小王城居民定居于河中沙漠的绿洲城邦，擅长经商，五小王城诸国居民就是入华粟特人[②]。陈海涛考“五王城”的居民与粟特昭武九姓的关系密切，隋唐时期的昭武九姓大部分都是在汉晋时期康居及其所属诸小国的基础上发展起来的[③]；可知康居“小五王城”就是粟特诸国的前身，那么是否如《隋书·西域传》所说，粟特昭武九姓就是本生活于河西昭武城、后迁居中亚的月氏人的后代呢？前述主张“昭武”音译说的学者多将“昭武”读音与月氏联系起来。此外一些学者还专门考证了月氏与粟特昭武九姓的

① 《汉书》卷九六上《西域传上》，第3894页。
② 林梅村《中亚锡尔河北岸的康居王庭》，《西域研究》2017年第3期，第71页。
③ 陈海涛《康居与康国关系考——兼谈昭武诸国的起源》，第55页。

渊源关系[①]，所论皆推测成分较多。也有学者提出异议，认为两河流域的粟特民族不是月氏人的后裔，有着独特的民族渊源[②]。史载："乌孙国……本塞地也，大月氏西破走塞王，塞王南越县度，大月氏居其地。后乌孙昆莫击破大月氏，大月氏徙西臣大夏，而乌孙昆莫居之，故乌孙民有塞种、大月氏种云。"[③]可知汉乌孙地区先为塞种人控制，在月氏的进攻下，塞种西迁，后乌孙破月氏，月氏亦向西迁徙。余太山认为《汉书·西域传》所载受康居役使的"小五王"和进入索格底亚那的塞人关系如何，尚未可知；同时他指出大月氏在西迁过程中，并未征服索格底亚那地区，而是经过了位于该地区的康居，臣服大夏而居其地的[④]。大月氏应该是在康居的默许甚或支持之下，得以据有大夏之地的。因此在张骞出使西域时，大宛没有直接将张骞送至大月氏，而是"为发译道，抵康居，康居传致大月氏"[⑤]，此时康居国强大，西域大宛、大月氏等国都臣服于康居王。综上可知，汉代索格底亚那地区居民成分应非单一的民族，而是以该地区的土著民族为主，也包括后来迁入的塞种人、月氏人等；诸族民众在这一地区经历了长期的民族融合，他们即构成了入华昭武九姓粟特人

① 王慧慧《昭武九姓族源与居延汉简中姓氏的关系》，《敦煌研究》2008年第2期，第81—85页；程伟强《"粟特"源流考辩》，内蒙古大学硕士学位论文，2019年；也有学者认为是贵霜王朝灭亡康居以后，大月氏人成为索格底亚那地区的统治者，参见熊义民《粟特昭武王室考》，《暨南学报（哲学社会科学版）》1993年第1期，第64—69页。

② 陈海涛《康居与康国关系考——兼谈昭武诸国的起源》，第55—60页；陈海涛《昭武九姓族源考》，《西北民族研究》2000年第2期，第134—141页。

③《汉书》卷九六下《西域传下》，第3901页。

④ 余太山《塞种史研究》，第97、171页。

⑤《汉书》卷六一《张骞传》，第2688页。

的主体。可粟特人虽与月氏有一定渊源，但汉代索格底亚那地区居民主体并非月氏，而是康居属下“小五王”国的土著居民，因此将“昭武”的读音与月氏关联起来的观点值得商榷。《汉书·西域传》记载：“至成帝时，康居遣子侍汉，贡献。然自以绝远，独骄嫚，不肯与诸国相望。”[①]康居作为索格底亚那诸国的宗主国，实力强大且距离中原较远。余太山从中原与西域关系的角度，得出康居是西域诸国“反汉联盟”领袖的观点[②]，进一步证明，粟特人所居住的索格底亚那地区，汉代时期处于康居国的统治之下。检索汉简史料，可知索格底亚那地区诸国来华的使者，常以康居国使者为首领，入华诸国奉康居国为宗主国。如悬泉汉简记载：“康居王使者杨伯刀、副扁阗；苏薤王使者姑墨、副沙囷，即贵人为匿等，皆叩头自言：前数为王奉献橐佗，入敦煌。”（Ⅱ90DXT0216②:877）还有记载如“☒传送康居诸国客，卫侯臣弘、副□、池阳令臣忠上书一封。黄龙元年”（Ⅱ90DXT0214③:109A）“甘露二年正月庚戌，敦煌大守千秋、库令贺兼行丞事，敢告酒泉大守：☒/罢、军候丞赵千秋上书，送康居王使者二人、贵人十人、从者☒/九匹、驴卅一匹、橐他廿五匹、牛一。戊申，入玉门关已。阁下☒”（Ⅱ90DXT0213③:6A）[③]。根据汉简中的记载，可知康居与汉朝交往频繁；康居王庭和小五王国都曾派遣使者进入汉朝，因康居是大国，其使者居于诸国使臣之首，所以汉朝有时对这些国家的使者简称“康居诸国客”等。入华康居人留在中

① 《汉书》卷九六上《西域传上》，第3892页。

② 余太山《大宛和康居综考》，第43页。

③ 王素《悬泉汉简所见康居史料考释》，荣新江、李孝聪主编《中外关系史：新史料与新问题》，北京：科学出版社，2004年，第149—161页；郝树声《简论敦煌悬泉汉简〈康居王使者册〉及西汉与康居的关系》，《敦煌研究》2009年第1期，第55页。

原者即以康为姓，《梁书》卷一八《康绚传》记载：“初，汉置都护，尽臣西域，康居亦遣侍子待诏于河西，因留为黔首，其后即以康为姓。”[①]汉代入华的西域人以国为姓是其惯例，以汉代进入中原的西域佛教僧人为例，《高僧传》载：“康僧会，其先康居人，世居天竺，其父因商贾移于交趾。”[②]又载：“沙门支曜、康巨、康孟详等，并以汉灵献之间，有慧学之誉，驰于京洛。”[③]《出三藏记集》云康孟祥为康居人[④]。此外，“又有外国沙门康僧铠者，亦以嘉平之末来至洛阳”[⑤]。可知西域入华者以康为姓者很多，我们很难看到以《汉书·西域传》中“小五王”国名为姓氏的来华者，不是因为这些地方的居民未曾到过中原，而是因为索格底亚那地区诸小国常附康居一同来朝，这些人应当皆被冠以康姓。马雍认为东汉末年入华中亚人的姓氏大多按照其原来的国名而分别改为支、康、安、竺等汉化的姓氏[⑥]。“支”示其来自月氏；“安”示其来自安息；“竺”示其来自天竺；“康”即表示其来自康居，准确地讲应包括以康居为首的索格底亚那地区的居民。汉末三国战乱时期，“康居、大宛献名马”[⑦]，可知虽然道路不畅，但康居使者仍然通过丝绸之路与中原王朝建

① ［唐］姚思廉撰《梁书》卷一八《康绚传》，北京：中华书局，1973年，第290页。
② ［南朝梁］释慧皎撰，汤用彤校注，汤一玄整理《高僧传》卷一《译经上》，北京：中华书局，1992年，第14页。
③ ［南朝梁］释慧皎撰，汤用彤校注，汤一玄整理《高僧传》卷一《译经上》，第11页。
④ ［南朝梁］释僧祐撰，苏晋仁、萧鍊子点校《出三藏记集》卷一三，北京：中华书局，1995年，第512页。
⑤ ［南朝梁］释慧皎撰，汤用彤校注，汤一玄整理《高僧传》卷一《译经上》，第13页。
⑥ 马雍《东汉后期中亚人来华考》，《新疆大学学报（哲学社会科学版）》1984年第2期，第27页。
⑦《三国志》卷四《三少帝纪》，第154页。

立起联系。综上，强大的康居国是索格底亚那地区的宗主国，该地区民众来华后应统一使用康姓；汉朝通西域之后来华的大量康姓人物，应包括康居及其所属诸国民众。公元4世纪六七十年代，嚈哒自塞北度阿尔泰山并西迁中亚，而康居国逐渐衰亡，《魏书·西域传》有“匈奴杀其王（康居王）而有其国”的记载，正是对嚈哒袭夺索格底亚那地区的反映[①]。这一时期，正值晋末丧乱，中原地区战争频繁、人口耗减，索格底亚那地区民众入华者数量甚众。康居国的衰亡亦导致其王室成员的东迁，中原地区康氏家族史料对此有所体现。《续高僧传》卷二八《感通篇》载：“释智嶷，姓康，本康居王胤也，国难东归魏。”[②]《唐康大农墓铭》载：“君讳婆，字季大，博陵人也，本康国王之裔也。高祖罗，以魏孝文世，举国内附。朝于洛阳，因而家焉，故为洛阳人也。”[③]史料记载康氏家族因“国难”东归，或曰“举国内附”，说明此时索格底亚那地区康居国的衰落。

自嚈哒入侵索格底亚那地区以后，粟特诸国不再处于康居的统一控制之下；5世纪中叶，嚈哒势力继而向吐火罗、萨珊波斯扩张[④]，粟特地区局势逐渐稳定，粟特诸小国渐趋独立。自康居灭亡后，来华的粟特人以各自国名为姓，也就是后来我们所说的昭武九姓。从中原史籍可以看出，北朝时期粟特诸姓崛起，其中又以新兴的粟特史氏、安氏最具有影响力。《元和姓纂》记载：“建康史氏：今隶酒泉郡。史丹裔孙后汉归义侯苞之后，至晋永

---

① 余太山《嚈哒史研究》，第72页。

② ［唐］道宣撰，郭绍林点校《续高僧传》，北京：中华书局，2014年，第1128页。

③ 周绍良、赵超编《唐代墓志汇编》，上海：上海古籍出版社，1992年，第96页。

④ 余太山《嚈哒史研究》，第90、97页。

嘉乱，避地河西，因居建康。”[①]据考在前凉时期，河西粟特史氏已经在政治舞台上崛起[②]。又据西安《史君铭文》汉文部分记载，“大统之初，乡闾推挹，出身为萨保判事曹主，五年诏□凉州萨保”[③]，可知史君家族至北朝时期在粟特部落中已跻身上层。粟特诸小国中，安国势力崛起最快。学者考证《魏书》所载之悉万斤就是后来的康国，以今撒马尔罕为中心；《北史》《周书》所载之粟特为隋唐时期的安国，以今之布哈拉为中心。北朝时期入华粟特安氏家族地位同样提升很快[④]，北魏太延五年（439）灭北凉，徙凉州民三万余户至平城[⑤]，粟特家族也在被徙民众之列。《北史》卷九七《西域传》记载：“其国商人先多诣凉土贩货，及魏克姑臧，悉见虏。文成初，粟特王遣使请赎之，诏听焉。自后无使朝献。”[⑥]北魏高宗时期，粟特国遣使请赎回东迁平城的粟特商人，以恢复粟特入华商路[⑦]，如前述陈海涛考证，此处粟特国即安国，安国赎回粟特故人，最终应不会将所有赎回的粟特人带回安国，而很有可能将其中相当一部分重新安置在姑臧地区。且早在北魏灭北凉之前，凉州姑臧已有粟特诸姓聚居，经过北凉的迁徙以及粟特国的赎回，姑臧地区逐渐成为以安

① ［唐］林宝撰，岑仲勉校记《元和姓纂（附四校记）》卷一〇，北京：中华书局，1994年，第822页。

② 冯培红《敦煌学与五凉史论稿》，第351页。

③ 西安市文物保护考古所《西安北周凉州萨保史君墓发掘简报》，《文物》2005年第3期，第30页。

④ 陈海涛《汉唐之际粟特地区诸国与中原王朝的关系》，《敦煌学辑刊》1999年第1期，第118页。

⑤《魏书》卷九九《沮渠蒙逊传》，第2208页。

⑥《北史》卷九七《西域传》，第3221页。

⑦“自后无使朝献”的记载与事实不符，参见余太山《两汉魏晋南北朝与西域关系史研究》，北京：商务印书馆，2011年，第249页。

姓为首的粟特人聚居点，并最终成为安氏郡望。《唐安令节墓志》记载："君讳令节，字令节，先武威姑臧人……历后魏、周、隋，仕于京洛，故今为豳州宜禄人也。"[①]可知北朝以后，粟特诸姓在华影响力逐渐提升，据考至北朝后期，康、史、安、石、何、米、曹等粟特姓氏均在河西走廊及长安等地形成了聚落[②]。但在粟特人墓志中，他们经常将其祖先追溯至汉代或更早，对于这样的追溯我们应该分别看待。粟特康姓会将其家族源流上溯自先秦，如《唐康太和墓志》载"其先承颛顼之苗胄，周文王之胤绪，康叔之后"[③]，这类记载显然是康氏家族为了获得中原文化认同，强行附会于《元和姓纂》[④]等姓氏书所述康姓祖源。其他粟特诸姓墓志中追溯其祖源至先秦的记载，亦是此类附会情况。另外，粟特康氏墓志普遍将其家族源头上溯至汉代康居国，此类记载当属对家族历史的客观表述，基于上一节的论述可知汉唐时期入华康姓的历史是有迹可循的。但康姓以外粟特诸姓的汉代祖先追溯则往往为附会，以粟特安氏墓志为例，称其祖先是安息后裔是其惯例，但学者认为安氏的追溯实属祖先冒认[⑤]。据考，粟特墓志中关于祖先来历的叙述多有雷同现象，这种历史

① 周绍良、赵超编《唐代墓志汇编》，第1045页。

② 荣新江《北朝隋唐粟特人之迁徙及其聚落》，《国学研究》第6卷，北京：北京大学出版社，1999年，此据氏著《中古中国与外来文明》，北京：生活·读书·新知三联书店，2001年，第37—110页；荣新江《北朝隋唐粟特人之迁徙及其聚落补考》，《欧亚学刊》第6辑，北京：中华书局，2007年；此据氏著《中古中国与粟特文明》，第22—41页。

③陕西省考古研究院编《陕西省考古研究院新入藏墓志》，上海：上海古籍出版社，2019年，第74、272页。

④［唐］林宝撰，岑仲勉校记《元和姓纂（附四校记）》卷一〇，第106页。

⑤ 吴玉贵《凉州粟特胡人安氏家族研究》，荣新江主编《唐研究》第3卷，北京：北京大学出版社，1997年，第321页。

叙述并不是粟特人对祖先的追溯，而是程式化的因袭抄写[①]。笔者认为对于墓志中关于康姓人物为康居之后的记载，应当与“安姓与安息”一类附会的描述区分开来。康居国衰亡以后，粟特诸姓入华者各自以其国名为姓，但是在追溯家族源流时，康姓以外的粟特家族面临要么追溯自康居，要么另外设计一条线索。诸小国既然已经独立，自然不甘心再回溯自康居，这就形成了粟特人墓志中追溯祖先时的附会现象。总体上看，汉代史籍中我们很少看到康姓以外的“昭武”姓氏，魏晋南北朝时期康居的衰亡伴随着索格底亚那地区的动乱以及该地区居民的大量东迁，进而促使诸小国独立性的增强，以及魏晋南北朝时期入华粟特诸姓的崛起。

二、粟特康氏与“昭武”姓氏

据《隋书》记载，粟特康国祖先居住于祁连山北昭武城，后迁居中亚，便以昭武为氏，粟特诸小国为康国属国，亦以昭武为姓氏。粟特人世代皆以“昭武”为姓，以铭记其祖先源自河西昭武。显然这是入华粟特人从血缘、地望上对其族群记忆的塑造，这一记载拉近了西域粟特人与华夏文明的距离。因此单纯从语言学角度将“昭武”解释为音译词汇，否定“昭武”与河西“昭武”县之关系，实际也就否定了关于“昭武”九姓之来历这一历史叙述，忽略了其背后的历史逻辑。正如史家所言，历史书写在本质上是历史与逻辑的双重建构，历史逻辑深藏于历史事实的客观性之中，对历史逻辑的揭示反过来也是对历史事实的确证[②]。

---

① 荣新江《中古入华胡人墓志的书写》，《文献》2020年第3期，第134页。

② 涂成林《历史阐释中的历史事实和历史评价问题——基于马克思唯物史观的基本理论和方法》，《中国社会科学》2017年第8期，第5—13页。

那么，如何认识《隋书》中关于粟特人“昭武”姓氏来源这一历史书写的形成过程，就成为我们要解决的问题。笔者下面将还原河西“昭武”县与粟特康氏之间的关系，以进一步揭示粟特“昭武”姓氏这一历史书写所揭示的历史事实，并挖掘该历史书写背后的历史逻辑。笔者认为“昭武”一地所处的河西地区自汉末以来就是粟特人聚居地，在这一地区颇有影响力的粟特康氏与“昭武”姓氏之产生有密切关系。

昭武县位于河西张掖郡，一直以来就是少数民族聚居的地方。据《汉书·地理志》可知张掖郡下辖昭武县[①]，东汉时期在张掖设置张掖属国，专门管理河西匈奴、义渠、小月氏、卢水胡、羌人等少数民族部落[②]。因此张掖也是西域胡人乐于留居的地区。张掖郡昭武县又是河西地区重要的交通要道，史载“羌诸种万余人攻亭侯，杀略吏人。慬进兵击，大破之，乘胜追至昭武，虏遂散走，其能脱者十二三”[③]，可知昭武是羌胡居住的重要地区。据李并成考证，昭武是黑河中游绿洲肥沃之地，东西连接张掖、酒泉，向北可抵达古居延地区以至蒙古高原[④]，适宜羌胡居住，且是河西战略要地。史籍中“昭武”称号与河西“昭武”地名关联者亦有之，据《梁书·诸夷传》记载：“(高昌)国人又立麹氏为王，名嘉，元魏授车骑将军、司空公、都督秦州诸军事、秦州刺史、金城郡开国公。在位二十四年卒，谥曰昭武王。子子坚，使持节、骠骑大将军、散骑常侍、都督瓜州诸军

① 《汉书》卷二八下《地理志下》，第1613页。
② 《后汉书志》二三《郡国志五》，第3521页。
③ 《后汉书》卷四七《梁慬传》，第1592页。
④ 李并成《河西走廊历史地理》，第57—58页。

事、瓜州刺史、河西郡开国公、仪同三司高昌王嗣位。”[①]麴嘉为高昌王，死后谥号“昭武”，或与地域有一定的关联，麴氏家族在高昌及河西地区颇有影响力。粟特康氏家族入居河西地区的时代亦可上溯自汉魏之际。《三国志》卷三三“裴注”引《诸葛亮集》云：“凉州诸国王各遣月支、康居胡侯支富、康植等二十余人诣受节度。”[②]可知凉州一带月氏人、康居人的势力很大，其中康姓聚落的人员构成应包括康居国及附属国的来华居民。《唐康敬本墓志》记载：“君讳敬本，字延宗，康居人也。元封内迁，家张掖郡……曾祖默，周甘州大中正。”[③]可知康敬本家族入华时间可追溯自汉代，且定居于河西张掖郡，至北周时期康敬本曾祖康默担任了甘州大中正，其家族自汉代以来世居张掖。河西走廊本是汉代西域使臣、商人等进入中原的重要通道，并逐渐成为西域胡人入华后重要的聚居地。

魏晋之际粟特人大量入华，至西晋时期粟特人已经在中原王朝形成了商业网络，据著名的敦煌粟特文信札可知，当时粟特人在河西走廊的敦煌、酒泉、姑臧、金城等地形成了商业贸易据点[④]。学者考察了汉晋之际粟特胡人，认为此时期西域康姓人物来华者增多，这些康姓胡人在河西地区形成聚居[⑤]。五凉时期河

① 《梁书》卷五四《诸夷传》，第811页。
② 《三国志》卷三三《后主传》，第895页。
③ 周绍良、赵超编《唐代墓志汇编》，第530页。
④ 辛姆斯·威廉姆斯著，Emma WU译《粟特文古信札新刊本的进展》，《法国汉学》丛书编辑委员会编《粟特人在中国——历史、考古、语言的新探索》，北京：中华书局，2005年，第72—87页。
⑤ 陈国灿《魏晋至隋唐河西人的聚居与火祆教》，《西北民族研究》1988年第1期，200—201页。

西粟特康姓人物有康妙、康盛、康宁、康儿等[1]。其中“康儿”为互市人，负责沟通凉州与长安之间的交通；康妙为前凉使节；康盛、康龙为武将；康宁为后凉西平太守，曾割据自立为“匈奴王”。可知东晋十六国时期，河西是粟特康氏重要聚居地，康氏家族除了能够沟通东西交通、商业往来，也凭借武力寻求政治地位的提升。据《北周康业墓志》记载，其家族即康居后裔，北周时期定居长安，但其去世以后“诏增（赠）甘州刺史”[2]，表明北朝时期康氏家族在河西地区的影响力。此外，笔者对墓志中康姓人物与河西有关联的材料做了统计，如下表所示（省略了前文已提到的《唐康敬本墓志》《北周康业墓志》）。

表4-1　康氏家族墓志中与河西有关的记载

墓志题名	与河西有关的记载	年代	出处
《唐故上骑都尉康君（达）墓志铭并序》	原夫玉关之右、金城之外	唐总章二年(669)	《唐代墓志汇编》，第503页
《唐故陪戎副尉康君(武通)墓志铭并序》	夫人唐氏，即酒泉单王之胤也；蒲昌贵族,酒泉华裔	唐咸亨三年(672)	《唐代墓志汇编》，第545页
《大唐故平□□□戍主康君(续)墓志铭并序》	东晋失图，康国跨全凉之地;曾祖德，齐任凉州都督	唐调露元年(679)	《唐代墓志汇编》，第658页

① 朱雷《东晋十六国时期姑臧、长安、襄阳的“互市”》，原载《古代长江中游的经济开发》，武汉：武汉出版社，1988年；后藤胜《河西王國の性格について》，《歴史教育》第15卷第9、10号合并，1967年；冯培红《敦煌学与五凉史论稿》，第336—367页（五凉时期粟特人的详细情况可参考此部分论述）。
② 程林泉、张翔宇、山下将司《北周康业墓志考略》，《文物》2008年第6期，第82页。

续表

墓志题名	与河西有关的记载	年代	出处
《大唐故游击将军康府君（留买）墓志》	曾祖感,凉州刺史	唐永淳元年(682)	《唐代墓志汇编》,第694页
《大唐故游击将军康府君(磨伽)墓志铭并序》	曾祖感,凉州刺史	唐永淳元年(682)	《唐代墓志汇编》,第694页
《大唐故处士康君(哲)墓志铭并序》	君讳哲,字慧哲,其敦煌郡人也	唐神龙元年(705)	《唐代墓志汇编》,第1052页
《大唐故河南府慕善府果毅都尉省城副使魏郡康府君(仙昂）墓志铭并序》	祖瑱,酒泉郡司马	唐天宝九载(750)	《大唐西市博物馆藏墓志(全三册)》
《大唐故康府君(太和)墓志铭》	祖锋，武威郡磻和府果毅	唐天宝十四载(755)	《陕西省考古研究院新入藏墓志》,第74、272页
《大唐曹府君（惠琳)墓志之铭》	公讳惠琳，本望敦煌康氏也	唐大历二年(767)	《唐代墓志汇编续集》,第720页
《大唐上仪同故康莫量息阿达墓志铭》	祖拔达,梁使持节、骠骑大将军、开府仪同三司、凉甘瓜三州诸军事、凉州萨宝	唐贞观年间	《唐代墓志汇编》,第124页

以上是与河西有关联的康氏墓志，除了此以外，不排除有些粟特康氏家族虽出自河西，但因已经定居中原而未在墓志中表述其家族与河西的关系。《高僧传》中载晋僧康法朗西行，也是

“共同学四人，发迹张掖，西过流沙”[①]，僧人康法朗从张掖一带出发西行，亦表明康姓家族与河西的密切关系。荣新江详细梳理入华粟特人聚落，指出康氏家族为酒泉一带的胡人首领[②]。综上，可知“昭武”为河西走廊少数民族聚居地之一，粟特康氏家族之发展与河西地区关系密切，粟特康氏选择以河西“昭武”地名为氏，也就顺理成章了。

《隋书》中将粟特康氏作为昭武诸姓之宗主国，表明粟特康国实力的强大，实际上更反映出康氏家族在入华粟特人中的号召力，康姓仍然是粟特诸姓的核心。虽然魏晋之际粟特诸姓迅速崛起，尤以史氏、安氏家族为代表；但因入华较早，北朝时期粟特康姓家族的地位也获得了明显的提升，这种情况在康氏家族墓志中集中反映出来，兹列表如下：

表4-2　康氏家族墓志中家族成员北朝任官的记载

墓志题名	家族北朝任官	时代	出处
《北周康业墓志》	世掌大天主……诏赠甘州刺史;父魏大天主、罗州使君	北周天和六年(571)	《北周康业墓志考略》(《文物》2008年第6期,第82页)
《大唐故洛阳康大农(婆)墓铭》	祖陁,齐相府常侍	唐贞观廿一年(647)	《唐代墓志汇编》,第96页
《唐故陪戎校尉康君(子相)墓志》	其先出自康居,仕于后魏……从孝文	唐显庆二年(657)	《洛阳新获七朝墓志》,第78页
《唐故上骑都尉康君（达）墓志铭并序》	曾祖勖，齐任上柱国;祖逵,齐任雁门郡上仪同	唐总章二年(669)	《唐代墓志汇编》,第503页

① ［南朝梁］释慧皎撰，汤用彤校注，汤一玄整理《高僧传》卷一《译经上》，第153页。

② 荣新江《中古中国与外来文明》，第64页。

续表

墓志题名	家族北朝任官	时代	出处
《大唐故康敬本墓志铭》	曾祖默,周甘州大中正	唐咸亨元年(670)	《唐代墓志汇编》,第530页
《唐故陪戎副尉康君(武通)墓志铭并序》	祖默,周任上开府仪同大将军	唐咸亨三年(672)	《唐代墓志汇编》,第545页
《唐故处士康君(元敬)墓志》	其先肇自□居毕万之后，因从孝文,遂居于邺。祖乐,魏骠骑大将军,又迁徐州诸军事；父仵相,齐□州摩诃大萨宝,寻改授龙骧将军	唐咸亨四年(673)	《唐代墓志汇编》,第571页
《大唐故平□□□戍主康君(续)墓志铭并序》	曾祖德,齐任凉州都督;祖暹,齐任京畿府大都督	唐调露元年(679)	《唐代墓志汇编》,第658页
《唐故康君(枚)墓志铭并序》	因土分枝,建旆西魏……祖安,翼赞周朝	唐永隆二年(681)	《唐代墓志汇编》,第680页
《大唐故处士康君(哲)墓志铭并序》	匡后魏而尽忠,辅齐邦而献鲠……曾祖□,北齐金紫光禄大夫	神龙元年(705)	《唐代墓志汇编》,第1052页
《大唐故下管令上柱国康府君(威)墓志》	曾祖讳远,后魏左龙相将军、寿阳县开国公	开元十一年(723)	《唐代墓志汇编》,第1270页

可见众多康氏人物墓志中，可向前追溯其家族至北朝时期。吴玉贵考隋末的粟特地方势力有凉州安氏兄弟、关中何潘仁、长安史万宝、河西康老和、营州石世则、平凉史索岩等[①]。经历了魏晋北朝时期的发展，入华粟特诸姓已经依靠族群聚居形成地方粟特人社会集团，其中原州史氏以史射勿为代表，凭借个人能力崛起，至隋代末年成为炀帝集团成员之一[②]，凉州安氏因其在唐朝建国过程中执李轨降唐而获得家族势力的迅速提升[③]。北朝隋唐之际，康氏家族虽未出现史射勿、安元寿那样位于中原政权核心阶层的人物，但是因为入华较早，家族底蕴深厚，康氏家族整体上的发展势头不亚于史氏、安氏。首先，通过梳理墓志中的康姓人物，可发现早在北魏孝文帝时期，一些康氏家族成员已经步入中原政权统治阶层，他们中有些还是孝文帝迁都洛阳的追随者。如康婆、康元敬墓志皆提到其祖上追随孝文帝的事迹，可以说明康氏家族入华较早，并且更早接近中原政权上层。康氏家族汉化程度较高，康业是目前所知第一个采用中国式葬法的粟特人领袖[④]，《梁书》中所载康绚，其家族人物曾在前秦及南朝宋、齐任官[⑤]，亦为汉化程度较深的粟特家族。其次，唐以前康氏家族在陇右、河西地区影响力巨大。隋代末年的康老和起义[⑥]，并非依附于其他政权，而是以粟特康氏集团名义发起，康氏家族号召力可见一斑。凉州安氏粟特集团本依附于李轨大凉政权，后因

---

① 吴玉贵《凉州粟特胡人安氏家族研究》，第296—300页。

② 罗丰《史勿射墓志》，《胡汉之间——“丝绸之路”与西北历史考古》，北京：文物出版社，2004年，第424—439页。

③ 吴玉贵《凉州粟特胡人安氏家族研究》，第296页。

④ 荣新江《中古入华胡人墓志的书写》，第123—129页。

⑤《梁书》卷一八《康绚传》，第290页。

⑥《隋书》卷五《恭帝纪》，第100页。

叛凉归唐而进入唐王朝政权核心阶层，据考隋末亦有粟特康氏家族依附于大凉政权，只是他们起初是在李轨一方，虽最终选择归唐，但入唐后的家族命运与安氏形成天壤之别[①]。那么在唐代以前，康氏家族成员在河陇地区的影响力当不亚于安氏。再次，即使在隋唐之际安氏、史氏家族迅速崛起以后，康氏家族整体发展势头仍旧强劲。毕波统计了当时可见入仕唐廷胡人的情况[②]，其中康姓41人、安姓31人、史姓19人、何姓15人、曹姓7人、李姓6人、米姓5人、石姓5人、穆姓4人、罗姓4人、翟姓2人、其他7人，单纯从入仕粟特人的数量上看，康氏家族人物依旧比安氏、史氏多，亦是康氏家族实力的体现。

北朝时期入华粟特人的地位有了整体性的提升，从北朝粟特人墓志材料中可以看出，魏晋南北朝时期粟特诸姓在中原地区担任的职务多为武职、宗教职务，其婚姻关系许多还是粟特人之间的通婚。入华粟特人皆来自中亚索格底亚那地区，在文化上亦同源，共同的地缘关系、文化特征为其塑造共同的族群记忆提供了基础。隋唐之际，粟特人在河西、凉州、秦州、长安等地已经形成粟特人集团，将分散的粟特诸姓整合成一拥有共同族群记忆的社会群体，可以扩大粟特人在中原地区的影响力；且只有将粟特人祖先记忆追溯至华夏文化圈的范围之内，才可能推进粟特人融入中原文化。正如学者所论："一切出现在历史视野里的所谓民族，都是政治体，即以政治关系和政治权力为纽带构建起来的社会团体，尽管这种团体总要把自己打扮成以血缘关系为基础的、

---

① 雷闻《凉州与长安之间——新见〈唐故左羽林军大将军康太和墓志〉考释》，《河北师范大学学报（哲学社会科学版）》2020年第5期，第21—24页。

② 毕波《中古中国的粟特胡人——以长安为中心》，北京：中国人民大学出版社，2011年。

具有生物学意义上紧密联系的社会群体。”[①]粟特人群体若要在中原政权中获得更多政治资源，必须塑造粟特人共同的族群记忆，将其打造成为具有共同血缘关系、拥有华夏文化渊源的社会群体。隋炀帝时期，皇帝本人重视西域经略，裴矩至张掖执掌交市、编撰《西域图记》，为粟特家族塑造其族群记忆并将相关历史书写嵌入华夏历史提供了机遇。康姓入华最早，在粟特诸姓中最具号召力，但因北朝隋唐之际，入华较早的康氏家族缺少步入统治阶层核心的机缘，康姓在入华诸姓中的号召力减弱。对康氏来说，也希望能够重新树立其家族号召力，那么河西粟特康氏家族应是积极参与了《西域图记》的编撰，裴氏家族与粟特康氏家族也因此结缘。

三、裴矩与“昭武”称谓

文章开头已经提到，粟特人以“昭武”为姓氏的记载源于《隋书·西域传》，而《隋书·西域传》的内容则来自唐初所存的《西域图记》残卷[②]。史载：“时西域诸蕃，多至张掖，与中国交市。帝令矩掌其事。矩知帝方勤远略，诸商胡至者，矩诱令言其国俗山川险易，撰《西域图记》三卷，入朝奏之。其序曰：‘……臣既因抚纳，监知关市，寻讨书传，访采胡人，或有所疑，即详众口。依其本国服饰仪形，王及庶人，各显容止，即丹青模写，为《西域图记》，共成三卷，合四十四国。仍别造地图，穷其要害。’”[③]可知裴矩是在查阅相关书籍、访采西域胡人的基础之上编撰的《西域图记》。裴矩倾心于西域经营，《隋书·西域

---

① 罗新《中古北族名号研究》，北京：北京大学出版社，2009年。

② 颜世明、高健《裴矩〈西域图记〉研究拾零——兼与余太山、李锦绣二先生商榷》，《敦煌研究》2016年第3期，第98—101页。

③《隋书》卷六七《裴矩传》，第1578—1579页。

传》载："帝复令闻喜公裴矩于武威、张掖间往来以引致之，其有君长者四十四国。矩因其使者入朝，啗以厚利，令其转相讽谕。大业年中，相率而来朝者三十余国，帝因置西域校尉以应接之。寻属中国大乱，朝贡遂绝。然事多亡失，今所存录者，二十国焉。"[①]裴矩在张掖招徕胡人，其间与西域诸国上层人物定然建立起紧密的联系。据《隋书》《北史》所存《西域图记》序可知，裴矩对于粟特诸国所处之丝路"中道"记载颇详，余太山认为裴矩所咨询的对象很可能都是往来"中道""南道"之人[②]。裴矩长期活动于张掖一带，此地也是粟特康氏家族的主要聚居处，因此裴矩所访采的西域胡人中，应包括粟特康氏。《隋书·西域传》所载粟特"昭武"姓氏之来历，当与裴矩、粟特康氏家族有很大关系。下面我们回归正史文本记载，《隋书·西域传》中关于粟特"昭武"姓氏的记载主要如下：

> 康国者，康居之后也。迁徙无常，不恒故地，然自汉以来相承不绝。其王本姓温，月氏人也。旧居祁连山北昭武城，因被匈奴所破，西逾葱岭，遂有其国。支庶各分王，故康国左右诸国并以昭武为姓，示不忘本也。王字代失毕，为人宽厚，甚得众心。其妻突厥达度可汗女也。都于萨宝水上阿禄迪城，城多众居。大臣三人共掌国事……名为强国，而西域诸国多归之。米国、史国、曹国、何国、安国、小安国、那色波国、乌那曷国、穆国皆归附之。
>
> 安国，汉时安息国也。王姓昭武氏，与康国王同族，字设力登。妻，康国王女也。都在那密水南……每听政，与妻

① 《隋书》卷八三《西域传》，第1841—1842页。
② 余太山《裴矩〈西域图记〉所见敦煌至西海的"三道"》，《西域研究》2005年第4期，第19页。

> 相对，大臣三人评理国事。风俗同于康国。唯妻其姊妹，及母子递相禽兽，此为异也。炀帝即位之后，遣司隶从事杜行满使于西域，至其国，得五色盐而返。[①]

从正史记载看，粟特康国为康居之后，其祖先为月氏人，是从祁连山北昭武城迁居至索格底亚那地区，康国实际上是昭武诸姓的宗主国。康居灭亡之后，康国也继承了汉代康居西域强国的地位，众多昭武姓王国归附于康国。不难看出，这一关于粟特族群记忆的历史书写中并非纯客观历史的记述，其中包含附会成分，如安国为安息之后，史家已经指出类似谬误："前《西戎志》以安国为安息，今则改入康居。凡诸舛谬，悉从厘正。"[②]除了这些明显的附会以外，还有一些近乎"完美"的历史书写也令人怀疑，文中讲康国祖先"旧居祁连山北昭武城，因为匈奴所破，西逾葱岭"的记载，与《汉书·西域传》中关于月氏西迁的记载恰好衔接，此种历史书写显然是将粟特人纳入中原文化圈的一种附会，我们只能将其理解为裴矩笔下的粟特人迁徙史，是经选择、编织过的历史书写。但若简单地将此归为附会、虚构之作而不深究其产生的历史逻辑，则又将错过重要的历史信息，因为此类书写虽出于编者之笔，但裴矩之书写又是有其依据的，其依据即以康氏为核心的入华粟特人的追溯。裴矩在张掖时期，与西域胡人建立了良好的关系，若梳理史料亦可发现裴氏家族与粟特康氏之间结交甚深。出土墓志《大唐故洛阳康大农（婆）墓铭》记载："武德中，左仆射裴寂揖君名义，请署大农。君感知己之深，衔

① 《隋书》卷八三《西域传》，第1848—1849页。

② ［宋］王钦若等编《册府元龟》卷五六〇《国史部·地理》，北京：中华书局，1960年，第6733页。

一顾之重，乃降情屈志，俯而从之。既而来往许史之庐，出入金张之馆，虽复一行作吏，而未废平生之欢。自裴侯下世，君亦辞位高蹈，闲居养志而已。四运不居，百年荏苒，不图不虑，大渐殄缠，以贞观廿一□八月十四日终于洛阳之私第，春秋七十有五。”[①]志主康婆祖先出自西域康国之裔，北魏时期来到洛阳。唐朝时，康大农受裴寂提携，出任司农寺卿。裴寂“少孤，为诸兄之所鞠养”，隋大业年间“历侍御史、驾部承务郎、晋阳宫副监”，唐武德六年任尚书左仆射，贞观三年免官[②]。《裴寂墓志》记载：“从祖黄门，当朝藻镜，见而称异，因谓人曰：此儿志力，天挺自然，乃昆山之一片，必吾家之千里。由是四海拭目，嗟其老成；五宗引领，伫其光覆。”[③]可知裴寂为裴矩的族孙。裴矩隋朝时在张掖任职，河西是粟特康氏集团聚居地，裴氏家族与康氏家族或因此机缘结交；康婆出任司农寺卿又得益于裴寂的引荐，可证裴氏家族与康氏家族关系之密切。又据《唐赵氏康夫人墓志铭》记载：“（康）夫人，左军散兵马使押衙充音声使银青光禄大夫检校太子宾客兼侍御史元宗之女，即故裴赞善之外孙。”据墓志可知康夫人父亲为康元宗，曾为音声人，应即粟特康氏。墓志记载康夫人为裴赞善之外孙，那么康元宗妻子即裴赞善之女。赞善一职，《旧唐书·职官志》载“龙朔二年二月甲子，改百司及官名……中允为左赞善大夫，洗马为司经大夫，中舍人为右赞善大夫”“景云二年，复置太子左右谕德、太子左右赞善大夫各两员”[④]。唐代裴氏家族出任太子舍人、中允的人物

① 周绍良、赵超编《唐代墓志汇编》，第96页。

②［后晋］刘昫等撰《旧唐书》卷五七《裴寂列传》，北京：中华书局，1975年，第2285—2289页。

③ 胡戟《珍稀墓志百品》，西安：陕西师范大学出版总社，2016年，第45页。

④《旧唐书》卷四二《职官志一》，第1786—1787、1789页。

有：裴敬彝、裴纶、裴懿、裴彦先、裴谞等，但“裴赞善”所指的具体人物待考。裴赞善地位较高，应出自河东裴氏，其女儿出自粟特康氏，也可以说明裴氏家族与粟特康氏之亲密关系。此外，西域疏勒王室后裔亦与中原裴氏联系密切，《旧唐书》记载“疏勒国……其王姓裴氏”[1]，《隋书·西域传》记载疏勒王“字阿弥厥”[2]，可知裴矩于张掖搜集西域诸国的资料时，尚未闻知疏勒王姓裴；而据《旧唐书·裴玢传》记载“（裴玢）五代祖疏勒国王绰，武德中来朝，授鹰扬大将军，封天山郡公，因留阙下，遂为京兆人”[3]，可知唐武德年间疏勒王裴绰入朝时，已经使用裴姓，那么疏勒王始用汉姓“裴”应该是在隋唐之际，或亦与裴矩经营西域有关。疏勒王改姓裴氏后提高了其在西域诸国中的号召力，《唐曹怀直墓志》中就有粟特曹氏家族攀附西域疏勒王裴氏的记载[4]。陈玮认为吐鲁番出土文书中有高昌国裴氏，但检索相关文献，并无确凿材料证明隋代以前疏勒王族裴姓人物的存在。唐初，裴行俭因反对唐高宗立武昭仪为后，贬迁西州都督府长史，后拜安西大都护，西域诸国“慕义归降”[5]，裴行俭在西域建立功勋。开元十五年（727），吐蕃陷瓜州，玄宗任萧嵩为兵部尚书、河西节度使、判凉州事，《旧唐书·张九龄传》载“嵩乃请以裴宽、郭虚己、牛仙客在其幕下”[6]。萧嵩幕下的郭虚己原任河西节度使判官，据其墓志“吐蕃入寇瓜沙，军城凶

---

① 《旧唐书》卷一九八《西戎传》，第5305页。

② 《隋书》卷八三《西域传》，第1852页。

③ 《旧唐书》卷一四六《裴玢传》，第3969页。

④ 陈玮《新出〈唐曹怀直墓志〉所见安史之乱前后粟特武人动向研究》，《中华文史论丛》2016年第3期，第324页。

⑤ 《旧唐书》卷八四《裴行俭传》，第2802页。

⑥ 《旧唐书》卷九九《萧嵩传》，第3094页。

惧，公（郭虚己）躬率将士，大殄戎师”[①]，可知郭虚己曾在抵抗吐蕃的战争中立功。萧嵩幕下牛仙客亦曾任河西节度使判官，且为已故河西节度使王君㚟的心腹[②]。唯独裴宽此前与河西无直接关系。萧嵩之所以请裴宽为其幕下，或亦与隋唐之际裴氏家族在西域的影响力有关。裴氏家族在西域地区的影响力，即始于裴矩在河西地区的经营。隋炀帝时期不惜代价招徕胡人，史载胡人结交隋炀帝宠臣宇文述，“竞加馈遗，金宝累积”[③]，裴矩以不好财物为世所称，但他对隋炀帝的好大喜功、矫饰夸耀却一味奉承，史载裴矩为了迎合炀帝而结交胡人，“诱令言其国俗山川险易”“因使者入朝，啗以厚利，令其转相讽谕”。河西粟特康氏集团凭借其商业实力及其在西域诸国中的号召力，能与裴矩结交亦在情理之中。余太山认为隋人不可能把湮没已久的古县名硬加到索格底亚那诸王头上，此说可能得诸入华之粟特人[④]，笔者更进一步认为，《隋书》中关于粟特人来源的说法是裴矩采自粟特康氏，隋人虽不可能将“昭武”县名强加于粟特诸王，但粟特人已将其历史追溯至汉代，那么其关于汉代河西昭武城的知识应当获取自中原知识分子，裴矩或即这一线索的提供者。结合《隋书·西域传》原文关于“昭武”诸国的记载，笔者判断该这一历史书写是裴矩与粟特家族共同沟通的结果，成功塑造了粟特人共同的族群记忆，并恰如其分地将之嵌入中原文化圈。于是“粟特人本为月氏人之后裔，河西昭武县即粟特人祖先故土”就成为入华粟特人共同的历史记忆。

---

① 拓版录文参见樊有升、鲍虎欣《偃师出土颜真卿撰并书郭虚己墓志》，《文物》2000年第10期，第85—89页。

② 《旧唐书》卷一〇三《牛仙客传》，第3196页。

③ 《隋书》卷六一《宇文述传》，第1466页。

④ 余太山《两汉魏晋南北朝正史西域传要注（下册）》，第554页。

“昭武”姓氏的形成是粟特文明融入中原文化过程中的产物。魏晋时期，中原地区谱系与郡望知识逐步普及，获取中原郡望是入华诸族身份转变的重要途径；与此同时中原士族仍旧通过封闭婚姻等方式维持其门阀特权。此时北方少数民族加快了融入中原文化的进程，北魏时期实行的门阀、婚姻制度为伪托地望现象开了方便之门，文化上的趋同等因素促使入华北族人假冒中原地望、名族成为普遍现象；北族墓志中，志主对华夏文化心理上的认可，表明其华化过程已真正完成[①]。与之相比，同时期自西域地区进入中原的粟特诸姓，融入中原文化的进程显得较为缓慢，一方面，因为粟特人故土与中原距离遥远，导致入华粟特人的规模数量不及北方少数民族。此外，北方少数民族纷纷在中原建立起独立的政权，只有在地望、族属方面获得中原文化的认同，这些少数民族政权才能够争取民心，获得中原士大夫的支持；而成为中原某一政权的统治者，也为这些少数民族伪托地望、族属提供了极大的便利。而入华粟特人显然不具备快速融入中原文化的条件[②]，但是其族群利益及其对中原文化的追慕，也在促使他们设法获得中原文化的认同。“昭武”是少数民族聚居地，是河西走廊少数民族活动的中心，对于粟特人来说，选择以“昭武”为氏是粟特历史与中原文化融合的产物，客观上将粟特人的族源纳入中原文化圈的范围。与此同时，尽管汉代以来河西地区就已经

① 何德章《伪托望族与冒袭先祖：以北族人墓志为中心——读北朝碑志札记之二》，武汉大学中国三至九世纪研究所编《魏晋南北朝隋唐史资料》第17辑，武汉：武汉大学出版社，2000年，第137—143页。

② 伪托地望现象虽然已经普遍，但是“伪托地望除举族直接移徙于所托之地外，常常还以‘自云’‘自言’某一魏晋名人后代的方式出现，而要成为事实，似乎还需要……经皇帝下诏特许”。参见何德章《伪托望族与冒袭先祖：以北族人墓志为中心——读北朝碑志札记之二》，第139页。

纳入于中原文化圈的范围，但是直至魏晋南北朝时期河西郡望并未获得中原世家大族的认可。以中古时期张氏为例，张氏家族认为北朝时期的河西名臣张轨是不值得攀附的对象[①]，粟特人选择不被重视的河西地名作为郡望，就弱化了中原士族的排斥心理，减少其融入中原文化的种种阻力。总之粟特人选择河西“昭武”县作为其祖先故地，成功地塑造了其族群记忆，推动了粟特人的“华夏化”[②]进程。

除了在文化上向中原靠拢，粟特诸姓之间的凝聚力也需要进一步加强。入华粟特诸姓若想获得更多的社会资源，一方面需要在现实中通过相互联姻、互相援引等方式增强其族群影响力，同时需要在共同的地缘、血缘关系基础上构建共同的族群记忆，正史中关于粟特人“昭武”姓氏的历史书写应运而生。《隋书·西域传》中关于粟特诸国的记载大多来自西域胡商的记忆，且史籍中将康国看作昭武诸姓核心国的叙述方式，更有理由让我们判断这样的历史书写是采访自粟特康氏家族成员。在粟特康氏家族与以裴矩为代表的中原史家的沟通下，建构起史书中关于粟特人入华的线索，这一线索巧妙地将入华粟特人的祖先记忆与“昭武”地名、汉代月氏西迁、康居国历史联系起来，塑造了粟特人共同的族群记忆。经过北朝时期的发展，河西粟特人聚落已经发展成为颇有影响力的社会集团，将粟特故地追溯至“昭武”并且以“昭武”为氏，客观上肯定了河西地区存在粟特人集团的既成事实。

---

① 仇鹿鸣《制作郡望：中古南阳张氏的形成》，《历史研究》2016年第3期，第26页。

② 华夏化：从非华夏的身份转变为自认且被承认的华夏身份。参见胡鸿《能夏则大与渐慕华风：政治体视角下的华夏与华夏化》，北京：北京师范大学出版社，2017年，第17页。

汉代索格底亚那地区诸小国奉康居为宗主国，诸国人华者多以康为姓；但是随着康居的灭亡，入华粟特人各自以国为姓，康姓在入华粟特诸姓中号召力减弱。构建以“昭武”为氏的族群记忆也是康氏家族延续其号召力的尝试。隋唐之际，以史氏、安氏为代表的粟特诸姓崛起，通过安氏家族人物传记、墓志等史料可知其家族在凉州地区地位颇为显赫。《元和姓纂》载：“后魏安难陀至孙盘娑罗，代居凉州，为萨宝。”[①]但是也有学者指出这些资料之间有相互抵牾的地方，认为“其（安氏）家族势力是否是由北魏一直延续至周隋之际，则颇令人怀疑”[②]。这种怀疑是有道理的，北朝时期，康氏以外的粟特诸姓属于新兴粟特家族，这是康居国瓦解后粟特诸国居民纷纷进入中原后的结果。但不能否认的是，北周、隋代粟特诸姓崛起非常迅速，粟特康氏的地位无法避免受到了来自新兴粟特史氏、安氏的挑战。“昭武”位于祁连山北，处于粟特康氏家族集团所在地，将粟特人称为“昭武九姓”，客观上也使河西地区粟特康氏集团的号召力延续下来。然而这终归无法阻挡粟特康姓之核心地位逐渐丧失的进程，周隋之际史氏家族兴起，隋末唐初凉州安氏家族势力崛起，并在唐代安史之乱前后臻于极盛，而汉代以来粟特康姓家族的核心地位则只能于史料之中钩沉发掘。

综上，笔者认为史书中关于粟特人以“昭武”为氏的历史书写虽并非客观存在的历史，但却塑造了当时粟特人的族群记忆，第一，粟特昭武姓氏的“昭武”并非音译，而是指祁连山北昭武城，“昭武”地望客观上肯定了粟特人在河西地区定居、且形成社会集团的历史事实；第二，康国及其属国居民以“昭武”为氏

① ［唐］林宝撰，岑仲勉校记《元和姓纂（附四校记）》卷四，第500页。
② 毕波《论北周时期的胡人与胡化》，《文史》2005年第4期，第170页。

的叙述，是在源头上确立了康姓在昭武九姓中的核心地位，且粟特诸姓以“昭武”为氏、“昭武九姓”的说法还在粟特诸姓之间形成了族群认同，增强了粟特诸姓的凝聚力。第三，自汉末以来，粟特人已在河西地区形成聚居，他们选择河西地区“昭武”为其地望，巧妙地将其族群历史与早期河西走廊的月氏人联系起来，自然也将粟特文明纳入了中原文化圈内，促进了粟特人的华夏化进程。

第三节　魏晋北朝敦煌民族融合个案研究——以中古翟氏为例

一、已往对中古翟氏族属的认识

翟氏的源流可以上溯自先秦时期，《元和姓纂》“翟”氏条记载：

> 黄帝之后，代居翟地。国语云，为晋所灭……汉文帝廷尉翟公，下邳人。
>
> 【汝南上蔡】汉丞相、高阳侯翟方进；生义，东都太守。后汉尚书翟舟，会稽人。晋翟阳，浔阳人，五征不起。[①]

翟氏历史渊源很早，先秦时期居于翟地。至汉代，翟氏在下邳、上蔡、会稽、浔阳等地均有分布，此即汉姓翟氏。丁零翟氏在西晋十六国时期史籍中大量出现，姚薇元《北朝胡姓考》称：“西河翟氏，出自春秋时赤翟（即赤狄）之后，以种名为氏，高车族

① ［唐］林宝撰，岑仲勉校记《元和姓纂（附四校记）》卷十，第1582页。

也。”[①]北朝隋唐时期，亦有部分翟氏与粟特人关联密切。基于此，可知中古时期的翟氏可能包含汉、丁零、粟特等多种族属，笔者主要关注魏晋至隋唐时期的入华翟氏（丁零、粟特翟氏）及其在敦煌的民族融合。

（一）正史所载丁零翟氏相关研究

谭其骧对十六国北朝时内迁丁零的分布及丁零翟氏所建立的翟魏政权做了研究[②]。段连勤对内迁丁零族的迁徙、分布、民族融合等问题做了考述[③]。程有为以翟魏政权为中心论述了丁零人入华后的生活状况及融入中华民族的过程[④]。龚荫对魏晋时期翟氏丁零所建大魏政权的兴衰和世系迭代做了梳理[⑤]。周国琴广辑史料，对丁零翟氏政权与十六国时期北方诸政权的关系、翟魏的建立与败亡做了探究[⑥]。《晋书》载西秦政权中存在地位显赫的翟氏人物，唐长孺认为这一支翟氏出自丁零大族，与魏晋时期太行山一带的翟氏为同族[⑦]。

---

① 姚薇元《北朝胡姓考》，北京：中华书局，2007年，第335页。

② 谭其骧《记五胡元魏时之丁零》，原载《益世报》1942年10月4日，收入氏著《长水集》（上），北京：人民出版社，2011年，第241—246页；谭其骧《记翟魏始末》，原载《益世报》1942年12月17日，收入氏著《长水集》（上），第247—253页。

③ 段连勤《丁零、高车与铁勒》，上海：上海人民出版社，1988年，第148—179页。

④ 程有为《内迁丁零人与翟魏政权》，《许昌学院学报》1988年第4期，第69—74页。

⑤ 龚荫《晋代北方民族政权诸王辑略》（下），《西南民族学院学报（哲学社会科学版）》2001年第4期，第23—29页。

⑥ 周国琴《十六国时期太行山区丁零翟氏研究》，内蒙古师范大学硕士学位论文，2003年；周国琴《十六国时期太行山区丁零翟魏政权初探》，《内蒙古社会科学（汉文版）》2015年第1期，第54—57页；周国琴《浅谈丁零在十六国时期北方政权博弈中的作用》，《黑龙江民族丛刊》2016年第5期，第85—89页。

⑦ 唐长孺《魏晋杂胡考》，氏著《魏晋南北朝史论丛》，北京：商务印书馆，2010年，第435页。

（二）入华翟氏墓葬相关研究

在考古发掘工作中，数个翟姓墓主的墓葬被发现。1944年西北科学考察团历史考古组在敦煌佛爷庙发掘了一个墓葬群，其中一座单室砖墓出土了题有“翟宗盈”的镇墓文陶罐，夏鼐以洛阳、长安一带出土的同类型朱书陶罐为参照，将翟宗盈墓陶罐年代定位于东汉晚年至晋初[①]。阎文儒判断翟宗盈墓为六朝初期墓葬[②]。郭永利、杨惠福对翟宗盈墓的考古学信息做了详细梳理并以随葬品断代为参照指出该墓葬的年代为前凉以前的西晋时期[③]。陈菊霞认为翟宗盈家族的族属有三种可能：匈奴部落丁零翟氏之后、建武时期逃至河西的丁零翟氏之后、自内地迁徙至敦煌的汉姓翟氏之后，翟宗盈家族汉化程度较高[④]。王晶根据墓主名字及镇墓文内容，直接判断其为汉姓翟氏[⑤]。

1994年陕西省靖边县的统万城遗址出土了一件浮雕石质墓门，据研究，该墓门出自“翟曹明墓”[⑥]。尹夏清对该文物的整体面貌做了详尽描述，认为这件盛唐时期的墓门蕴含较为明显的粟特文化特征，且该石质墓门与北朝至唐代夏州地区的粟特人聚落密切相关[⑦]。罗丰、荣新江补充了翟曹明墓所出的部分其他文

① 夏鼐著、王世民编《敦煌考古漫记》，天津：百花文艺出版社，2002年，第52—53页。

② 阎文儒《河西考古简报（上）》，《国学季刊》7卷1期，1950年，第115—120页。

③郭永利、杨惠福《敦煌翟宗盈墓及其年代》，《考古与文物》2007年第4期，第61—63页。

④ 陈菊霞《敦煌翟氏研究》，北京：民族出版社，2012年，第23—31页。

⑤ 王晶《论汉宋间翟氏的民族融合》，《中国边疆史地研究》2015年第1期，第105页。

⑥ 陕西历史博物馆编《三秦瑰宝——陕西新发现文物精华》，西安：陕西人民出版社，2001年，第133页。

⑦ 尹夏清《陕西靖边出土的彩绘贴金浮雕石墓门及其相关问题探讨》，《考古与文物》2005年第1期，第49—53页。

物，并且就翟曹明墓志做了深入研究，认为墓主翟曹明是一位粟特人；文章对史料中的粟特翟氏进行辑考，指出粟特翟氏最有可能来自中亚的伐地、戊地[①]。葛承雍也提及翟曹明墓门蕴含祆教因素[②]。赵超对私人收藏的同一北朝墓葬中两件石刻墓门及一批石葬具构件做了介绍，推测“翟门生墓志所载之翟国或与《大唐西域记》中咀蜜国存在语音上的关联”，并对翟门生墓石葬具图像反映的中原、胡族两类文化因素进行了概述[③]。黑田彰就翟门生墓所出石屏风上的孝子传图做了研究[④]。吉笃学细致描述了翟门生石棺床，并对零散的信息进行了系统整理，认为翟门生墓石棺床的年代在东魏武定元年（543）前后，并从器型、图纹等方面与年代相近的同类石棺床作比，肯定了翟门生墓石棺床的重要断代意义[⑤]。

（三）入华翟氏碑志相关研究

入华翟氏人物碑志中，部分明确标明其家族为入华翟氏而非汉姓翟氏；部分虽无直接记载，但亦有相关线索表明其为入华翟氏。荣新江、罗丰根据墓志记载等指出夏州翟曹明墓的粟特属性，并且在系统梳理翟氏史料基础上统计出十一条粟特翟氏的史

① 罗丰、荣新江《北周西国胡人翟曹明墓志及墓葬遗物》，荣新江、罗丰主编《粟特人在中国：考古发现与出土文献的新印证》（上），北京：科学出版社，2016年，第269—299页。

② 葛承雍《门扉胡人：中古墓葬石门上的别样艺术》，《美术研究》2021年第4期，第26页。

③ 赵超《介绍胡客翟门生墓门志铭及石屏风》，荣新江、罗丰主编《粟特人在中国：考古发现与出土文献的新印证》（下），第673—684页。

④（日）黑田彰《吴氏藏东魏武定元年翟门生石床について——翟門生石床の孝子伝図》，《佛教大学文学部论集》第101号，2017年，第1—27页。

⑤ 吉笃学《东魏石刻的标形器——翟门生屏风石床研究》，《美术学报》2021年第2期，第11—17页。

料[1]。龙成松亦论及胡族翟氏，并整理出十五方胡姓翟姓墓志[2]。由于碑志发现具有偶然性、分散性等特点，以往研究多就某一材料为主，展开探讨。

20世纪上半叶洛阳所出《支彦墓志》的墓主支彦妻为翟氏，志文称翟氏源自下邽。毛阳光认为支彦妻翟氏对郡望的伪托是翟姓胡人入华后的一种比较常见的做法[3]。1972至1973年间，原昭陵文物管理所发掘了位于陕西礼泉县、陪葬昭陵的安元寿夫妇墓，陈志谦对安元寿及其妻翟氏合葬墓做了详尽描述[4]，又考证粟特族裔安元寿的族系及履历，并从其妻翟氏墓志透视唐代卜筮之风[5]。吴玉贵对包括安元寿在内的河西胡人安氏家族做了探讨，指出安元寿妻翟六娘可能为胡人或其后裔，翟氏与粟特人之间的紧密联系亦被提及[6]。1977年甘肃省武威出土《翟舍集及其妻安氏墓志》[7]，濮仲远对墓志再作释录，并就翟舍集及其家族

---

① 尹夏清《陕西靖边出土的彩绘贴金浮雕石墓门及其相关问题探讨》，第49—53页。罗丰、荣新江《北周西国胡人翟曹明墓志及墓葬遗物》，荣新江、罗丰主编《粟特人在中国：考古发现与出土文献的新印证》（上），第279—281页。

② 龙成松《中古胡姓家族研究——以族源、地域、文化为中心》，武汉大学博士学位论文，2016年，第16、470页。

③ 毛阳光《一支洛阳月氏胡人家族的汉化经历——以〈支彦墓志〉与〈支敬伦墓志〉为中心》，《华夏考古》2010年第4期，第126—129页。

④ 昭陵博物馆《唐安元寿夫妇墓发掘简报》，《文物》1988年第12期，第37—49页。

⑤ 陈志谦《安元寿及夫人翟氏墓志考述》，《文博》1989年第2期，第51—56页。

⑥ 吴玉贵《凉州粟特胡人安氏家族研究》，第295—338页。

⑦ 黎大祥《武威大唐上柱国翟公墓清理简报》，原载《陇右文博》1988年第1期，后收入氏著《武威文物研究文集》，兰州：甘肃文化出版社，2002年，第181—182页。

所涉史事进行了考证[①]。2015年西安出土《翟天德墓志》，中日学者皆有对这方墓志的解读[②]，陈明迪将翟天德归为中古时期粟特人，并就志文内容深度剖析了翟天德其人在李唐王朝的政治活动[③]。

河南洛阳出土有一方隋大业年间《翟突娑墓志》，墓志体现出志主的粟特文化属性[④]，墓志记载其父名翟娑摩诃[⑤]。刘铭恕以翟突娑为“火祆教后裔”，但并未就其族属再作探讨，将之归为洛阳出土西域人墓志中“国籍不明”一类[⑥]。龚方震、晏可佳从语言学角度对墓志进行释读，指出翟突娑为居于太原信仰祆教的粟特人[⑦]。荣新江认为，与魏晋南北朝时期高车族裔的翟姓胡人不同，翟突娑及其父乃至另外一些特征明显的翟姓人可能来自中亚粟特某一地区[⑧]。尹勇从民族关系史的角度展开研究，认为翟突娑先世为北魏于凉州俘虏的粟特人，这一家族徙至并州后与

① 濮仲远《武威出土的唐代翟舍集夫妇墓志释证》，《社科纵横》2014年第8期，第149—152页。

② 王菁、王其祎《欧阳笔法 再见长安——新出土唐贞观八年〈翟天德墓志〉刍议》，《书法丛刊》2015年第4期，第23—40页；（日）平田阳一郎、山下将司《「唐·翟天德墓誌」の訳注と考察》，《沼津工業高等専門学校研究報告》第50号，2016年，第105—110页。

③ 陈明迪《墓志所见唐代边疆与民族若干问题研究》，南京师范大学博士学位论文，2020年，第13—43页。

④ 向达《唐代长安与西域文明》，北京：商务印书馆，2015年，第95—97页。

⑤ 李永强主编《洛阳出土少数民族墓志汇编》，郑州：河南美术出版社，2011年，第388—389页。

⑥ 刘铭恕《洛阳出土的西域人墓志》，洛阳市地方史志编纂委员会办公室编《洛阳——丝绸之路的起点》，郑州：中州古籍出版社，1992年，第213页。

⑦ 龚方震、晏可佳《祆教史》，上海：上海社会科学院出版社，1998年，第273—276页。

⑧ 荣新江、张志清主编《从撒马尔干到长安——粟特人在中国的文化遗迹》，北京：北京图书馆出版社，2004年，第108页。

内迁此地的丁零-高车翟氏混居，出于政治或经商需要改姓高车大姓“翟”①。不过，翟突娑与凉州粟特人的关系，及其改姓的线索并不十分清晰，笔者倾向于认为翟突娑家族可能为来自西域的粟特系翟氏。

（四）敦煌、西域地区翟氏相关研究

敦煌吐鲁番等文书中保存有大量翟氏人物相关记载。李方、王素收录了1981年至1991年间《吐鲁番出土文书》中的人名地名，其中包括对翟氏人物的辑录②。石墨林对日本小田义久编《大谷文书集成》中的人名做了索引③，借此我们可以整理大谷文书中的翟氏史料。土肥义和辑录了三百余翟姓人名，并将“翟”姓归于西域胡族（伊朗、突厥）④。如果仔细辨析翟姓人名，可知部分人名胡风色彩明显，亦有部分翟氏人名为汉式名。

翟氏家族在归义军时期的影响力较大，因此对于敦煌吐鲁番

---

① 尹勇《隋唐五代内迁蕃胡族源考异——以个案人物姓氏研究为中心》，首都师范大学博士学位论文，2011年，第22—29页。

② 李方、王素《吐鲁番出土文书人名地名索引》，北京：文物出版社，1996年，第111—114页。

③ 石墨林《〈大谷文书集成〉（壹）人名地名索引——附录与其他吐鲁番文书互见的人名地名》，武汉大学中国三至九世纪研究所编《魏晋南北朝隋唐史资料》第19辑，上海：上海古籍出版社，2002年，第239页；石墨林《〈大谷文书集成〉（贰）人名地名索引——附录与其他吐鲁番文书互见的人名地名》，武汉大学中国三至九世纪研究所编《魏晋南北朝隋唐史资料》第20辑，上海：上海古籍出版社，2003年，第288页；石墨林《〈大谷文书集成〉（叁）人名地名索引——附录与其他吐鲁番文书互见的人名地名》，武汉大学中国三至九世纪研究所编《魏晋南北朝隋唐史资料》第22辑，上海：上海古籍出版社，2005年，第239页；石墨林《若干部吐鲁番出土文书之间互见的人名地名索引》，武汉大学中国三至九世纪研究所编《魏晋南北朝隋唐史资料》第28辑，上海：上海古籍出版社，2012年，第333页。

④（日）土肥义和编《八世紀末期~十一世紀初期燉煌氏族人名集成——氏族人名篇、人名篇》，东京：汲古书院，2015年，第502—516页。

翟氏的综合研究颇多。史苇湘论及作为地方豪族之一的敦煌翟氏族属为汉，并据P.4640《翟家碑》及莫高窟第220窟墨书题记，认为这一支翟姓人迁敦煌的时间为北周大成元年（579）[①]。马德亦赞同此观点[②]。在中古吐鲁番等西域地区，翟氏并非受人瞩目的大姓。宋晓梅认为翟氏是由敦煌迁至吐鲁番地区的汉姓翟氏，并提出张氏是出于经济利益的考量而与主要从事经济活动的翟氏通婚[③]。

以往研究已经注意到敦煌翟氏的粟特属性。池田温考察了敦煌粟特人聚居的从化乡民众诸姓氏，指出其中有与九姓粟特共居的翟姓人[④]。郑炳林对于中古时期敦煌粟特人做了大量研究，《吐蕃统治下的敦煌粟特人》一文据吐蕃统治时期相关文书，认为这一时期仍有大量粟特裔民众留存敦煌并分布于各行业，一些翟姓人物如"翟买奴""翟荣胡""翟法清""翟法炬""翟正因""翟普缘"等属于粟特人[⑤]。《唐五代敦煌粟特人与归义军政权》一文中辑录的文书中亦包含很多翟姓人物，郑炳林对于仅据姓名判断人物族属的做法持审慎态度，但从文书内容来看，翟姓人物与粟特九姓胡人关联十分密切，有个别翟姓人物可以确认

---

① 史苇湘《世族与石窟》，氏著《敦煌历史与莫高窟艺术研究》，兰州：甘肃教育出版社，2002年，第124—136页。

② 马德《敦煌莫高窟史研究》，兰州：甘肃教育出版社，1996年，第242页。

③ 宋晓梅《麹氏高昌国张氏之婚姻》，《中国史研究》1994年第2期，第150—151页。

④（日）池田温《八世纪中叶敦煌的粟特人聚落》，刘俊文主编《日本学者研究中国史论著选译》第9卷《民族交通》，北京：中华书局，1993年，第140—220页。

⑤ 郑炳林、王尚达《吐蕃统治下的敦煌粟特人》，《中国藏学》1996年第4期，第43—53页。

为“粟特”人[①]。《晚唐五代敦煌地区的胡姓居民与聚落》一文指出，晚唐五代敦煌地区的翟氏中有胡姓家族，其中存在粟特人后裔[②]，《晚唐五代河西地区的居民结构研究》一文中，也提到“翟”亦是回鹘人姓氏之一[③]。森安孝夫认为“诸如罗、穆、翟等姓氏，虽目前尚未确定其出身城邦，但根据新近研究基本也可以确定这些就是粟特姓氏”；对于粟特人及粟特商人相关史料的寻找，有效的方法之一是注意粟特姓及史料中涉及“胡”的描述，或是与粟特总称有关的“粟特”“窣利”[④]。黑田彰认为，在对于粟特人物进行判断时应当不完全依赖于‘胡’和粟特姓（康、安、米之外的粟特姓在汉姓中也存在）、粟特（窣利）等一个称呼，而是找到两个及以上判断依据做相互辅证[⑤]。对于敦煌地区翟姓的研究，最为全面系统的成果当为陈菊霞《敦煌翟氏研究》，其内容涉及敦煌翟氏的分布、信仰、社会生活等诸方面，陈菊霞细致考察了敦煌、吐鲁番文书，及石窟题记等，指出其中所载翟姓居民的取名方式、宗教信仰、社会活动、通婚习惯等反映出其粟特人身份[⑥]。陈菊霞还根据敦煌吐鲁番文书等记

---

① 郑炳林《唐五代敦煌粟特人与归义军政权》，《敦煌研究》1996年第4期，第80—88页。

② 郑炳林《晚唐五代敦煌地区的胡姓居民与聚落》，郑炳林主编《敦煌归义军史专题研究三编》，兰州：甘肃文化出版社，2005年，第596—616页。

③ 郑炳林《晚唐五代河西地区的居民结构研究》，《兰州大学学报》2006年第2期，第9—21页。

④ （日）森安孝夫著、石晓军译《丝绸之路与唐帝国》，北京：北京日报出版社，2020年，第96—98页。

⑤ （日）黑田彰《翟门生粟特人身份考——以萨甫为中心》，中国社会科学院文学研究所编《多维视野下的中日文学研究》，北京：社会科学文献出版社，2018年，第117—120页。

⑥ 陈菊霞《敦煌翟氏研究》，第53—64页。

载，认为敦煌吐鲁番等地区部分翟氏为粟特人，继而论述魏晋之际内迁的丁零翟氏部落来自康居，认为粟特翟氏与康居丁零翟氏密不可分，并且将一些胡系翟氏（如“翟突娑”等）直接判断为“丁零翟氏”[①]。文章已经注意到中古粟特系翟氏、丁零系翟氏之间的联系，但是并未做系统论述。尹勇考察了S.367《沙洲伊州地志残卷》所载“翟槃陀”，从姓名、职业、掌握幻术等方面来看，翟槃陀为粟特人，翟槃陀姓氏或为改姓所致，即因其先世在高车国（487—541）时期冒称高车翟氏以便前往北魏所领地区进行贸易[②]。在丝绸之路沿线其他地域，也有胡系翟姓的存在，且具有粟特属性[③]。王启涛据吐鲁番文书中翟姓人名的胡族色彩、通婚情况等，认为吐鲁番地区存在粟特系翟氏[④]。

敦煌曹氏归义军时期的翟氏家族备受学界关注。郑炳林通过石窟、文书记载，考察曹元忠浔阳翟氏夫人参与敦煌的祆教祭祀活动；而且，不同于汉姓贵族女子，浔阳翟氏夫人活跃于政治事务。并将浔阳翟氏族属归结为“敦煌的粟特移民”[⑤]。罗丰、荣新江称：“我们推测归义军曹氏统治者为粟特后裔，其中一个主要观点就是曹氏家族的历任节度使都与外族通婚，包括回鹘、于阗、吐谷浑，因为这个翟氏或许也来自胡人集团，

① 陈菊霞《西域、敦煌粟特翟氏及相关问题研究》，《中国边疆史地研究》2008年第3期，第40—48页。

② 尹勇《隋唐五代内迁蕃胡族源考异——以个案人物姓氏研究为中心》，第29—34页。

③ 冯培红《丝绸之路陇右段粟特人踪迹钩沉》，《浙江大学学报（人文社会科学版）》2016年第5期，第54—70页。

④ 王启涛《“目”“翟”二姓与粟特关系新证——以吐鲁番出土文献为中心》，《民族研究》2017年第1期，第88—99页。

⑤ 郑炳林《张氏曹氏归义军政权的胡汉联姻》，《中国史研究》2004年第1期，第63—72页。

即粟特人。”[1]敦煌慕容氏是吐谷浑王族后裔[2]，从这一角度，与曹氏归义军节度使家族联姻的敦煌翟氏亦有可能是粟特人后裔。也有学者专门从图像学的角度对曹氏归义军时期浔阳翟氏进行解读。邹清泉对敦煌石窟中曹元忠与浔阳翟氏夫人的画像做了整体研究，指出榆林窟第19窟的浔阳翟氏“垂肩冠”上的桃形饰物与西域胡风有关[3]。学者还认为回鹘桃形冠可能与袄教有关[4]。学界对于包括浔阳翟氏在内的曹氏归义军时期壁画中女性形象的图像学考察较多，因与本文研究关联并不紧密，故不再展开述论。

“翟”姓是汉晋以来入华的北方丁零族所用姓氏之一，姜伯勤认为，吐鲁番十六国时期文书中所载翟姓人物族属可能为高车[5]，朱雷亦认为“翟阤头”“翟萨畔”等翟姓人物为高车人[6]，但早期关于敦煌吐鲁番翟氏为高车人的判断往往仅据姓氏，而未做深入论证。冯培红、孔令梅将学界对敦煌翟氏的汉、丁零、粟特三种族属的相关研究进行了系统归纳，倾向于认为敦

---

① 罗丰、荣新江《北周西国胡人翟曹明墓志及墓葬遗物》，荣新江、罗丰主编《粟特人在中国：考古发现与出土文献的新印证》（上），第297页。

② 郭锋《慕容归盈与瓜沙曹氏》，《敦煌学辑刊》1989年第1期，第90—106页。

③ 邹清泉《敦煌石窟曹元忠与浔阳翟氏画像研究》，《美术学报》2015年第3期，第5—15页。

④ 姜伯勤《中国袄教艺术史研究》，北京：生活·读书·新知三联书店，2004年，第261—262页；谢静《回鹘桃形冠探源》，《装饰》2009年第4期，第112—113页。

⑤ 姜伯勤《敦煌吐鲁番文书与丝绸之路》，北京：文物出版社，1994年，第154页。

⑥ 朱雷《麹氏高昌王国的“称价钱”——麹朝税制零拾》，氏著《朱雷敦煌吐鲁番文书论丛》，上海：上海古籍出版社，2012年，第78页。

煌翟氏属于丁零人[①]。冯培红还认为敦煌文书P.3249V军籍名簿中所录“翟端端”族属为丁零[②]。陈菊霞认为敦煌浔阳翟氏与上蔡翟氏的族属为丁零或高车，并认为敦煌浔阳、上蔡两支翟氏来自陇西，北朝时期，翟氏家族由陇西西迁敦煌[③]。陈大为将敦煌文献中的大量胡姓人物做了整理，翟姓被归至“粟特裔以外的中亚胡姓居民”一类，文章倾向于将敦煌翟氏看作“高车翟姓”[④]。王晶从发展与融合的视角对中古时期敦煌、西域翟氏的族属及文化做了阐述，认为汉晋时期敦煌西域的翟氏有汉、丁零两类，丁零翟氏入华后融入其他民族当中[⑤]。

翟氏人物受到丝绸之路多元文化的影响，郑炳林指出，敦煌翟氏或出自胡族家庭，与回鹘、粟特人关系密切[⑥]。唐代，入华翟氏在文化上又受到粟特、突厥、回鹘等影响从而使其族属呈现更为丰富[⑦]。

现有成果对于翟氏的族属讨论虽然极其丰富，但是个案性的

---

① 冯培红、孔令梅《汉宋间敦煌家族史研究回顾与述评（下）》，《敦煌学辑刊》2010年第3期，第115—117页。

② 冯培红《P.3249背〈军籍残卷〉与归义军初期的僧兵武装》，《敦煌研究》1998年第2期，第143页。

③ 陈菊霞《敦煌翟氏郡望与族源新探》，《敦煌研究》2004年第2期，第66—71页。

④ 陈大为《敦煌净土寺与敦煌地区胡姓居民关系探析》，《敦煌学辑刊》2006年第1期，第87—98页。

⑤ 王晶《中古家族三调：唐帝国边境城镇的三个家族》，兰州大学硕士学位论文，2012年，第21—43页。王晶《论汉宋间翟氏的民族融合》，第104—111页。

⑥ 郑炳林《晚唐五代敦煌归义军节度使多妻制研究》，郑炳林主编《敦煌归义军史专题研究三编》，第562—573页。

⑦ 王晶《论汉宋间翟氏的民族融合》，第104—111页。

研究较多，而综合性的探讨仍待进一步深入。由于中古翟氏活跃于丝绸之路，其文化呈现出多重面貌，已有研究虽然对绝大多数史料中的翟氏进行过探讨，但由于判断标准并不明晰，因而很难准确、系统地厘定翟氏人物族属。综合以上成果，笔者认为，汉姓翟氏渊源已久，中古时期入华翟氏存在明显的汉化趋势。魏晋时期，北方的丁零系翟氏较为活跃；北朝隋唐时期，还有部分翟氏表现出粟特文化特征；同时，翟氏人物还受回鹘、突厥等文化的影响。在此基础上，笔者拟再对入华翟氏族属做一系统梳理，进而分析中古敦煌翟氏民族融合的全貌。以翟氏为参照，可以管窥魏晋北朝时期敦煌多民族融合的历史进程。

二、魏晋至隋唐时期的“丁零–高车系”翟氏

（一）“丁零–高车系”翟氏的含义

中古入华翟氏中，部分为丁零–高车族后裔。《魏书·高车传》云：“高车，盖古赤狄之余种也，初号为狄历，北方以为敕勒，诸夏以为高车、丁零。其语略与匈奴同而时有小异，或云其先匈奴之甥也。”[①]姚薇元指出：“西河翟氏，出自春秋时赤翟（即赤狄）之后，以种名为氏，高车族也。”[②]对于中古史料所言“狄历”“丁零”“高车”“敕勒”等称谓，学界讨论颇多，主流观点可归纳如下：狄、狄历、丁零、高车、敕勒、铁勒，是不同的历史时期各民族对北方游牧族群的不同称谓；且这些称谓所指代的不同时期、身处不同地域的族群之间有着族源上的承继性和关联性；该族的历史可追溯至商周的鬼方，从称谓使用来看，

① 《魏书》卷一〇三《高车传》，第2307页。
② 姚薇元《北朝胡姓考》，第335页。

则春秋时期汉文典籍中称之为赤狄，该族群处于北方草原时自号狄历，汉晋以来该族陆续内迁，汉人称其作丁零，北朝汉人和汉化鲜卑则名之为高车，隋唐以后或又名之曰敕勒，亦称铁勒。总之，汉魏之丁零、北朝之高车、隋唐之铁勒（敕勒）是汉文典籍记录的古代不同时期对同一族体的不同称呼[①]。这一由南西伯利亚至北方草原再南下内迁的民族，经历了北朝隋唐民族迁徙、交往、交融，或许融合了北方草原的多个民族，不过其主体成分应是汉魏丁零。

秦汉时期，早期丁零族群活动于南西伯利亚和北方草原。学者从语言学角度对狄历、丁零、高车、铁勒等名做出了相应的解读。羽田亨认为，丁零、敕勒、铁勒等族名是突厥语“Türk”的不同音译[②]。白鸟库吉考狄历、丁零、敕勒、铁勒等为蒙古语“tegre、terege、turuga”的音译，这些词都意译为“车”，属于同名异译[③]。周建奇倾向于用突厥语对这一问题进行解释，他提出一种可能性：简称为狄的丁零可能译自察合台文“dirim”，含义为“屋”，而敕勒与狄、狄历、丁零是两类含义不同的称呼，并且敕勒与铁勒也不尽相同，其中敕勒出自突厥语“čöl”，含义为“川、野”，高车则并非敕勒的意译，而是基于该族使用高大车

---

① 王日蔚《丁零民族史》，《北平研究所史学集刊》1936年第2期；周伟洲《敕勒与柔然》，桂林：广西师范大学出版社，2006年；任冰心《赤勒族名族源考》，《伊犁师范学院学报》2007年第2期，第42—44页；段连勤《丁零、高车与铁勒》，第110—151页。

②（日）羽田亨《九姓回鶻とToquz Oγuzとの関係を論ず》，《羽田博士史學論文集（上卷歷史篇）》，京都：京都大学文学部东洋史研究会，1957年，第325—394页。

③（日）白鸟库吉《匈奴民族考》，林幹编《匈奴史论文选集（1919—1979）》，北京：中华书局，1983年，第214页。

轮而产生的汉语称谓[1]。陈恳认为：敕勒与铁勒的族名应复原为“敕勤”与“铁勤”，“敕勤”“铁勤”是鲜卑、柔然等古蒙古语族群对丁零的称谓，其语源是鲜卑语“terigin”，汉意为“大车”[2]。综合以上观点可知，虽然各家对相关称谓的理解不尽相同，但多数观点肯定了狄、丁零、敕勒（敕勤）、铁勒（铁勤）、高车之间的关联性。丁零称谓与胡语中的“车”或“大车”有关，为胡语音译。而高车则是对丁零族群的汉语称谓，为意译。

丁零称谓广泛出现在汉晋十六国时期的史籍，高车称谓北朝隋唐时期常见于史籍，二称谓使用时间虽略有重合，但两者的使用时段整体上可以涵盖中古时期。因此笔者使用“丁零-高车系”翟氏指称汉宋之间具有丁零、高车族群背景的翟氏人物。

（二）魏晋北朝时期的丁零-高车系翟氏

在匈奴分裂为南北两部后，公元前1世纪中期，北匈奴郅支单于部落迫于西汉与呼韩邪单于所率南匈奴的双重压力，由蒙古草原西逃进入康居[3]，所挟民众中即有一部分被征服的丁零人，这些丁零人随之西行，至康居一带，是为“西丁零”，留居蒙古草原故地的丁零则称“北丁零”。段连勤将“西丁零”“北丁零”都归于南西伯利亚丁零族群，指出汉文典籍所载“丁零翟氏”正是经蒙古草原进入漠南和黄河中下游地区的南西伯利亚丁零人中的一支[4]。西汉、王莽新朝时期已有丁零居于塞内，东汉

---

① 周建奇《鬼方、丁零、敕勒（铁勒）考释》，《内蒙古大学学报（哲学社会科学版）》1992年第1期，第31—41页。

② 陈恳《敕勒与铁勒族名新证》，余太山、李锦绣主编《欧亚学刊》新11辑，北京：商务印书馆，2022年，第59—88页。

③《汉书》卷九四下《匈奴列传》，第3802页。

④ 段连勤《丁零、高车与铁勒》，第148—149页。

建武年间流散至河西走廊的匈奴“赀奴”中也有丁零人[①]。魏晋以降，一支号“丁零”的入华翟氏频繁出现于史书记载。十六国时期，丁零翟氏主要活跃于河北中山、常山以及河南等地，至北魏初零散分布于北方，形成西河丁零、上党丁零、西山丁零、定州丁零、密云丁零、榆山丁零、朔州丁零、代郡丁零等数个聚落[②]，学者对此研究颇多[③]，以下再作简要梳理。

1.十六国时期中山丁零翟氏及其流布

翟氏是魏晋北朝内迁丁零人当中的一支，史籍所见中原地区丁零部族酋帅及丁零政权的建立者大多出自翟氏。《晋书·石勒载记》载：“时大蝗，中山、常山尤甚。中山丁零翟鼠叛勒，攻中山、常山，勒率骑讨之，获其母妻而还。鼠保于胥关，遂奔代郡。”[④]该材料是目前所见魏晋十六国时期汉文史籍关于内迁丁零的最早记录。根据史料可知，晋建兴四年（316）时，原归属石赵统治的中山丁零部族在中山、常山蝗灾之际反叛，这一部分丁零人以翟鼠为首，在被石勒所败后，翟鼠由中山去往代郡，两地应皆为此时丁零人聚集之处。此后翟鼠所率丁零又见于《晋书·慕容儁载记》：“（晋穆帝永和七年）是岁丁零翟鼠及冉闵将刘准等率其所部降于儁，封鼠归义王，拜准左司马。”[⑤]可知，

---

① 段连勤《丁零、高车与铁勒》，第148页。

② 周伟洲《敕勒与柔然》，第47页。

③ 谭其骧《记五胡元魏时之丁零》、《记翟魏始末》，氏著《长水集》（上），第241—253页；段连勤《丁零、高车与铁勒》，第148—176页；程有为《内迁丁零人与翟魏政权》，第69—74页；周伟洲《敕勒与柔然》，第3—62页；周国琴《十六国时期太行山区丁零翟魏政权初探》，第54—57页。

④《晋书》卷一〇四《石勒载记》，第2725页。

⑤《晋书》卷一一〇《慕容儁载记》，第2833页。

在被燕主慕容儁封为“归义王”之前，翟鼠应曾依附于冉魏政权。

中山丁零族群的另一领袖为翟斌。《资治通鉴》“晋成帝咸和五年”条云：“丁零翟斌，世居康居，后徙中国，至是入朝于赵，赵以斌为句町王。”[①]此翟斌与翟鼠皆为入华后居于中山的丁零种类[②]。翟氏之外，内迁丁零群体中还包括以鲜于、严、洛等为姓的氏族，其活动范围不一，丁零翟氏主要的分布地点在定州常山郡（今河北正定县）、中山郡（今河北定县）、赵郡（今河北赵县）[③]。后赵、前燕对丁零酋长行封王之举，翟氏丁零部落势力可见一斑。至晋太和六年（371），翟斌部落在前秦苻坚的统治下由中山故地徙至河南新安（今河南渑池县），《晋书·苻坚载记》称，苻坚“赦慕容暐及其王公已下，皆徙于长安……徙关东豪杰及诸杂夷十万户于关中，处乌丸杂类于冯翊、北地，丁零翟斌于新安，徙陈留、东阿万户以实青州”[④]，此举既有安抚的意味，又是前秦为分化他族势力、维护政权稳定而采取的一种手段，然而翟斌对前秦的归服并未长久。晋太元八年（383），前秦在与东晋的淝水之战中失利[⑤]，时任前秦卫军从事中郎的翟斌在河南反叛[⑥]，旬日之间，聚众数千，谋划攻取洛阳[⑦]，适逢苻坚

① ［宋］司马光编著，［元］胡三省音注《资治通鉴》卷九四“成帝咸和五年”条，北京：中华书局，1956年，第2977页。

② 《资治通鉴》卷九九“穆帝永和七年”条，第3122页。

③ 段连勤《丁零、高车与铁勒》，第152—153页。

④ 《晋书》卷一一三《苻坚载记上》，第2893页。

⑤ 《资治通鉴》卷一〇五“孝武帝太元八年”条，第3311—3312页。

⑥ 《晋书》卷一一四《苻坚载记下》，第2919页。

⑦ 《资治通鉴》卷一〇五“孝武帝太元八年”条，第3317页。

帐下前燕宿望慕容垂感到复燕时机已成，于是在苻丕以为“翟斌凶悖，必不肯为垂下”[①]并派遣慕容垂和苻飞龙征讨翟斌之时[②]，慕容垂联合翟斌，兵锋直指苻丕所据邺都。

徙至河南后，以翟斌为首的丁零群体应当仍然保存着一定实力。《晋书·苻坚载记》云，“垂引丁零、乌丸之众二十余万，为飞梯地道以攻邺城”[③]，苻丕使慕容垂征讨翟斌时，称“翟斌兄弟因王师小失，敢肆凶勃，子母之军，殆难为敌，非冠军英略，莫可以灭也”[④]，并非尽为虚言。在慕容垂建立后燕政权的过程中，丁零翟斌既以武力相助，又凭借自身影响力为后燕吸引了多方势力的归降[⑤]，慕容垂建燕后报之以兄弟封王的赏赐，“以翟斌为建义大将军，封河南王；翟檀为柱国大将军、弘农王”[⑥]。然而翟斌并未满足于此，《晋书·慕容垂载记》载：

> 翟斌潜讽丁零及西人，请斌为尚书令。垂访之群僚，其安东将军封衡厉色曰：“马能千里，不免羁靽，明畜生不可以人御也。斌戎狄小人，遭时际会，兄弟封王，自驩兜已来，未有此福。忽履盈忘止，复有斯求，魂爽错乱，必死不出年也。”垂犹隐忍容之，令曰：“翟王之功，宜居上辅，但台既未建，此官不可便置。待六合廓清，更当议之。”斌怒，密应苻丕，潜使丁零决防溃水。事洩，垂诛之。[⑦]

---

① 《资治通鉴》卷一〇五“孝武帝太元八年”条，第3318页。
② 《晋书》卷一一四《苻坚载记下》，第2919页。
③ 《晋书》卷一一四《苻坚载记下》，第2919页。
④ 《晋书》卷一二三《慕容垂载记》，第3080页。
⑤ 周国琴《浅谈丁零在十六国时期北方政权博弈中的作用》，第88页。
⑥ 《晋书》卷一二三《慕容垂载记》，第3082页。
⑦ 《晋书》卷一二三《慕容垂载记》，第3085页。

翟斌谋求后燕朝中更高的权位，在为慕容垂婉拒后，又暗中接应苻丕。慕容垂尽诛翟斌、翟檀、翟敏兄弟，但是赦免了其他的丁零部众[①]。

翟斌死后，其兄子翟真率众北上邯郸，引兵向邺，企图与苻丕成内外之应。慕容垂派遣慕容宝、慕容隆击破翟真，慕容楷领骑兵追击北逃的翟真，在下邑被翟真所败，此后翟真屯兵于承营[②]。这一时期，丁零翟嵩处黄泥[③]，翟真从兄[④]丁零翟辽驻守鲁口[⑤]，中山一带“丁零四布，分据诸城”[⑥]，以翟氏为首领的丁零部仍为后燕“腹心之患”，《资治通鉴》载：

> 慕容农引兵会慕容麟于中山，与共攻翟真。麟、农先帅数千骑至承营，观察形势。翟真望见，陈兵而出。诸将欲退，农曰：‘丁零非不劲勇，而翟真懦弱，今简精锐，望真所在而冲之，真走，众必散矣，乃邀门而蹙之，可尽杀也。’使骁骑将军慕容国帅百余骑冲之，真走，其众争门，自相蹈藉，死者太半，遂拔承营外郭。[⑦]

翟真生性怯弱，丁零兵士虽勇，却如散沙一般没有战斗力。此外，在丁零内部，氏族间的斗争也削弱了其力量。慕容垂北趋中山，受到威胁的翟真从先时所驻承营徙屯行唐，其部下司马鲜于

---

① 《资治通鉴》卷一〇五“孝武帝太元九年”条，第3332页。
② 《晋书》卷一二三《慕容垂载记》，第3085页。
③ 《晋书》卷一二三《慕容垂载记》，第3085页。
④ 周伟洲《敕勒与柔然》，第23页。
⑤ 《资治通鉴》卷一〇五“孝武帝太元九年”条，第3337页。
⑥ 《资治通鉴》卷一〇六“孝武帝太元十年”条，第3343页。
⑦ 《资治通鉴》卷一〇六“孝武帝太元十年”条，第3340页。

乞诛杀了翟真及诸翟氏后自立为王，后又为部族中人所诛，翟真弟翟成被推立为丁零之主，丁零内部的这次动乱致使大量部众被后燕所获[①]。至慕容垂抵达常山围攻行唐，翟成属下长史鲜于得斩杀了其主翟成，投降后燕，慕容垂由是进入行唐，对丁零部众大肆杀戮[②]，至此，中山、常山一带的丁零，势力渐趋衰落。

此时，原本立足中山一带的翟辽南逃黎阳（今河南汲县）[③]。同年，“泰山太守张愿以郡叛降翟辽”[④]，次年，“翟辽遣其子钊寇陈、颍”[⑤]“高平人翟畅执太守徐含远，以郡降翟辽”[⑥]，两载之间，翟辽的势力由河南扩展到山东，对后燕造成威胁，慕容垂率军征讨翟辽。翟辽帐下多为燕赵之人，轻易地便归附了后燕，此时慕容垂对于主动遣使请降的翟辽仍然给予了优待，“垂以辽为徐州牧，封河南公”[⑦]。然而丁零翟氏再次叛燕，在丁零聚居的中山故地，“北山丁零翟遥等五千余人，夜袭中山，陷其外郭”，留守中山的燕太子慕容宝与章武王慕容宙内外合应，击退翟遥并俘获其部众[⑧]，另一面，翟辽先派兵寇扰清河、平原[⑨]，后又因局势不利而遣使向燕主慕容垂告罪，慕容垂对其叛服无常的行事深为痛恶，斩杀了使者，翟辽于是“自称魏天王，改元建光，置百官”[⑩]，建立了翟魏政权。

---

① 《资治通鉴》卷一〇六“孝武帝太元十年”条，第3345页。
② 《晋书》卷一二三《慕容垂载记》，第3086页。
③ 《资治通鉴》卷一〇六“孝武帝太元十一年”条，第3359页。
④ 《资治通鉴》卷一〇六“孝武帝太元十一年”条，第3360页。
⑤ 《资治通鉴》卷一〇七“孝武帝太元十二年”条，第3374页。
⑥ 《资治通鉴》卷一〇七“孝武帝太元十二年”条，第3377页。
⑦ 《资治通鉴》卷一〇七“孝武帝太元十二年”条，第3377页。
⑧ 《资治通鉴》卷一〇七“孝武帝太元十二年”条，第3377页。
⑨ 《资治通鉴》卷一〇七“孝武帝太元十二年”条，第3380页。
⑩ 《资治通鉴》卷一〇七“孝武帝太元十三年”条，第3382页。

翟魏政权于388年始立，至392年灭亡。周国琴认为，翟魏立国建元，世袭君位，已经具有了较为完备的政权组织形式，是十六国时期一个独立的政权[①]。翟辽死后，其子翟钊继立，后燕对其攻伐不断，《晋书·慕容垂载记》载：

> 垂引师伐钊于滑台，次于黎阳津，钊于南岸距守，诸将恶其兵精，咸谏不宜济河。垂笑曰："竖子何能为，吾今为卿等杀之。"遂徙营就西津……钊先以大众备黎阳，见垂向西津，乃弃营西距。垂潜遣其桂林王慕容镇、骠骑慕容国于黎阳津夜济，壁于河南。钊闻而奔还，士众疲渴，走归滑台，钊携妻子率数百骑北趣白鹿山。农追击，尽擒其众，钊单骑奔长子。钊所统七郡户三万八千皆安堵如故。[②]

翟魏政权在第二任君主翟钊时为后燕所灭。《晋书》所云翟钊所统七郡应为翟魏政权的版图构成，谭其骧认为翟魏的统辖地区大抵为西晋区位概念中"司州之荥阳郡、冀州之顿丘郡及阳平、魏郡之南境、兖州之陈留、济阴二郡及濮阳之西半"[③]，周国琴从史料方面出发，认为此七郡为翟魏发展历程中逐渐所领之"黎阳郡、滑台所属的河南郡、泰山郡、高平郡、荥阳郡"等地[④]。翟魏衰败后，翟钊投奔西燕，西燕国主慕容永授其车骑大将军、兖州牧、东郡王，然而不过岁余，翟钊又叛西燕，被慕容永诛杀。

北魏初期，丁零部落零散分布于北方，形成西河丁零、上党丁零、西山丁零、定州丁零、密云丁零、榆山丁零、朔州丁零、

① 周国琴《十六国时期太行山区丁零翟氏研究》，第17页。
② 《晋书》卷一二三《慕容垂载记》，第3088页。
③ 谭其骧《记翟魏始末》，氏著《长水集》（上），第253页。
④ 周国琴《十六国时期太行山区丁零翟氏研究》，第18页。

代郡丁零等数个聚落[①]。北魏入主中原后，对丁零族百姓进行残酷统治，丁零部众时有反抗之举[②]。丁零翟氏、鲜于氏在丁零人群起义中，担任着重要角色。《魏书》载：

> （天兴二年）西河胡帅护诺于、丁零帅翟同、蜀帅韩砻，并相率内附。[③]
>
> （天兴五年十一月）征相州刺史庾岳为司空。遣左将军莫题讨上党群盗秦颇、丁零翟都于壶关。丁丑，上党太守捕颇，斩之，都走林虑。[④]
>
> 泰常初，白涧、行唐民数千家负险不供输税，几与安康子长孙道生宣示祸福，逃民遂还。于时郡县斩叛胡翟猛雀于林虑山，猛雀遗种窜于行唐及襄国。几追讨，尽诛之。[⑤]
>
> （泰常二年夏四月丁未）榆山丁零翟蜀率营部遣使通刘裕……十有一月，司徒长孙嵩等诸军至乐平。诏嵩遣娥清、周几等与叔孙建讨西山丁零翟蜀、洛支等，悉灭余党而还。[⑥]
>
> （神嘉元年十月）定州丁零鲜于台阳、翟乔等二千余家叛入西山，劫掠郡县，州军讨之，失利。诏镇南将军、寿光侯叔孙建击之。[⑦]

北魏初期，翟同、翟都、翟蜀、翟猛雀等仍作为分散的丁零族群

① 周伟洲《敕勒与柔然》，第47页。
② 周伟洲《敕勒与柔然》，第48—50页。
③《魏书》卷二《太祖纪》，第36页。
④《魏书》卷二《太祖纪》，第40页。
⑤《魏书》卷三〇《周几传》，第726页。
⑥《魏书》卷三《太宗纪》，第57—58页。
⑦《魏书》卷四上《世祖纪上》，第74页。

酋首，带领部众反抗北魏的压迫性统治。但此时的丁零散居数处，既无强有力的统一领导者，亦在实力上不可与北魏同日而语，虽数次叛乱，但很快被镇压剿灭。北朝初期以后，这些散居的丁零翟氏逐渐不见于史册，丁零翟氏逐渐融入华夏百姓之中。

2.西秦丁零-高车系翟氏

十六国时期，西秦政权的建立者是鲜卑乞伏氏，《魏书·高车传》云："高车……其种有狄氏、袁纥氏、斛律氏、解批氏、护骨氏、異奇斤氏……高车之族，又有十二姓：一曰泣伏利氏，二曰吐卢氏，三曰乙旃氏，四曰大连氏，五曰窟贺氏，六曰达薄干氏，七曰阿崘氏，八曰莫允氏，九曰俟分氏，十曰副伏罗氏，十一曰乞袁氏，十二曰右叔沛氏。"[①]乞伏氏为高车十二姓之一"泣伏利氏"的异译名，那么乞伏鲜卑的族源可追溯至漠北的高车族[②]。《晋书》对乞伏鲜卑早期的迁徙情况记载称："在昔有如弗斯、出连、叱卢三部，自漠北南出大阴山，遇一巨虫于路，状若神龟，大若陵阜，乃杀马而祭之，祝曰：'若善神也，便开路；恶神也，遂塞不通。'俄而不见，乃有一小儿在焉。时又有乞伏部有老父无子者，请养为子，众咸许之。"[③]后又言，该子年至十岁，骁勇有力，"四部服其雄武，推为统主"[④]。王俊杰认为，南下的乞伏鲜卑先祖是由乞伏（如弗）、斯引、出连、叱卢四部酋长率众组成，而乞伏部与漠北高车族渊源较深，故而后来在陇西建立西秦政权的乞伏鲜卑群体中应当包含着漠北高车与

①《魏书》卷一〇三《高车传》，第2307、2310页。
② 王俊杰《西秦史钩沉》，《甘肃师大学报》1981年第3期，第40—41页。
③《晋书》卷一二五《乞伏国仁载记》，第3113页。
④《晋书》卷一二五《乞伏国仁载记》，第3113页。

其他游牧部落结合衍生而来的一部分人众①。

东晋太元十年（385）九月，“乞伏国仁自称大都督、大将军、单于，领秦、河二州牧。改元建义”②，西秦政权自此而始，历乞伏国仁、乞伏乾归、乞伏炽磐、乞伏慕末四主。在西秦朝中，屡见翟姓，《晋书》《资治通鉴》载：

> 时登为姚兴所逼，遣使请兵，进封乾归梁王，命置官司，纳其妹东平长公主为梁王后。乾归遣其前将军乞伏益州、冠军翟瑥率骑二万救之。③
>
> 太元十七年，赦其境内殊死以下，署其长子炽磐领尚书令，左长史边芮为尚书左仆射，右长史秘宜为右仆射，翟瑥为吏部尚书，翟勍为主客尚书，杜宣为兵部尚书……④
>
> 乾归死，义熙六年，炽磐袭伪位，大赦，改元曰永康。署翟勍为相国，麹景为御史大夫，段晖为中尉，弟延祚为禁中录事，樊谦为司直。⑤
>
> 义熙九年……遣安北乌地延、冠军翟绍讨吐谷浑别统句旁于泣勤川，大破之，俘获甚众。⑥
>
> 十一年……以昙达为左丞相，其子元基为右丞相，麹景为尚书令，翟绍为左仆射。⑦
>
> 及莫河仍寒川，留左丞相昙达守枹罕。韦伐攻拔南安，

---

① 王俊杰《西秦史钩沉》，第40—41页。
② 《资治通鉴》卷一〇六“孝武帝太元十年”条，第3354页。
③ 《晋书》卷一二五《乞伏乾归载记》，第3117页。
④ 《晋书》卷一二五《乞伏乾归载记》，第3118页。
⑤ 《晋书》卷一二五《乞伏炽磐载记》，第3123页。
⑥ 《晋书》卷一二五《乞伏炽磐载记》，第3123—3124页。
⑦ 《晋书》卷一二五《乞伏炽磐载记》，第3124—3125页。

获秦秦州刺史翟爽、南安太守李亮。[①]

在乞伏乾归、乞伏炽磐两朝，翟瑥、翟勍、翟绍、翟爽等人皆在西秦政权中掌高位，翟（即狄）为高车族姓氏，西秦乞伏鲜卑政权中的翟姓族系应当包含着漠北高车族的血脉分支[②]。

南朝宋元嘉八年（431），西秦乞伏氏为赫连夏所灭，西秦灭亡[③]。北魏统一北方后，出于稳定政权的需要，将陇右、河西等地大量民众迁出使其徙入平城一带，西秦王族乞伏氏也在移民范围内[④]。关于西秦贵族翟氏的去向，史籍阙载，但是由敦煌莫高窟清理出的一块石碑提供了十分重要的线索。该石碑自莫高窟第98窟前清理而出，陈菊霞认为该碑为莫高窟第220窟的造窟功德碑，并将之定名为《大唐伊吾郡司马上柱国浔阳翟府君修功德碑记》[⑤]，此碑碑阳记刻了立碑者翟直的家族世系，参照陈菊霞的研究，其世系如下：

帝□（尧）—丹仲—……—翟璜—□—□—□（翟公）—翟方进—翟义—□—□—□（翟汤）—□（翟庄）—翟矫—翟法赐—翟勍—□—翟珍—翟显—□—翟军—翟迁—□（翟通）—翟直[⑥]

---

① 《资治通鉴》卷一二〇“文帝元嘉三年”条，第3787页。
② 姚薇元《北朝胡姓考》，第336页。
③ 《资治通鉴》卷一二二“文帝元嘉八年”条，第3829页。
④ 李皓《族姓的式微：北朝隋唐时期西秦乞伏氏的迁徙流变与民族融合》，《宁夏社会科学》2021年第2期，第172—178页。
⑤ 陈菊霞《〈大唐伊吾郡司马上柱国浔阳翟府君修功德碑记〉考释》，《敦煌研究》2003年第2期，第8—16页。
⑥ 陈菊霞《敦煌翟氏郡望和族源新探》，第66—67页。

陈菊霞考证，此翟氏家族世系存在虚构成分，自“翟勍”及以后的记载较为可信，且翟勍祖孙四代世居陇西，族中后代则西迁定居敦煌，家族成员为官作宦，通婚大族，在敦煌修窟造像，俨然地方望族[①]。此“翟勍”正是前文所述西秦朝中地位显赫的丁零-高车系翟氏。如果西秦翟勍后代确实迁居敦煌，那么可以推知，北朝以后西秦贵族翟氏或有留居陇西者，在经历几代以后西迁敦煌。西秦翟氏顺利融入敦煌当地社会，并以儒学传家。从整体面貌上来看，他们已完全融入华夏文化。

（三）隋唐碑志所见丁零-高车系翟氏

北魏以后，内迁的丁零-高车系翟氏逐步华夏化，虽然如此，通过检辑出土碑志材料，我们发现在隋唐时期的数方翟姓墓志中仍有十六国以来丁零-高车系翟氏的痕迹。本节结合已有成果，通过对相关碑志的考释、研究，勾勒隋唐时期丁零-高车系翟氏的基本情况。

1.翟奴子、翟铣家族

通过对《翟奴子墓志》《翟铣墓志》的综合考察，笔者认为翟奴子、翟铣出自同一个家族，属丁零-高车系翟氏。唐神龙元年（705）《翟奴子墓志》记载：

> 君讳字奴子，望本燕郡辽西人也。自肃慎开家，控灵源于若水；桂楼疏族，嗣芳胄于高梯。祖敬，上柱国。公父怀，上柱国。公唯岳降神，自天生德。声雄六郡，勇冠三军。歼丑类于云中，立□功于塞表。高谋三略，秘策六奇。披越雾于南边，扫胡尘于北塞。公幼怀异节，长负奇材。霜雪为心，风云作气。东西屏难，早申百战之功；南北除

① 陈菊霞《敦煌翟氏郡望和族源新探》，第66—71页。

凶，夙定三边之寇。赏因勋厚，秩以功高。职在副军，时逢强阵。奋身不顾，殒命寇场。授君冠军大将军、行右屯卫翊府中郎将，赠左领军卫将军、上柱国、威化郡开国公。实王侯之桢干，作天子之爪牙。本期克保百年，威吞卫霍。谁谓奄殂三命，略尽孙吴。遘疾弥流，俄归大夜。粤以神龙元年十一月九日，择葬于洛邑平乐乡之原，礼也。遂使桐枯凤去，剑没龙沉。国靡安边之臣，家丧基堂之人。爰遵百礼，式空松阡。仆也不才，乃为铭曰：

蟠木疏构，卞野开疆。占蹄孕趾，射隼传芳。公侯必复，枝叶其昌。其一，显允祖考，家声远振。直而不屈，磨而不磷。玉叶千重，金柯万仞。惟公擅美，逸足不群。雄情涨日，壮志凌云。捐躯赴难，报国酬恩。其三，崇基翼翼，洛门之北；大隧蒙蒙，孝文之东。哥悽薤露，思起杨风。一刊贞石，万代铭功。其四。

维神龙元年十一月九日乙酉建。[1]

志文称翟奴子先祖“自肃慎开家”，肃慎人长期居住于长白山一带，属东北族系之一[2]。肃慎族自先秦已见于史册，汉魏衰微而晋复兴，宋辽时期的女真与肃慎具有渊源关系[3]。翟奴子“自肃慎开家”，可知其或为生活在东北肃慎部落中的翟氏。翟奴子祖、父皆为唐上柱国，说明翟奴子家族居住于东北地区的历史或可上溯至唐代以前了。《晋书》单独为肃慎立传，说明两晋时期

---

① 毛远明、李海峰《西南大学新藏石刻拓本汇释》（释文卷）编号一一四，北京：中华书局，2019年，第175—176页。

② 郝庆云《肃慎族系长白山观念透析》，《中国边疆史地研究》2003年第4期，第83页。

③ 郭孟秀《肃慎与挹娄关系再议》，《民族研究》2012年第5期，第61页。

肃慎在东北地区影响力较大。翟奴子家族可能在十六国时期甚至更早，就已经居住于东北地区。1979年，今黑龙江齐齐哈尔市龙江县永发乡新兴村西南岗发现了一枚阴刻“魏丁零率善佰长”的铜印，经对比分析，这枚铜印的年代属于三国曹魏时期，是魏国皇帝赐给丁零族的一方官印[①]。该铜印的发现表明，曹魏时期已有丁零人生活在东北地区。翟奴子应亦属丁零族群，其家族迁徙至东北的时间或在魏晋北朝时期。翟奴子望称“辽西郡”，该郡唐时属河北道，河北道所掩常山、中山、上党[②]等地亦为魏晋十六国时期内迁丁零人的聚居之所。因此，翟奴子家族很有可能是十六国时期丁零翟氏后裔。又唐开元廿二年（734）《翟铣[③]墓志》记载：

公讳铣，字□□，辽西柳城人[④]。汉高陵侯方进之派别

① 金铸、李龙《黑龙江齐齐哈尔市发现“魏丁零率善佰长”印》，《考古》1988年第2期，第183页。

② 《新唐书》卷三九《地理三》，第1009页。

③ 此方墓志部分志文无法清楚辨识，对于志主姓名，周绍良主编《唐代墓志汇编》录作“诜”（上海：上海古籍出版社，1992年，第1435页），李永强主编《洛阳出土少数民族墓志汇编》（第390—391页）同样作“诜”，此处参照吴钢主编《全唐文补遗》第2辑的录法，将志主名写作“铣”（西安：三秦出版社，1995年，第503页）。

④ 《翟铣墓志》志石记载志主郡望处文字有毁损，仅可见“□西□城人”，不同墓志辑录中对此补阙内容不一，周绍良主编《唐代墓志汇编》（第1435页）未作补字。吴钢主编《全唐文补遗》第2辑（第503页）将志主郡望补为“辽西柳城人”。李永强主编《洛阳出土少数民族墓志汇编》未作补字（第390—391页）。在有关此方墓志的研究论著中，王晶《中古家族三调：唐帝国边境城镇的三个家族》（第29页）推测翟铣的郡望为“陇西金城人”。王炳文认为其郡望可补为“陇西金城人”或“辽西柳城人”，但因志文记载墓主生前受封辽西且任职幽州，故采用后者，参见氏著《从胡地到戎墟：安史之乱与河北胡化问题研究》，北京：北京师范大学出版社，2020年，第88页。本文墓志录文亦参考《全唐文补遗》第2辑。

也。锡羡沧□，□耋青郊。当云雷之初，效诚款之节。故帝用嘉之，以曾祖逸为新安府右果毅都尉。至大父奴子，授左玉钤卫将军。允武允文，有严有翼。缁衣弊而改作，宝刀秘而又传。公挺鹰扬之姿，履弓冶之业。能干其蛊，克诚以勋。解褐授右卫中候。遭家不造，丁兹闵凶，袭父之故，授冠军大将军、行左屯卫翊府中郎将。情礼斯夺，哀诉莫申。拖玉参荣，琳琅之声自远；佩觿成德，芄兰之气日芳。无何，授左威卫将军，封辽西县开国男，又进封辽西郡开国公，□如故。属天骄尚梗，河朔未清，以公为经略军节度副使。庙堂算远，金鼓气雄。遭时不遇，王师小衄。贬授左威卫中郎将。体厥命也，宠辱不惊于心焉。夫人李氏，初自系缨，终于训娥。琴瑟之韵穆，贞信之行高，故宗族称其孝也，州闾称其仁也。悲夫！聚为委和，散为委顺，夫人开元廿二年岁次癸酉十二月七日，终于蓟邑之第，春秋卌有三。公以廿二年岁次甲戌二月十八日，终于幽郡之第，春秋五十有七矣。嗣子滔，哀深岵屺，感绝楹书。以其年七月十四日，祔葬于北邙原，礼也。功行之美，翼垂馨香。故授笔于我，以旌不朽。其词曰：

郁郁沧海，生忠烈兮。洸洸英材，效心节兮。物以时变，奄千月兮。桂馥兰芬，长无绝兮。

开元廿二年七月十四日葬

子滔书①

《翟铣墓志》载志主祖父为翟奴子，翟奴子被授“左玉钤卫将军”之职；《翟奴子墓志》记载，其身在军中，后殒命疆场，被

① 吴钢主编《全唐文补遗》第2辑，第503—504页。

赠以“冠军大将军、行右屯卫翊府中郎将，赠左领军卫将军、上柱国、威化郡开国公”等职衔。“左玉钤卫将军”“左领军卫将军”两者为唐时同一级别官员[①]。翟奴子过世后，“择葬于洛邑平乐乡之原”；翟铣逝于幽郡，亦祔葬于北邙之原，应当是对其祖父辈择葬洛邑做法的承继。《翟铣墓志》出土地点为今河南洛阳市孟津县张羊村[②]，《翟奴子墓志》也出土于今河南洛阳市孟津县[③]。张羊村一带正是属于唐时河南县平乐乡所辖[④]，应是翟奴子、翟铣家族茔院所在地。可知《翟铣墓志》中的翟奴子即前述《翟奴子墓志》志主。

对于翟铣的郡望，学者基于十六国时期陇西金城等地有内迁的丁零-高车系翟氏，如西秦政权中的翟勍、翟绍等，认为翟铣为“陇西金城人”[⑤]，亦有学者根据翟铣封辽西县男、郡公，且曾任幽州经略军副使，判断翟铣为“辽西柳城人”的可能性较大[⑥]。前文已经考证翟铣与翟奴子出于同一家族，又据《翟奴子墓志》所载其家族渊源，以及翟奴子任职经历，可以判断翟铣应为“辽西柳城人”无疑。翟铣父去世较早，志文称“遭家不造，丁兹闵凶，袭父之故，授冠军大将军、行左屯卫翊府中郎将”，翟铣父或许承袭了翟奴子获赠官职。翟铣则继承了父祖辈遗志，亦投身军中。

---

① 吕宗力主编《中国历代官制大辞典》，北京：商务印书馆，2015年，第255页。

② 李永强主编《洛阳出土少数民族墓志汇编》，第391页。

③ 参见“中国历代墓志数据库”。

④ 陈呈、马强《唐代东都之洛阳县乡村里地名补考——以出土唐人墓志为主的考察》，《中国历史地理论丛》2016年第1期，第123页。

⑤ 王晶《中古家族三调：唐帝国边境城镇的三个家族》，第29页。

⑥ 王炳文《从胡地到戎墟：安史之乱与河北胡化问题研究》，第88页。

翟铣在唐开元二十二年（734）终于幽郡，他的死亡是唐开元中后期至天宝初年间幽州军事结构动荡巨幕中的一角。因翟铣身处辽西柳城，与粟特胡安禄山为同乡，学者认为翟铣或具有粟特属性①，但根据两方墓志的内容，笔者倾向于认为翟铣家族应属于丁零–高车系翟氏，其在唐代担任部族首领。翟奴子、翟铣家族“自肃慎起家”，应是较早进入东北地区的丁零部落后裔，其家族或在十六国北朝之际内迁，最终选择葬于洛阳北邙之原，应与唐代丧葬文化中的邙山认同有关②，反映了河北胡人的华夏

图4–1 翟铣墓志

① 罗丰、荣新江《北周西国胡人翟曹明墓志及墓葬遗物》，荣新江、罗丰主编《粟特人在中国：考古发现与出土文献的新印证》（上），第297页。
② 杨向奎《唐代墓志义例研究》，长沙：岳麓书社，2013年，第165—175页。

化趋势。《翟铣墓志》在对其祖源进行追溯时，提到了汉姓翟氏祖先“汉翟方进”，是比较明显的攀附笔法。

2.翟永安家族

景龙三年（709）《大唐阿弥陀石像塔铭并序》亦保存了丁零-高车系翟氏的记载。该件佛像塔为景龙三年（709）六月八日建造，记录了立塔者的信息，其文曰：

> 此塔者，弟子拔也贞家人永安之所立也。永安姓翟氏，元北狄人焉。属皇运勃兴，龚行薄伐，鲸鲵必翦，巢穴无遗。南通火鼠之乡，咸皆启颡；北达烛龙之境，莫不称臣。自隶丹书，亟移缇琯，悲生树橘，恨起鸣笳。思腊祭而无因，翼仁祠而有讬。遂削衣减膳，命匠征工。採合浦之珠玑，琢昆峰之玉石。上为应天皇帝爰及曹主，下为法界苍生、存亡眷属。敬造阿弥陀像一铺，并勒般若波罗蜜多心经一卷。[①]

文中所言“自隶丹书，亟移缇琯”，意指拔也贞因事获罪。于是佛弟子拔也贞的家人翟永安为其立此佛塔，并供养一卷佛经，用以祈福。“应天皇帝”指唐中宗，根据“元北狄人焉”可知，拔也贞、翟永安则可能是归附唐朝的漠北铁勒部或突厥人[②]。从拔也贞的名字看，他应为铁勒拔也固部族民，漠北拔也固部与唐王

① 吴钢主编《全唐文补遗》第1辑，西安：三秦出版社，1994年，第462页。
② 吴玉贵《突厥第二汗国汉文史料编年辑考》（中），北京：中华书局，2009年，第809页。

朝有着密切的交往[①]，“北达烛龙[②]之境，莫不称臣”应该是对其部族归附唐朝的记录。文中既称翟永安为“北狄人”，表明唐时漠北铁勒部与丁零-高车系翟氏关系密切。在内迁后，翟永安及其家人拔也贞信仰了佛教，成为虔诚的佛教徒。

3.翟勋家族

丁零-高车系翟氏华夏化的进程中，在婚姻等方面还保存有北族特征，翟勋就是其中的一例。唐景福元年（892）《翟公夫人斛律氏墓志》记载：

> 唐兴元少尹翟公名勋夫人东莞郡斛律氏墓志铭并序
>
> 夫人斛律氏，得姓绵远，播于史书。自东晋远祖明月，忠烈刚毅，佐佑王室，降及后代，皆负雄名。曾祖讳倩，赠右骁卫将军。大父讳证，赠右散骑常侍。烈考讳权，皇任检校户部尚书，右神武军大将军。皆冠世英贤，为时柱石。太夫人李氏，封陇西郡太君，宜家穆亲，称于宗党。亲兄重，山岳殊祥，冰霜劲气，名由道著，位以材升，累

① 王静、李青分《铁勒拔野古部研究》，《内蒙古大学学报（哲学社会科学版）》2016年第2期，第9—16页。

② “烛龙”一词，最早见于《山海经》，其《大荒北经》记载：“西北海之外，赤水之北，有章尾山。有神，人面蛇身而赤，直目正乘，其瞑乃晦，其视乃明，不食不寝不息，风雨是谒。是烛九阴，是谓烛龙。”（参见袁珂校注《山海经校注（最终修订版）》，北京：北京联合出版公司，2014年，第369页）《淮南子》称：“烛龙在雁门北，蔽于委羽之山，不见日。”（参见何宁《淮南子集释》，北京：中华书局，1998年，第362页）有学者指出，唐时，“烛龙被视为北方的代表，东都宫城乾元殿的北门即名烛龙门……贞观二十二年（648）唐朝将在漠北回纥东北俱罗勃部所置的羁縻州即名烛龙州”。（参见刘子凡《重塑“瀚海”——唐代瀚海军的设立与古代“瀚海”内涵的转变》，《中国史研究》2022年第2期，第91—103页）

任诸卫将军，见守扬州右司马。而夫人最幼，淑德懿行，作范闺闱。神武钟念尤切，以公有通旧之分，遂归于公。克奉蒸尝，聿脩妇道。公生庆善之门，袭弓裘之业，洎影缨华绂，剖竹剧邦，富贵既锺乎令门，琴瑟是和于终日。迺者，公以家居食贫，出赴褒亚，此际夫人稍婴美疹，太夫人恳留就医。以公授官日多，公程有限，乃命先路，未果偕行。才趍十舍之间，俄抱九泉之恨。呜呼！天不慭遗，善无证果，既俪贤彦，不保遐龄。以景福元年岁次壬子三月廿三日，捐馆于上都永兴坊之第，享年廿一。太夫人视丧哀恸，亲临葳事，备衣衾之礼。越三日大敛，公承讣始至，伤悼痛切，几不胜任。嗣子感郎，年九岁，聪明天授，孝道生知，追感哀□，以主奠祝。今则岁时通便，龟筮叶从，以其年四月乙亥朔廿六日庚子，葬于万年县三赵村夫族之先茔，礼也。虑陵谷变迁，遂刻贞珉，庶几终古。铭曰：寿夭之理兮孰分，善恶之道兮□□。火炎崑岫兮瘗玉洁，霜剪芳圃兮掩兰薰。青乌告吉兮□□□，已焉已焉兮秘青芬。[①]

志主为翟勋夫人斛律氏，翟（狄）氏与斛律氏族属相同，《魏书·高车传》云“高车……其种有狄氏、袁纥氏、斛律氏、解批氏、护骨氏、異奇斤氏”[②]，是为高车六种。中原斛律氏即由漠北草原高车斛律部内迁而来。北魏初年，漠北斛律部在与柔然的对抗中失败，南下进入了漠南地区，北魏末年，斛律氏部众大量

① 胡戟、荣新江主编《大唐西市博物馆藏墓志》（下），北京：北京大学出版社，2012年，第1031页。
② 《魏书》卷一〇三《高车传》，第2307页。

内迁[①]。依志文可知，志主父斛律权娶妻陇西李氏，生子斛律重，斛律重即翟勋妻斛律氏的兄长，斛律氏去世后，葬于其夫翟勋家族在万年县三赵村的翟氏茔院。北朝史料所见斛律氏，尤其在北齐一朝时地位显赫，彼时斛律氏的联姻对象主要有两类，一是北齐皇族，二为朝中其他勋贵[②]。志文称斛律夫人先祖在东晋时期就已入华佐佑晋室，可能为溢美之词，笔者认为其族应是在十六国北朝时期进入中原的斛律部。翟勋亦属于十六国北朝入华的丁零-高车系翟氏，志文载“以公有通旧之分，遂归于公”，所谓“通旧之分”，应即蕴含着同源之谊，即两家族都为丁零-高车族裔。

三、北朝隋唐时期的“粟特系”翟氏

（一）“粟特系”翟氏的含义

粟特人即居于中亚粟特地区（今阿姆河、锡尔河流域之间）的居民，中原史籍往往统称为“昭武九姓”。学者认为，翟姓部分人众与粟特人共事共居、交往密切，取名方式多具胡风色彩，同粟特人一般信仰祆教、从事佛事活动，故翟姓当中应有粟特族裔存在[③]。

丁零本居漠北草原，匈奴强盛时期，丁零臣服于匈奴[④]。《汉书·匈奴传》载：“后北服浑窳、屈射、丁零、隔昆、新蓧之国。”在匈奴分裂为南北两部后，公元前1世纪中期，北匈奴郅支单于迫于西汉与呼韩邪单于所率南匈奴的双重压力，由蒙古草原

---

① 连国龙《北朝高车斛律氏研究》，内蒙古大学硕士学位论文，2020年，第5—8页。

② 连国龙《北朝高车斛律氏研究》，第37—39页。

③ 王启涛《“目”“翟”二姓与粟特关系新证——以吐鲁番出土文献为中心》，第88—90页。

④《汉书》卷九四上《匈奴传上》，第3753页。

西逃进入康居[①]。在匈奴征服丁零期间，以及匈奴西迁时期，亦有丁零部落西行至康居一带，即“西丁零”[②]。

据《三国志》注引《魏略·西戎传》记载，丁令国在乌孙西，康居北，胜兵六万人[③]。可知西迁以后的丁零，与康居接壤。汉代后期，丁零与统治索格底亚那地区的康居国关系应较为密切，丁零人与粟特地区民众的民族融合已经开始。《资治通鉴》记载：“初，丁零翟斌，世居康居，后徙中国，至是入朝于赵，赵以斌为句町王。”[④]可知迁居康居的丁零人中，有些在魏晋十六国之际入华，如翟斌家族，此部分翟氏尚未具有明显的粟特属性；亦有长期在康居生活至北朝隋唐时期者，此部分翟氏因政治、贸易、联姻等往来，与粟特人长期交流融合，在文化信仰、聚落特征、姻亲关系等方面已经具有明显的粟特文化特征，形成了粟特系翟氏。

粟特系翟氏在入华之前已经融入粟特文化，入华伊始，粟特系翟氏在各个方面均呈现出明显的粟特文化因素。学者已经指出夏州翟曹明墓的粟特属性，且在系统梳理翟氏史料基础上认为入华翟姓有出自粟特地区者[⑤]。不过，由于对于丁零-高车系翟氏、

---

① 《汉书》卷九四下《匈奴传下》，第3802页。

② 段连勤《丁零、高车与铁勒》，第148—149页。留居蒙古草原故地的丁零称“北丁零”。段连勤将“西丁零”“北丁零”都归于南西伯利亚丁零族群，指出汉文典籍所载“丁零翟氏”正是经蒙古草原进入漠南和黄河中下游地区的南西伯利亚丁零人中的一支。

③ 《三国志》卷三〇《乌丸鲜卑东夷传》，第862—863页。

④ 《资治通鉴》卷九四“成帝咸和五年”条，第2977页。

⑤ 尹夏清《陕西靖边出土彩绘贴金浮雕石墓门及相关问题探讨》，《考古与文物》，第49—53页；罗丰、荣新江《北周西国胡人翟曹明墓志及墓葬遗物》，荣新江、罗丰主编《粟特人在中国：考古发现与出土文献的新印证》（上），第279—281页。

粟特系翟氏之间的区别没有彻底厘清，因而难免将个别丁零-高车系人物也划为粟特系翟氏。因此，对于粟特系翟氏的判断仍需谨慎，比如，若仅根据翟光弼身处卢龙即判断其为粟特翟氏①，则很难令人信服，单一的地域因素不能作为粟特系翟氏的判断标准。又如，前述翟奴子为丁零-粟特系翟氏，不过“奴子”亦为粟特语译名②，因此单据人名亦不能准确甄别粟特系翟氏。敦煌吐鲁番文献中亦存在粟特系翟氏③，不过敦煌吐鲁番文书中的人名往往单独出现，对于其中的粟特系翟氏还需要进一步考辨。亦有学者认为入华翟氏并无粟特系翟氏，即入华翟氏族属为丁零，只不过入华后其族属特征逐渐淡化，在长期民族融合过程中受到了汉、粟特、突厥、回鹘文化等的影响④。翟氏入华后，虽然受到了不同文化的影响，但是本文所言粟特系翟氏并非在入华后发生文化属性的转型，而是其在入华以前已经融入粟特文化。

我们以蕴含粟特文化属性的翟姓人物墓葬、墓志等材料为中心，结合姓名、婚姻、地域等各因素，综合考察翟姓人物在社会生活、文化信仰等方面的粟特文化特征，对粟特系翟氏做一细致甄别。

---

①（日）森部丰《ソグド人の東方活动と东ユーラシア世界の歴史的展開》，大阪：关西大学出版部，2010年，第131页。

② 王丁《胡名盘陀考》，向群、万毅编《姜伯勤教授八秩华诞颂寿史学论文集》，广州：广东人民出版社，2019年，第179—206页。

③ 王启涛《“目”“翟”二姓与粟特关系新证——以吐鲁番出土文献为中心》，第88—99页；陈菊霞《西域、敦煌粟特翟氏及相关问题研究》，第40—48页。

④ 冯培红、孔令梅《汉宋间敦煌家族史研究回顾与述评（下）》，第115—117页；王晶《论汉宋间翟氏的民族融合》，第104—111页。

（二）北朝粟特系翟氏

近20年来，入华粟特人所用石质葬具逐步受到学者关注[①]。相关墓葬往往采用中原形制，同时保存了异域文化类型的器物、图像、文字等，弥补了中古粟特人研究的缺环。墓葬保存相对较好且墓主身份明确的石葬具，主要有西安北周安伽、康业、史君墓，靖边北周翟曹明墓，太原隋代虞弘夫妇墓，固原隋代史氏家族墓，登封隋代安备墓等，墓主多为昭武九姓粟特人。以此为参照，我们对粟特系翟氏墓葬做一搜集整理。

1.翟门生墓

深圳市金石艺术博物馆收藏了一套北朝石刻墓门、围屏石榻构件，出自“翟门生”墓葬。墓门由门楣、两边门框、两扇石门、一条石门槛组成，门扉正面刻龟甲形底纹，构成龟甲纹的六边形内再刻神兽、花草、人物等图纹。翟门生墓所出围屏石榻受到学界关注，学者将其与中外同类型石棺床进行对比，指出若其真伪无误，翟门生石棺床应是目前所见年代最早的一件西域粟特胡人画像石葬具[②]。赵超经过系统研究，认为翟门生“可能是来

---

① 李瑞哲《入华粟特人石质葬具反映的深刻意义——祆教艺术和中原礼制艺术之间的互动与交融》，《敦煌学辑刊》2014年第1期，第135—144页；李瑞哲《对“图像程序”的重新认识——入华粟特人石质葬具图像所表现的共同主题》，《敦煌学辑刊》2015年第1期，第126—134页；李建华《唐少府监郑岩乃粟特后裔考——以郑岩家族墓志为中心》，《敦煌学辑刊》2015年第3期，第163—169页。

② 2018年，深圳市金石艺术博物馆、深圳市南山博物馆举办《翟门生的世界——石刻上的南北朝》学术研讨会中，福岛惠在学术发言中指出翟门生墓志是已知七件粟特墓志中时序最早的第二例（“翟门生的世界——石刻上的南北朝”学术研讨会，2018年11月17—18日）。贺西林《胡风与汉尚——北周入华中亚人画像石葬具的视觉传统与文化记忆》，《美术大观》2020年第11期，第37页。

自西域的丁零、粟特等民族商旅首领”[①]。翟门生墓葬中的墓门和围屏石榻图像中表现出多文化融合的特征。

【围屏石榻】

翟门生墓所用围屏石榻，为北朝时期流行于中原地区的石质葬具形式中的一种。处于北魏—东魏时期的翟门生围屏石榻，与北周—隋时期粟特文化内涵更为显著的安伽、康业、史君、虞弘夫妇等石葬具相比较，在形制与内容上都有不同。

出土于河南安阳固岸墓地II区M57号墓葬中的东魏武定六年（548）谢氏冯僧晖双阙围屏石床同样以石床、双阙、四块围屏为主体构件[②]，与翟门生墓围屏石榻极为相似，且前者亦采用阴线刻及减地平雕法于围屏正面线刻墓主夫妇坐像以及“郭巨埋儿”“董永卖身”等孝经图幅、于腿足位置雕畏兽及兽面等。目前已见有数件时代为北魏后期的此种双阙围屏形式、以男女墓主像为中心并包含孝子故事与出行图等内容的石棺床[③]，东魏、北齐时期，同样制式的双阙围屏式石棺床镌刻内容更为丰富多样。

翟门生围屏石榻由多个石质组件拼接而成，整体可分为石阙、石床、围屏三部分。前面檐板腿足上置左右对称两道子母阙，左右母阙外面各自减地平雕一拄刀武士，两子阙刻插有双叉戟的兵镧，子阙所连左右两侧外墙，分别刻三位跪朝阙口的长者和青壮年男子；两阙内侧刻侍女、花卉；阙口两侧面各刻一拄刀

---

① 赵超《介绍胡客翟门生墓门志铭及石屏风》，荣新江、罗丰主编《粟特人在中国：考古发现与出土文献的新印证》（下），第680页。

② 冯雨《床榻之辨：东魏谢氏冯僧晖墓双阙围屏石床研究》，《装饰》2018年第11期，第84—97页。

③ 李梅田《北朝石棺床的使用场景与画像配置》，南京师范大学文物与博物馆系主编《东亚文明》第2辑，北京：社会科学文献出版社，第59—73页。

武士。石床前后分别有一块“山”形檐板腿足，前腿上部为连续高浮雕莲瓣，中部檐板水波纹底之上分为十五个方形格，内阴刻花卉、摩尼珠、青龙、朱雀、白虎、畏兽等，下部三足，左右两足各为一浮雕畏兽，中足浮雕一兽面；后腿檐板上部的连续忍冬纹与下部水波纹之间刻龙纹，后腿三足，左右两足正面为线刻畏兽，侧面为线刻莲花与坐佛，中足正面刻一“火焰燃烧”的多足盆形器物；前后腿之间为两道刻有龙纹的侧板，石床另有一石枕[1]。围屏由正反两面皆线刻的四块石板组成，每块石板正反面又各自可分三幅画面，拼接之后，围屏正面按左侧、中左侧、中右侧、右侧石板为顺序由左至右的十二幅画面分别为：持扇侍女图、牛车出行图、“董永看父助与食时”图、“孝子郭巨与母食”图、夫人坐像图、持物侍女图、执物男侍图、墓主坐像图、“郭巨瘗儿”图、“王寄侍母”图、侍女备马图、林中出行图；围屏背面按左侧、中左侧、中右侧、右侧石板为顺序由右至左的

图4-2 翟门生墓围屏石榻

① 吉笃学《东魏石刻的标形器——翟门生屏风石床研究》，第11—13页。

十二幅画面分别刻绘：畏兽、阮咸抚阮、荣启期、畏兽、嵇康抚琴、刘伶饮酒、王戎坐卧、山涛箕坐、畏兽、向秀倚坐、阮籍箕坐、畏兽等。

以往研究主要就墓主翟门生的族属，围屏石榻的葬具意义以及其上所刻孝经故事、竹林七贤主题图像等展开。而当我们将翟门生墓墓门与围屏石榻作为整体再对其图像内容进行细致探索，则能够释读出寄寓其中的更多意涵。

石葬具刻绘孝子图是北魏洛阳时期的常见做法，这既与北魏孝文帝迁都以后仿南朝制度使得汉墓葬流行元素与“孝”的概念再被重视有关，亦是魏晋以来世风变化、朝代更迭、国让位于家、孝亲取代忠君的衍生结果。翟门生墓葬遵循同时期石质葬具的制作程式，体现出儒家文化对入华翟氏的影响。

其围屏石榻屏风正面分别于四块石板上刻绘了三个主题的孝子故事，四画幅各作题记云：“董永看父助与食时”“王寄日用三牲由为不孝”“郭巨生瘗儿天赐金一釜”“孝子郭巨与母食”，题材采自《孝子传》《孝经》。翟门生围屏石榻孝子故事采用单幅式构图，棺床左侧围屏正面最右幅绘董永故事，画面以树影营造田野环境，题记竖列画面中，以此为界两边各绘董永与妻荷锄而立，董永父坐于车中、旁立一人。题材与美国纳尔逊博物馆藏北魏孝子石棺床[1]、宁懋石室山墙、上海博物馆藏石床[2]所刻绘的董永故事类似，与敦煌本《孝子传》所载董永于农月以鹿车推父至畔上供养如故[3]的内容相契合，翟门生围屏石榻的不

① 徐津《美国纳尔逊博物馆藏北魏孝子石棺床围屏图像释读》，《中国国家博物馆馆刊》2019年第10期，第98页。

② 邹清泉《北魏孝子画像研究》，中央美术学院硕士学位论文，2006年，第48—49页。

③ 王重民等《敦煌变文集》，北京：人民文学出版社，1957年，第904页。

同之处是董永故事画面中董永父身侧立一身份不明人物。

围屏中右侧、中左侧两块石板正面最右、最左两画幅分别描绘郭巨与妻意欲埋儿、掘地得金、郭巨侍母的场景。北朝尤其是北魏洛阳时代石质葬具上广泛存在的“郭巨埋儿”题材使用形式是丰富多样的[①]，翟门生围屏石榻在延续孝子故事主题的同时，在情节选取、表现形式方面亦有独特之处，两画幅非连贯进行而是对称分布于围屏正面男女墓主坐像两侧，并彼此呼应。

围屏右侧石板最左幅描述的是《孝子传》董晏（一作董黯）故事中的内容，敦煌本《孝子传》对董晏记载如下：

> 董黶（晏），字孝理，会越州勾章人也。少失其父，独养老母恭甚敬，每得甘果美味，驰走献母，母常肥悦。比邻有王寄者，其家剧富。寄为人不孝，每于外行恶，母常忧怀，形容羸瘦。寄母谓黶（晏）母曰：“夫人家贫年高，有何供养，恒常肥悦如是？”母曰：“我子孝顺，是故示也。”黶（晏）母后语寄母曰：“夫人家富，美膳丰饶，何以羸瘦？”寄母答曰：“故瘦尔。”寄后闻之，乃煞三牲，致于母前，拔刀胁抑令喫之……[②]

董晏题材并不常见于墓葬孝子图当中，宁懋石室山墙故事画中绘有相关一幕，画面中董晏母踞坐厢房，厢房山墙一侧站立一人，手中持物，厅堂之侧台基上站立一持物侍女，旁刻“董晏母供王寄母语时”[③]。此故事着意突出董晏之孝，翟门生围屏石榻则选

① 郑岩《北朝葬具孝子图的形式与意义》，《美术学报》2016年第6期，第42—46页。

② 王重民等编《敦煌变文集》，第904—905页。

③ 郭建邦《北魏宁懋石室和墓志》，《中原文物》1980年第2期，第36页。

择以“王寄三牲侍母却是不孝”作为画面主体。

翟门生围屏石榻围屏背面线刻四畏兽与一组完整的“竹林七贤与荣启期”图。魏晋之际，玄学思潮盛行，阮籍、嵇康、山涛、刘伶、向秀、阮咸、王戎等人的行为方式与其对玄学的推动两相辉映，春秋时期隐士荣启期的洒脱放达与竹林七贤的高士之风形出一脉。自20世纪60年代，江苏南京、丹阳等地陆续出土多个南朝时期墓葬，共通之处是皆将“竹林七贤与荣启期”主题画面刻印于墓砖侧面，再拼凑为巨幅人物壁画搭砌于墓葬（多为墓室）当中，形成了一系列建制手法高度相似的“竹林七贤与荣启期”砖印壁画。相关图像丰富和完善了北魏—东魏—北齐时期该题材在北方墓葬中的传播链，因相关讨论已经溢出本节主题，故不再展开讨论。

【石门】

除了围屏石榻外，翟门生墓石门也引起我们的关注。石门门扉正面“以直线与圆环组成的六边形连续构成龟甲形的底纹，在各个六边形内又减地阳刻出各种神怪图像和花朵……可以辨识的有龙、朱雀、人头鸟身的神物，神兽、执盾武士以及一般被称作畏兽的裸体神像”，除了考虑到北朝晚期龟甲纹作为一种装饰纹样的普遍流行性[①]，被刻印于墓门这一通往幽冥的入口之上，龟甲纹或也有其丧葬功能内涵。勝部明生认为，龟甲纹起源于中亚，在五、六世纪已在中原流行[②]，林圣智认为，在中原的一些墓葬当中，龟甲纹与固有的云气纹结合之后则具备了“气”的精

① 赵超《介绍胡客翟门生墓门志铭及石屏风》，第673—674页。
②（日）勝部明生《藤ノ木古墳鞍金具文様の考察亀甲繋ぎ文》，由良大和古代文化研究协会《研究纪要》6，2000年，第50—58页。

神，成为“天界”的象征性纹饰中的一种[1]。翟门生墓门的六边形龟甲纹形成界限分明的多个独立空间，而两扇门扉的六边形格所刻绘图像并非在内容上呈现严整的对称，左侧门扉中上部区域的一个六边形格中描绘了一乘凤仙人的形象，其余界格亦有白虎、朱雀、青龙等，似与石门龟甲纹共同传达了仙界意味。

石门左侧门扉中部靠近墓门题铭位置，一不完整界格中绘一人物双目微合，右手抬起似作手印，坐于莲座之上。在围屏石榻后腿左右两腿足外侧，各有一身带头光的莲花化生坐佛像。北朝佛教石窟中多见覆莲化生坐佛，此外，棺床中右侧围屏最左幅“郭巨埋儿”主题孝子图像中，画面上方出现一身飞天，束发高髻，面目清丽，手无明显持物，衣袂飘飘，身姿轻灵敛身云气中，是为汉化飞天形象。有如身在仙境的飞天亦是佛教常见意象，无论佛教意义明确的化生佛，还是飞天、忍冬图样，在翟门生墓石门及围屏石榻中都处于点缀位置，并不作为主体内容去表达。粟特民族的本土宗教为琐罗亚斯德教，又称拜火教、祆教。相较北周时期的安伽墓、史君墓，同为粟特人的翟门生在葬具中对自身族源记忆的表现则显得十分克制。吉笃学描述翟门生围屏石榻石枕内侧刻画了二虎戏摩尼珠图[2]，类似图纹还见于北魏荀景墓志志盖下边缘纹饰，施安昌《北魏荀景墓志及纹饰考》将其描述为“半兽半鸟二神拱卫着一个方形祭坛，升腾起火焰，外周饰以花瓣和花叶”，并以之为粟特祆教对火崇拜的具象化表达[3]。这里笔者更赞同此图纹为二兽戏摩尼宝珠。摩尼珠形象伴以火焰

① 林圣智《中国中古时期墓葬中的天界表象——东亚的比较视野》，《古代墓葬美术研究》第1辑，北京：文物出版社，2011年，第141—147页。

② 吉笃学《东魏石刻的标形器——翟门生屏风石床研究》，第13页。

③ 施安昌《北魏荀景墓志及纹饰考》，《故宫博物院院刊》1998年第2期，第21—29页。

图4-3 翟门生石床的石枕图像（图片采自吉笃学《东魏石刻的标形器——翟门生屏风石床研究》，第17页）

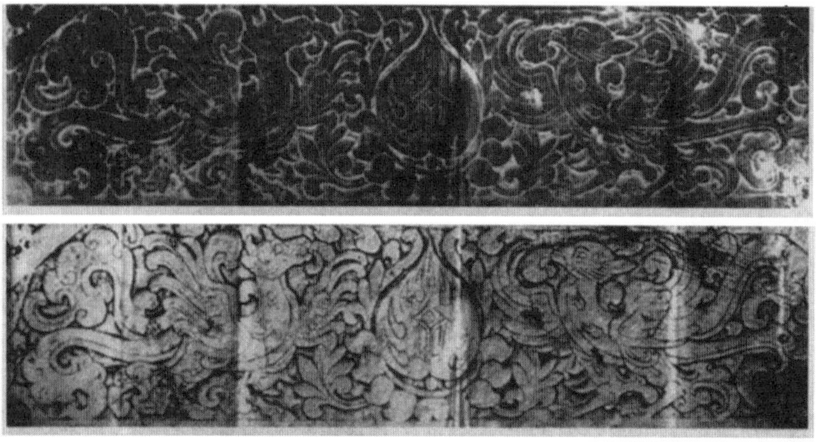

图4-4 北魏苟景志盖下侧图像（图片采自施安昌《北魏苟景墓志及纹饰考》，《故宫博物院院刊》1998年第2期，第25页）

符合佛经描述，莫高窟西魏时期第285窟东披窟顶壁画中的摩尼珠呈烛焰形，外周饰有叶状，莲瓣覆置托底；隋代401窟北壁龛顶壁画中的摩尼珠纹莲瓣形状与苟景墓志志盖中托起摩尼珠的莲瓣更为接近。在墓葬中，同类摩尼宝珠纹饰还见于东魏茹茹公主墓，及北齐东安王娄睿墓，是为这一时期墓葬中佛教因素的遗存①。

① 王倩《北朝墓葬图像中的佛教因素初探》，中国遗产研究与保护技术教育部重点实验室等编《西部考古》第14辑，北京：科学出版社，2017年，第178—195页。

翟门生墓葬中的围屏石榻、石门中有粟特艺术的体现。翟门生围屏石榻石床后腿中间腿足的图纹类似于祆教火坛的刻画。该器物形为盆形，束腰，盆身外壁有多瓣纹饰，器物立于莲瓣之上，盆中火焰升腾。

祆教祭祀用火坛在诸多粟特人墓葬葬具中多次出现。山西太

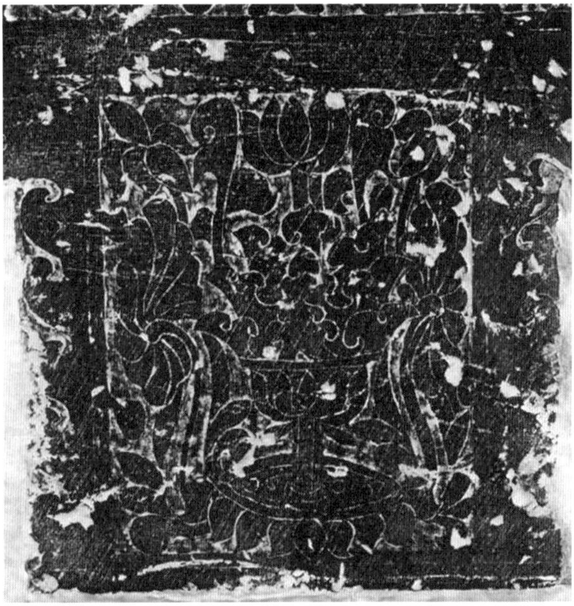

图4-5 翟门生围屏石榻石床后侧中间腿足外侧图纹

图4-6 太原虞弘墓椁座前壁正中处浮雕及摹本（图片采自山西省考古研究所、太原市考古研究所、太原市晋源区文物旅游局《太原隋代虞弘墓清理简报》，《文物》2001年第1期，图三六、图三一）

图4-7 西安安伽墓石门门额火坛[①]

原隋代虞弘墓石椁椁座浮雕中有“一灯台形火坛，中心柱较细，底座和火盆较粗，火坛上部呈三层仰莲形，上有熊熊火焰”[②]，陕西西安北周安伽墓石门门额正面“减低刻绘祆教祭祀图案，中部为承载于莲花三驼座上的火坛，骆驼站立于覆莲座上，背驮仰覆莲上承圆盘，盘内置薪火，火焰升腾”[③]，翟门生墓围屏石榻上的火坛同样立于覆莲座，不同的是，石床腿足上仅有一火坛，而无祭司类形象。刻绘火坛的意义或与安伽墓、虞弘墓等粟特人墓葬一致，是出于祆教信众对圣火的崇拜。

翟门生的身份特征在石门及围屏石榻的器物和人物形象中亦有迹可循。棺床围屏背面“竹林七贤——刘伶”画幅中，刘伶箕坐于地，左手所执饮酒器似为常见于粟特文化氛围中的来通杯。发现于陕西西安何家村的唐代窖藏文物中，就有一件外来镶金兽首玛瑙杯，与中亚片治肯特粟特壁画中的“来通”形态

---

① 陕西省考古研究所《西安北周安伽墓》，北京：文物出版社，2003年，图版一五。

② 山西省考古研究所、太原市考古研究所、太原市晋源区文物旅游局《太原隋代虞弘墓清理简报》，第43页。

③ 陕西省考古研究所《西安北周安伽墓》，第16页。

接近[1]，也与翟门生墓画幅中刘伶所执酒器十分形似，同样的执来通饮酒画面还出现在陕西西安北周粟特人史君墓的石堂浮雕之中[2]。在墓门门扉中，我们同样能捕捉到一丝胡风，翟门生墓墓门两扇门扉的下部界格中各刻有一位呈跪坐姿态的执盾武士形象，左侧门扉中的人物面庞圆润、表情平和，为汉式面目，右侧门扉中的人物则与之不同，高鼻深目、略带胡髯，俨然胡人形象。

墓葬中两扇石门正面内侧各书有数列铭文，待石门关闭则合并为完整墓志，录文如下：

翟国使主翟门生之墓志

君讳育，字门生，翟国东天竺人也。胄藉华方，蟠根万叶。树德家邑，为本国萨甫。冠盖崇动，美传弈世，□□二国通好，酬贡往来，因聘使主，遂入皇魏。嘱主上优容，大垂褒赉，纳给都辇，受赏历帝。然昊天不吊，枉歼良哲。以元象元年正月十一日奄致薨背。有心怀痛，凡百含酸。遂使他山之玉，隐质于此乡；亢□□□，灰骨于异土。呜呼哀，以大魏武定元年十一月廿三日，琼棺方备，玉埏既周，卜兹吉辰，奄葬此土。其词曰：

昔在西夏，立德崇虚。冠盖万里，众矣之谟。流美千城，响溢两都。如何昊天，降罚斯儒。玉顷摧峰，碧兰枉枯。悲音竟路，酸声满途。有心含痛，为之呜呼。龙輀动旆，长旌煌煌。挽歌楚曲，銮哀锵锵。孤寓金棺，独寐泉

① 齐东方《花舞大唐春：解读何家村遗宝》，上海：上海古籍出版社，2018年，第167—170页。

② 西安市文物保护考古研究所《北周史君墓》，北京：文物出版社，2014年，第114页，图120。

> 堂。杳然寂室，埏户无光。永居松□，终归白杨。魂如独往，痛矣可伤。[①]

根据志文可知，翟门生出自翟国，《通志·氏族略》载，“翟氏，亦作狄，音宅，又音狄，祁姓黄帝之后。世居翟地，国语云‘翟国为晋所灭，子孙以国为氏’”[②]，先秦时期的翟国为晋所灭。可知志文中的翟国并非先秦翟国。所谓“翟国东天竺人也”，可理解为东天竺地区的翟氏部族，“东天竺”在我国古代文献多以之指代今印度东部及孟加拉国区域[③]。学者尝试从语言学的角度考察“翟国”，指出“翟”可能是古代西域、中亚、南亚次大陆地区一些古国、古城名称首个音节的近似称谓，如《大唐西域记》所载之咀蜜国，位于阿姆河岸[④]。墓志中记载的萨甫应即萨宝，由粟特文s'rtp'w音译而来，即聚落、商队首领，北朝隋唐时期，这一头衔多见于昭武九姓粟特人群体[⑤]。此外，在石屏上还刻有“胡客翟门生造石床屏风吉利铭记”的铭文。翟门

① 翟门生墓所出石刻墓门、围屏石榻组件由赵超最早于《介绍胡客翟门生墓门志铭及石屏风》一文做较为详尽的概述，墓志录文采自赵超《介绍胡客翟门生墓门志铭及石屏风》，第673—674页。

② ［宋］郑樵《通志·氏族略》，北京：中华书局，1987年，第73页。

③ 《旧唐书·西戎传》记载：“东天竺东际大海，与扶南、林邑邻接。”参见《旧唐书》卷一九八《西戎传》，第5306页。

④ 赵超《介绍胡客翟门生墓门志铭及石屏风》，第678—679页。

⑤ 萨甫应即萨薄、萨宝。萨宝为粟特聚落首领、萨薄为佛教文献中的商人，图像与文本的转换使得后人认为佛经故事中的萨薄与现实生活中的萨宝没有区别。参见荣新江《萨宝与萨薄：北朝隋唐胡人聚落首领问题的争论与辨析》，《伊朗学在中国论文集》第3集，后收入《中古中国与粟特文明》，第163—185页）；《萨宝与萨薄：佛教石窟壁画中的粟特商队首领》，《法国汉学》丛书编辑委员会编《粟特人在中国——历史、考古、语言的新探索》，北京：中华书局，2005年，第49页。

生家族为萨甫，应即胡人聚落的首领。根据墓葬所展示的文化面貌，可知其或兼任粟特聚落的宗教首领，“翟国”应是粟特地区（即索格底亚那）的翟姓部落城邦，志文中的“翟国东天竺人”若为实指，可能表明东天竺地区亦有粟特系翟氏聚落，与粟特人因擅于商贸而颇具流动性的特征相吻合。

翟门生出自翟国，并以使主身份进入北魏，逝后葬在东魏都城邺城。敦煌城西长城烽燧所发现粟特文古信札的内容表明，西晋末期，进入中国从事商贸活动的粟特行商已经到过邺城①。十六国时期，后赵、冉魏、前燕诸政权先后以邺城为都，后赵时，“龙骧将军孙伏都、刘铢等帅羯士三千伏于胡天”②，“胡天”或即祆祠。至北朝，邺城地区有粟特人居住，深圳望野博物馆收藏了一方粟特文—汉文双语铭文墓志，毕波对这方墓志中的粟特文做了释读，由此可知墓主游泥泥槃陁是北齐、北周时期生活在邺城地区的一名粟特行商，他的妻子康纪姜也是粟特人，两人死后都葬在邺城西北数里的家族墓地中③。

2018年该翟门生墓围屏石榻于深圳市南山博物馆展出时，可见该棺床的前腿中部与石枕侧面残存着些许尚未剥落的金箔，这种高规格的墓葬配置也正合乎志文所谓“主上优容，大垂褒赉，纳给都辇，受赏历帝”。翟门生为粟特后裔，但其墓葬石棺床却将其刻画成一位三教合一的汉族士大夫，翟门生墓显示出的儒风

---

① 1907年斯坦因于敦煌发现的一组粟特文古信札的书写年代被判定为公元313—314年，在Ⅱ号信件中，有“我必须写信告诉你们有关进入内地的粟特人的情况……洛阳已不是昔日的洛阳，邺城已经不是昨日的邺城”等内容。参见（美）安妮特·L.朱丽安娜、朱迪思·A.莱莉著，苏银梅译《古粟特文信札（Ⅱ号）》，《考古与文物》2003年第5期，第76—77页。

②《资治通鉴》卷九八“穆帝永和五年”条，第3099页。

③ Bi Bo,The New Bilingual Sogdian and Chinese Epitaph from Yeh 鄴 and the Sogdians in the Northern Ch’i Dynasty, *Acta Asiatica* 119, 2020, pp. 67—89.

道意、祆释并存的文化承载应当不仅仅是礼制仪规的产物，也应融入了墓主在政治身份之外的个人艺术偏好、宗教信仰、族源记忆等，反映了翟门生本人的华夏认同。

2.翟曹明墓

1994年陕西省靖边县的统万城遗址出土了一件浮雕石质墓门，出自“翟曹明墓”[①]，尹夏清对石门内容的粟特因素做了详细考证，认为石门上的护卫形象、头饰日月形象、雄鸡形象等具有粟特文化特征[②]。墓门门楣上的公鸡为祆教中神主阿胡拉·马兹达的使者——圣灵斯劳沙（Sraosha），其幻化的形象即为公鸡，具有接引亡灵的能力[③]。罗丰、荣新江补充了翟曹明墓所出遗物，指出墓葬中的天王、力士、公鸡、狮子形象体现出翟曹明的祆教信仰，还推测翟曹明使用了围屏式石棺床。《翟曹明墓志》称其为“西国人”，并且为“夏州天主仪同”，亦表明翟曹明为粟特系翟氏，且为“祆主”[④]。根据墓志记载、墓葬艺术特征等综合因素判断，可确知北周翟曹明为粟特系翟氏。

《翟曹明墓志》录文如下：

大周大成元年岁次己亥三月癸巳朔四日乙未夏州天主仪

---

① 陕西历史博物馆编《三秦瑰宝——陕西新发现文物精华》，第133页。

② 尹夏清《陕西靖边出土的彩绘贴金浮雕石墓门及其相关问题探讨》，第49—53页。影山悦子认为胡人头上的三面三日月冠亦见于史君墓，与嚈哒关系密切，随粟特人流入中原。参见影山悦子《中国新出ソグド人葬具に见られる鸟翼冠と三面三日月冠——エフタルの中央アジア支配の影响》，《オリエント》第50卷第2号，2007年，第120—140页。

③ 公鸡形象亦存在于史君石椁东壁，相关研究可参见沈睿文《中古中国祆教信仰与丧葬》，上海：上海古籍出版社，2019年，第34—58页。

④ 罗丰、荣新江《北周西国胡人翟曹明墓志及墓葬遗物》，荣新江、罗丰主编《粟特人在中国：考古发现与出土文献的新印证》（上），第269—299页。

同翟君墓志

君讳曹明，西国人也。祖宗忠烈，令誉家邦。受命来朝，遂居恒夏。君幼怀岐嶷，长有才雄。咢咢当官，恂恂乡邑。伤魏载之衰泯，慨臣下之僭凌。是以慕义从军，诛除乱逆。巨猾摧峰，六军振振。[孚]赏既降，威声渐著。朝野钦风，臣民敬尚。□□□而永固，庶比玉而恒坚。岂谓盛夏□□，□□□殴。七月三日遘疾捐馆，春秋[九]□□。□□□□，亲属哀伤。故追德申悲，乃[为]□□：二仪既泮，清浊殊津。[曷]□□□，□□□□。□□县远，仁风稍陈。子□□□，□□□□。□□□□，中贞独步。世□□□，□□□□。□□□□，□□延长。□□□□，□□□□。□□□□，□□□。□（下残，缺字多少不明）[1]

墓志记载翟曹明为北朝时期入华翟氏，可能自中亚粟特绿洲的某“西国”来华。其所任“天主”（祆主）[2]，当为粟特祆教聚落的政教首领。北朝时期，粟特聚落逐渐被纳入王朝军事系统，完成了由聚落到乡里的转变，翟曹明亦“慕义从军，诛除乱逆”。翟曹明墓中文物流散严重，幸运的是，该墓石门得以保留，石门门楣刻以并不常见于中原本土墓葬的公鸡形象，然而这一形象却可在中亚文化中找到对应解读。石门门扉上武士形象的异域风格也十分明显，无论其高鼻深目的面容还是翻领胡服的穿着，都透露着外来文化的气息。以往研究已经注意到武士头部所戴的日月

① 罗丰、荣新江《北周西国胡人翟曹明墓志及墓葬遗物》，荣新江、罗丰主编《粟特人在中国：考古发现与出土文献的新印证》（上），第279—281页。
② “天主”一称，亦见于北周康业墓志（571），程林泉、张翔宇、山下将司《北周康业墓志考略》（第82—83页）以之为“祆主（祝）”。

冠[①]。日月崇拜是粟特人祆教信仰中的内容之一，中亚地区撒马尔罕古城大使厅的粟特壁画中，可以看到骑狮神祇所执权杖顶部即仰月形图饰[②]。西安北周史君墓中使用了一件石堂式葬具，石堂外壁刻大量浮雕，石堂北壁浮雕之一描绘了粟特商队行商与休憩的场景，其中一圆顶帐篷下一男子盘腿而坐，该男子深目高鼻，身着胡服，头戴的宝冠正中位置即饰以日月形[③]。在国内一些粟特墓葬当中，还出现过日月图纹的头冠实物。宁夏固原南郊隋唐粟特史氏家族墓中，史道德墓出土的一组金覆面中的一件护颌饰，两侧为长条形，上端呈圆形，有一穿孔，每侧由三节铆接而成，上两节有四叶状铆片，四叶间各有一枚铆钉，下端由两铆钉直接铆制，中部形似枣核[④]。这件额饰中的日月图纹，出现在粟特人史氏家族的墓葬中并非偶然，罗丰指出此当与中亚、西亚人崇拜日月的习俗有关[⑤]。宁夏文物考古研究所对固原市原州区西南开乡九龙山北缘汉唐墓葬中的两处进行发掘时，一座墓葬中的墓主经人骨鉴定，显示其鼻骨强烈隆起、鼻尖上仰、鼻棘强大、面部水平方向突出、面部矢状方向突度平颌型等特征[⑥]，这些特征显示出其种族属性与西方的高加索人种关系密切，与中亚两河流域类型接近，其中男性墓主即头戴金冠饰，下腭有金腭托。皆由薄金片制成。冠饰下部为两端穿孔的弧形长条，上有三

① 罗丰、荣新江《北周西国胡人翟曹明墓志及墓葬遗物》，荣新江、罗丰主编《粟特人在中国：考古发现与出土文献的新印证》（上），第285页。

② （俄）马尔夏克著，毛铭译《突厥人、粟特人与娜娜女神》，桂林：漓江出版社，2016年，第53页。

③ 西安市文物保护考古研究所《北周史君墓》，第120页。

④ 罗丰《固原南郊隋唐墓地》，北京：文物出版社，1996年，第89—91页。

⑤ 罗丰《固原南郊隋唐墓地》，第104页。

⑥ 韩康信、谭婧泽《固原九龙山——南塬出土高加索人种头骨》，《宁夏古人类学研究报告集》，北京：科学出版社，第227—246页。

道连珠纹饰带。弧形长条上为一半月形，周边饰连珠纹，中间为凸弦纹，半月形上方则为一圆片，周边及中部饰连珠纹[①]。可见，中亚粟特人祆教信仰中的日月崇拜类图像，在我国境内亦较为常见。

翟曹明墓并非经过完整的科学发掘，墓葬形式因此不见于详细的考古报告，《北周西国胡人翟曹明墓志及墓葬遗物》一文中提及，该墓“坐北朝南，为长斜坡墓道土洞墓，墓道口堆放有人骨，可能是墓主，石门位于甬道口，墓室为土洞室，有石椁葬具”[②]，这种情状也使我们联想到同为北周粟特墓葬的陕西西安安伽墓，安伽墓墓道中即有散乱人骨，人骨上有火烧痕迹[③]，安伽墓盗掘毁损情况相对较轻，有学者将墓葬人骨不留置于墓室石棺床而是存在于墓道且经火烧的现象归因于盗掘[④]，同时也有学者指出，这可能是粟特墓主的祆教信仰与丧俗所致[⑤]。不过，烧物葬本是鲜卑葬俗，安伽、康业等粟特贵族因宦北朝而被王朝制度化、鲜卑化，故他们墓葬中的烧物行为与此有关[⑥]。翟曹明墓人骨存于墓道口的情形，或亦与此有关，反映了粟特贵族对中原王朝制度的接受。

同北魏晚期的翟门生墓相比，翟曹明墓的粟特文化色彩更加明显，与翟曹明墓同时期的北周安伽墓、史君墓同样如此，这与

---

① 宁夏文物考古研究所《宁夏固原九龙山隋墓发掘简报》，《文物》2012年第10期，第58—65页。

② 罗丰、荣新江《北周西国胡人翟曹明墓志及墓葬遗物》，荣新江、罗丰主编《粟特人在中国：考古发现与出土文献的新印证》（上），第270页。

③ 陕西省考古研究所《西安北周安伽墓》，第12页。

④ 林悟殊《西安北周安伽墓葬式的再思考》，《考古与文物》2005年第5期，第69页。

⑤ 韩伟《北周安伽墓围屏石榻之相关问题浅见》，《文物》2001年第1期，第92—101页。

⑥ 沈睿文《中古中国祆教信仰与丧葬》，第222页。

北朝时期中原地区胡风的逐渐流行有关。

3.北朝墓志、造像记中的其他翟氏人物

在陕西西安北郊，距离北周安伽墓、北周史君墓两公里以内还发现了康业墓葬[①]，墓葬保存相对完好，出土一具完整的石棺床葬具，墓中所出墓志载：

> 君讳业，字元基，其先康居国王之苗裔也。父魏大天主罗州使君，去魏大统十年，车骑大将军、雍州呼药翟门及西国胡豪望等举为大天主，云：祖世忠孝，积叶义仁，年德敦厚，且恭且慎，水清玉洁，堪为轨范，谐合物情，称允众望。乃降诏许。至大统十六年，尚书又奏：性行廉平，勤敬职事，请除大天主。简在帝心，即蒙□可。积善未征，奄同朝露，以大周保定三年正月薨。天和元年蒙诏，以君积代蝉联，门传忠孝，授世掌大天主。居官在任，莅职贞清，检执赋均，曾无纤舋。方冀金石同坚，松桢并茂，岂谓过隙不留，风飚已灭。今天和六年六月五日薨，春秋耳顺。诏增甘州刺史，礼也。生欣死痛，忉极彝伦。长子汳休延，哀缠风树，酷甚蓼莪。孝女存亲，依敦世继。嗟东流不住，西日难停，令音无朽，乃制云铭：
>
> 涛波启澍，世绪修长。仁英夙挺，如璧如璋，匹兰芬歇，比桂宁芳。灵祇靡祐，遂粉琳琅。积善余庆，嘉福后臻。世传弘义，门述慈仁。幼而忠孝，长务恭亲。晓月凄凄，深松杳杳。谷响薤哥，风萦单旐。悲非即事，恨乃幽泉。阴光徒设，坟烛空燃。魂兮往矣，长夜无旋。凭名刊勒，记志于镌。次子槃陁，次子货主。

① 西安市文物保护考古所《西安北周康业墓发掘简报》，《文物》2008年第6期，第14—35页。

大周天和六年岁次辛卯十一月廿九日。[①]

康业为粟特康国王族苗裔，其父为罗州使君，后任大天主；康业本人同样任天主一职，逝后追赠甘州刺史；其三子波休延、槃陁、货主，从取名方式来看，仍保留胡风。康业与其父皆任“大天主”，前述翟曹明同任此职，“大天主”之官名文献中并无记载，程林泉、张翔宇、山下将司《北周康业墓志考略》认为北朝时期的此类“大天主”，与隋唐之“祆主（祝）”关联密切，因“祆”字创造于隋末唐初，所以在此之前粟特人信仰的祆神常以“天”“胡天”等代替，而就实际职能而言，两者又不尽相同，文献所载“祆主”似乎多擅长奇巧之术，而如康业墓志所记述之“天主”，选拔较为严格且具体职能上偏重实务[②]。

志文中出现“车骑大将军、雍州呼药翟门及西国胡豪望等”，“车骑将军”西汉始置，西魏时官秩二品，属于高级武将[③]。而“西国胡”“豪望”之语，当指粟特人等胡族群体中经济富庶、有实力声望的人，“呼药”[④]为北朝州之属官[⑤]，具体职掌不明。

① 程林泉、张翔宇、山下将司《北周康业墓志考略》，第82页；吕蒙、张利芹《北周〈康业墓志〉释文校正》，《宜宾学院学报》2009年第2期，第96—97页。

② 程林泉、张翔宇、山下将司《北周康业墓志考略》，第82—83页。

③ 王仲荦《北周六典》，北京：中华书局，1979年，第594—595页。

④《周书·卢辩传》载：“辩所述六官，太祖以魏恭帝三年始命行之。自兹厥后，世有损益。宣帝嗣位，事不师古，官员班品，随意变革。至如初置四辅官，及六府诸司复置中大夫，并御正、内史增置上大夫等，则载于外史。余则朝出夕改，莫能详录。于时虽行周礼，其内外众职，又兼用秦汉等官……镇远、建忠等将军，谏议、诚议等大夫，别将，开府长史、司马、司录，户不满五千以下州刺史，户一万以上郡守，大呼药。右正六命。中坚、宁朔等将军；左、右中郎将；仪同府、正八命州长史，司马，司录；户五千以上郡守；小呼药。右六命。”参见［唐］令狐德棻等撰《周书》卷二四《卢辩传》，北京：中华书局，1974年，第404—405页。

⑤ 毛远明校注《汉魏六朝碑刻校注》第10册，北京：线装书局，2009年，第247页。

程林泉等认为“翟门”为人名，任五品之上的“雍州呼药”，可能是来自中亚的粟特人[①]。罗丰、荣新江认为“翟门”可能并非一人之名，而是一类人的通称，或是指康业父亲所在胡人聚落中颇具影响力的翟姓民众[②]。根据前述“翟门生”的名字，可知“翟门”有指人名的可能。不管是指部落、还是个人，结合墓志中出现的“车骑大将军”“呼药”等，可知翟氏与地方官员、地方豪望共同推举聚落中的天主，翟氏家族在长安地区粟特聚落中势力较大，且信奉祆教。

又河北省临漳县北吴庄村邺城遗址出土了一件北魏时期佛教造像，根据题记，造像主名为“谭副”，造像正面的浅浮雕之间刻有数条供养人题记，其中一条为“胡客石郎侍佛郎妻步陵”，另条云“魏郡西曹魏县翟槃劫侍佛时”[③]，学者认为，唐代的“商胡、胡商、胡客”等十有八九指代的是粟特商人，魏晋南北朝时期的此类称谓则未必完全指向粟特人，但所称者一般为西域人士，这一点是没有什么问题的[④]。谭副造像题记中的“胡客石郎”，身份比较清楚，“胡客”即指其由西域而来，姓氏为“石”则表明其原籍为中亚粟特地区石国。另一位翟姓供养人“翟槃劫”，其名字是异域胡名音译，应属于粟特系翟氏。

（三）隋唐碑志所见粟特系翟氏

北朝以来，入华粟特人在迁徙线路沿途形成了诸多聚落[⑤]，

---

① 程林泉、张翔宇、山下将司《北周康业墓志考略》，第84页。

② 罗丰、荣新江《北周西国胡人翟曹明墓志及墓葬遗物》，荣新江、罗丰主编《粟特人在中国：考古发现与出土文献的新印证》（上），第285页。

③ 何利群《邺城遗址出土北魏谭副造像图像考释》，《考古》2020年第5期，第96—110页。

④（日）森安孝夫著，石晓军译《丝绸之路与唐帝国》，第97页。

⑤ 荣新江《中古中国与外来文明》，第37—110页；荣新江《中古中国与粟特文明》，第22—41页。

隋唐及以后，入华粟特人的华夏化程度不断加深，不少粟特人进入军政系统，无论个人成长轨迹抑或家族身份特征，都逐渐华夏化。本节拟对隋唐时期的粟特系翟氏进行梳理探讨。

1.洛阳粟特系翟氏

据笔者所见，目前洛阳地区年代最早的粟特系翟氏碑志，应是隋大业十一年（615）《翟突娑墓志》[1]，墓志称：

> 君讳突娑，字薄贺比多，并州太原人也。父娑摩诃大萨宝薄贺比多。日月以见勋效，右改宣惠尉，不出其年，右可除奋武尉，拟通守。祖晋上卿之苗裔翟雄，汉献帝尚书令、司徒公文海之胤。禀公姓元于灵绪，诞山岳之英精，擢泽崇峰。含溺珠怀六于龆年，著芳风于早日。蕴性文苑，悬今绝古，凝然澹泊。怖目逸于放郊，志翱翔腾九霄。以舒翰重忧，哀毁泣血。王沅之操，神爽了睿，雅德高奇，如金如玉。宝壁摧衰，移风易俗，兰叶枯枝，改变霜凝。春秋七十，大业十一年岁次乙亥正月十八日寝疾卒于河南郡洛阳县崇业乡嘉善里。葬在芒山北之翟村东南一里，礫桓平坛，卜吉安厝，不绝不倾，悲泣归魂，呜呼哀哉！（后略）[2]

学者对《翟突娑墓志》关注较多，主要从祆教信仰、人名、官职等方面判断其为粟特系翟氏，并且指出翟突娑父亲翟娑摩诃任萨保的时间，可能在虞弘检校并州等地萨保的年代（580年前

① 李永强主编《洛阳出土少数民族墓志汇编》，第388—389页。
② 李永强主编《洛阳出土少数民族墓志汇编》，第388—389页。

后）[①]。林梅村通过对薄贺比多一词的考证，认为其为突厥系火祆教徒，即以“翟”为姓的铁勒人[②]。

墓志称翟突娑领“宣惠尉”“奋武尉”等职衔，《隋书·百官志下》载：“炀帝即位，多所改革……旧都督已上，至上柱国，凡十一等，及八郎、八尉、四十三号将军官，皆罢之。并省朝议大夫。自一品至九品，置光禄、从一品……建节、正六品。奋武、从六品。宣惠、正七品。绥德、从七品……等八尉，以为散职。”[③]可知翟突娑在隋朝中并没有实际的职务。翟突娑终于“河南郡洛阳县崇业乡嘉善里”，葬地为“芒山北之翟村东南一里”，翟村一名说明迁徙至洛阳的粟特系翟氏可能不止翟突娑一家，这种迁徙或许是翟突娑家族所在的并州粟特聚落群体性的迁移活动，同样自太原迁至洛阳的粟特人还有康达、安师、安孝臣

① 翟突娑墓志反映出的志主的祆教信仰，参见向达《唐代长安与西域文明》，第95—97页；刘铭恕《洛阳出土的西域人墓志》，洛阳市地方史志编纂委员会办公室编《洛阳——丝绸之路的起点》，第213页。学者提出翟突娑家族是自康居迁入并州太原的丁零翟氏，翟突娑父亲作为宗教首领萨宝主持聚落祆教事务是康居受到粟特宗教文化影响的结果，参见陈菊霞《西域、敦煌粟特翟氏及相关问题研究》，第44—45页；罗丰、荣新江亦认为翟突娑家族可能是著籍太原的粟特移民，翟突娑父正是并州胡人聚落的政教首领，参见氏著《北周西国胡人翟曹明墓志及墓葬遗物》，荣新江、罗丰主编《粟特人在中国：考古发现与出土文献的新印证》（上），第294—295页。

② “薄贺比多”一词，林梅村对此有详尽释读：认为其可能来自“某个相当于阿维斯塔语baγapati的伊朗语词，如婆罗钵语的bagpat，意为神主”，参见林梅村《上海博物馆藏中亚三语钱币考》，《中国钱币》1998年第4期，第17页；也可能来自粟特语βγnpt，意为“祆祠之主”，参见氏著《鍮石入华考》，《考古与文物》1999年第2期，第68页；后据词典认为“薄贺比多”为译自伊朗语、相当于婆罗钵语mgwpt’的“祆教牧师”之意的词语，参见林梅村《稽胡史迹考——太原新出隋代虞弘墓志的几个问题》，《中国史研究》2002年第1期，第84页。

③ 《隋书》卷二八《百官志下》，第793—794页。

等，这种区域流动与北朝隋唐之际政治重心的转移亦有关联。洛阳地区翟氏与粟特人关系密切，翟突娑和其父亲又都是祆教徒，因此笔者将翟突娑家族归入粟特系翟氏。翟突娑虽然信仰粟特本土的祆教，但在进入洛阳后，使用了当地的土葬葬式，从“卜吉安厝”之语也可以看出，翟突娑的葬仪融入了汉地丧葬卜筮之风。

洛阳出土唐证圣元年（695）《翟公妻康氏墓志》、唐天宝八载（749）《康国大首领康公夫人翟氏墓志》反映了洛阳地区翟氏与粟特康氏通婚的现象[①]。还有唐开元二十五年（737）《故正议大夫行巂州别驾米君墓志并序》志主米钦道妻翟氏[②]，记载了洛阳地区翟氏与粟特米氏的联姻。唐永徽二年（651）《隋豫州保城县丞支君墓志铭》[③]，记载了洛阳地区翟氏与西域支氏的联姻。翟氏与粟特人、西域胡人的联姻现象表明，洛阳一带分布着粟特系翟氏。

洛阳粟特系翟氏人物生前居所和死后葬地的分布具有一定规律性。毛阳光指出：“居洛粟特人相对集中的居住地在南市及其周边地区……南市周边的章善坊、嘉善坊、思顺坊粟特居民数量

① 周绍良、赵超主编《唐代墓志汇编续集》，上海：上海古籍出版社，2001年，第340页；李永强主编《洛阳出土少数民族墓志汇编》，第391页；罗丰、荣新江《北周西国胡人翟曹明墓志及墓葬遗物》，荣新江、罗丰主编《粟特人在中国：考古发现与出土文献的新印证》（上），第296—297页。

② 郑炳林、马振颖《新见〈唐米钦道墓志〉考释——敦煌相关金石整理研究之一》，《敦煌学辑刊》2018年第2期，第103—117页。

③ 周绍良主编《唐代墓志汇编》，第143—144页。《支彦墓志》的男性墓主支彦大约是秦末汉初月氏西迁后留在河西地区的小月氏后裔，其父祖辈于北朝时期由河西酒泉迁入洛阳，而从胡族通常攀附有名的汉姓郡望及倾向族内通婚等因素出发，其妻翟氏应当也是胡人，参见毛阳光《一支洛阳月氏胡人家族的汉化经历——以〈支彦墓志〉与〈支敬伦墓志〉为中心》，第127—129页。

也比较多……其他粟特人家庭则居住在敦厚坊、弘敬坊、惠和坊、陶化坊、温柔坊、河南坊、毓财坊、尊贤坊、福善坊等地。”[①]在翟突娑居住的洛阳县崇业乡嘉善里、翟惠隐居住的绥福里、康国首领妻翟氏所终之福善坊、史惟清及妻翟氏所终之思顺坊与思顺里，皆有许多九姓粟特人居住[②]。洛阳地区翟氏的居住地与粟特人分布的总体趋势亦相符合。

关于洛阳粟特人的葬地，毛阳光指出：“根据对出土粟特人墓志的统计，洛阳粟特人卒后主要葬在洛阳北面的邙山……其中以河南县平乐乡及所辖村落杜翟村、王晏村埋葬的粟特人数量最多……洛阳城东的感德乡、三川乡都埋葬着一定数量的粟特人。”[③]墓志中记载了粟特系翟姓人士离世后的丧葬之地，如翟突娑葬于“芒山北之翟村东南一里”，支彦妻翟氏葬于“北邙山之阳”，翟公及其妻康氏葬于洛阳县平乐乡北邙晏村，康国首领妻翟氏葬于河南县平乐乡[④]。可知洛阳地区翟氏的葬地分布与粟特人葬地的分布特征相一致。

唐天宝八载（749）《康国大首领康公夫人翟氏墓志》中还提到翟夫人曾祖翟瓒：“夫人翟氏，汝南上蔡郡人也。家传轩冕之荣，门出士林之秀，汉丞相之荣贵，吴将军之智谋，声播古今，名芳史籍。曾祖瓒，隋朝议郎、检校马邑郡司马；祖君德，

① 毛阳光《唐代洛阳粟特人研究——以出土墓志等石刻史料为中心》，《郑州大学学报（哲学社会科学版）》2015年第4期，第126页。

② 谢泳琳《隋唐两京粟特人居葬地研究》，西北大学硕士学位论文，2022年，第80—91页。

③ 毛阳光《唐代洛阳粟特人研究——以出土墓志等石刻史料为中心》，第129页。

④ 墓志中记载的“唐河南县平乐乡”亦即“唐洛阳县平乐乡”，参见宋婷《碑志所见唐代东都洛阳县之乡名再考》，《中国历史地理论丛》2018年第3期，第66页。

皇朝朝散大夫、太常寺丞；父方裕，清河郡清河县尉；并高材莅职，雅誉称雄，清规振于郡县，朱绂光于乐府。”[1]唐高宗上元三年（676）《大唐故右骁翊卫翟君墓志铭并序》（后简称《翟瓒墓志》）亦保存了关于翟瓒的记载：

> 君讳瓒，字元宗，河南洛阳人也……隋大业初，以勋荫授左亲卫，寻除朝请大夫，武贲郎将。洎神尧皇帝席图端扆，挺植寰瀛，亭□既隆，生灵复始，授右骁翊卫，迁邛州蒲江县丞。俗听弦歌，弼谐之道斯广；政祛淫诈，叶赞之义方昭。爰籍滥觞，伫迅流于浴日；已阶寻木，翻坠羽于摩霄。以贞观十四年三月卅日卒于洛州洛阳县敦厚里，春秋六十三……即以其年十月廿日合葬于河南县平乐乡之北原，礼也。[2]

而两处翟瓒职官不同，前者记其为“隋朝议郎、检校马邑郡司马”，《翟瓒墓志》主要记载其在唐代任职的情况。或许翟瓒在唐代所任官职级别较低，其后世仅记载翟瓒隋代任职情况。又据翟瓒、康公妻翟氏皆葬于“河南县平乐乡”，可推测二人或出自同一家族，若如此，可知翟瓒亦为粟特系翟氏人物。

以上几位翟氏的粟特系属性比较明确。此外，唐元和九年（814）《唐故翟夫人墓志铭并序》记载了史惟清夫人翟氏，史惟清墓志与其妻翟氏墓志同穴而出，各自为志。志文云：“公讳惟清，字文演，其先河南人也，爰自汉魏周隋洎国朝，罔不以孝悌荣身，恭勤接物，言不苟合，动必由礼，存乎谱谍，故不备

---

① 李永强主编《洛阳出土少数民族墓志汇编》，第391页。
② 李永强主编《洛阳出土少数民族墓志汇编》，第389—390页。

书。”[①]据“爰自汉魏周隋洎国朝”可知，史惟清应为唐以前入华的胡姓史氏，可能是中亚史姓粟特人后裔。还有唐显庆五年（660）《翟惠隐墓志》，墓志载翟惠隐“祖纪史直，任魏州长史；父道生干，齐任百工监丞”，其祖父“翟纪史直”、父“翟道生干”名字或由胡语音译而来。根据志文“三代祖徙居于洛，故今为洛阳人焉”的记载，可知翟惠隐家族大约于十六国北朝之际徙至洛阳。史惟清妻子翟氏、翟惠隐为入华翟氏后裔，不排除二者为粟特系翟氏的可能。洛阳地区的粟特系翟氏华夏化特征明显，支彦妻翟氏、康公妻翟氏等女性人物如汉地女子一般相夫教子、贤良孝敬。散居于洛阳乡里的粟特系翟氏已同当时许多定居华夏的粟特人士一样，接受了华夏文化，融入华夏民族。

2.长安粟特系翟氏

十六国北朝隋唐之际，长安是入华粟特人最重要的聚集地点之一[②]。《米继芬墓志》志主为中亚粟特米国人后裔，其父米突骑施作为米国质子来到唐都长安，米继芬承此身份，且任职军中，其长子亦为武官，米继芬夫人为米氏，应为粟特人族内婚。据墓志记载，《米继芬墓志》为“乡贡进士翟运撰并书”[③]“乡贡进士”一称自唐代始，“其不在馆学而举者，谓之乡贡”[④]。

① 郭茂育、赵水森等《洛阳出土鸳鸯志辑录》，北京：国家图书馆出版社，2012年，第185页。

② 荣新江《中古中国与外来文明》，第76—77页。

③ 吴钢主编《全唐文补遗》第3辑，西安：三秦出版社，1996年，第143页。

④［唐］杜佑撰，王文锦等点校《通典》卷一五《选举三·历代制下》，北京：中华书局，1988年，第353页。

翟运应是长安粟特人群体中的一员[①]，掌握了中原墓志撰写的相关知识。粟特人之间相互请托撰写墓志的现象较为常见，并且则隐含着他们构建“族际话语”的努力[②]。米继芬家族即请同为粟特人的翟运撰写墓志。

长安的粟特系翟氏又见于西安近年发掘的唐贞观二十二年（648）翟伯墓[③]，《翟伯墓志》记载：

> 君讳伯，字宏，其先西域人也。自旄头纪星，金行设位，遂兴氏族，郁有宗枝。洪源远派，难得言矣，既而律候东风，臣称北面。袭衣冠于邹鲁，修礼乐于周齐。屡展诚绩，频登爵位。父亮，周上柱国，职隆三命，价重一时。似由余之入秦，同日磾之在汉。而君夙树忠贞，早标气节。时逢启圣，遂勒元勋。大唐义宁元年，蒙授朝散大夫，领参旗军校尉。嗟乎！逝水不停，藏舟遂往，秋生颜鬓，疾隐膏肓，针药无效，哲人斯委。即以贞观廿二年二月廿五日，不禄于京城亲仁里之私第，时年七十有五。遂使哀结里闾，悲缠庶品，岂直寝歌辍相，覆醢绝弦而已哉？嗣子智宝，恩爱既违，扳号靡及，虽松槚之可树，恐陵谷之有迁，乃屈词人铭德云尔：
>
> 桓桓翟君，烈烈从政。松竹在心，兰芬成性。忠贞继

① 罗丰、荣新江《北周西国胡人翟曹明墓志及墓葬遗物》，荣新江、罗丰主编《粟特人在中国：考古发现与出土文献的新印证》（上），第297页。

② 荣新江《中古入华胡人墓志的书写》，第133—134页；龙成松《汉唐时期胡、汉文化融合叙事模式管窥》，《云南社会科学》2018年第1期，第161—163页。

③ 郑旭东《西安新出唐代粟特裔翟伯墓志研究二题》，《石河子大学学报(哲学社会科学版)》2021年第5期，第99—104页。

> 轨，冠冕相映。遂属殴除，更奉明圣。元勋既勒，茂绩乃隆。年芳既谢，人事斯终。叹尽朝露，悲生暝风。唯余盛德，千载无穷。[①]

翟伯墓志言其出自雍州万年县霸陵乡，不过，在对自身族源的记载上，墓志称“其先西域人也”，父翟亮“似由余之入秦，同日䃅之在汉”，这些都表明其家族为异域族裔。翟伯墓志是在考古发掘中清理而出，因此我们得以获知简要的墓葬信息：翟伯墓为汉式土洞墓，出土有陶俑、东罗马金币、墓志等文物[②]，但是尚不见针对此墓的详细发掘报告，郑旭东述及“翟伯墓葬保留着入华粟特人口含金币的葬俗”。在西安北周康国粟特人康业的墓葬中，墓主人康业口含一枚罗马金币[③]，新疆吐鲁番巴达木墓群的粟特康氏家族茔院中，04TBM244号墓男性墓主口含一枚波斯萨珊银币，04TBM252号墓男性墓主口含一枚仿拜占庭金币[④]，对于口含钱币入葬的做法，有学者认为，中亚粟特地区1—8世纪有着口含贵金属货币的葬俗，粟特人入华后可能将自身习惯与中国固有丧俗结合，从而形成这一现象[⑤]。这表明翟伯在使用汉式墓葬的同时还保留着自身部分族源记忆。翟伯家族沿着西域—凉州—长安的迁徙线路最终融入华夏，翟伯本人投身唐朝参旗军中

---

① 录文采自郑旭东《西安新出唐代粟特裔翟伯墓志研究二题》，第99—104页。
② 郑旭东《西安新出唐代粟特裔翟伯墓志研究二题》，第99、102页。
③ 西安市文物保护考古所《西安北周康业墓发掘简报》，第16—17页。
④ 吐鲁番市文物局、吐鲁番学研究院、吐鲁番博物馆编著《吐鲁番晋唐墓地：交河沟西、木纳尔、巴达木发掘报告》，北京：文物出版社，2019年，第284—290，299—305页。
⑤ 马晓玲《北朝至隋唐时期入华粟特人墓葬研究》，西北大学博士学位论文，2015年。

担任基层军士，根据其后代的名字，可知翟伯家族为华夏化程度较高的粟特系翟氏。

3.凉州粟特系翟氏

凉州翟氏与粟特安氏家族世代联姻，安元寿夫人为翟六娘，翟舍集妻子亦出自安元寿家族，翟六娘与武威翟舍集应为同族，这种世代通婚正是粟特人婚姻特征的表现[①]。凉州翟舍集家族即粟特系翟氏。

唐武威安元寿家族累世为宦。李世民为秦王时，安元寿即追随其左右；玄武门之变中，安元寿有宿卫之功；安元寿在唐太宗一朝颇得重用，高宗时期亦建军功。墓志载，安元寿为“凉州姑臧人”，安元寿家族应为居于凉州的粟特人后裔[②]。《安元寿妻翟氏墓志》记载：

> 粤若仙家夭桃，三章讵宣其精义；灵山美玉，五德未尽其对扬。斯可以窃比硕人、兴言高媛，其则夫人者矣。夫人讳六娘，字六娘，隋开府仪同公之第六女也。盛德内融，好仇外著，韵谐家室，行自仁贤。舅姑终其孝恭，姻戚宗其令问。兰仪肃穆，富春秋之清芬；菊服齐庄，致烝尝之歆飨。鸤鸠七子，君子攸宜；凤皇九雏，贤母是属。夫人体斯律唱，赞以吕和。相敬形于二人，诞懿存于九子。兄弟出处，忠孝荣门；父母庭闱，昧爽咸列。无方左右，特禀少微之星；取类琳琅，咸为大国之宾。诚家国之余庆，感天地之中和。然而日月居诸，岸谷迁易。忧喜多故，年

---

① 罗丰、荣新江《北周西国胡人翟曹明墓志及墓葬遗物》，荣新江、罗丰主编《粟特人在中国：考古发现与出土文献的新印证》（上），第295—296页。

② 昭陵博物馆《唐安元寿夫妇墓发掘简报》，第37—49页。

考易侵。夫人以圣历元年十月十六日薨于京怀远里第之小寝，春秋八十有九。鸣呼哀哉！天不憖遗，人之云亡。自兹厥后，子息□□，唯各有短长之命，而代迫存殁之艰，歌哭之堂，俄然空阒。迁窆窀穸，臣子慎修。考薨之辰，企及昭陵陪葬；妣丧之月，伏深在殡之虞。赤龙之典是遵，青乌之经有所。伏惟衣冠臣葬，诚赖威灵；山陵帝乡，具严兆域。纡辒绋而岁卜，候商徵之时宜。从违卅余年，龟筮今兹协吉。季子神机，寻已疾终。孙奉义郎、前行绛州参军事日钦，特奉于考临终之命，伏惟于考平生之志，爰以开元十五年岁次丁卯二月甲辰朔廿九日壬申，敢奉迁祖妣神柩，式窆于祖考墓之玄堂，礼也。厚德谋孙，多材干父。陈情闻于幼敏，泣惠逮于从官。合葬秦岗，告哀楚挽。夜台行路，辆旐逶迟。春序川原，缟素悽惵。菑青露泣，杨白风悲。鸣呼哀哉！夫人以梅实盛年，颜如皓日；孀居晚岁，闺起清风。琴瑟丧于蓼忧，台馆倾其荣乐。神物终当重合，誓心固以塞泉。山阳水阳，百二国之胜地；青松翠柏，三千年之佳城。龙马发挥之期，将军宠灵之所。其词粤：

翟氏贤媛，安门硕人，紫玉毓德，白水降神。容华洁朗，志性纯真，似桂不晦，如李恒春。其一。孝敬舅姑，甘旨晨晡，兰芬玉美，充堂自厨。进奉余暇，幽闲令图，三绝四德，历代楷模。其二。节义通微，宅兆斯归，茔如月望，坟若星晞。上表松柏，下志庭闱，三叶谋厝，万古依依。其三。[1]

---

① 周绍良、赵超主编《唐代墓志汇编续集》，第508页。

安元寿妻墓志书其郡望为“下邳翟氏”，岑仲勉以“下邳”为“下邽”之讹[①]。林梅村认为“下邳”或是“下邽”因避讳改字所致[②]，下邽属雍州冯翊郡，有学者认为，部分胡族翟氏对冯翊下邽郡望的附会大致来源于《史记·汲黯传》“下邽翟公有言，始翟公为廷尉，宾客阗门”的记载[③]。安元寿妻翟氏为粟特族属已为学界普遍认同[④]，根据翟六娘墓志的内容，可知其安葬历程受到唐时卜筮之风的影响[⑤]，武威翟氏家族附会中原郡望，志文称颂翟六娘贤顺孝恭，可知其家族华夏化程度较高。因安元寿陪葬昭陵，其墓葬的形制、壁画、随葬品，亦具有较明显的华夏化特征。

与安元寿及其妻翟氏密切关联的另一粟特安、翟两姓联姻的例证为武威出土开元十四年（726）《翟舍集墓志》所载唐凉州翟舍集及其妻安氏。墓志云：

> 公讳舍集，姑臧人也。代禀粹气，人包灵精，西平膏壤，右地名族。曾祖呼末，周历内散都督，隋赠甘州刺史；祖文殊，父沙，并上柱国。公生蕴奇志，长负大才。国家命金方之师，征铁关之右。公躬擐甲胄，率先艰苦，授上柱国。于是乐道知命，居常待终，而甯疾弥留，游魂莫返，久视年五月八日卒于私第，年六十四。夫人安氏，凉国公

① ［唐］林宝撰，岑仲勉校记《元和姓纂（附四校记）》卷一〇，第1582页。
② 林梅村《稽胡史迹考——太原新出隋代虞弘墓志的几个问题》，第74页。
③ 张葳《因宦徙居：唐代墓志所见潞州人口迁入情况的个案考察》，武汉大学中国三至九世纪研究所编《魏晋南北朝隋唐史资料》第35辑，上海：上海古籍出版社，2017年，第195页。
④ 罗丰、荣新江《北周西国胡人翟曹明墓志及墓葬遗物》，荣新江、罗丰主编《粟特人在中国：考古发现与出土文献的新印证》（上），第295—296页。
⑤ 陈志谦《安元寿及夫人翟氏墓志考述》，第55—56页。

之孙也，出自名家，宜于贵室。夫也先卒，心乎靡他，义切恭姜，训成诸子。三从一德，良不媿于金夫。子贵母尊，竟登荣于石窌。湟川叛逆，青海纷拏，元子勇冠三军，功加五品，因授姑臧县太君。开元十四年八月廿八日卒，年七十六。其岁景寅子月十一日合葬凉东南七里志公乡原茔，礼也。长子游击将军，安善府果毅元节，删丹之役死于王事。次子征士元哲、柱国元开、翊卫元璲，并早卒。季子翊卫元礼，嫡孙琼环等。家宝国珍，闻诗习礼。茹荼兴慕，至性崇于二连；剪棘开茔，遗烈旌于九壤。托铭于仆，掌拙为词云：

金方望胄，兑野淳精。爰曾爰孝，令德令名。育才奉国，奋勇遄征。进有荣秩，居而退耕。父殁妻志，母因子贵。庆绪蕃滋，佥阶禄位。彼苍如何，吞恨逾多。藏舟遂荡，隙驷仍过。幽隧寂寂，高坟峨峨。埋铭地户，托体山阿。[①]

翟舍集妻安氏，出自凉州粟特安氏家族，安氏祖父安兴贵为唐初功臣，而安元寿则为安兴贵之子[②]。能与粟特安氏往来联姻，翟舍集家族很可能也是凉州粟特人聚落中颇具实力的一支，其曾祖父名“翟呼末”也隐含了这一家族的胡族文化属性。在墓志中，翟舍集将其祖源追溯为“西平膏壤，右地名族”，既不同于翟六娘墓志中所伪冒之下邳郡望，亦未采用汉姓翟氏常用的汝南上蔡、江州浔阳等郡望，这大概也是因为翟舍集本人长居武威，其

① 录文参见濮仲远《武威出土的唐代翟舍集夫妇墓志释证》，第149页；黎大祥《武威大唐上柱国翟公墓清理简报》，氏著《武威文物研究文集》，第181—182页。
② 黎大祥《武威大唐上柱国翟公墓清理简报》，氏著《武威文物研究文集》，第176—184页。

郡望书写或反映了武威翟氏从落居西平[①]到迁至武威的过程，亦反映出入华粟特人聚落在河陇地区的广泛分布。据墓志“国家命金方之师，征铁关之右。公躬擐甲胄，率先艰苦，授上柱国”“湟川叛逆，青海纷拏，元子勇冠三军，功加五品”等记载，可知翟舍集及其长子翟元节皆从军。翟舍集家族在北朝隋唐之际积极参与军政，谋求武功立身，濮仲远认为，翟舍集子孙多为府兵卫士身份，这是此家族已入籍授田成为唐朝编户的表现[②]。翟舍集墓葬使用斜坡墓道单室砖砌墓[③]，符合唐代一般贵族墓葬形制，也是其华夏化的表现之一。自翟舍集祖父“翟文殊”以后，这一粟特系翟氏成员的名字开始逐渐华夏化，至子孙辈，其家族业已成为闻诗习礼、儒学传世的家族。

四、敦煌吐鲁番文书所见入华翟氏的民族融合

敦煌、吐鲁番位于丝绸之路的重要节点，敦煌吐鲁番文书中的翟氏来源复杂，且特征并不十分明显。我们尝试对其进行细致的分析，尽可能对文书中的翟氏做一清晰的厘定。

---

① 即西平郡，始建于东汉献帝建安十八年（213），辖境在今青海湟源、乐都间湟水流域。《后汉书》载：“省凉州刺史，以并雍州部，郡得弘农、京兆、左冯翊、右扶风、上郡、安定、陇西、汉阳、北地、武都、武威、金城、西平、西郡、张掖、张掖属国、酒泉、敦煌、西海、汉兴、永阳、东安南，凡二十二郡。”（《后汉书》志二八《百官志》，第3618页），《旧唐书》载：“鄯州，下都督府，隋西平郡。武德二年，平薛举，置鄯州，治故乐都城。贞观中，置都督府。天宝元年，改为西平郡。乾元元年，复为鄯州。”（《旧唐书》卷四〇《地理志》，第1633页）。古代青海地区为交通往来要道，考古发掘中屡见古代青海地区文化交融遗迹。

② 濮仲远《武威出土的唐代翟舍集夫妇墓志释证》，第149—152页。

③ 黎大祥《武威大唐上柱国翟公墓清理简报》，氏著《武威文物研究文集》，第176页。

吐鲁番文书所载信息相对零散，多为具体的人名，这些翟氏人名当中有些是汉姓翟氏，采用汉式人名。吐鲁番66TAM53号墓出土一件《泰始九年（273）翟姜女买棺券》木简，木简正面书“泰始九年二月九日大女翟姜女从男子栾奴”[①]，这枚木简表明，西晋前期已有翟姓居葬于吐鲁番地区，其中的翟姜女应是汉姓翟氏。高昌地区的汉姓翟氏可能部分来自敦煌[②]。

丁零系翟氏因经历了魏晋时期长期的民族融合，或亦采用汉式人名，特征不甚明显。十六国北朝之际，粟特系翟氏大量入华，吐鲁番地区有大量的粟特系翟氏分布，笔者首先对吐鲁番粟特系翟氏做一梳理，然后讨论敦煌翟氏的民族融合。

（一）吐鲁番地区的粟特系翟氏

陈菊霞对敦煌吐鲁番文书中与粟特人关系密切的翟姓群体进行考察时，认为翟氏具备取粟特名、通粟特语、与九姓粟特人通婚、信奉祆教等特征，应为粟特人[③]，王启涛亦赞同此观点，并提到除了直观的粟特化名字之外，“翟”姓人士名中带“胡”或其他明显非汉色彩的字，也表明其胡人属性[④]。尽管如此，吐鲁番文书中的翟氏族属较为复杂，不能一概而论，需要谨慎辨别。以往研究中，吐鲁番文书中的部分粟特系翟氏已被从相关文书中检出。在此基础上，笔者拟结合姓名、信仰、社会关系等诸方面的特征，对吐鲁番粟特系翟氏再做全面的整理。

---

① 新疆维吾尔自治区博物馆《吐鲁番县阿斯塔那—哈拉和卓古墓群清理简报》，《文物》1972年第1期，第9页。

② 宋晓梅《麹氏高昌国张氏之婚姻》，第151页。

③ 陈菊霞《西域、敦煌粟特翟氏及相关问题研究》，第40—48页。

④ 王启涛《“目”“翟”二姓与粟特关系新证——以吐鲁番出土文献为中心》，第88—99页。

1.翟氏人名为粟特语音译

西域翟姓群体里有部分名字高度粟特化，多由粟特语音译或义译而来，如前述翟呼典畔陀、翟那你潘、翟那宁昏等。其中，“翟呼典畔陀”一名中的“畔陀”还出现在很多吐鲁番文书的人名记录中，吉田丰重构了其粟特语发音——即“vandak”，类似的名字含有共通的含义，如“射蜜畔陀”对应粟特文原音“Zhēmat-vandak”，意为“十一月神的仆人”，“那宁畔陀”对应粟特文原音“Nanai-vandak”，意为“娜娜女神的仆人”，“莫畔陀”对应粟特文原音“Mākh-vandak”，意为“月神的仆人”。又如“翟那你潘”之“那你潘”对应粟特文原音“Nanai-farm”，意为“娜娜女神的荣光”[①]，“娜娜女神”祆教神祇，“翟那宁昏”的名字也起源于此。阿斯塔那三六〇号墓文书所出《唐贞观十七年（643）牒为翟莫鼻领官牛踖料事》（66TAM360:1）出现翟莫鼻[②]，王丁认为，敦煌文书P.3559《唐天宝九载（750）敦煌从化乡差科簿》所载“康莫鼻”、《大唐上仪同故康莫量（鼻）息阿达墓志铭》所载“康莫鼻”[③]及吐鲁番的“翟莫鼻”，三人名中的“莫鼻”，皆为粟特语m'xβy'rt的音译形式[④]。“莫鼻”一名还见于敦煌文书P.3813《唐（公元七世纪后期?）判集》，该文书是唐代的一件司法案例合集，包含19道判文，其中一道记录了史姓、康姓等粟特人之间的司法纠纷，文书称：

---

① 相关内容出自吉田丰《汉字拼写的粟特人名、重构的粟特文发音及其原意》，韩森著、王锦萍译《丝绸之路贸易对吐鲁番地方社会的影响：公元500—800年》附录，《法国汉学》丛书编辑委员会编《粟特人在中国——历史、考古、语言的新探索》，第127—129页。

② 柳洪亮《新出吐鲁番文书及其研究》，乌鲁木齐：新疆人民出版社，1997年，第94页。

③ 周绍良主编《唐代墓志汇编》，第124页。

④ 王丁《粟特语高昌延相买婢契补考》，《国学学刊》2022年第3期，第112页。

（前略）

114 即宜断绝。　　长安县人史婆陁，家兴贩，资财巨富，身有勋官骁

115 骁骑尉。其园池屋宇、衣服器玩、家僮侍妾，比侯王。有亲弟颉利，久已别居

116 家贫壁立，兄亦不分给。有邻人康莫鼻借衣不得，告言违法式事。

（后略）[1]

史婆陁和他的邻人康莫鼻应该都是入华粟特人，“莫鼻”是粟特人常用的一个名字的汉译，据王丁考证，汉名“莫鼻”对应的粟特语为“m’xβy’rt”，含义为“月神赐予的”，符合粟特人祆教信仰中的日月崇拜。

阿斯塔那72TAM153号墓出土的麹氏高昌时期文书《高昌入作人、画师、主胶人等名籍》（72TAM153：29、30）中出现“翟卑娑”，文书记载了高昌王家寺院或石窟营建征调的各类工匠的姓名、工作次数等。从工匠名姓来看，其中不乏康、竺、白、何等姓胡人，对于“翟卑娑”，王启涛认为其可能是粟特人[2]。西域文书的一些粟特人名也多次出现“娑”字，吉田丰以汉名“毕娑”的粟特文音转为“Pēsakk”，其粟特文原意为“彩色者”。“娑堪”的粟特文音转为“Askām”，“忽娑”的粟特文音转为

① 唐耕耦、陆宏基编《敦煌社会经济文献真迹释录》第2辑，北京：国家图书馆文献缩微复制中心，1990年，第604—605页。

② 王启涛《“目”“翟”二姓与粟特关系新证——以吐鲁番出土文献为中心》，第96页。

"Khers"[1]。此件吐鲁番文书中的翟卑娑应为粟特系翟氏。

2.翟氏人物与粟特聚落

麹氏高昌时期（502—640）73TAM514:2《高昌内藏奏得称价钱帐》文书记载了吐鲁番地区粟特人从事贸易活动的相关信息[2]，内容如下：

> 1 起正月一日，曹迦钵买银二斤，与何卑尸屈二人边得钱二文。即日，曹易[婆]□
>
> 2 买银二斤五两，与康炎毗二人边得钱二文。次二日，翟陁头买金九两半，与
>
> 3 □显祐二人边[得]＿＿＿＿。[次]三日，何阿陵遮买银五斤二两，与安婆□
>
> 4 □□□□钱五文。即日，翟萨畔买香五百七十二斤，鍮石叁[拾]＿＿＿＿（中缺）
>
> 5 ＿＿＿＿[文]。次五日，康夜虔买乐［药］一百肆拾四斤，与宁祐憙二人[边]
>
> 6 ＿＿＿＿顛买糸［丝］五十斤、金二十两，与康莫毗多二人边得钱七文半。[3]

文书主要是对商业活动中人员、物品等的记录。文书中多次提到

[1]（日）吉田丰《汉字拼写的粟特人名、重构的粟特文发音及其原意》，韩森著、王锦萍译《丝绸之路贸易对吐鲁番地方社会的影响：公元500—800年》附录，载《法国汉学》丛书编辑委员会编《粟特人在中国：历史、考古、语言的新探索》，第127—129页。

[2] 国家文物局古文献研究室、新疆维吾尔自治区博物馆、武汉大学历史系编《吐鲁番出土文书》第3册，北京：文物出版社，1981年，第317页。

[3] 国家文物局古文献研究室、新疆维吾尔自治区博物馆、武汉大学历史系编《吐鲁番出土文书》第3册，第318页。

"称价钱"，如"起六月十六日至到廿九日，无称价钱""起七月一日至到十五日，无称价钱""起八月十六日至到卅日，无称价钱"[①]。据朱雷考证，"称价钱"是麹氏高昌王朝向在高昌从事商品贸易的商人征收的一种商税[②]，此件文书中列出多人姓名，粟特姓康、何、曹、安、翟等人数众多，且文书所录人名多为胡名，具体可参下表：

表4-3 吐鲁番文书《高昌内藏奏得称价钱帐》商胡姓名统计

姓氏	人名	人次
康	康炎毗 康夜虔 康莫毗多 康炎顛 康不里昂 康婆 康乌提畔阤 康炎顛 康阿揽牛延 康□□ 康□希迦 康显顛 康妹 康虎典 康毕迦之 康炎延 康那宁材 康牛 康莫至	18
何	何卑尸屈 何阿陵遮 何畔阤 何炎阤 阿何伦遮 何炎蜜畔阤 何刀 何刀胡迦 何破延 何炎	10
曹	曹迦钵 曹易婆□ 曹破延 曹遮信 曹天夜罗 曹直[　　] 曹诺提□□	7
安	安婆□ 安□□ 安那宁畔 安破毗多 安破[　　] 安 安符夜门延 安符夜门遮	7
白	白妹 白迦门腻	2
翟	翟阤头 翟萨畔	2
石	石莫□□	1
宁	宁祐憙	1
车	车不吕多	1
其他	□显祐 供勤大官 □不吕多 □射蜜畔阤 迦门腻 破仑之 张竺 □尼屈量	6

① 国家文物局古文献研究室、新疆维吾尔自治区博物馆、武汉大学历史系编《吐鲁番出土文书》第3册，第322页。

② 朱雷《麹氏高昌王国的"称价钱"——麹朝税制零拾》，氏著《朱雷敦煌吐鲁番文书论丛》，第74—78页。

这件文书中多次出现的“翟陁头”“翟萨畔”等翟姓人物，根据上表统计，73TAM514:2号文书《高昌内藏奏得称价钱帐》是一份记录了粟特人等西域胡商在高昌国行商并上缴“称价钱”的账目名单。文书中康、安、何、曹等粟特商胡的姓名仍保留着浓重的异域文化气息。因此我们认为，“翟陁头”“翟萨畔”为粟特系翟氏的可能性更大。这一粟特商人群体或仍以聚落形式生活在吐鲁番。

随着交往交流的日益加深，粟特人由最初的商旅行人渐渐成了古代高昌地区的编户居民，其从事的职业也不再仅限于粟特人一向擅长的商贸，而是融入当地社会中，成为佃户、军士、手工业者等等。出土文书反映出，粟特系翟姓与定居高昌、职业各异的粟特人一直保持着密切的联系。《大谷文书集成》二三六八号《西州高昌县佃人文书》记录的武周天授二年（691）西州高昌县的佃户及田亩名目中，出现一姓名为“翟□□”的佃人，同文书中的授田佃户还有“曹贞信”“康鼠子”“康令子”“何阿谷盆”“安□信”“何元师”“康父师”“安阿禄山”“康德集”等粟特人[①]。《大谷文书集成》二八四九号文书《唐代役制（兵役）关系文书》记载了兵役人员“翟秃子”，同件文书还有“康善住”“安连海”“康黑奴”“康君海”“石丑奴”“安智潘”等粟特人[②]。

敦煌文书S.367《沙州伊州地志》写于唐光启元年（885）[③]，

---

① （日）小田义久《大谷文書集成》第1卷，京都：法藏馆，1984年，第86页。

② （日）小田义久《大谷文書集成》第1卷，第114页。

③ 郑炳林《敦煌地理文书汇辑校注》，兰州：甘肃教育出版社，1989年，第69页。

记录了史籍阙载的唐代沙州、伊州等地诸多自然风貌和风俗人事[①]，据此写卷，伊州有“火祆庙，中有素书形象无数。有祆主翟槃陀者，高昌未破以前，槃陀因朝至京，即下祆神，因以利刀刺腹，左右通过，出腹外，截弃其余，以发系其本，手执刀两头，高下绞转，说国家所举百事，皆顺天心神灵助，无不征验。神没之后，僵仆而倒，气息奄七日，即平复如旧”[②]，“祆主”，一般指入华粟特人群体中负责主持祆教事务的神职人员[③]，他们通常熟习幻术并将其运用于祭祀等宗教仪式当中[④]，《沙州伊州地志》中所载祆主”翟槃陀”，无论是名字意涵[⑤]还是其“祆主”身份，都表明他应为粟特人，伊州火祆庙，应当是聚居当地的粟特人建立起的祆教寺庙。古代高昌地区亦设有胡天神祠[⑥]，可证定居古代高昌的粟特人等群体在一段时期内仍保持着祆教信仰。粟特人在落居敦煌、吐鲁番等地后，多从事商贸活动等职业，粟特人之间仍有着密切的交往和联系，同时还有共同的宗教信仰。一直到唐代，高昌地区应当还存在具有粟特聚落特征的粟特人群体，翟氏也是其中的一分子。如前文述及的阿斯塔那所出《唐麟德元年（664）翟那宁昏母康波密提墓表》，翟那宁昏出自粟特翟氏一脉，而他的母亲“康波密提”则为粟特康氏。阿斯塔那三五

---

① 郑炳林《〈沙州伊州地志〉所反映的几个问题》，《敦煌学辑刊》1986年第2期，第66—75页。

② 郑炳林《敦煌地理文书汇辑校注》，第67页。

③ 罗丰、荣新江《北周西国胡人翟曹明墓志及墓葬遗物》，荣新江、罗丰主编《粟特人在中国：考古发现与出土文献的新印证》（上），第284—285页。

④ 沈睿文《中古中国粟特裔石葬具综论》，吕章申主编《近藏集粹——中国国家博物馆新入藏文物》，北京：北京时代华文书局，2016年，第33页。

⑤ 槃陀，是粟特语人名βntk的音译，意为“奴、奴仆”。参见王丁《胡名盘陀考》，向群、万毅编《姜伯勤教授八秩华诞颂寿史学论文集》，第179页。

⑥ 荣新江《中古中国与粟特文明》，第3—21页。

号墓出土的一件户口底册《武周载初元年（690）西州高昌县宁和才等户手实》，该件文书内容较长，由二十个残片组成，从其中记载的户口名姓来看，此时唐西州高昌县百姓为多族混居。此件文书中出现多个翟姓，户主王隆海家族娶有一翟姓女子[①]，又一家庭户主为“翟急生”，文书载：

（前略）
4 户主翟急生年[②]贰拾捌岁 □□
5 妻安年贰拾贰岁 品子妻
6 故父妾史年贰拾陆岁 丁
7 女郍胜 年 叁 岁 黄女
8 乐事何丰吉年拾叁岁 小
9 部曲昝阿吐年贰拾壹岁 丁
10 右件人见有籍
（后略）[③]

翟急生娶妻粟特安氏，生女翟胜。翟急生的父亲所纳妾室史氏，或亦为粟特人。其家中乐事“何丰吉”应为粟特何氏，部曲“昝阿吐”也似出自胡系人物。可知翟急生一家应属粟特系翟氏，翟急生与其父两代都奉行粟特族内婚，其女的名字中也带有粟特文化色彩。

古代高昌地区的粟特系翟氏，在维持族内婚的同时，亦与汉

① 国家文物局古文献研究室、新疆维吾尔自治区博物馆、武汉大学历史系编《吐鲁番出土文书》第7册，北京：文物出版社，1986年，第416—417页。
② 文书原写作武周新字“埊”，此处直接录作“年”。
③ 国家文物局古文献研究室、新疆维吾尔自治区博物馆、武汉大学历史系编《吐鲁番出土文书》第7册，第420—421页。

姓通婚。吐鲁番粟特系翟氏群体的华夏化进程并未呈现出一致性，部分翟氏在十六国北朝时期已表现出较高的华夏化程度。至唐代中期，仍有部分粟特系翟氏保持着粟特人原有的信仰与通婚习惯。此种现象既受到社会环境影响，亦可能是因迁徙时代的差异导致落居高昌先后有别的结果。

3.其他粟特系翟氏人物

除了以上翟氏人物可以明确判定为粟特系翟氏外，还有一些可能为粟特系翟氏的情况。阿斯塔那五号墓文书《唐赵恶奴等户内丁口课役文书》（64TAM5:65—b）载“翟奴子，单身，下上户”[①]，《大谷文书》二八四八号《唐代役制（兵役）关系文书》载“一人，废疾，翟默奴”[②]，王丁《胡名盘陀考》对此做了粟特语言学角度的考证，指出汉名书写中的“奴子”为粟特语βnt’kk的译义名，并统计敦煌、吐鲁番文书中“安奴子、曹奴子、何奴子、康奴子、罗奴子、米奴子、石奴子、支奴子”等诸多同类用法，“默奴”为m’xβntk的音义合并名，此类由粟特语人名βntk衍生而出的诸多变式有时蕴含着使用者的信仰表达[③]。以“奴”取名作字的做法在敦煌吐鲁番文书中较为常见，并非粟特人独有的习惯。但是不能排除吐鲁番地区以“奴”为名字的翟姓人物为粟特人的可能。

吐鲁番文书中还有部分翟姓人物名字尚未匹配到对应的粟特语言，但也不似普通的汉式取名方式，如阿斯塔那66TAM48号墓

① 国家文物局古文献研究室、新疆维吾尔自治区博物馆、武汉大学历史系编《吐鲁番出土文书》第6册，北京：文物出版社，1985年，第328页。

②（日）小田义久《大谷文書集成》第1卷，第114页。

③ 王丁《胡名盘陀考》，向群、万毅编《姜伯勤教授八秩华诞颂寿史学论文集》，第189、194页。

中多件文书记录的“翟奇乃”[①]，阿斯塔那65TAM42号墓所出《唐西州高昌县授田簿》中的“翟萨知”等[②]。除了姓名因素以外，他们与粟特人交往较多，因此可以判断其很可能为粟特系翟氏。

吐鲁番哈拉和卓九六号墓翟姓女子随葬品中隐含着祆教的日月崇拜元素，这位翟氏可能也是粟特系。75TKM96号墓为十六国时期墓葬，所出文书纪年始自北凉玄始十二年（423），止于北凉义和二年（432）[③]，其中两件较为完整的随葬衣物疏，分别题为《北凉真兴七年（425）宋泮妻隗仪容随葬衣物疏》《龙兴某年宋泮妻翟氏随葬衣物疏》。被盗扰墓室中零散分布四具遗骨，性别为一男二女，另一具不明[④]。该墓或

图4-8 吐鲁番哈拉和卓墓群75TKM96号墓出土粟特文文书319[⑤]

① 国家文物局古文献研究室、新疆维吾尔自治区博物馆、武汉大学历史系编《吐鲁番出土文书》第3册，第73—76、81—82、86—87页。

② 国家文物局古文献研究室、新疆维吾尔自治区博物馆、武汉大学历史系编《吐鲁番出土文书》第6册，第243—269页。

③ 国家文物局古文献研究室、新疆维吾尔自治区博物馆、武汉大学历史系编《吐鲁番出土文书》第1册，北京：文物出版社，1981年，第58页。

④ 新疆文物考古研究所《吐鲁番阿斯塔那—哈拉和卓墓地：哈拉和卓卷》，北京：文物出版社，2018年，第166—174页。

⑤ 新疆文物考古研究所《吐鲁番阿斯塔那—哈拉和卓墓地：哈拉和卓卷》，第181页，图一四九。

为墓主人宋泮与其两位夫人隗仪容、翟氏合葬墓。75TKM96号墓中有数量较多的兵曹文书，可能与男性墓主从事职业有关。墓中出有一件粟特文文书残片（75TKM96：66），年代为东晋十六国时期[①]。

根据宋泮姓名和墓室壁画，可知墓主为汉姓宋氏。隗氏或属高车族[②]，西晋时期，隗氏已迁居高昌，杨荣春、朱艳桐等皆以《北凉真兴七年（425）宋泮妻隗仪容随葬衣物疏》所载“隗仪容”等高昌隗氏为高车族[③]，从文书来看，这位隗姓夫人的汉化程度较高。墓中所出内容待考释的粟特文文书残片或许与宋泮的另一位夫人翟氏有关，《龙兴某年宋泮妻翟氏随葬衣物疏》记载：

> （前略）
> 9 故结绯襦一领
> ……
> 17 龙兴□年□□□日宋泮故妻翟氏□随身所
> 18 有衣物，人不得认名须桃券花生、叚鸡子
> 19 雏□镇□□□狗□□□[④]

① 李晓岑、郑渤秋、王博《吐鲁番阿斯塔那—哈拉和卓古墓群出土古纸研究》，《西域研究》2012年第1期，第65页。

② 姚薇元《北朝胡姓考》，第80—81页。

③ 杨荣春《北凉高昌太守隗仁史迹钩沉》，《吐鲁番学研究》2014年第2期，第29—33页；朱艳桐《北凉王国与胡汉民族》，《敦煌研究》2019年第6期，第113—114页。

④ 新疆文物考古研究所《吐鲁番阿斯塔那—哈拉和卓墓地：哈拉和卓卷》，第174页。

该衣物疏所用“龙兴”年号，关尾史郎从此件衣物疏书写特征判断其制成年代在阚爽被北凉沮渠氏政权驱逐的442年之前[①]，王素从此说，将“龙兴”年号的使用时间限于432至442年之间[②]，薛宗正认为“龙兴”年号非为自署高昌郡守的阚爽所用而是李宝后西凉政权所建，其起始年代大略同于李宝于伊吾创立政权的422年[③]。五凉时期，吐鲁番应有粟特系翟氏居住。

75TKM96墓随葬品中存一件绯地绞缬襦残片（M96:58），根据遗留残片，此衣为左衽短襦，衣身外部为绯色绞缬绢面，上有各色丝线锁绣茱萸、星云、鸟等纹样，且齐针绣数行近似平行分布、朝向不一的月牙纹[④]。阿斯塔那—哈拉和卓墓群十六国及之前墓葬所出丝织品尚属早期，出土量相对较少，质地、纹样等亦不及六世纪以后丰富[⑤]。75TKM96墓中其他衣物残片多为单色织品，部分有简单方格或点状纹图案，为衣料制作时所带，而从实物图片来看，此件绯地绞缬襦残片（M96:58）上月牙纹为后来在成衣上所绣[⑥]，那么这可能是出于衣物所有者自身的审美喜好。随葬衣物疏中载有“故结绯繻一领”，这件绯色短襦（M96:58）

---

① （日）关尾史郎《“龍興”紀年の随葬衣物疏考——〈吐魯番出土文書〉札記（六）》，《史朋》第21号，1987年，第12—22页。

② 王素《高昌史稿：统治篇》，北京：文物出版社，1998年，第224页；王素《略谈香港新见吐鲁番契券的意义——〈高昌史稿·统治篇〉续论之一》，《文物》2003年第10期，第73—76页。

③ 薛宗正《龙兴年号与李宝后西凉政权》，《新疆师范大学学报》2009年第1期，第73—78页。

④ 新疆文物考古研究所《吐鲁番阿斯塔那—哈拉和卓墓地：哈拉和卓卷》，第171页。

⑤ 达瓦加甫·乌吉玛《阿斯塔那—哈拉和卓古墓群出土丝织品纹样特征探讨》，《北方民族考古》第2辑，2015年，第229—237页。

⑥ 新疆文物考古研究所《吐鲁番阿斯塔那—哈拉和卓墓地：哈拉和卓卷》，图版一四六。

应为75TKM96墓两位女性中的翟氏所有。仰月纹饰出现于莫高窟北朝时期菩萨宝冠、云冈石窟菩萨冠中，在北朝隋代的中原粟特墓葬中也非孤例，日月崇拜是粟特祆教文化中的常见元素，粟特地区的穆拉库尔干曾出土一件尖顶形纳骨瓮[1]，纳骨瓮是粟特地区祆教徒用来收敛骨骸的葬具，穆拉库尔干出土的这件纳骨瓮刻有祆教祭司遵奉圣火坛的内容，火坛两侧的祭司面部带有帕达姆（padām），所着长衫上则绘有多个半月形纹饰，哈拉和卓75TKM96墓中绣半月纹的裙襦与之十分相似，再结合75TKM96墓

图4-9 哈拉和卓75TKM96出土绯地绞缬襦残片[2]

图4-10 穆拉库尔干出土纳骨瓮[3]

① 姜伯勤《中国祆教艺术史研究》，第192—194页。
② 新疆文物考古研究所《吐鲁番阿斯塔那—哈拉和卓墓地：哈拉和卓卷》，第173页。
③ Judith A. Lerner《粟特人的宗教》，“丝路遗产”微信公众号，2021年4月9日。

中的粟特文书，宋泮妻翟氏很可能为粟特系。

随着粟特系翟氏华夏化程度的加深，其在姓名、婚姻、社会活动等方面的粟特族属特征逐渐消失。但是若细致考察，仍然可以看出部分采用汉式姓名的翟氏人物可能为粟特后裔。

如，日本宁乐美术馆藏吐鲁番文书《唐兵翟礼达残片》仅存3行12个可辨识文字，文书载：

1 □□兵翟礼达
2 右检案内□□
3 日得团状□□①

如果以取名方式为据，那么这位唐代兵士翟礼达或会被判断为非胡系人士。然而另一件唐代军事类的文书出现粟特曹氏取名为“礼达”的情况。宁乐美术馆藏《唐蒲昌府军行不回、没落等名簿》载：

1 人 天兵军行 不回 康志通
2 郑金刚 曹礼达 安祥定 氾洪礼 翟建□□
3 人 在 阵 没 落②

此文书中，“康志通”“曹礼达”“安祥定”或都是粟特人，可见唐代及以后，这些粟特人华夏化程度愈发加深，取名方式也趋向汉式。不能排除“翟礼达”为粟特系翟氏的可能。

① 陈国灿、刘永增编《日本宁乐美术馆藏吐鲁番文书》，北京：文物出版社，1997年，第115页。
② 陈国灿、刘永增编《日本宁乐美术馆藏吐鲁番文书》，第99页。

哈拉和卓75TKM88号墓墓道中出土两件文书，分别题为《西凉建初二年（406）功曹书佐左谦奏为以散翟定□补西部平水事》（75TKM88:1-a）、《北凉承平五年（447?）道人法安弟阿奴举锦券》（75TKM88:1-b）[①]，两文书写于同一张麻纸的两面。哈拉和卓75TKM99号墓出土八件文书，其中墓道所出《北凉承平八年（450?）翟绍远买婢券》（75TKM99:6-a）、《义熙五年道人弘度举锦券》（75TKM99:6-b）亦书于同一纸张的正背[②]，两件文书中的“翟绍远”亦见于75TKM88:1（b）文书，应当是原属75TKM88号墓的文书混入到了75TKM99号墓道内[③]。与“翟绍远”有关的文书录文如下：

《北凉承平五年（447?）道人法安弟阿奴举锦券》

1 承平五年岁次丙戌正月八日道人法安
弟阿奴
2 从翟绍远举高昌所作黄地丘慈中
3 锦一张，绵经绵纬，长九五寸，广四尺五寸。
4 要到前年二月卅日，偿锦一张半，
5 若过期不偿，月生行布三张，民有私
6 要，行二主，各自署名为信。故［沽］各半，
7 共负马一匹，各□了。倩书道人知骏

---

① 新疆文物考古研究所《吐鲁番阿斯塔那—哈拉和卓墓地：哈拉和卓卷》，彩图图版一四六。

② 新疆文物考古研究所《吐鲁番阿斯塔那—哈拉和卓墓地：哈拉和卓卷》，第198—199页。

③ 新疆博物馆考古队《吐鲁番哈喇和卓古墓群发掘简报》，《文物》1978年第6期，第1页。

8 时见　道智惠　永安[①]

《北凉承平八年（450?）翟绍远买婢券》

1 承平八年岁次己丑九月廿二日，翟绍远从石阿奴

2 买婢壹人，字绍女，年廿五，交与丘慈锦三张半，

3 贾［价］则毕，人即付。若后有何［呵］盗仞［认］名，仰本

4 主了，不了，部［倍］还本贾［价］。二主先知后券，··成

5 之后，各不得返悔，··者罚丘慈锦七张，入不

6 悔者。民有私要，··行二主，各自署名为信。

7 券唯一支，在绍远边。　倩书道护[②]

《义熙五年道人弘度举锦券》

1 义熙五年甲午岁四月四日，道人弘度

2 从翟绍远举西向白地锦半张，长四尺，广

3 四尺。要到十月卅日还偿锦半张，即交

4 与锦生布八纵一匹，若过其［期］不偿，

5 一月生布壹丈，民有私要，行二主，

6 各自署名为信。沽各半。倩书道护

7 　　若弘度身无，仰申智偿。

① 唐长孺主编《吐鲁番出土文书》［壹］，北京：文物出版社，1992年，第89页。

② 唐长孺主编《吐鲁番出土文书》［壹］，第93页。

8 时见[①]

75TKM99:6 (a) 文书记录了翟绍远以三张半丘慈锦向石阿奴购买了一名为“绍女”的女婢。胡奴婢买卖是粟特人进入中国后经常从事的贸易活动之一，阿斯塔那一三五号墓曾出土一份唐西州时期的粟特文买婢契，内容为粟特人之间交易胡女婢过程中所签订的契约[②]。陈国灿、吾迈尔·卡德尔据文书认为，翟绍远可能是末胡营中的坐贾，并认为翟绍远可能为翟姓高车族人[③]。文书所载 “石阿奴”应是从事人口贸易的石国粟特人，与之进行粟特奴婢买卖的翟绍远可能也是粟特胡人。翟绍远姓名并不含有强烈的胡风色彩。从文书所载内容来看，翟绍远交易所涉织物种类丰富，有“白地锦”“丘慈锦”等，“丘慈锦”即指“龟兹锦”，是流行于丝路贸易市场上的一种工艺复杂、价值昂贵的织物，既称龟兹锦，意指其为龟兹风格。这种织锦模仿了龟兹式样，但是在高昌本地生产的[④]，75TKM99:6 (a) 文书所言“弟阿奴从翟绍远举高昌所作黄地丘慈中锦一张”即印证了这一点，翟绍远可能是高昌本地贸易市场中从事龟兹锦等织物生产的粟特胡商。

（二）敦煌翟氏的民族融合

翟姓是中古敦煌大族之一，在汉晋时期已见于史料，至唐宋

① 唐长孺主编《吐鲁番出土文书》［壹］，第95页。

② 林梅村《粟特文买婢契与丝绸之路上的女奴贸易》，《文物》1992年第9期，第49—54页。

③ 陈国灿、吾迈尔·卡德尔《古丝路上的国际商城——高昌“末胡营”考》，《西域研究》2018年第3期，第16—18页。

④ 杨洁《高昌王国贸易史研究综述》，《敦煌学辑刊》2009年第1期，第146页。

之际成为地方显族。敦煌写本、碑文、石窟题记等，对敦煌翟氏的世系、姻亲、社会活动等诸方面均有记载。

1.敦煌汉姓翟氏

王晶统计了数条敦煌汉简材料，简文记录了汉代敦煌地区已有翟姓人物在担任戍卒或基层长官[①]。敦煌佛爷庙墓葬群中一座单室砖墓出土了题有“翟宗盈”的镇墓文陶罐，夏鼐以洛阳、长安一带出土的同类型朱书陶罐为参照，将翟宗盈墓陶罐年代限定于东汉晚年至晋初[②]。阎文儒判断翟宗盈墓为六朝初期墓葬[③]。郭永利、杨惠福对翟宗盈墓的内容做了详细梳理并以随葬品断代为参照指出该墓葬的年代为西晋时期[④]。陈菊霞在对翟宗盈家族的族属进行判断时，提出了“匈奴部落丁零翟氏之后、建武时期逃至河西的丁零翟氏之后、迁自内地的汉姓翟氏之后”三种可能性[⑤]。我们认为，翟宗盈家族为汉姓翟氏的可能性更大一些。从随葬品及镇墓文书写来看，翟宗盈及其家族表现出汉族家族的特征，而建武年间逃至河西的丁零人原属匈奴赀奴[⑥]，即使其中携有零散的丁零翟氏，在短时间内完成这种文化转变也是比较困难的。自汉晋之际，敦煌已有汉姓翟姓的分布。

2.敦煌丁零系翟氏

陈菊霞对晚唐五代宋敦煌浔阳翟氏与上蔡翟氏两支翟姓的来源与关系做了深入考证。敦煌浔阳翟氏家族兴建并重修了莫高窟

① 王晶《中古家族三调：唐帝国边境城镇的三个家族》，第24页。
② 夏鼐著、王世民编《敦煌考古漫记》，第52—53页。
③ 阎文儒《河西考古简报（上）》，第115—120页。
④ 郭永利、杨惠福《敦煌翟宗盈墓及其年代》，第61—63页。
⑤ 陈菊霞《敦煌翟氏研究》，第23—31页。
⑥ 白凤岐《谈谈匈奴的奴隶——“赀奴”》，《黑龙江民族丛刊》1990年第4期，第53—57页。

第220窟，该洞窟的建窟功德碑《翟直碑》及窟内题记记述了这一家族的世系传承。浔阳翟氏家族的代表人物是翟奉达。此外，曹氏归义军节度使曹元忠的翟姓夫人亦称浔阳郡望。敦煌上蔡翟氏则以莫高窟第85窟功德主敦煌佛教教团都僧统翟法荣为代表人物，敦煌文书P.4640中记载了其家族沿袭和有关事迹。浔阳翟氏与上蔡翟氏的先祖追溯皆有“建构”成分，二者本是同族翟姓，由于家族发展趋势渐存差异，所以冠称不同郡望以彰显自身支系，以P.4660《翟家碑》所言“一支从官流沙，子孙因家，遂为敦煌人也”为参照，陈菊霞认为敦煌的两支翟氏是敦煌以东地区的翟氏“从官流沙”、西迁敦煌从而衍生的后代子孙[①]。

《翟直碑》所述敦煌浔阳翟氏家族世系如下：

帝□（尧）—丹仲—……—翟璜—□—□—□（翟公）—翟方进—翟义—□—□—□（翟汤）—□（翟庄）—翟矫—翟法赐—翟勍—□—翟珍—翟显—□—翟军—翟迁—□（翟通）—翟直[②]

据陈菊霞考证，《翟直碑》附会成分较多。不过，结合翟奉达题写的《检家谱》，可知但翟勍以下应为真实世系[③]。陈菊霞认为敦煌浔阳翟氏来源于西秦政权中的丁零（高车）翟氏，即陇西翟氏。不过陇西翟氏西迁至敦煌时，已经完全以汉人自居[④]。虽然翟氏家族史料之间的缺环未完全弥补，但陈菊霞通过细致考察文

---

① 陈菊霞《敦煌翟氏研究》，第31—53页。
② 陈菊霞《敦煌翟氏郡望与族源新探》，第66—67页。
③ 陈菊霞《敦煌翟氏研究》，第261—266页。
④ 陈菊霞《敦煌翟氏郡望与族源新探》，第66—71页。

献、石窟题记、壁画图像等，基本构建起可信的敦煌翟氏、翟奉达家族世系。

根据陈菊霞考证，敦煌浔阳翟氏、敦煌上蔡翟氏之间界限并不明晰，二者或为同族。此点证据稍显不足，敦煌翟氏来源复杂。敦煌翟氏中与浔阳有关者，还有以下几则材料。《米钦道墓志》中提到“夫人浔阳郡君翟氏”[①]，米钦道为敦煌人，妻子翟氏亦有可能出自敦煌，其“浔阳郡君”这一称号或许与翟氏郡望有关。唐天宝十三载（754）敦煌地区的《翟直碑》正是以浔阳作为翟氏家族郡望。唐咸通六年（865）《翟庆全墓志》亦称其为“浔阳人，其先汉相方进之后”[②]。翟庆全女儿嫁给敦煌令狐氏，其墓志也是令狐氏所写，可知翟庆全祖上或亦与敦煌翟氏有关联。此外，唐开元廿二年（734）《翟铣墓志》称翟铣为翟方进之后，但并未使用浔阳郡望。武周圣历三年（700）《辛君夫人翟氏墓志》称翟氏为翟方进之后[③]，亦未使用浔阳郡望。据目前所见，敦煌翟氏与浔阳有关的史料，最早为唐开元廿五年（737）《米钦道墓志》，米钦道为粟特米氏，其妻翟氏亦有可能为粟特人。考虑到曹氏归义军时期曹元忠夫人翟氏亦使用浔阳郡望，那么敦煌翟氏浔阳郡望的使用可能与敦煌地区粟特翟氏家族有关。虽然《翟直碑》记录到了西秦翟氏，但是由于年代久远，翟勍的真实性亦值得怀疑，《检家谱》中，可以对应的世系人物中，有翟迁、翟通，未有翟勍，因此仍不能排除翟勍为敦煌粟特翟氏攀附的祖先人物。至少我们可以推测，敦煌浔阳翟氏与上蔡

① 郑炳林、马振颖《新见〈唐米钦道墓志〉考释——敦煌相关金石整理研究之一》，第105页。

② 周绍良、赵超主编《唐代墓志汇编续集》，第1054—1055页。

③ 周绍良、赵超主编《唐代墓志汇编续集》，第373页。

翟氏的族属可能有所不同。上蔡翟氏更有可能是汉姓翟氏后裔；胡姓翟氏后裔或许为了区别于汉姓翟氏，选择了浔阳郡望。

3.敦煌粟特系翟氏

入华粟特人一般聚族而居，祆教往往是凝聚粟特人聚落的重要因素。池田温指出，敦煌的粟特居民以从化乡为主要的聚落点。P.2657+P.3018+P.3559缀合而成的《天宝十载（751）敦煌县差科簿》所载敦煌县“从化乡”居民构成以出自伊兰系统的九姓胡人为主[①]，也就是说，唐初敦煌“从化乡”实际上是入华后落居敦煌的九姓粟特人聚落点之一。据池田温统计，差科簿文书中录有从化乡居民236人，以康、安、石、曹等姓为主，其中还包括翟氏一人[②]，名“翟大奴”[③]，此类翟氏族属是粟特人的可能性更大。郑炳林指出在从化乡的中心区域安城，设置着与粟特人祆教信仰有关的祆祠；另考察了S.2703《唐天宝年间敦煌名簿》、P.3559《唐天宝年间敦煌郡敦煌县差科簿》等唐代文书，发现其中不乏翟姓粟特人[④]。相较出自中亚康国、史国、曹国等人数众多的康姓、史姓、曹姓粟特人，粟特翟氏在人数上并不算多，与粟特群体共居的翟姓，可能为粟特系翟氏。

---

①（日）池田温《八世纪中叶敦煌的粟特人聚落》，刘俊文主编《日本学者研究中国史论著选译》第9卷《民族交通》，第142页。

②（日）池田温《八世纪中叶敦煌的粟特人聚落》，刘俊文主编《日本学者研究中国史论著选译》第9卷《民族交通》，第153页。

③ 唐耕耦、陆宏基编《敦煌社会经济文献真迹释录》第1辑，北京：书目文献出版社，1986年，第230页。

④ 郑炳林《唐五代敦煌粟特人与归义军政权》，第80、83—84页；唐耕耦、陆宏基编《敦煌社会经济文献真迹释录》第4辑，北京：国家图书馆文献缩微复制中心，1990年，第470—471页；唐耕耦、陆宏基编《敦煌社会经济文献真迹释录》第1辑，第217页。

唐贞元二年（786），吐蕃势力占有沙州，敦煌陷落[①]，在吐蕃占领敦煌时期，敦煌粟特人并未因地方动乱外徙流散，而是顺应行政建置变革，继续生活在吐蕃政权以旧时敦煌乡里改设的诸部落，也有一些粟特人与其他汉姓民众一般，成为寺户[②]。丝绵部落是吐蕃在统治敦煌中期设置的部落之一[③]，郑炳林认为，丝绵部落的位置在敦煌城附近，其中有很多粟特人从事丝绵纺织及贩售[④]。S.5824《经坊供菜关系牒》是蕃占时期丝绵部落、行人部落民众为蕃僧和写经者供给菜食的一份记录，文书载：

（前略）

5　昨奉　处分，当头供者，具名如后：

6 行人大卿　小卿　乞结夕　遁论磨　判罗悉鸡　张荣奴　张夹子

7　索广弈索文奴　阴兴定　宋六六　尹齐兴　蔡殿殿　康进建

8　冯宰荣　宋再集　安国子　田用用　王专，已上人，每日得三十二束。

9 丝绵苏南　触腊　翟荣胡　常弁　常闰　杨谦让　赵什德

10　王郎子　薛卿子　娑志力　勃浪君君　王□□　屈罗悉鸡　陈奴子

11　摩志猎　尚热磨　苏儿　安和子　张再再，已上人每

① 陈继宏《吐蕃统治敦煌时期历史问题研究二题》，兰州大学博士学位论文，2016年，第29页。

② 郑炳林、王尚达《吐蕃统治下的敦煌粟特人》，第43—44页。

③ 陈继宏《吐蕃统治敦煌时期历史问题研究二题》，第45、50页。

④ 郑炳林、王尚达《吐蕃统治下的敦煌粟特人》，第44页。

日得三十三束。[①]

（后略）

其中，康进建、安国子、翟荣胡、安和子等多为粟特人[②]。S.2228《亥年（819）修城夫丁使役簿》记载了丝绵部落等部落被征发修城百姓名录，同S.5824《经坊供菜关系牒》相似，两件文书所记名录都反映出丝绵部落等蕃占时期所设部落是胡汉混居的状态，S.2228《亥年（819）修城夫丁使役簿》中如安佛奴、康通信、康友子、曹保德、康再兴、安善奴、翟胜子、米屯屯、石秀秀、石专专、翟买奴、米奴子、安保真等[③]，他们的身份亦为粟特胡人[④]。吐蕃统治敦煌晚期，敦煌的部落建制再次改革，公元820年，先时所设丝绵部落被改为悉董萨部落，行人部落改为阿骨萨部落，两部落的性质变为独立的军事部落[⑤]。S.1475V《卯年（823）悉董萨部落百姓翟米老便麦契》载："卯年四月十八日悉董萨部落百姓翟米老，为无斛斗驱使，遂于灵图寺便佛帐所便麦六硕……便麦人翟米老年廿六，保人弟突厥年廿。"[⑥]此件文书所录翟米老、翟突厥二人，被认为是高车人[⑦]，或西域粟

① 唐耕耦、陆宏基编《敦煌社会经济文献真迹释录》第2辑，第412页。

② 郑炳林、王尚达《吐蕃统治下的敦煌粟特人》，第44页。

③ 唐耕耦、陆宏基编《敦煌社会经济文献真迹释录》第2辑，第403—404页。

④ 郑炳林、王尚达《吐蕃统治下的敦煌粟特人》，第44页。

⑤ 陆离《吐蕃统治敦煌时期的"行人""行人部落"》，《民族研究》2009年第4期，第94页。

⑥ 沙知《敦煌契约文书辑校》，南京：江苏古籍出版社，1998年，第109页。杨铭《再论吐蕃统治敦煌时期的驮、硕、斗、升》，《敦煌学辑刊》2021年第3期，第32—43页。

⑦ 郑炳林、王尚达《吐蕃统治下的敦煌粟特人》（第45页）以"翟"为高车人，并指出此二人与西域胡人关联密切。

特人[①]，也有学者认为他们是受到突厥文化浸染的丁零胡[②]。

P.3047V《吐蕃占领敦煌时期康喜奴等施入历》所记为佛事施入人名录中，除有“康喜奴、竹上座、曹结口、米进荣、石十一、目束八、米老、何僧奴”等胡人，也有“翟十一”施入毡鞋一量[③]，可见此时世俗社会中翟姓同粟特诸姓关联密切，一道接受着敦煌当地的佛教信仰。据郑炳林考证，P.2729《吐蕃辰年（788）三月沙州僧尼部落米净辩牒》文书记录了310名敦煌各佛寺僧尼，粟特胡姓僧尼人数约占六分之一，从文书名录来看，在遍布粟特人的佛教僧团中，翟姓也不在少数，如大云寺有翟维明、灵图寺有翟法清、乾元寺有翟离因、灵修寺有翟法炬翟正因、普光寺有翟普缘，上述诸佛寺中，同时有康、安、米、曹、石等多位粟特人[④]。另一件蕃占时期有关寺户丁口的文书S.542V《戍年（818）六月沙州诸寺丁口车牛役部》记述的金光明寺寺户中有“安胡胡、相里汉、翟苟儿、安进汉、翟灰奴、安朝朝”等人，陈菊霞认为，金光明寺寺户中粟特九姓人数颇多，此文书内的翟姓可能原是从化乡粟特聚落中的居民，在蕃占时期成为寺户[⑤]。

唐大中二年（848），沙州大族张议潮率众驱逐占据沙州的吐蕃势力，敦煌进入了张氏、曹氏归义军政权统治时期。P.5546《神沙乡人名目（残）》文书年代约在公元900年前后，其中一人

---

① 杨铭认为翟米老、翟突厥二人为西域粟特人，参见氏著《唐代吐蕃与粟特关系考述》，《西藏研究》2008年第2期，第8—9页。

② 王晶《论汉宋间翟氏的民族融合》，第109—110页。

③ 唐耕耦、陆宏基编《敦煌社会经济文献真迹释录》第3辑，北京：国家图书馆文献缩微复制中心，1990年，第77页。

④ 郑炳林、王尚达《吐蕃统治下的敦煌粟特人》，第46—47页。

⑤ 陈菊霞《敦煌翟氏研究》，第54—55页。唐宋时期敦煌“金光明寺”有关研究又见陈大为、陈卿《唐宋时期敦煌金光明寺考》，《敦煌学辑刊》2016年第2期，第48—61页。

名为“翟奴儿”[1]，“奴儿”是粟特语语源词βnt'kk译名的一种[2]，可见归义军时期，依然有粟特系翟氏生活在敦煌，且并不仅是个例。晚唐五代时，敦煌地区粟特民众或与当地百姓混居，同时也出现“村庄”的族群聚居形态，这一时期的敦煌文书中记载了如“曹家庄”“安家庄”“罗家庄”“翟家庄”“康家庄”“史家庄”等名称，这些以粟特九姓等命名的村庄主要是此时居于敦煌的粟特人建立的聚落[3]。

归义军统治者曹氏家族是粟特后裔，至归义军曹氏执掌敦煌，翟氏在敦煌世族中的地位陡然攀升，家族成员多任要职，并且与节度使曹氏家族频繁通婚，曹氏归义军节度使曹元忠的翟氏夫人可能是粟特系翟氏。莫高窟第98窟由曹氏归义军首任节度使曹议金主持修建，开创了曹氏家族窟广绘供养人像的先风，第98窟绘制的曹氏家族成员供养像中包括了曹元德的翟氏夫人和曹元忠的翟氏夫人，此外，曹元忠的夫人浔阳翟氏还以“浔阳郡夫人”“凉国夫人浔阳翟氏”“国太凉国夫人”等称呼出现在曹氏归义军时期莫高窟多个洞窟题记及文书中[4]。继曹议金的夫人甘州回鹘天公主之后，曹元忠的浔阳翟氏夫人是第二位活跃于归义军政权的女性。从敦煌文书Ch.00207V《归义军节度使曹元忠夫妇修北大像功德记》“凉国夫人翟氏自手造食，备供工人”[5]的

---

① 上海古籍出版社、法国国家图书馆编《法国国家图书馆藏敦煌西域文献》第33册，上海：上海古籍出版社，2005年，第251页。

② 王丁《胡名盘陀考》，向群、万毅编《姜伯勤教授八秩华诞颂寿史学论文集》，第189页。

③ 郑炳林《晚唐五代敦煌地区的胡姓居民与聚落》，郑炳林主编《敦煌归义军史专题研究三编》，第603—611页。

④ 杜海《敦煌曹氏归义军史研究》，兰州大学博士学位论文，2015年，第94—101页。

⑤ 郑炳林、郑怡楠辑释《敦煌碑铭赞辑释（增订本）》，上海：上海古籍出版社，2019年，第1341—1342页。

记载来看，浔阳翟氏夫人亲自为修窟造像的工人制作食物。浔阳翟氏夫人具有佛教信仰的同时，还参与祆教活动。敦煌文书S.2241《公主君者者状上北宅夫人》载：

1 孟冬渐寒，伏惟
2 北宅夫人、司空、小娘子尊体起居
3 万福。即日君者者人马平善，已达常乐，
4 不用忧心，即当妙矣，切嘱
5 夫人与君者者沿路作福、祆寺燃灯。他
6 劫不望。又嘱
7 司空，更兼兵士，远送前呈。善谘
8 令公，赐与羊酒优劳。合有信仪，在于
9 沿路，不及祖送。谨奉状
10 起居，不宣。谨状。
11 十月十九日公主 君者者状上
12 北宅夫人妆前。[①]

S.2241号文书前存两断片，其一断片存“显德五年（958）三月”残文[②]，因此该文书的年代被推认为曹元忠之世[③]。文书内容大致意思是：君者者公主自敦煌返回故地后给曹氏家族的“北宅夫

① 中国社会科学院历史研究所等编《英藏敦煌文献（汉文佛经以外部分）第4卷，成都：四川人民出版社，1991年，第53页。
② 唐耕耦、陆宏基编《敦煌社会经济文献真迹释录》第5辑，北京：国家图书馆文献缩微复制中心，1990年，第23页。
③ 张小贵《敦煌文书所记“祆寺燃灯”考》，中央文史研究馆、敦煌研究院、香港大学饶宗颐学术馆编《庆贺饶宗颐九十五华诞敦煌学国际学术研讨会论文集》，北京：中华书局，2012年，第569页。

人”寄信以报平安，并对北宅夫人为其在祆寺燃灯祈福、司空派遣兵士送其返回等事以表感念。“北宅”为敦煌归义军节度使家宅的一部分[①]，另一份曹元忠时期的S.3728《乙卯年（955）二、三月押衙知柴场司安祐成状并判凭五件》亦载“内院柽八车各七十七束，北宅柽十车，各七十七束”[②]，“北宅”可能即曹元忠夫人宅第[③]。曹元忠夫人至祆寺燃灯，说明节度使家族成员中确实仍有保留祆教信仰者。在曹氏归义军后期乃至覆灭之后，党项势力扩展到瓜、沙二州[④]，敦煌仍有粟特系翟氏留存的痕迹。莫高窟第61窟甬道北壁第十二身比丘像书西夏文题记，译为“助缘僧翟嵬名九”[⑤]，李国、沙武田指出“翟嵬名九”可能正是出自唐五代以来敦煌的粟特翟氏[⑥]。较为特殊的是，此僧实为双姓，其“翟”姓源于粟特，“嵬名”却来自西夏皇族姓氏，这种复姓现象可能是婚姻缔结产生的结果[⑦]。

---

① 宋翔《唐宋时期沙州的城市形态与居住空间》，《中国社会经济史研究》2015年第1期，第19页。

② 唐耕耦、陆宏基编《敦煌社会经济文献真迹释录》第3辑，第619页。

③ 杜海《敦煌“于阗太子”与“曹氏太子”考》，《敦煌研究》2019年第6期，第61页。

④ 陈光文《敦煌莫高窟第297窟甬道南壁西夏文题记译释——兼论西夏统治敦煌的时间问题》，《敦煌学辑刊》2014年第2期，第22—33页。

⑤ 史金波《西夏佛教史略》，银川：宁夏人民出版社，1988年，第260页。

⑥ 李国、沙武田《敦煌石窟粟特美术研究学术史》，《敦煌学辑刊》2016年第4期，第143—144页。

⑦ 陈玮《中古时期党项与粟特关系论考》，《中国史研究》2015年第4期，第89页。

第五章

魏晋北朝敦煌经济管窥

第一节 魏晋北朝敦煌经济概述

东汉末年，河西因战乱而经济残破，人口锐减。至曹魏时期，河西的经济得到一定的恢复和发展，丝绸之路亦得以畅通[①]。综观魏晋北朝时期，敦煌与吐鲁番之间关系密切。《隋书》载，隋以前，“河西诸郡，或用西域金银之钱，而官不禁”[②]。魏晋北朝时期，部分人口由河西移居高昌，带去了河西及中原的货币与经济文化，与此同时，西域货币也逐渐传入河西。

魏晋北朝时期吐鲁番文献资料较为丰富，本章拟以此为中心，对魏晋北朝时期敦煌吐鲁番货币经济做一梳理。在具体探讨之前，笔者拟简略概述魏晋北朝敦煌经济研究的大致情况。魏晋北朝经济方面的宏观研究很多，全汉昇《中古自然经济》一文，提出了“中古自然经济”的说法，认为西汉以后，货币经济时代转变为自然经济时代，但也认为自然经济与货币经济的命名，只

---

① 齐陈骏、尤成民《略述三国时期曹魏对河西的经营》，《兰州大学学报（社会科学版）》1987年第3期，第1—6页。

② ［唐］魏徵、令狐德棻撰《隋书》卷二四《食货志》，北京：中华书局，1973年，第691页。

是在一个时期内哪一种经济比较占优势，而不是货币或自然经济的泾渭分明与割裂。其后着重介绍了中古时期自然经济发展状况，指出中古自然经济的出现，首先是受到了战争的影响，战争使得人口锐减、土地荒芜、交通困难，其次是铸钱所需的铜的产量减少，减少的原因是铜出产量本身的减少与佛寺造像的增加[①]。王仲荦指出："魏晋南北朝时期是自然经济占统治地位，隋唐时期基本上也是自然经济占统治地位。当然，隋唐比之魏晋有了一定的发展。两税法是以钱来统计的，可是并没有改变以粟帛交纳租税的实质。对于唐代的经济，我有这样的看法，一方面比之南北朝有所发展，一方面还不能过分夸大货币交换的作用。"[②]中古时期货币经济的发展确实有其原因，但各个政权在平稳以后，大都曾尝试铸钱，加上前朝流传下来的古钱，货币经济并未断流。韩国磐总括了魏晋时期的商业发展与钱币发行[③]，使得我们对魏晋时期的货币发展有了整体的认识。内藤湖南认为唐代是实物经济结束期向货币经济开始期的过渡，"唐代铸造了有名的开元通宝，虽然货币的铸造一直不断，但流通量相对较少。货币的大量流通到宋代才开始。唐代虽然不是实物经济，但不少物品在利用货币表示价值之余，却以绢布来交换。总而言之，自宋代开始，货币经济非常盛行"[④]。在敦煌以西的吐鲁番，出土文书中也包

① 全汉昇《中古自然经济》，《中国经济史研究》（一），北京：中华书局，2011年，第1—112页。
② 王仲荦《隋唐五代史》上，北京：中华书局，2007年，第3—4页。
③ 韩国磐《魏晋南北朝史纲》，北京：人民出版社，1983年，第45、57、91—102、402—405、471—473页。
④（日）内藤湖南《概括的唐宋时代观》，刘俊文主编《日本学者研究中国史论著选译》第1卷（通论），北京：中华书局，1992年，第10—18页。

含了许多经济史料[①]，据此，我们可以对魏晋北朝敦煌吐鲁番经济生活展开初步的研究。除了文献记载外，墓葬出土文物也为我们了解敦煌吐鲁番经济提供了材料。例如《吐鲁番晋唐墓地：交河沟西、木纳尔、巴达木发掘报告》，公布了不少陪葬品，包括货币实物等资料[②]。朱安祥整理了魏晋时期敦煌、嘉峪关、武威等地墓葬中出土的钱币[③]。贾小军《魏晋十六国河西镇墓文、墓券整理研究》一书，对魏晋十六国时期河西地区发现的墓券、镇墓文、衣物疏等墓葬文献进行了整理[④]。根据相关资料，可以大致了解实物货币、金属货币在魏晋北朝时期敦煌吐鲁番经济生活中的作用等。魏晋时期，敦煌、吐鲁番文书等史料中，有不少证据表明谷物、布帛、马匹、骆驼等实物曾广泛地充当了商品交换媒介。《晋书》载："及黄初二年，魏文帝罢五铢钱，使百姓以谷帛为市。"[⑤]但以布帛、粮食、皮毛等为货币，有着天然的缺陷。"太府参军索辅言于（张）轨曰：'……泰始中，河西荒废，遂不用钱，裂匹以为段数。缣布既坏，市易又难，徒坏女工，不任衣用，弊之甚也。今中州离乱，此方安全，宜复五铢以济通变之会。'轨纳之，立制准布用钱，钱遂大行，人赖其

① 国家文物局古文献研究室、新疆维吾尔自治区博物馆、武汉大学历史系编《吐鲁番出土文书》第1—10册，北京：文物出版社，1981—1991年。

② 吐鲁番市文物局、吐鲁番学研究院、吐鲁番博物馆《吐鲁番晋唐墓地：交河沟西、木纳尔、巴达木发掘报告》，北京：文物出版社，2019年。

③ 朱安祥《魏晋南北朝货币研究》，郑州大学博士学位论文，2018年，第127页。

④ 贾小军、武鑫《魏晋十六国河西镇墓文、墓券整理研究》，北京：中国社会科学出版社，2017年。

⑤［唐］房玄龄等撰《晋书》卷二六《食货志》，北京：中华书局，1974年，第794页。

利。”[①]可知当时有将布匹裂为数段进行交易的事件发生，从而破坏了布匹的完整性，难以制衣使用。作为一般等价物的实物，还有成色好坏的区别，“至（魏）明帝世，钱废谷用既久，人间巧伪渐多，竞湿谷以要利，作薄绢以为市，虽处以严刑而不能禁也”[②]。此外，度量衡也存在参差不齐的缺陷，所以时人会在契约中特别说明交换商品的成色，并依照官方度量衡进行称重。如若用以偿还债务的等价物品质较差，会有折损甚至惩罚。而此种现象，也在出土文献中得到了证实[③]。因此在商业交易中，尤其在高价值的货物交易中，金属货币的使用显得十分必要。刘驰提出，武威等地有石勒铸造的“丰货”钱的发现，“表明其确实作为货币进行商业流通，而且流通范围并不限于后赵的统治区。石勒以政令方式强制百姓使用钱币的做法虽遭到失败，但从‘丰

① 《晋书》卷八六《张轨传》，第 2226 页。

② 《晋书》卷二六《食货志》，第 794—795 页。

③ 《高昌延昌二十九年（589）王和祐等人分夏田合券》（《吐鲁番出土文书》第2册，361页）中，要求还债的谷物“使净好”。《高昌延昌三十六年（596）宋某夏田券》（《吐鲁番出土文书》第2册，第326页）有“床麦使净好，依官斛”的要求。《高昌延和元年（602）□□宗从左舍子边举大麦券》（《吐鲁番出土文书》第3册第5页）将“上生麦一斗，要麦使净好”写入契约。《高昌良愿相左舍子互贷麦布券》（《吐鲁番出土文书》第3册，第6页）同为“上生麦一斗，要麦使净好”。《高昌重光元年（620）夏田残券》（《吐鲁番出土文书》第3册，第156页）也称“床，使床净”。此外还有《高昌某人夏镇家麦田券》（《吐鲁番出土文书》第3册，第191页）“依官斛斗取，使净好”；《高昌田婆泰夏田券》（《吐鲁番出土文书》第3册，第245页）“使净好，依官斛斗中取，若不净……”；《高昌夏田残券》（《吐鲁番出土文书》第3册，第296页）“上麦使毕……取，使干净”；《高昌道人真明夏床田券》（《吐鲁番出土文书》第3册，108页）“依官斗斛”；高昌残契（《吐鲁番晋唐墓地：交河沟西、木纳尔、巴达木发掘报告》，第272页）也有“粟……使净好”的要求。

货’钱的多次铸造……似可认为石虎时期金属货币在商业流通中已经占有一个相当的比例”[①]。武威发现的“丰货”钱，是河西地区金属货币流通的直接证据。韩国磐对高昌出土的夏田园券进行过搜集统计，其中高昌时文券三十四件，唐初二十三件，并据此提出，“高昌时夏价交银钱者占总数的三分之一还要多，交银钱与交粮的比数为3:4。唐初时因夏价钱残缺者太多，交银钱者为总数的五分之一强，交银钱与交粮之比为62.5%:1。所以，高昌和唐初夏价用银钱的比重很大。而且在6世纪后期和7世纪时就大量用钱币交佃租，这在中国当时的内地还未见到……夏价还有交粮者，这比夏钱的券契还要多。”[②]朱雷对高昌时期的商税“称价钱”与私人隶属的“作人”进行了研究[③]。杨洁对高昌及中亚的货币进行过系统研究，其博士论文第四章第三节讨论胡奴贸易的价格，第五章讨论中亚的货币体系，其中对吐鲁番、龟兹、焉耆等的货币进行了详尽的分析[④]。另外，《丝路绿洲国家的货币：本地铸造，抑或外部流入?》[⑤]与《论流入中国的波斯萨珊银币的功能——以吐鲁番出土银币为例》等文，对波斯银币、仿

① 刘驰《十六国时期的金属货币》，《中国史研究》2010年第4期，第107—128页。
② 韩国磐主编《敦煌吐鲁番出土经济文书研究》，厦门：厦门大学出版社，1986年，199—211页。
③ 朱雷《敦煌吐鲁番文书论丛》，兰州：甘肃人民出版社，2000年，第44—69页。
④ 杨洁《高昌王国商业贸易研究》，兰州大学硕士学位论文，2009年；杨洁：《公元3—8世纪中亚贸易问题研究》，兰州大学博士学位论文，2012年。
⑤ 杨洁《丝路绿洲国家的货币：本地铸造，抑或外部流入?》，《中国经济史研究》2011年第3期，第132—136页。

制币与吐鲁番文书中提到的“银钱”做了进一步讨论[①]。谷更有整理了敦煌吐鲁番文书所见的租佃文书，并探讨了村民生活中的经济活动、村民社会构成的贫富分化等[②]。总体上看，敦煌吐鲁番村民在买卖交易中，麦、粟、绢、布、铜钱、银钱都可作为流通手段。

---

① 杨洁《论流入中国的波斯萨珊银币的功能——以吐鲁番出土银币为例》，《中国社会经济史研究》2010年第2期，第7—11页。

② 谷更有《唐代村民经济身份的变迁——以敦煌吐鲁番出土文献为中心》，《中国经济史研究》2019年第3期，第32—41页。

第二节 吐鲁番文书所见魏晋北朝货币经济

本节主要以吐鲁番文献、吐鲁番地区墓葬史料为中心，对货币使用的情况做一整体梳理。吐鲁番文书中记载了日常生活中的各种经济活动，包括购买土地房舍、租赁、借贷，以及马匹、树木等商品的购买等，下文举典型例子进行简单的分析。

一、衣物疏中记载的货币

墓葬中的衣物疏对陪葬品的记载，尤其是对于陪葬财物的记载，是墓主生前财富与地位的象征，事死如事生的观念与埋葬时的客观条件，使得衣物疏中的货币记载可以佐证现世的经济情况。下表内容出自《吐鲁番出土文书》者，仅标注册数页码。

表5-1 衣物疏中货币的相关记载

名称	时间	陪葬物	出处
缺名衣物疏	384 年	铜钱二枚	1 册 9 页
缺名衣物疏	384 年	铜钱二枚、帛绁六匹	1 册 10 页
韩渠妻随葬衣物疏	418 年	黄金千两、正帛丝绢百匹	1 册 14 页
北凉缺名随葬衣物疏	时间不明	□百匹	1 册 31 页
北凉真兴七年宋泮妻隗仪容随葬衣物疏	425 年	故黄金千两	1 册 59 页

续表

名称	时间	陪葬物	出处
器物帐	时间不明	贷毯一张、贷床一斛七斗	1册163页
北凉缘禾六年翟万随葬衣物疏	437?	黄金千斤、手中黄丝三丈、铜钱自副、色帛千疋	1册176页
建平六年张世容随葬衣物疏	建平六年	杂色帛千匹	1册184页
苻长资父母墟墓随葬衣物疏	建平六年	绢九疋、布五疋、丝百斤、兔毫千束、黄金百斤、银百斤	1册185页
某家失火烧损财物帐	时间不明	紫地锦四张、白叠三匹	1册195页
高昌阿苟母随葬衣物疏	阚氏高昌时期	狐毛千束、匹帛万匹	2册2页
高昌章和五年令狐孝忠妻随葬衣物疏	535年	黄金千斤 白银百斤 细锦百张 钱财万匹	2册35页
高昌章和十三年孝姿随葬衣物疏	543年	故波斯锦十张 故魏锦十匹 故合蠡大绫十匹 故石柱小绫十匹 故白绢卌匹 故金钱百枚 故银钱百枚 故布叠二百匹 攀天丝万万九千丈	2册60—61页
高昌章和十八年光妃随葬衣物疏	548年	金钱十千 银钱百万 大锦千张 大绫万匹 绵千斤 绢万束 攀天丝万万九千丈	2册62页
高昌章和十八年缺名随葬衣物疏	548年	白地锦百 □羊树锦五十张 树叶锦五十张 白绢百匹 罗叠百匹 金钱百枚	2册347页
高昌缺名衣物疏	551年	白绢一百匹，黄金，钱一千，白银钱二千文	2册31页
高昌建昌三年令狐孝忠随葬衣物疏	557年	一千斛，白绢百匹	2册37页

续表

名称	时间	陪葬物	出处
高昌建昌四年张孝章随葬衣物疏	558年	金钱三百;银钱五百;大锦百张;绫、罗、绢、绮各百匹。攀天丝万万九千丈	2册215—216页
高昌延昌二年长史孝寅随葬衣物疏	562年	右叠千五百匹 右金钱千十右 银钱千文 右扳天［	2册64页
高昌延昌七年牛辰英随葬衣物疏	567年	右扳天丝万万九千三千三百丈	2册181页
高昌延昌十六年信女某甲随葬衣物疏	576年	杂色锦一百段 杂色 綵帛二百匹 攀天丝万万九千丈	2册217页
高昌僧僧义等僧尼财物疏	时间不明	叠八匹六十四丈……昙显毡九百丈……□□叠□匹卌丈	2册219、225、230页
高昌僧智副等僧尼财物疏	时间不明	叠二匹十 小食槃三丈 施刀十五丈 布廿丈一尺 施粟卅六丈 叠□丈 叠五匹卅丈	2册242、254、255、257、260页
高昌延昌三十二年缺名随葬衣物疏	592年	延昌卅二壬子岁十一月十三日,思广也文。黄金千斤,白银钱一百两,金钱千文,银钱百文,锦千张,绢万匹,白绫百匹,细布百匹,细叠百匹	2册314页
高昌延昌三十六年某甲随葬衣物疏	596年	金银钱二万文	3册66页
高昌缺名随葬衣物疏	时间不明	绵百斤	2册349页
高昌延和三年缺名随葬衣物疏	604年	金银钱二千文	3册68页
高昌延和四年	605年	金银钱一万个	3册9页

续表

名称	时间	陪葬物	出处
高昌延和四年宜□随葬衣物疏	605年	□□□万文，银	3册12页
高昌延和六年碑儿随葬衣物疏	607年	金银钱二万文	3册21页
高昌延和十二年缺名随葬衣物疏	613年	金银二万文	3册59页
高昌义和四年缺名随葬衣物疏	617年	金银钱二百文	3册69页
高昌重光元年信女某甲随葬衣物疏	620年	金银钱各一千文	3册117页
高昌重光元年缺名随葬衣物疏	620年	鏅钱十四文	3册122页
高昌重光二年张头子随葬衣物疏	621年	钱十四枚 金钱一万文，银钱二万	3册151页
高昌延寿十年元儿随葬衣物疏	633年	金银钱各一万文	3册267页
高昌延寿九年六月十日康在德衣物疏	632年	金银铜钱各一千文	《吐鲁番晋唐墓地》①

表格中，时间最早的衣物疏是在前秦建元二十年（384），除布匹外，陪葬的货币为铜钱二枚，西凉建初十四年（408）的《韩渠妻随葬衣物疏》则出现了黄金千两，此处的千两与千斤同义。姜伯勤提出："以'金钱'为虚构的陪葬物，只见于6世纪中叶至7世纪中叶的一百年间。5世纪，只称'黄金千两'或

① 吐鲁番市文物局、吐鲁番学研究院、吐鲁番博物馆《吐鲁番晋唐墓地：交河沟西、木纳尔、巴达木发掘报告》，第291页。

‘黄金千斤’，而不称‘金钱’若干。这从一个侧面反映出，拜占庭金币在高昌人心目中的地位，大抵是在6世纪后的一个多世纪中才十分重要……从6世纪中叶至7世纪中叶的一个世纪中，以‘金钱’作为冥财已成为一种社会心理，但这种心理随着麹氏高昌的灭亡而消退。”[①]墓葬中的陪葬品及衣物疏中对于财富的记载，是在世之人现实财富的映射，例如一些普通的墓葬中出土了泥骆驼，表明骆驼在河西、高昌地区的常见性及其重要意义。而用葫芦皮、陶片刻制的圆形冥币则表明了金属货币是现实生活中的重要财富。上表衣物疏中，现世人希望逝者获得的财富种类也在不断变化。

早期衣物疏书写中，铜钱、布匹是值得写进衣物疏的财富，数量也较少，例如“铜钱二枚”或“帛绖六匹、铜钱二枚”。随后书写数量逐渐增多，并且加入了金钱、银钱，例如“金钱三百、银钱五百、大锦百张”。543年的《高昌章和十三年孝姿随葬衣物疏》出现了“故金钱百枚、故银钱百枚、故布叠二百匹”。一些衣物疏除书写随身衣物、奴婢外，金银钱数量甚多，例如“金银钱各一万文”。在世亲属为逝者的财富清单列入金银钱，且数量上也不再是百、三百，而是各一万，想必认为逝者只要拥有价值最高且数量众多的金银钱，便可过上自己在现实世界中难以企及的幸福生活。632年的《高昌延寿九年六月十日康在德衣物疏》载“金银铜钱各一千文”，继续将铜钱载入衣物疏的记载，且钱币数量只载为一千文，或与现世财富数量较为一致。

① 姜伯勤《敦煌吐鲁番文书与丝绸之路》，北京：文物出版社，1994年，第11—13页。

二、商品购买中的货币使用及其他金属货币收支文书

表5–2　一般商品买卖中使用的货币

卷名	时间	内容		出处
高昌延昌二十七年张顺和夏树券	587 年	张顺和从主簿□□□十五株，要与夏□□□取。若棵叶之□□□取。要到十月内偿钱使毕,若不毕,听拙家财,平为钱直。若□东西无,仰妻儿使毕。		2 册 357 页
高昌乙酉丙戌岁某寺条列月用斛斗帐历	时间不明	粟七斛,得钱五文。麦二斛,作面。麦一斛,作麨麦。麦五斗、粟一斛四斗,得钱一文,买麻子;粟三斛九斗,得钱三文;麦二斛七斗,得钱三文;麦十二斛,得钱十二文;麦八斛,得钱八		3 册 226、229、231、232 页
高昌延昌二十七年四月兵部条列买马用钱头数奏行文书	587 年	高伯亮边买赤马一匹，用钱□□□边买騧马一匹，用钱卅七文；阿浮利沙□□□钱卌五文。右马三匹，付匡安受。都合□□三匹,用钱一百一十八文。		3 册 73 页
高昌延昌二十七年六月兵部条列买马用钱头数奏行文书	587 年	起六月八日,侍郎僧子传:翟呼典畔陀边买赤马一匹,用钱卌五文。都合买马一匹,用银钱四十五文。付匡安受。		3 册 75 页
高昌延昌二十七年六月廿九日兵部条列买马用钱头数奏行文书	587 年	用钱卅七文都合买马四十八匹,用银钱一		3 册 77 页
高昌延昌二十七年七月兵部条列买马用钱头数奏行文书	587 年	紫马一匹/马八□匹	用钱卅七文/都合用钱二百五十八文	3 册 79 页
高昌延昌二十七年七月十五日兵部条列买马用钱头数奏行文书	587 年	青马一匹	□□八文	3 册 81 页

续表

券名	时间	内容		出处
高昌延昌二十七年八月兵部条列买马用钱头数奏行文书	587年	买马□□□匹	用钱一千四百八十文	3册84页
高昌延昌二十七年某月兵部条列买马用钱头数奏行文书	587年	马二匹	用钱六□七文	3册86页
高昌延昌年间兵部条列买马用钱头数奏行文书	时间不明	马	八文	3册88页
高昌延昌二十八年某道人从□伯崇边夏枣树券	588年	枣树	若……罚银钱二文	3册189页
高昌买羊供祀文书	时间不明	买羊一口。	文半	3册265页
高昌某年传始昌等县车牛子名及给价文书	时间不明	□□保牛得银钱十一文……董安伯牛,得银钱二十六文……参军师祐牛,得银钱二十六文……罗寺道明车牛一具,得银钱三十九文。张伯儿车牛一具,得银钱三十九文。张伯臭牛,得银钱二十六文		3册290页
高昌皮肉价钱帐	时间不明	皮肉	____银钱十一____四文	3册299页
高昌尾儿取木钱帐	时间不明	木一根	银钱一文	3册300页
高昌高宁临川等处僧逋钱等条记	时间不明	高宁五月剂僧逋钱九十八文,临川僧逋钱卌文		3册200页

续表

券名	时间	内容	出处
高昌上钱帐历	时间不明	六文上保受，次三文上虎兜。次卅日五文上孝文□，上弘周，次三文上虎兜，次四文上皮皮。次六月一日十一文上皮皮次六文上保受，合用钱二百六十四文半。	3册263页
高昌内藏奏得称价钱帐	时间不明	起正月一日，曹迦钵买银二斤，与何卑尸屈二人边得钱二文。即日，曹易婆□买银二斤五两，与康炎毗二人边得钱二文。次二日，翟陀头买金九两半，与□显祐二人边得□。次三日，何阿陵遮买银五斤二两，与安婆□□□□□钱五文	3册318页
高昌重光二年正月张相熹入俗剂远行马钱条记	621年	高昌俗庚辰岁八月□□行马钱二文	3册270页
高昌重光四年四月张相熹入俗剂远行马钱条记	623年	□昌俗壬午岁正月剂远行马钱二文	3册272页
高昌重光四年张相熹入俗剂远行马钱条记	623年	高昌俗壬午岁七月□行马钱四文	3册273页

买马是当时生活中的重要经济活动，《高昌延昌二十七年七月兵部条列买马用钱头数奏行文书》中买紫马一匹，用钱卅七文。孟宪实研究得出："唐朝的马价主要有两种方式，一是大练，二是铜钱。平均一匹马 7 贯钱，即 7000 钱。"[①]而翟呼典畔陀边买赤马一匹，用钱卌五文，此处的赤马交易用高昌银钱，

① 孟宪实《唐西州马价考》，《新疆师范大学学报（哲学社会科学版）》2016年第3期，第117—126页。

说明上文紫马也是用银钱交易，用钱卅七文，指的是用银钱卅七文，可知银钱交易也以文计，有时省略单位。

上表中《高昌内藏奏得称价钱帐》直接使用金、银进行交易，其中之“称价钱”，“称”为“称量”之意，即称量货物之重量，分别按一定比例征收商税，“称价钱”之税率数大致为金4—5两纳1文，银每斤纳1文，香约每40斤纳1文[①]。如上表所列，文书中出土了不少某人“入俗剂远行马钱条记”，“剂”是高昌王国赋税征收及物资调发中的专用名词，适用于临时征收的杂税及杂征调。它不是一种税目而是关于某种税的征调单，当经管官吏据此名单征得钱物后，即向纳税人出具收条，“剂”字的用法似借用一贴药剂之“剂”的含义[②]。以上诸文书表明，在吐鲁番各种日常交易中常使用银钱交易，还有一些情况直接使用金、银进行交易。粮食、马匹交易，需要将粮食、马匹卖出以获得银钱，而非以粮食、马匹直接充当一般等价物进行交易。

三、房舍土地购买中的货币使用

表5-3　房屋土地买卖中使用的货币

券名	时间	内容	出处
高昌延昌二十八年赵显曹夏田券	588年	交与夏价银钱九文	2册302页
高昌曹、张二人夏果园券	时间不明	要到七月竟，与银钱二十□，□二十五文，要到八月卅日，偿钱二十□□期不偿，一月十钱上生钱一□	2册337页

① 朱雷《敦煌吐鲁番文书论丛》，第79—81页；荣新江认为，《高昌内藏奏得称价钱帐》中买卖双方都是粟特人（荣新江《中古中国与外来文明》，北京：生活·读书·新知三联书店，2001年，第193页）。

② 陈仲安《试释高昌王国文书中之“剂”字——麹朝税制管窥》，唐长孺主编《敦煌吐鲁番文书初探》二编，武汉：武汉大学出版社，1990年，第1—18页。

续表

券名	时间	内容		出处
高昌延昌二十六年某人从□□崇边夏镇家菜园券	586 年	菜园	银钱五文钱……三文	3 册 187 页
高昌卜善祐夏田券	时间不明	夏田	银钱二十五文	3 册 193 页
高昌二人合夏葡萄园券	时间不明	葡萄园	夏价银钱七文	3 册 201 页
高昌张猫子等人分夏田合券	时间不明	六钱价田		3 册 202 页
高昌重光四年孟阿养夏菜园券	623 年	菜园卅步，要经五年。未□中无夏价，次四年中，年与夏价银钱二文。		3 册 310 页
高昌延寿五年赵善众买舍地券	628 年	范悦子边地十步，与买价钱四文。钱即日毕，舍地即日付。		3 册 243 页
高昌卯岁尼高参等二人赁舍券	时间不明	二人各赁舍一间，□□□赁价钱二文，高□□赁价钱三文。二人要经一年 □ 遮余人。不得病死，若病死者，罚钱□与钱一文，高参交与钱二文。		三册 199 页

《高昌延昌二十八年赵显曹夏田券》表明588年的常田一亩半，价值银钱九文。赵善众买舍地广十步，价钱四文，而587年《高昌延昌二十七年六月兵部条列买马用钱头数奏行文书》里的翟呼典畔陀买赤马一匹，用银钱四十五文。一匹马价格是一亩地价格的十倍以上。

四、借贷契约中的货币使用

表5-4 借贷契约中货币的相关记载

券名	时间	内容	出处
高昌赵阿头六举钱券	时间不明	赵阿头六从张恭子边举[　　]钱七文半使毕。 若前却不偿,听拙家财,平为钱直。	2 册 339 页
高昌某人举钱残券	时间不明	若过期不偿，一月[　　]身东西无,仰妇儿偿。若前却□□□拙家财,平为钱直。	2 册 340 页
高昌阳某举钱残帐	时间不明	若阳身东西无,仰妇儿偿。若前却不偿,听拙家财,平为钱直。	2 册 342 页
高昌延和元年张寺主元祐举钱券	602 年	张寺主道人元祐从左[　　]银钱二□□□□月内,钱一文与大麦[　　]合与麦□□□若取钱为用	3 册 2 页
高昌延和五年举银钱券	606 年	延和五年丙寅岁二[　　]举银钱二十文	3 册 18 页
高昌延和五年某人举钱残券	606 年	仰妇儿偿,若前却不偿,听拙家财,平为钱直。	3 册 19 页
高昌巳岁王庆祐等三人取银钱作孤易券	609 年	……取银钱九文。到三月卅日钱一文得[　　]个。到作孤易之日,要得镬一口洛余一，孤易[　　]树五寸……令狐延庆取钱二文……	3 册 40—41 页
唐西州某年冷义府等欠钱文书	时间不明	冷义府欠一百廿文　收定 马钦艺一百廿文　收定	《吐鲁番晋唐墓地》248 页

文书中的“举”即“贷”，借贷文书的标准格式为“借钱者+从+债主+举+钱/粮+数量+使毕。若阳身东西无，仰妇儿偿。若前却不偿，听拙家财，平为钱/粮直”。上表反映出日常生活中借贷的钱财为一文至二十二文，银钱价值较高。而生活用品花费在

几百文的，则应指铜钱，有时称孔钱。

五、陪葬品中的货币出土情况

魏晋隋唐时期，河西、吐鲁番地区流行的货币不仅出现于书面记载当中，还在墓葬中以陪葬品的实物形式留存。以交河沟西、木纳尔、巴达木三地发掘的墓葬为例，目前笔者统计了金币18枚，银币12枚，贝币29枚，铜钱7枚，冥币超过128枚（个别墓葬未说明冥币数量），造币时间最早可追溯至531年。

出土仿拜占庭金币的主要制作手法是模压捶揲，且出土金币大多为仿制币。在大小与质量上，最轻的完整银币重1.9克，另一枚残损币则重3.2克，最重者3.75克。在造币时间相似的情况下，银币的直径、重量都相差不小。杨洁认为波斯萨珊银币制作精良，重量一般约为4克[①]，而出土的银币中有些则为圆饼状，质量接近4克。另有学者认为，“吐鲁番在公元6—8世纪广泛流通的货币便是‘银钱’，契约中强调银币纯度很高，表明当时高昌还流通有质量差的仿制银币……高昌国流通的是一种自行铸造的银币，价值较低，银币样式极有可能模仿波斯的德拉克马银币。这样便能理解契约特别注明波斯制纯度高的银币，其目的正是为了与高昌国铸造的价值低的银币相区分”。而高昌国也拥有自行铸造银币的条件，“第一，高昌国掌握铸币技术，出土的‘高昌吉利’铜钱就是最有力的证据。第二，当地拥有银矿资源”[②]。这些出土的银币，很可能有外来的波斯萨珊银币和高昌仿制币两种。

---

① 杨洁《公元3—8世纪中亚贸易问题研究》，第156页。

② 杨洁《公元3—8世纪中亚贸易问题研究》，第156页；杨洁《丝路绿洲国家的货币：本地铸造，抑或外部流入?》，第132—136页。

在交河沟西、木纳尔、巴达木三地出土的银币中，应有不少为仿波斯银币。其中，05TMM203号墓出土了金币、银币、贝币、铜碗、铜钗、铜眼罩、串珠、墓志等，较为完整地体现了高昌地区居民墓葬陪葬品特点。这些陪葬品在其他墓葬中亦有部分体现，但很少在一个墓葬中种类齐全地出现。此墓葬等级很高，墓中银币重3.75克，是12枚银币中质量最好的一枚，而其他银币则重量较低，且部分金银币锈蚀。或因为该墓主身份较高，墓葬中使用了波斯银币，而其他中等规格的墓葬则使用了本地出产的仿制币，更多的平民墓葬则放置贝币或铜钱及冥币。

文书、墓葬所见货币中，高昌银钱最多，亦有波斯银币、中原地区铸造的铜钱等。总体上看，中亚货币对高昌地区货币使用的影响较大，对河西地区货币使用的影响较小。中原货币对河西、吐鲁番的影响力相差不多。魏晋北朝时期，敦煌位于河西走廊最西端，与吐鲁番距离较近，其货币使用情况与吐鲁番或有相似之处。

第六章

魏晋北朝敦煌文化概述

第一节　魏晋北朝敦煌文士及著述

汉代中原文化士族有迁徙至敦煌者，《汉书》载陈汤、李寻等官员被迁往敦煌郡的相关事迹，其中陈汤“少好书，博达善属文”①。李寻“治《尚书》……独好《洪范》灾异，又学天文月令阴阳”②。由此可知，汉代迁徙至敦煌的中原大族不乏精通儒学的士大夫阶层。汉人知识分子群体的持续迁入，使得以儒学为代表的中原文化在敦煌地区长期传承发展。至王莽时《孝经》已成为基层吏员精神道德养成的主要教材③。东汉年间，敦煌地方文士亦以儒学入仕或显名。《后汉书·张奂传》载：

> 张奂字然明，敦煌渊泉人也。父惇，为汉阳太守。奂少游三辅，师事太尉朱宠，学《欧阳尚书》，初，《牟氏章

① ［汉］班固撰，［唐］颜师古注《汉书》卷七〇《陈汤传》，北京：中华书局，1962年，第3007—3026页。
②《汉书》卷七五《李寻传》，第3179页。
③ 邢义田《今尘集：秦汉时代的简牍、画像与文化流播》，上海：中西书局，2019年，第116页。

句》浮辞繁多，有四五十万余言，奂减为九万言。[①]

《文苑列传》载敦煌名儒侯瑾作《应宾难》《皇德传》三十篇流行于世[②]。此外，敦煌曹氏家族服膺儒学，四代以举孝廉入仕[③]。武功起家的索氏家族渐向儒学家族转型，索堪“举孝廉、明经，对策高第，拜尚书郎”，走上经术致宦的道路[④]。氾氏家族代表人物氾熋“高才，通经史，举孝廉，擢拜为尚书，后迁左丞相”，氾孚“州辟为从事……征为州，辟司马……司空曹公察孝廉”；两人笃行儒学并通经明纬以继世[⑤]。S.1889《敦煌氾氏家传并序》又载“苍梧太守令狐溥与太守张奂书”“(氾咸)弱冠从苍梧太守同郡令狐溥受学，明通经纬”[⑥]。由此可窥得令狐溥儒学修养之高。曹魏西晋时期，敦煌地区儒学文化蓬勃发展。《晋书·索靖传》记载时称“敦煌五龙”的索靖、氾衷、张甝、索纱、索永“俱诣太学，驰名海内”，其中索靖“该博经史，兼通内纬。州辟别驾，郡举贤良方正，对策高第”[⑦]。魏晋之际，敦煌文化得到了持续的发展。

五凉时期，敦煌文化亦取得较高的成就。前凉张轨“征九郡

① [南朝宋] 范晔撰，[唐] 李贤等注《后汉书》卷六五《张奂传》，北京：中华书局，1965年，第2138页。

② 《后汉书》卷八〇下《文苑列传》，第2649页。

③ 冯培红《汉晋敦煌大族略论》，《敦煌学辑刊》2005年第2期，第102页。

④ 熊崧策《汉晋敦煌士人学术研究》，兰州大学硕士学位论文，2009年，第12—13页。

⑤ 郝春文等《英藏敦煌社会历史文献释录》第8卷，北京：社会科学文献出版社，2012年，第177—178页。

⑥ 郝春文等《英藏敦煌社会历史文献释录》第8卷，第178—179页。

⑦ [唐] 房玄龄等撰《晋书》卷六〇《索靖传》，北京：中华书局，1974年，第1648页。

胄子五百人，立学校，始置崇文祭酒，位视别驾，春秋行乡射之礼”，并“令有司可推详立州已来清贞德素，嘉遁遗荣；高才硕学，著述经史……具状以闻”[①]。P.2005《沙州都督府图经》记录了西凉李暠于敦煌“兴立泮宫”“增高门学生五百人”事。北凉沮渠氏惜才尊儒，重视儒学教育，沮渠蒙逊“博涉群史，颇晓天文”[②]。故陈寅恪于《隋唐制度渊源略论稿》总结称：“又张轨、李暠皆汉族世家，其本身即以经学文艺著称，故能设学校奖儒业……若其他割据之雄，段业则事功不成而文采特著，吕氏、秃发、沮渠之徒俱非汉族，不好读书，然仍欣赏汉化，擢用士人，故河西区域受制于胡戎，而文化学术亦不因此以沦替，宗敞之见赏于姚兴，斯又其一例也。”[③]政治开明的统治者重用文士，设立学校，发展儒学教育，从政治与社会层面推动了敦煌地区文化的繁荣。

五凉时期中原板荡，战乱绵延；相较之下，河西地区社会相对安定。部分中原人士为求自保遂进入河西地区，其中包括许多名门世家与士人学者[④]。《资治通鉴》载：“永嘉之乱，中州之人士避地河西，张氏礼而用之，子孙相承，衣冠不坠，故凉州号为多士。”[⑤]文人学士汇聚河西，讲学授徒，共同推动了河西地区文化的繁荣发展。敦煌地区的文化事业亦欣欣向荣，前凉敦煌太守阴澹称敦煌索袭为“硕德名儒”，且行乡射之礼时欲请索袭

① 《晋书》卷八六《张轨传》，第2222—2225页。
② 《晋书》卷一二九《沮渠蒙逊载记》，第3189页。
③ 陈寅恪《隋唐制度渊源略论稿》，上海：上海古籍出版社，1982年，第26—27页。
④ 韩锋、高情情《魏晋南北朝时期儒学在河西地区发展的原因及影响》，《敦煌学辑刊》2013年第2期，第114—120页。
⑤ 《资治通鉴》卷一二三“文帝元嘉十六年”条，第3877页。

为三老[①]。敦煌效谷人宋纤“明究经纬，弟子受业三千余人”[②]。郭瑀“精通经义，雅辩谈论，多才艺，善属文……作《春秋墨说》《孝经错纬》，弟子著录千余人”[③]。张湛“弱冠知名凉土，好学且属文”，魏司徒崔浩甚礼之，称“国家西平河右，敦煌张湛、金城宗钦、武威段承根三人，皆儒者，并有儁才，见称于西州”[④]。宋繇“博通经史，诸子群言，靡不览综”[⑤]。文学硕儒除仕宦外，还潜心修学、著书立说、讲经明义、传道授业，促进儒学文化在敦煌地区的传播与发展。

敦煌文士亦有逍遥山林、不乐入仕者，氾腾“举孝廉，除郎中。属天下兵乱，去官还家”[⑥]。面对张闳的造访与张轨的征召辞而不受。索袭“虚靖好学，不应州郡之命，举孝廉、贤良方正，皆以疾辞”，且“不与当世交通，或独语独笑，或长叹涕泣，或请问不言”[⑦]。宋纤“少有远操，沈靖不与世交，隐居于酒泉南山。明究经纬，弟子受业三千余人。不应州郡辟命，惟与阴颙、齐好友善”。太守马岌威仪拜访，宋纤拒而不见。后被张祚强征为太子友，并遣太子太和执友礼造访，宋纤为避之遂称疾[⑧]。郭瑀师郭荷卒，郭瑀以斩衰仪礼侍；服礼后“隐于临松薤谷，凿石窟而居，服柏实以轻身，作《春秋墨说》《孝经错纬》，弟子著录千余人”。张天锡遣使持节征之，郭瑀以“翔鸿不可安

① 《晋书》卷九四《索袭传》，第2449页。
② 《晋书》卷九四《宋纤传》，第2453页。
③ 《晋书》卷九四《郭瑀传》，第2454页。
④ ［北齐］魏收撰《魏书》卷五二《张湛传》，北京：中华书局，1974年，第1153—1154页。
⑤ 《魏书》卷五二《宋繇传》，第1152页。
⑥ 《晋书》卷九四《氾腾传》，第2438页。
⑦ 《晋书》卷九四《索袭传》，第2448—2449页。
⑧ 《晋书》卷九四《宋纤传》，第2453页。

笼”拒之并深逃绝迹[①]。索统“少游京师，受业太学，博综经籍，遂为通儒”。因“知中国将乱，避世而归”。对于太守阴澹西阁祭酒的任命，索统称其“老亦至矣，不求闻达。又少不习勤，老无吏干，濛汜之年，弗敢闻命”[②]。上述士人通经明儒，学术造诣深厚。或因时局动荡被迫归隐山林、独善其身；亦有始终不愿为官者，醉心山野、心无旁骛、论经授学。《晋书》遂列敦煌文士于《隐逸传》《艺术传》，河西私学教育在五凉前期较为兴盛，其规模甚至一度超过官学，不少名士大儒都曾隐居山中，从业弟子随师居住于山间石窟崖室中，因此石窟早期功用或为儒学而出现，随着儒学官学教育的发展，佛教逐渐进入山林，石窟渐为其所用[③]。

西凉、北凉时期，敦煌文士热衷政治事业、投身政局者渐多。宋繇“吕光时，举秀才，除郎中。后奔段业，业拜繇中散、常侍。繇以业无经济远略，西奔李暠，历位通显”[④]。其后宋繇又为沮渠氏所重，拜为“尚书吏部郎中”，且沮渠蒙逊临终将其子牧犍托付于宋繇。同时宋繇为北魏世祖器重，拜为“河西王右丞相，赐爵清水公，加安远将军”。张湛“仕沮渠蒙逊，黄门侍郎、兵部尚书”，北魏取凉州，张湛入仕受爵南浦男，加宁远将军[⑤]。阚骃为蒙逊所重并常侍其左右衡量政治损益，牧犍亦推崇阚骃，“拜大行，迁尚书”[⑥]。刘昞历仕三朝，为李暠之“孔

---

① 《晋书》卷九四《郭瑀传》，第2454—2455页。
② 《晋书》卷九五《索统传》，第2494—2495页。
③ 冯培红《五凉的儒学与佛教——从石窟的早期功能谈起》，《兰州学刊》2006年第1期，第50—54页。
④ 《魏书》卷五二《宋繇传》，第1152—1153页。
⑤ 《魏书》卷五二《张湛传》，第1154页。
⑥ 《魏书》卷五二《阚骃传》，第1159页。

明”，为沮渠牧犍之国师；北魏平凉州，刘昞拜乐平王从事中郎。[①]五凉时期，一些敦煌士人经历了从“隐居避世”至“入仕从政”的转变。

北魏太延五年，北凉沮渠氏为北魏攻破。“冬十月辛酉，车驾东还，徙凉州民三万余家于京师。”[②]河西士族大量迁出，许多仕宦于北凉政权的士人也随之迁徙至平城。河西士族群体性迁移平城，对于河陇学术而言是竭泽式的打击，河西地域学术数百年以来发展形成的士族模式和地域格局发生转折[③]。河陇文化对北魏文化变迁作出重要贡献，陈寅恪指出：“又西晋永嘉之乱，中原魏晋以降之文化转移保存于凉州一隅。至北魏取凉州，而河西文化遂输入于魏，其后北魏孝文、宣武两代所制之典章制度遂深受其影响，故此魏、齐之源其中亦有河西之一支派”[④]，又“秦凉诸州西北一隅之地，其文化上续汉、魏、西晋之学风，下开魏、齐、隋唐之制度，承前启后，继绝扶衰，五百年间延绵一脉。”[⑤]河西文化成为隋唐制度的来源之一，五凉文化对北魏社会的影响可概括为三点：开启儒风、振兴礼乐、完善官制律令[⑥]。李智君对以往学者所论永嘉移民使得中原学术转移保存于河陇说进行讨论，指出这是指文化重心转移而非中原移民所带来

---

① 《魏书》卷五二《刘昞传》，第1160—1161页。
② 《魏书》卷四上《世祖纪》，第90页。
③ 李智君《公元439年：河陇地域学术发展的转捩点》，《中国文化研究》2005年第2期，第60—74页。
④ 陈寅恪《隋唐制度渊源略论稿》，第2页。
⑤ 陈寅恪《隋唐制度渊源略论稿》，第41页。
⑥ 施光明《五凉政权“崇尚文教”及其影响述论》，《兰州学刊》1985年第6期，第59—65页。

的文化之转移[①]，更加凸显出五凉时期河陇文化昌盛背后的深层次原因。个别家族入魏后得以长期仕宦于北朝，在政坛上亦有所作为，他们的家族一度煊赫一时；虽然河西文化对于北魏改制发挥了积极作用，但是平凉户中的多数河西名士硕儒在入魏后的政治待遇并不高[②]。

河西文化曾对南北朝都有影响。437年，北凉与南朝刘宋通使，沮渠牧犍向刘宋献一批河西学者的著作书籍，为南朝未有，共计19部154卷，包含经史子集历算诸类。其中一些成果被南朝所吸收，例如祖冲之编制《大明历》参考北凉太史敦煌赵䬀的《甲寅元历》[③]。北朝同样有所吸收借鉴，“世祖平凉土，得赵䬀所修《玄始历》，后谓为密，以代《景初》”[④]。敦煌赵氏的《玄始历》（即《甲寅元历》）在北魏沿用数十年，充分展现出河西文化某些领域的先进程度以及河西儒生丰富的学识。

同时，此阶段敦煌地区流行的学习教材也蕴含儒家文化思想。敦煌写本《开蒙要训》为综合性识字教材，学界考证其成书时代盖为六朝，与梁代周兴嗣《千字文》时代相近，为当时州、

---

① 李智君《五凉时期移民与河陇学术的盛衰——兼论陈寅恪“中原魏晋以降之文化转移保存于凉州一隅”说》，《中国史研究》2006年第2期，第67—84页。

② 相关研究参见张金龙《河西士人在北魏的政治境遇及其文化影响》，《兰州大学学报》1995年第2期，第139—145页；陆离《论诸凉入魏人士对北魏的政治、军事贡献》，《敦煌学辑刊》2000年第1期，第121—127页；柏俊才《北魏士人迁徙与文学演进》，北京：中华书局，2019年；丁宏武、蔡喆《北魏平定凉州后河陇士人的历史境遇及贡献》，《甘肃社会科学》2020年第3期，第131—137页。

③ 赵向群《甘肃通史·魏晋南北朝卷》，兰州：甘肃人民出版社，2009年，第448页。

④《魏书》卷一〇七上《律历志》，第2659页。

县学和寺学普遍所采用[①]。其中有“君王有道，恩惠弘廓。万国归投，兆民欢跃”“臣佐辅弼，匡翊勤恪。赏赉功勋，封赐禄爵”“孝敬父母，丞顺弟兄”“婚姻娉嫁，夫妇媒成”[②]。可见儒家文化价值思想组建出蒙学教材内涵，承担起社会教化的责任；忠君孝悌道德伦理与君臣人伦礼制被用来规范民众的思想与行为，儒家文化价值观念逐渐成为社会生活领域普遍适用的基本知识。

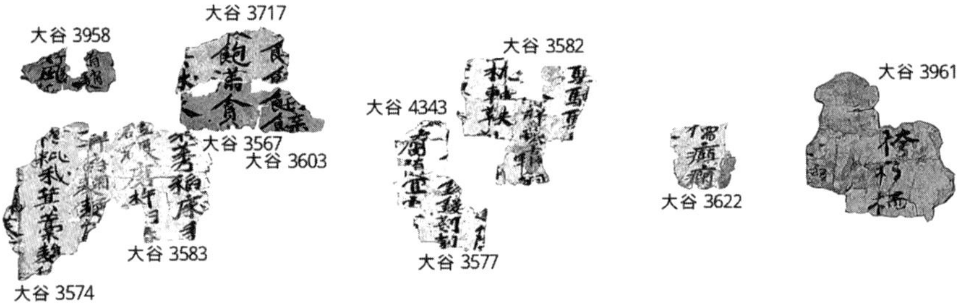

图6-1 大谷文书《开蒙要训》缀合图（图片采自张新朋《大谷文书别本〈开蒙要训〉》，《敦煌研究》2014年第5期，第81—86页）

王素、李方曾对敦煌藏经洞出土的六朝写本进行梳理，书目种类涵盖《古文尚书》《毛诗郑笺》《礼记郑注》《春秋左传集解》《尔雅注》《晋纪》《孔子家语》《瑞应图》《阴阳书》《刘子新论》《列子注》《老子想尔注》《抱朴子》《文选》等[③]，以上所列仅仅是无明确纪年的。敦煌出土的中古经学文献中，

① 张新朋《敦煌写本〈开蒙要训〉研究》，浙江大学博士学位论文，2008年，第15页；郑阿财《〈开蒙要训〉的语文教育与知识积累》，《浙江师范大学学报（社会科学版）》2020年第1期，第1—12页。

② 录文参见张新朋《敦煌写本〈开蒙要训〉研究》，第88—90页。

③ 王素、李方《魏晋南北朝敦煌文献编年》，台北：新文丰出版公司，1997年，第274—283页。

《书》《诗》《春秋左氏传》《论语》四类保存得最多。敦煌亦曾出土史部文献，如敦煌研究院藏晋写本《吴书·步骘传》、北魏写本《周语下》等，这些经史部典籍以及蒙书等写本都是当时学校和社会教育的翔实资料[①]。

图6-2 P.2980六朝写本《古文尚书·秦誓》残卷

总体上看，魏晋北朝时期敦煌士人文化水平较高，著述颇丰。阚骃撰《十三州志》，“注王朗《易传》，学者藉以通经”[②]。索袭好阴阳术数，著天文地理著作；索统明阴阳天文，善术数占候。索敞编《丧服要记》。索靖该博经史，兼通内纬，以善草书知名。刘昞著《人物志》，“注《周易》《韩子》《人物志》

① 关于敦煌文献与教育研究参见屈直敏《敦煌文献与中古教育》，兰州：甘肃教育出版社，2013年。

② 《魏书》卷五二《阚骃传》，第1159页。

《黄石公三略》”[①]。其参考《史记》《汉书》《东观汉记》，去繁化简，集采众长来撰写《略记》；同时其所编著的《敦煌实录》被认为是我国第一部实录体史书[②]。其所注《韩子》为法家经典，《黄石公三略》又以兼容博杂闻名，《酒泉铭》被《北史·文苑传》评价为“区区河右，而学者埒于中原，刘延明之铭酒泉，可谓清典”[③]。

---

① 《魏书》卷五二《刘昞传》，第1160页。

② 汪受宽《五凉史家刘昞与实录史体》，《敦煌学辑刊》1995年2期，第113—118页；邢培顺、王明东《刘昞与他的〈敦煌实录〉》，《古籍整理研究学刊》2017年第3期，第1—4页。

③ ［唐］李延寿撰《北史》卷八三《文苑传》，北京：中华书局，1974年，第2778页。

第二节　魏晋北朝敦煌佛教文化概述

魏晋五凉以降，敦煌地区佛教文化逐渐兴起。魏晋北朝时期，作为文化交汇融合之地，敦煌及河西文化走廊沟通了丝绸之路东西方文化。佛教初传时期，造像艺术风格亦向东传播。北朝时期，中原汉地的佛教亦向西传播。敦煌文化兼收并蓄，佛教文化亦渐趋繁荣，与之相关的造像、石窟、壁画，乃至有关的习俗节日、思想文化观念等都表现出文化融合的特点。

悬泉出土编号VI91DXF13C②:30汉简记载："少酒薄乐，弟子谭堂再拜请。会月廿三日，小浮屠七门西入。"[①]据考证，此篇年代应为公元58—108年[②]；关于其中所提及"浮屠"，张俊民

① 郝树声、张德芳《悬泉汉简研究》，兰州：甘肃文化出版社，2008年，第186页。
② 郝树声、张德芳《悬泉汉简研究》，第186—194页。

判定为佛塔[①]。虽此篇简的性质学界众说纷纭[②]，但其中的佛教术语与内容可谓相当清晰。魏晋以降，敦煌佛教文化蔚然成风。《魏敦煌太守仓慈写〈佛说五王经〉题记》："景初二年岁（238年）戊午九月十六日，敦煌太守仓慈，为众生供养，熏沐写已。"[③]如果该材料记载的内容可信的话，则表明太守仓慈曾写经为民众祈福。敦煌地方官员对敦煌佛教文化传布持以肯定与支持的态度[④]。

西晋时期佛教活动主要表现在译经方面，佛教初传时译经活动多集中于都城洛阳。早期佛教传播多依靠背诵，翻译用口译，而后笔录记载下来[⑤]。译经与抄、写经兴盛的前提，意味着其物质载体——纸张的广泛易得，成本低廉。魏晋时期，简帛纸并用，纸张逐渐取代简牍成为主要的书写载体。正是在这一背景下，两晋时期风行的抄书与大量译经写经活动才得以进行。

西晋时期，敦煌有高僧竺法护，"其先月支人，本姓支氏，世居敦煌郡"，为进一步明识佛法而随其师竺高座前往西域，游历诸国，遍习外国异言三十六种，学得大量佛经并将其带回中

---

① 张俊民《敦煌悬泉置出土文书研究》，兰州：甘肃教育出版社，2015年，第443页。

② 相关研究参见郝树声、张德芳《悬泉汉简研究》，第191、194页；赵宠亮《"悬泉浮屠简"辩证》，《南方文物》2011年第4期，第33—36页；刘屹、刘菊林《悬泉汉简与伊存授经》，《敦煌研究》2021年第1期，第63—72页。

③（日）池田温编《中國古代寫本識語集録》，东京大学东洋文化研究所，1990年，第71页；王素、李方《魏晋南北朝敦煌文献编年》，第53页。

④ 尚永琪《北朝胡人与佛教的传播》，《吉林大学社会科学学报》2006年第2期，第136页。

⑤ 荣新江《纸对丝路文明交往的意义》，《中国史研究》2019年第1期，第177—182页。

原[①]。因竺法护世居敦煌郡，曾于敦煌从事佛经翻译工作。《出三藏记集》卷七《阿维越致经记第十四》录："太康五年十月十四日，菩萨沙门法护于敦煌从龟兹副使羌子侯得此梵书《不退转法轮经》，口敷晋言，授沙门法乘使流布，一切咸悉闻知。"[②]竺法护自敦煌至长安，沿路传译经籍；定居长安翻译《贤劫》《正法华》《光赞》等165部佛经典籍。因而《出三藏记集》言："经法所以广流中华者，护之力也。"[③]吐鲁番吐峪沟曾出土西晋元康六年（296）竺法护译《诸佛要集经》残卷，经尾跋语中有关于竺法护的记载。陈国灿考证此经译于洛阳、经酒泉敦煌流入吐鲁番[④]。竺法护在敦煌、长安、洛阳的活动与译经事业需要大量助手，大量写经题记后都有笔受者的记载，竺法乘、昙法首、聂承远聂道真父子等是记载次数较多的译经助手。

竺法护僧徒数千，其中最著名者当属竺法乘。竺法乘曾"西到敦煌，立寺延学，忘身为道，诲而不倦"[⑤]，其立寺与讲学活动扩大了敦煌佛僧队伍，促进了敦煌佛教文化的推广与传播。从聂承远到竺法首与竺法乘的佛经书写与流通，反映出大乘佛教初期在中原与河西地区的传播[⑥]。佛教传播过程中，从竺法护时期

---

① ［南朝梁］释慧皎撰，汤用彤校注，汤一玄整理《高僧传》卷一《竺法护传》，北京：中华书局，1992年，第23—24页。

② ［南朝梁］释僧祐撰，苏晋仁、萧錬子点校《出三藏记集》卷七《阿维越致经记第十四》，北京：中华书局，1995年，第274页。

③ ［南朝梁］释慧皎撰，汤用彤校注，汤一玄整理《高僧传》卷一《竺法护传》，第23页。

④ 陈国灿《吐鲁番出土的〈诸佛要集经〉残卷与敦煌高僧竺法护的译经考略》，《敦煌学辑刊》创刊号（总第四期），1983年，第6—13页。

⑤ ［南朝梁］释慧皎撰，汤用彤校注，汤一玄整理《高僧传》卷四《竺法乘传》，第155页。

⑥ 崔中慧《初期佛教写经反映的文化交流——以竺法护译场为例》，《敦煌研究》2019年第4期，第18页。

已经开始进行西传[①]。值得注意的是，魏晋时期高昌地区流传的是汉传佛教，高昌佛教正是经由敦煌从中原传来[②]，而以交河城为中心的车师前部地区则流行小乘佛教。

图6-3 S.797《十送比丘戒本》题记

《魏书·释老志》载："凉州自张轨后，世信佛教。敦煌地接西域，道俗交得其旧式，村坞相属，多有塔寺。"[③]前凉晚期，张天锡曾组织僧众翻译佛经，并于其统治境内大兴佛教[④]。《出

① 郭富纯、王振芬《旅顺博物馆藏西域文书研究》，沈阳：万卷出版公司，2007年，第76—81页。

② 王素《高昌至西州时期的弥勒信仰》，原载台北《中国佛学》第1卷第1期，1998年，后收入作者《汉唐历史与出土文献》，北京：故宫出版社，2011年，第346—351页。

③《魏书》卷一一四《释老志》，第3032页。

④ 杜斗城《前凉张天锡时期的佛教》，《敦煌学辑刊》1997年第1期，第79—84页。

三藏记集》卷七《首楞严后记》录：

> 咸安三年，岁在癸酉，凉州刺史张天锡在州出此《首楞严经》。于是有月支优婆塞支施崙手执胡本。支博综众经，于方等三昧特善，其志业大乘学也。出《首楞严》《须赖》《上金光首》《如幻三昧》，时在凉州，州内正听堂湛露轩下集。时译者龟兹王世子帛延善晋胡音。延博解群籍，内外兼综。受者常侍西海赵潚、会水令马亦、内侍来恭政，此三人皆是俊德，有心道德。时在坐沙门释慧常、释进行。[①]

此外，现藏于甘肃省博物馆的写本《法句经》末尾题记记载：

> 升平十二年（368）沙弥净明
> 咸安三年（373）十月二十日沙弥净明诵习《法句经》

杜斗城考证这两句题记或为沙弥净明先后两次诵经的记录，其中升平年号为前凉沿用东晋升平年号而致[②]。官员、译者、僧侣的广泛参与，反映出前凉张天锡时期敦煌佛教文化有所风行。

五凉中后期，佛教开凿石窟逐渐兴起。河西早期石窟经历了从儒学私学教育场所向佛教应用场所的性质转变[③]。早期佛教石窟多为禅修窟，而非功德窟。据P.2551V《沙州效谷府校尉李君

① ［南朝梁］释僧祐撰，苏晋仁、萧錬子点校《出三藏记集》卷七《首楞严经后记第十一》，第271页。
② 杜斗城《河西佛教史》，北京：中国社会科学出版社，2009年，第28—30页。
③ 冯培红《五凉的儒学与佛教——从石窟的早期功能谈起》，第50—54页。

莫高窟佛龛碑并序》记载：

> 莫高窟者，厥初秦建元二年，有沙门乐僔，戒行清虚，执心恬静。尝杖锡林野，行至此山，忽见金光，状有千佛，遂架空凿岩，造窟一龛。次有法良禅师，从东届此，又于僔师窟侧，更即营建。伽蓝之起，滥觞于二僧。复有刺史建平公、东阳王等各修一大窟。自后合州黎庶，造作相仍。①

P.3720V《莫高窟记》也有类似记载：

> 秦建元年中，有沙门乐僔仗锡西游至此，遥礼其山，见金光如千佛之状，遂架空镌岩，大造龛像。次有法良禅师东来，多诸神异，复于僔师龛侧又造一龛。伽蓝之建，肇于二僧。晋司空索靖题壁，号仙岩寺。自兹以后，镌造不绝，可有五百余龛。②

以上两处都记载为前秦建元年间（365—385）开窟，具体为“建元二年”或“建元中”，但前秦建元前中期，前凉政权还存在，敦煌为张天锡所统治。为何都写前秦年号，不言前凉。李永宁先生解释或有两种情况：其一，乐僔是从前秦西来敦煌，以其国年号为记载；其二，历代以据中原者为正统，前凉张氏偏居一隅，故后世文人以前秦苻坚建元为正统年号③。

---

① 郑炳林、郑怡楠《敦煌碑铭赞辑释（增订本）》，上海：上海古籍出版社，2019年，第21页。

② 郑炳林、郑怡楠《敦煌碑铭赞辑释（增订本）》，第695页。

③ 李永宁《敦煌莫高窟碑文录及有关问题（一）》，《敦煌研究》1982年第1期，第63页；杜斗城《河西佛教史》，第46页。

前秦时期长安佛教兴盛，高僧云集。被苻坚派遣出征西域的吕光，将高僧鸠摩罗什带回凉州。鸠摩罗什在后凉、后秦时期翻译大量佛经，他佛学造诣精深，译文字句通畅。僧祐《出三藏记集》称赞他："逮乎罗什法师，俊神金照，秦僧融、肇，慧机水镜。故能表发挥翰，克明经奥，大乘微言，于斯炳焕。"[①]鸠摩罗什为中国译经史上的重要人物。相比之下，史料记载中，西凉并无多少崇佛的活动。其原因可能是当时的相关佛教活动遗迹与记载未能保存下来，抑或是西凉时期实际上并无丰富的佛教活动。

北凉沮渠氏统治时期，河西佛经翻译盛极一时。唐《开元释教录》卷四记载：

> 北凉沮渠氏，初都张掖，后徙姑臧。自蒙逊永安元年辛丑至牧犍（茂虔）承和（永和）七年己卯，凡经二主三十九年。缁数九人，所出经、律、论等并新旧集失译诸经，总八十二部合三百一十一卷。[②]

由于得以流传下来的北凉译经仅是当时的一小部分，可见北凉当时译经规模之大。北凉是南北朝时期凉州地区的译经高峰期，共译者9人，所出佛典共82部311卷[③]。沮渠蒙逊统治时期，凉州成

① ［南朝梁］释僧祐撰，苏晋仁、萧錬子点校《出三藏记集》卷一《胡汉译经文字音义同异记第四》，第14页。

② ［唐］智昇撰，富世平点校《开元释教录》，北京：中华书局，2018年，第264页。

③ 林世田、杨学勇、刘波《敦煌佛典的流通与改造》，兰州：甘肃教育出版社，2013年，第25页。

图6-4 敦煌莫高窟第275窟西壁交脚菩萨像（图片采自赵声良《十六国北朝的敦煌石窟艺术（一）》，《艺术品》2015年第11期，第22—35页）

为佛教中心，高僧大德昙无谶、浮陀跋摩、沮渠京声翻译大量佛经，敦煌地区在这样的崇佛氛围下，佛教亦较繁荣。昙无谶由西域经敦煌入河西宣扬佛法，在敦煌停留数载，传译经籍；后至姑臧，一生译经11部、计104卷。当时北凉开凿敦煌莫高窟268[①]、272、275窟，凉州天梯山石窟1、10窟，张掖的金塔寺、马蹄寺南北二窟、观音洞等，酒泉文殊山千佛洞等，形成以凉州为中心的影响深远的石窟造像模式——“凉州模式”，对北魏平城的石窟造像营建深有影响。值得注意的是，北凉时期集中译出诸多“涅槃系”佛经，转轮王“护法”的政治目

① 敦煌莫高窟268窟是一个多窟组合的禅窟，中间是一个纵长方形的过厅（268号），南北两侧壁分别各开连个小室，南侧为267、269号窟，北侧为270、271号窟。

的十分明确，由此也表现出王权与佛教密切结合的“佛教政治”特点①。

北凉攻占敦煌前，敦煌本土多信仰具道教色彩的民间鬼神，佛教文化之于地方宗教信仰习俗影响有限；至北凉管控敦煌，采取强硬措施统辖地区民众，并将其自己所狂热信仰的佛教文化植入地方②。这一时期敦煌地区出现大批佛教石塔，殷光明综合考究总结出石塔造像特点形式为七佛一弥勒③。石塔艺术造型形象化表达出当时敦煌信众信仰实况，其中发愿文展现出佛教文化与信仰于敦煌地区已为更多人所信奉。同时发愿目的、供养人的结社及石塔存放地点的选择等都体现出敦煌民间的杂密信仰④。

敦煌出土北凉石塔与其余北凉石塔一样，石塔八面形基座上方刻有八卦符号，而此符号正与塔肩上所建七佛与弥勒造像的排列方向对应，即“始震讫艮”顺序；其渊源为《说卦传》“帝出乎震”一节内容。其中释迦佛处北方坎卦方向，此为太阳完全沉没的黑暗之时，象征现正面临末法无佛的黑暗状况，明确阐述北凉所流行的末法无佛思潮；弥勒位于东北方艮卦，为一日之黎明，预示弥勒将作为未来佛出世，表现出北凉普遍的弥勒信仰⑤。

---

① 杜斗城《河西佛教史》，第154—160页。

② 宁强《敦煌石窟寺研究》，兰州：甘肃人民美术出版社，2012年，第62—64页。

③ 殷光明《北凉石塔述论》，《敦煌学辑刊》1998年第1期，第87—107页；殷光明《北凉石塔研究》，新竹：觉风佛教艺术文化基金会，2000年。

④ 彭建兵《北凉时期敦煌民间杂密信仰问题考察——以北凉石塔为中心》，《敦煌学辑刊》2009年第4期，第140—146页。

⑤ 殷光明《敦煌市博物馆藏三件北凉石塔》，《文物》1991年第11期，第76—83页；氏著《北凉石塔上的易经八卦与七佛一弥勒造像》，《敦煌研究》1997年第1期，第81—88页；氏著《北凉石塔述论》，第96页。

《易经》、八卦方术与佛像配合来讲述北凉社会信仰与认同，为此阶段佛教文化华夏化表现之一。此外，现藏于敦煌市博物馆北凉时期《□吉德塔发愿文》载：

> ……丙寅道人□吉德一心劝□（效？）□□保除倒见□善聚□（汇？）割少□有立此石塔将是福愿与七世父母兄弟□亲及一切众生共成无量道……[①]

其中祈愿对象为父母兄弟，可见儒家伦理思想与孝亲观念已为佛教所接纳。魏晋南北朝作为多种思想交汇共存的时期，各类学说在被民众信仰与诠释的过程中彼此渗透、相互融合。其中佛教义理对于传统宗法观念的容纳，对忠孝观念的支持肯定，都是推进佛教世俗化与华夏化进程的因素。

北魏灭北凉后，沮渠氏败逃至高昌。安周即位后立《且渠安周功德碑》[②]，荣新江指出，根据《且渠安周碑》和M遗址出土雕像，可明显看出凉州佛教对于大凉时期高昌佛教的影响[③]。北凉王族通过一系列兴佛活动宣扬佛教，造寺立碑、写经译经、开窟造塔等形式都是从河西地区传入的[④]。北凉王族及部分河西大族成员入据高昌，使得汉地大族在高昌社会中占据主导地位，大

---

① 殷光明《敦煌市博物馆藏三件北凉石塔》，第80页；张宝玺《北凉石塔艺术》，上海：上海辞书出版社，2006年，第99—100页。

② （日）池田温著，谢重光译《高昌三碑略考》，《敦煌学辑刊》1988年Z1期，第146—149页。

③ 荣新江《〈且渠安周碑〉与高昌大凉政权》，《燕京学报》新5期，北京：北京大学出版社，1998年，第65—92页。

④ 姚崇新《北凉王族与高昌佛教》，《新疆师范大学学报（哲学社会科学版）》1996年第1期，第68—77页。

乘佛教在此迅速发展起来[①]。吐鲁番还出土几则有关沮渠安周的写经跋文，小田义久指出：这几种写经都是在5世纪初译出的，为鸠摩罗什和处于建康的佛陀跋多罗所译，新译写经的传播速度之快与范围之广足以可见。 例如日本书道博物馆藏吐鲁番出土《某经持世第一凉王且渠安周、丹扬郡张休祖题记》，残存四行。

1持世第一
2　　岁在己丑凉王大且渠安周所供养经
3　　　　吴客丹扬郡张烋（休）祖写
4　　　　用帋廿六枚[②]

题记充分反映出沮渠大凉时期与江南地区密切的文化交往。敦煌作为中外文化沟通廊道的中转站，所发挥的中介传播作用不容小觑。另外，跟随沮渠安周入高昌的，也即《且渠安周碑》的作者夏侯粲，精通儒释道典籍，以儒家术语阐释佛教功德，骈韵并用，足见北凉时期文化的多元与兴盛。

此外，五凉后期敦煌地方出现以大族为首的写经生团体，其中首推令狐家族。酒泉出土的北凉马德惠石塔题记录“令狐飒书”[③]，程段儿石塔题记载“劝书令狐广嗣”[④]。此外，《佛说首楞严三昧经下》题记也存有令狐广嗣抄写经文记录：

① （日）小田义久《论沮渠氏和佛教》，《龙谷史坛》60，1968年，第53—54页；转引自（日）池田温著，谢重光译《高昌三碑略考》，第149页。

② （日）池田温《中國古代寫本識語集録》，第86页。

③ 张宝玺《甘肃佛教石刻造像》，兰州：甘肃人民美术出版社，2001年，第42页；孔令梅《敦煌大族与佛教》，兰州大学博士学位论文，2011年，第45页。

④ 殷光明《北凉石塔研究》，第36—38页。

> 维太缘二年岁在丙子四月中旬，令狐广嗣于酒泉，劝助为优婆塞史良奴写此经。[1]

令狐广嗣先后为供养人抄写《佛说首楞三昧经》《增一阿含经·结禁品》等[2]。尚永琪指出，三至六世纪的敦煌写卷题记中所见的抄经人员，其中80%来自令狐家族，共计十一人（或十人），是现存敦煌遗书中出现令狐家族成员数量的95%[3]；令狐氏逐渐由以儒学传世的传统大族渐转变为儒释兼通的新型大族[4]。除令狐氏家族成员外，还有张氏、曹氏等敦煌大姓家族成员从事经文抄写工作[5]。敦煌经生团体通过抄写佛经典籍，配合佛像石塔推广传布佛教文化，引导佛教文化融入敦煌社会并活跃于民众的信仰体系之中。令狐氏作为悠久的文化世家，长期浸染经术儒学，而北凉政权十分崇仰佛教。令狐氏家族在北凉政治上失势，或许通过抄经方式谋以生计，抑或是在社会倡佛氛围中及时适应与调整，逐渐接纳佛教。在抄经及在石塔上刻佛经的过程中，逐渐对佛教接纳与信仰，令狐家族的文化角色实现了从博通儒学到儒释兼通的转变。

北魏灭北凉，统一北方地区。北魏平凉之际，大量士人迁出

① 黄文弼著，中国科学院考古研究所编辑《吐鲁番考古记》，北京：中国科学院，1954年，第26页。
② 孔令梅《敦煌大族与佛教》，第49页。
③ 尚永琪《3—6世纪佛教传播背景下的北方社会群体研究》，北京：科学出版社，2008年，第50—55页。
④ 孔令梅、杜斗城《十六国北朝时期敦煌令狐氏与佛教关系研究》，《敦煌研究》2010年第5期，第99—104页。
⑤ 孔令梅《敦煌大族与佛教》，第46—48页；姜博《魏晋南北朝时期敦煌历史研究》，南京师范大学硕士学位论文，2011年，第26—27页。

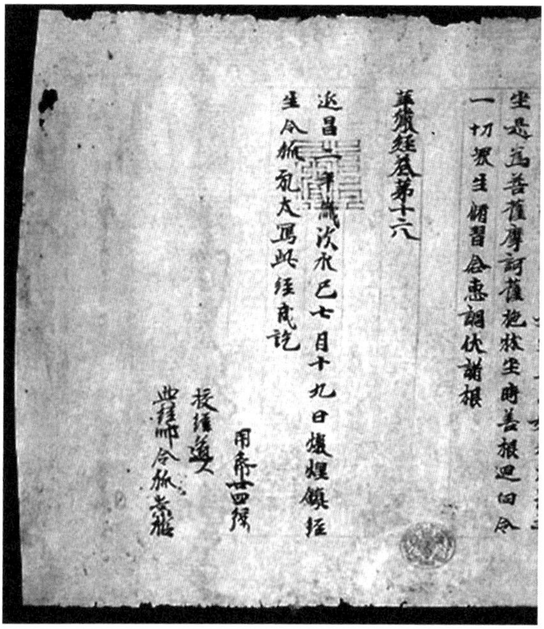

图6-5 S.2067北魏延昌二年（513）令狐永太写《华严经》卷十六题记

河西，“徙凉州民三万余家于京师”[1]。“太延中，凉州平，徙其国人于京邑，沙门佛事皆俱东，象教弥增矣。”[2]因此北凉佛教对北魏产生重要影响。不少凉州僧迁入平城，其中玄高、慧崇、玄畅等人与北魏高层政治联系密切。任沙门统的凉州僧昙曜主持开凿云冈石窟的第一期造像——昙曜五窟。经此波动，河西佛教势力一度衰落。北魏平城、洛阳成为佛教中心后，“褒衣博带”和“秀骨清相”式造像逐渐由东向西传播，从洛阳渐入河西地区。5世纪中期太武帝拓跋焘大规模开展摧毁塔庙佛像、焚烧佛经典籍等灭佛行动，然而敦煌地区受影响较小。但是值得注意

① 《魏书》卷四上《世祖纪》，第90页。
② 《魏书》卷一一四《释老志》，第3202页。

的是，杜斗城指出：有明确记载的北魏中期以前在敦煌写的佛经，发现的很少，而晚期以后则发现的较多。这种情况实际与敦煌石窟开凿情况是一致的，即敦煌莫高窟可能没有北魏早、中期的石窟①。敦煌所存最早的北魏佛教记载或许是敦煌研究院藏D0214号《大慈如来告疏》，文书末尾两行记载“兴安三年五月十日谭胜写”“传教人愿生生之处长直（值）弥勒”。兴安二年为454年，传教人是指游历的“浮游民间”的僧人。从材料中可知当时僧人有“浮游民间”的风气，且弥勒信仰为盛。

《魏书·穆亮传》记载：“高祖初，除使持节、秦州刺史……又迁使持节、征西大将军、西戎校尉、敦煌镇都大将。政尚宽简，赈恤穷乏，被征还朝，百姓追思之。”②穆亮出镇敦煌应当在高祖（孝文帝）时期，穆亮及其夫人曾在洛阳龙门石窟参与过古阳洞的营建活动，可见他们对于佛教造像活动也是有所参与，温玉成由此推理他们在敦煌是否也有类似崇佛活动。

敦煌写经S.0996《杂阿毗昙心经》中有驸马都尉冯熙（字晋国）的写经题记。冯熙（438—495）是文明冯太后的兄长③。写经题记中记载：

> 是以使持节侍中驸马都尉羽真太师中书监领秘书事车骑大将军都督诸军事启府于洛州刺史昌黎王冯晋国，仰感恩遇，撰写十《一切经》，经一千四百六十四卷，用答皇施，

---

① 杜斗城《河西佛教史》，第254页。

② 《魏书》卷二七《穆亮传》，第667页。

③ 据冯熙本传与《冯熙墓志》内容推断冯熙生卒年为438—495年。拓片及录文参见李风暴《北魏〈冯熙墓志〉考评》，《中国书法》2010年第6期，第129—131页。

> 愿皇帝陛下、太皇太后，德苞九元，明同三曜，振恩阐以熙宁，协淳气而养寿……大代太和三年岁次己未十月己巳廿八日丙申于洛州所书写成讫。[①]

《魏书·冯熙传》记载：“熙为政不能仁厚，而信佛法，自出家财，在诸州镇建佛图精舍，合七十二处，写一十六部《一切经》。”[②]可见敦煌所见写经是冯熙抄写多部《一切经》中的一部，至于敦煌是否建有冯熙所建72处寺院，尚不得知。又，题记中言“撰写十《一切经》”，而其本传记载写作十六部。或许这一部敦煌写经抄写完毕截止，冯熙才写作十部，此后又撰写另六部。这一部冯熙写经是由内地写就后，流入敦煌的[③]。由此可见，北朝写经风气之盛行，敦煌与中原诸州文化往来之密切。

1965年敦煌文物研究所在莫高窟第125—126窟的窟前遗址发现的北魏太和十一年（487）广阳王刺绣佛像，现藏于敦煌研究院。研究认为发愿文中残缺年号为“太和”，广阳王是指元嘉[④]。在刺绣佛像下方是发愿文，其中供养人的题记名字多为佛家的法名。元嘉以佞佛著称，在其影响下，佛教或许已经成为其家族成员的普遍信仰。更为巧合的是，元嘉后妻穆氏就是穆亮的从妹，或即刺绣愿文中的“妻普贤”[⑤]。学者们认为，这份刺绣是被僧

① 上海师范大学、英国国家图书馆合编《英国国家图书馆藏敦煌遗书》第16册，桂林：广西师范大学出版社，2013年，第373—374页。

② 《魏书》卷八三上《冯熙传》，第1819页。

③ 饶宗颐《北魏冯熙与敦煌写经》，香港：中华书局1982年版，第421—429页。

④ 敦煌文物研究所《新发现的北魏刺绣》，《文物》1972年第2期，第54—60页。

⑤ 罗新《跋敦煌莫高窟所出北魏太和十一年刺绣发愿文》，原载于《文史》2009年第4期，后收入作者《王化与山险：中古边裔论集》，北京：北京大学出版社，2019年，第252页。

人从平城带到敦煌的。北魏寺庙是流行悬挂幡象的，这份刺绣舍入石窟，悬挂于窟内，一方面作为施主的供养品，另一方面作为讲经说法等宗教活动时的用品[①]。

北魏末年，元荣出任瓜州（敦煌）刺史，永安二年（529）被封为东阳王。西魏时期元荣仍镇守瓜州。元荣作为虔诚的佛教徒，现存敦煌文献中经常能见其抄经题记。上图111号《维摩疏》尾题记录：

> 大代普泰二年岁次壬子，三月乙丑朔，廿五日己丑，弟子使持节散骑常侍都督领西诸军事车骑大将军开府仪同三司瓜州刺使东阳王元荣。惟天地妖荒，王路否塞，军臣失利，于兹多载，天子中兴，是得遣息叔和，诣阙修定。弟子年老疹患，冀望叔和早得回还。敬造《维摩疏》百部供养。[②]

魏健鹏整理了元荣所抄录佛经典籍的内容与数量，其中可见北魏永安三年至永熙二年（530—533）之间，元荣出资抄经数量多达数百部[③]。此外，元荣之妻及其女昌乐公主均有写经题记，足见其家族的佛教信仰之虔诚与广泛。同时，敦煌莫高窟第249、285窟也是在元荣任瓜州刺史期间凿建[④]。可见，元荣管辖敦煌期

① 敦煌文物研究所《新发现的北魏刺绣》，第54—60页。

② 上海图书馆、上海古籍出版社编《上海图书馆藏敦煌吐鲁番文献》第3册，上海：上海古籍出版社，1999年，第57页。

③ 魏健鹏《元荣抄经与莫高窟第249窟的营建关系探析》，《敦煌学辑刊》2020年第1期，第124—134页。

④ 宿白《参观敦煌第285号窟札记》，《文物参考资料》1956年第2期，第16—21页。

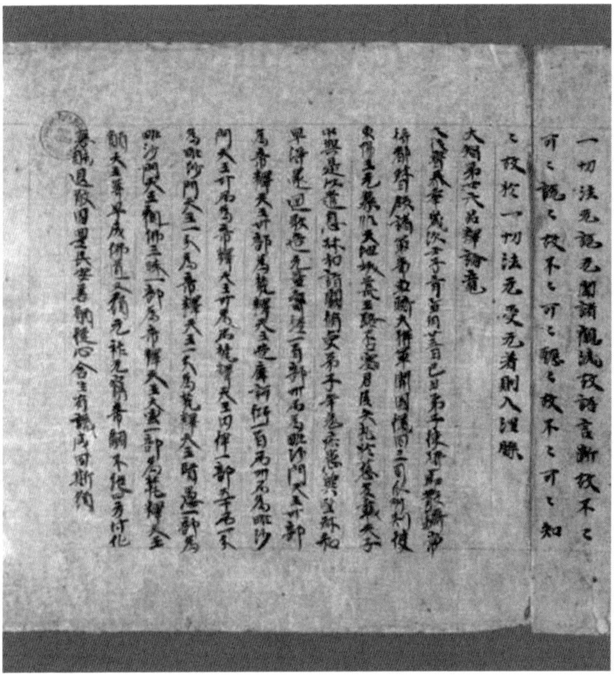

图6-6　P.2143《大智度论第廿六品释论竟》元荣写经题记

间，大力弘扬佛教、营建佛像石窟，对敦煌佛教的发展作出了重大贡献。

西魏北周时期，原州李贤长期在河西地区活动。《周书·李贤传》记载：

> （大统）十二年，随独孤信征凉州，平之。又抚慰张掖等五郡而还。俄而茹茹围逼州城，剽掠居民，驱拥畜牧。贤欲出战，大都督王德犹豫未决。贤固请，德乃从之。贤勒兵将出，贼密知之，乃引军退……魏恭帝元年，进爵河西郡公，增邑通前二千户。后以弟子植被诛，贤坐除名。俄

> 授使持节、车骑大将军、仪同三司……保定二年，诏复贤官爵，仍授瓜州刺史。①

北周保定二年（562）授李贤瓜州刺史，保定四年（564），“授贤使持节、河州总管、三州七防诸军事、河州刺史”。可知在562—564年间，李贤为瓜州刺史。北魏时设置敦煌镇，北魏孝明帝时，敦煌镇改为瓜州，领敦煌、酒泉等五郡，治所在敦煌。李贤任瓜州刺史期间，应居住于敦煌。《李贤墓志》中亦记载李贤在敦煌任职的经历，即“利建茅社，启土宇于河西。分竹敦煌，仍专万里之务”②。李贤长期在河西仕宦，面对社会上佛教信仰的流行，李贤家族或许有所参与。贺世哲提出290窟与李贤有关，并做了比对分析③。李茹认为窟内壁画及塑像均为北周保定三年所绘制，供养人画像是李贤亲族及其僚属的写照④。

武周圣历元年P.2551V《李君莫高窟佛龛碑并序》记载：

> 莫高窟者，厥初秦建元二年……伽蓝之起，滥觞于二僧。附有刺史建平公、东阳王等，各修一大窟。⑤

其中“建平公”经施萍婷考证为于义，其于保定五年至建德五年

① ［唐］令狐德棻等撰《周书》卷二五《李贤传》，北京：中华书局，1971年，第416页。
② 韩兆民等《宁夏固原北周李贤夫妇墓发掘简报》，《文物》1985年第11期，第19页。
③ 贺世哲《石室札记》，《敦煌研究》1999年第4期，第50—55页。
④ 李茹《敦煌李贤及其功德窟相关问题试论》，《敦煌学辑刊》2009年第4期，第118页。
⑤ 郑炳林、郑怡楠《敦煌碑铭赞辑释（增订本）》，第21页。

（565—576）任瓜州刺史，第428窟即建平公于义所凿[①]。范泉认为，因敦煌地方素来崇信佛教，于义为稳定河西、保障丝路畅通，遂领导地方民众凿建428窟[②]。地方统治者以凿建洞窟、传布佛法等手段来治理敦煌，北周时期佛教文化与思想或已为敦煌民众所广泛信仰。北周武帝灭佛，亦波及敦煌地区，虽然终止了传抄佛经和莫高窟开窟造像的活动，但此前的莫高窟塑像和壁画并未因此遭到破坏[③]。至隋文帝立，其对佛教推崇备至，敦煌佛教很快恢复并再次蔚然大观。

五凉北朝以来，敦煌地区佛教发展较为兴盛，其中石窟开凿活动规模相当大，兹将当时莫高窟开凿情况陈列于下。

表6-1　敦煌莫高窟洞窟开凿时代表（北凉—北周）

开凿或重修年代	洞窟编号
北凉时期（401—439）	267、268、269、270、271、272、275
北魏统治敦煌时期（439—534）	251、254、257、259、260、263、265、273、441、487
西魏时期（534—556）	246、247、248、249、285、286、431、432、435、437
北周时期（556—581）	250、290、291、294、296、297、298、299、301、428、430、432、438、439、440、441、442、461

① 施萍婷《建平公与莫高窟》，敦煌文物研究所编《敦煌研究文集》，兰州：甘肃人民出版社，1982年，第144—150页。
② 范泉《周武灭法与敦煌北周石窟营造的关系——以莫高窟第428窟供养人图像为中心》，《敦煌学辑刊》2008年第4期，第114—122页。
③ 李崇峰《敦煌莫高窟北朝晚期洞窟分期与研究》，敦煌研究院编《敦煌研究文集·敦煌石窟考古篇》，兰州：甘肃民族出版社，2000年，第74—75页。

北朝弥勒信仰的流行，与当时的“末法思想”密切相关，面对佛教宣扬即将到来的末法时代，信众们将希望寄托于“未来佛”即弥勒佛身上。正如前文所述，书写媒介（纸）的变化给佛教史带来的巨大影响[①]。北朝晚期敦煌写经主要集中于《大般涅槃》《法华》《金光明》等大乘经典，这与写经祈福的现实诉求、实用性倾向密切相关，同时这也推动着佛教进一步社会化、世俗化[②]。正因大量抄经的写作需求，规范化的写抄经本制式逐渐确立。抄经制式在两晋处于酝酿阶段，南北朝以来，抄经制式的标准逐渐确立，满行17字成为官方统一的主要抄经模式，当然行内字数也存在其他的统一形式。但是抄经制式的确立与执行进一步推动着佛教乃至其他类型典籍抄写、传播的标准化[③]。北朝时期末法思想的泛滥与民众的大量抄经造像活动充分地说明了大量民众对于佛教信仰及其义理内容的接受，可见佛教已经成为中古社会的重要信仰。

佛教的广泛传播对于中古社会各方面影响深远。王晶波指出佛教占相内容对中国传统相术的影响自魏晋南北朝时期就已开始，到唐五代之际，佛教占相不仅在思想基础方面，也在具体内容方法上影响了中国相术[④]。正因北朝佛教的繁荣，写经事业兴盛，极大地促进隶楷向魏楷书法的转变，楷体的逐渐成熟，推动汉字字形及书写的规范化以及逐渐定型化[⑤]。随着佛教知识与义

---

① 荣新江《纸对丝路文明交往的意义》，第177—182页。

② 杜斗城《河西佛教史》，第258页。

③ 赵青山《佛经抄写制式的确立及其意义》，《世界宗教研究》2019年第5期，第82—96页。

④ 王晶波《论佛教占相内容对敦煌写本相书的影响》，《敦煌研究》2004年第2期，第92—99页。

⑤ 楚默《北朝敦煌魏楷演进的三个阶段及艺术特征》，《中国书法》2019年第17期，第58—70、72—75页。

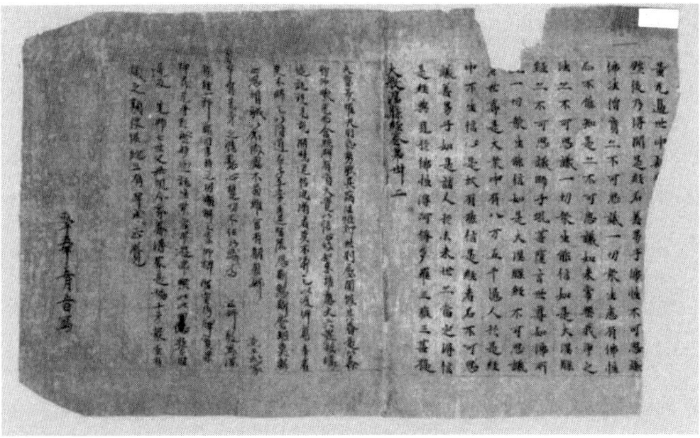

图6-7 P.2907永平二年《李季翼愿文》

理的广泛传播，为民众所接受，深刻地改变了他们的生死观念以及对死后彼岸世界的想象。灵验记与入冥故事也展示出从早期强调地狱惩戒到后期侧重救赎与超度的演化历程[①]。佛教传播影响下的民间通俗讲唱文学、变文等内容在唐代逐渐发展起来[②]。

① 王晶波《果报与救赎：佛教入冥故事及其演化》，《敦煌学辑刊》2015年第3期，第20—27页。

② 曲金良《敦煌佛教文学研究》，台北：文津出版社，1995年；郑阿财《敦煌佛教文学》，兰州：甘肃教育出版社，2013年；伏俊琏《敦煌文学总论》，兰州：甘肃教育出版社，2013年。

第三节 魏晋北朝敦煌道教等文化概述

道教是中国社会历史发展和道家自身衍变的产物，是黄老思潮结合神仙思想、阴阳数术、鬼神观念，并吸取宗天神学、谶纬神学等而由“道”统率的庞杂思想体系[①]。道教文化进入河西地区，为争取社会信仰空间与扩大受众，逐渐扩充文化内涵；为迎合河西民众祈祷祭祀来消弭灾祸心理，吸收术数文化，将推算、谶言等方式贯穿至教义中，推动其知识与逻辑贴近于一般常识与普遍理念[②]。

敦煌立郡以来，与中原地区文化交流频繁。东汉后期的早期道教基本是从黄老道发展而来。道教凭借其神秘主义与地方神灵信仰相结合而进入地方民众的信仰体系。姜伯勤指出，敦煌自东汉末年以来，是神仙出没之地。敦煌有文字记载的道教历史可以

---

① 卿希泰主编《中国道教史（第一卷）》，成都：四川人民出版社，1988年，第84页。

② 赵兰香《河西术数文化论》，《河西学院学报》2018年第3期，第29—34页。

上溯至汉代，比敦煌有文字记载的佛教历史更为古老[①]。同时敦煌地处民族交融的西部地区，其区域历史演进与中原王朝的历史并不完全同频共振，因此敦煌道教的起伏变化既是整体道教的组成部分，同时又呈现出自己的独特性[②]。

东汉末年中原震荡，许多中原人士为避难迁至河西地区，内地所流行的道教文化随之传布于敦煌。敦煌烽燧遗址曾出土一枚西晋时期仙师符木简，黄烈认为此为一枚早期天师道符箓，姜伯勤亦肯定此观点[③]。可见此阶段道教文化于敦煌地区或已有一定程度的流行。

曹魏时期敦煌太守安定皇甫隆上任后，“教作耧犁，又教衍溉，岁终率计，其所省庸力过半，得谷加五。又敦煌俗，妇人作裙，挛缩如羊肠，用布一匹；隆又禁改之，所省复不訾”[④]。故敦煌百姓对他政绩评价颇高。而道教及相关典籍中记载有安定皇甫隆求道而长于养生、与方士交游、向曹操传授养生术等事迹，刘永明对此进行考索比定，认为这两个皇甫隆应同属一人[⑤]。皇甫隆生活于汉末曹魏时期，长期活动于河陇地区，可以推知此时期河陇地区的道教活动应当具有比较广泛的社会基础。

---

① 姜伯勤《道释相激：道教在敦煌》，陈鼓应主编《道家文化研究》第13辑，北京：生活·读书·新知三联书店，1998年，第26页。

② 刘永明《略论敦煌区域道教研究的意义》，《世界宗教文化》2019年第1期，第120页。

③ 黄烈《略论吐鲁番出土的“道教符箓”》，《文物》1981年第1期，第51—55页；姜伯勤《敦煌艺术宗教与礼乐文明》，北京：中国社会科学出版社，1996年，第280—281页。

④［晋］陈寿撰，［南朝宋］裴松之注《三国志》卷一六《仓慈传》，北京：中华书局，1959年，第513页。

⑤ 刘永明《皇甫隆与汉魏之际的神仙道教及相关问题》，《兰州大学学报(社会科学版)》2017年第2期，第76—83页。

魏晋南北朝时期，敦煌乃至河西的道教活动明确记载少之又少，但是道家思想、道教神灵以及道教仪式的传播与在社会中的弥散运用是相对丰富的①，魏晋木简、墓葬器物、镇墓文、壁画等内容中均有所反映。生死观念是民间信仰的基本表现形式之一，魏晋时期敦煌地区出土大量道教巫神色彩的镇墓文，如敦煌祁家湾、新店台墓群②。敦煌三四世纪即西晋十六国时期葬仪中的镇墓文，颇受洛阳、长安及凉州地区方术“方仙道”这一道教前驱形式的影响，由于魏晋以后南北朝时期此类镇墓解注文纳入了《赤松子章历》一类的道教文献，因此，敦煌大量出土的镇墓文，反映了本地天师道与方仙道的融合③。且镇墓文已形成固定记叙模式，其中带“青乌子”“北辰”“急急如律令”等道教词汇，表明魏晋时期镇墓文的格式化与大范围流通。可知道教思想或已成为敦煌社会的文化传统，组成民众心目中深层次的文化结构之一。此外，河西地区出土的西晋五凉时期的墓葬遗存有大量道教神话内容的壁画与壁砖，其中内容涵括了传说人物、避邪之物等。特别是酒泉丁家闸第五号壁画墓，此墓时代可推定为五凉时期，墓中壁画附有大量神话故事内容，其覆斗形窟顶的四披绘有西王母、东王公与羽人等道教神仙意象④。天师道、方仙道、黄老道等支派都曾在河西传播，其中尤以方仙道最

---

① 汪桂平《河西走廊与道教文化传播》，《东方哲学与文化》2020年第2期，第76—77页。

② 黄景春《早期买地券、镇墓文整理与研究》，华东师范大学博士学位论文，2004年，第175—188、192—218页；贾小军、武鑫《魏晋十六国河西镇墓文、墓券整理研究》，北京：中国社会科学出版社，2017年。

③ 姜伯勤《敦煌艺术宗教与礼乐文明》，第280页。

④ 张宝玺编《嘉峪关酒泉魏晋十六国墓壁画》，兰州：甘肃人民美术出版社，2001年，第309—332页。

盛[1]。这些都进一步表明道教文化在河西社会影响之深刻，道教在魏晋北朝已成为敦煌地区基础性宗教之一。

道教文化在流传过程中为所接触的新受众选择性解读与阐释，被赋予活力与生命力的同时，也处于被地域传统解构再制作的过程之中。西魏所建敦煌莫高窟第285窟四壁存如来、菩萨与印度教众神等图像，而其窟顶部却飞翔着中国的神仙与灵兽等文化形象[2]。禅定主题的洞窟内绘制道教神仙，可见道佛文化相互吸收，共同展示社会信仰情境，这既是佛教净土思想与道教仙界思想的融合，又是两种不同艺术风格的融汇。

萧登福认为，竺法护所译敦煌文书S.6024《舍头谏太子二十八宿经》，其中或受道教及其文化的影响[3]。社会传布过程中佛道总会为地方民众所杂糅与再创造，其间教义与信仰定会出现部分共通状态。佛道文化进入地方传统体系后会被阐释出新的内涵与意义，共同塑造新的地方文化与传统。而在这个融入与改造的过程中，道教文化逐渐呈现出地域性特质。

此外，《晋书》曾记载郭瑀“隐于临松薤谷，凿石窟而居，服柏实以轻身”“怀真独远，心与至境冥符，志与四时消息”“虽居元佐，而口咏黄老，冀功成世定，追伯成之踪”[4]。索袭“游思于阴阳之术，著天文地理十余篇，多所启发。不与当世交

① 孙彦《考古所见魏晋十六国时期的宗教信仰——以河西走廊为例》，《南京晓庄学院学报》2008年第4期，第26—32页。

② 贺世哲《莫高窟第285窟窟顶天象图考论》，《敦煌研究》1987年第2期，第1—13页。

③ 萧登福《从敦煌写卷中看道教星斗崇拜对佛经之影响》，中国文化大学中国文学系主办，汉学研究中心编《第二届敦煌学国际研讨会论文集》，台北：汉学研究中心，1991年，第331页。

④《晋书》卷九四《郭瑀传》，第2454—2455页。

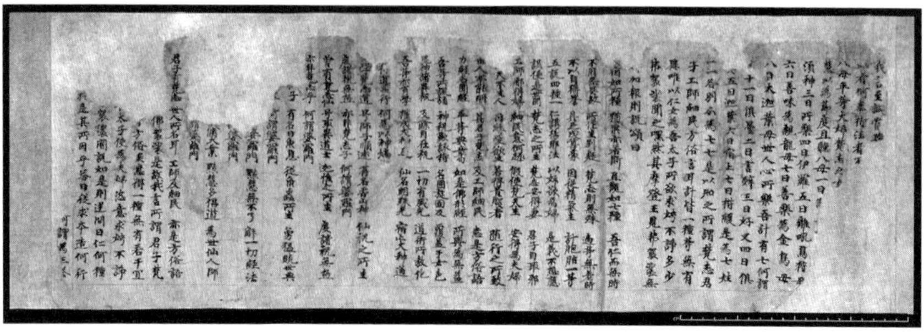

图6-8　S.6024《舍头谏太子二十八宿经》

通，或独语独笑，或长叹涕泣，或请问不言”“味无味于慌惚之际，兼重玄于众妙之内。宅不弥亩而志忽九州，形居尘俗而栖心天外，虽黔娄之高远，庄生之不愿，蔑以过也”[①]。由此观之，西晋以降道家文化为部分敦煌士人所崇仰，五凉时期敦煌士人不乏口咏黄老、好阴阳之术者。刘昞的老师郭瑀崇尚黄老文化，刘昞“注周易并行于世”。阚骃“注王朗易传”，张湛出仕北魏与崔浩相论《易经》。这一时期，敦煌士人渐染曹魏以来的玄谈风气，由儒入玄的魏晋风度在河西亦有所体现。值得注意的是，这不是道教，而是魏晋玄学所表现出的道、玄风气的沾染。北凉程骏与其师刘昞交流过程中明确表达其仰慕道玄的思想与态度，其中程骏自言：“今世名教之儒，咸谓老庄其言虚诞，不切实要，弗可以经世，骏意以为不然。夫老子著抱一之言，庄生申性本之旨，若斯者，可谓至顺矣。人若乖一则烦伪生，若爽性则冲真丧。”[②]后迁至平城后，多次与拓跋弘讲论易老之义。

五凉时期，敦煌所在的河西地区割据一方，一些汉魏文化得以保存。南北朝时期，陆修静与寇谦之分别主导的南北道教改革

① 《晋书》卷九四《索袭传》，第2448—2449页。
② 《魏书》卷六〇《程骏传》，第1345页。

很少直接影响到敦煌地区。刘屹指出，十六国北朝早期，敦煌有很大可能与中原尤其是南方道教通过“河南道”发生联系，因为更远的高昌都能与南朝保持往来，故作为交通西域的敦煌亦有此可能①。敦煌藏经洞所出S.6825《老子想尔注》卷上写本被认为是北朝写本，京都博物馆藏梁承圣三年（554）《太上洞玄灵宝妙经众篇序章》写本，有学者推测是南朝写经传到敦煌。至于这两件经书是南北朝时期敦煌本地道教活动的作品，还是唐代以后流传至敦煌，不得而知②。敦煌地区道教的兴盛发展是在唐代前期。王卡曾对敦煌道教文献进行系统整理研究，指出敦煌道经抄写年代大多在南北朝末期及唐前期，尤其以唐高宗武后及玄宗时期的抄本居多③。

文学方面，白守宁曾撰文统计史籍中所载河西文人及其作品④。主要有：宋纤《上疏辞张祚》，索绥《凉春秋》《六夷颂》《符命传》，刘昞《靖公堂铭》《酒泉颂》，索敞《名字论》，程骏《神主袱庙执事官不必赐爵表》《请停兵招谕淮南表》《庆国颂》等。这些文学作品大多为应用文，多出于参政的目的，应时政而作。即便如此，这些政治性文章中也不乏精美之作，比如刘昞之《铭酒泉》，就常常被谓为清典。

此外，魏晋南北朝时期更是多种文化交融时期，这与当时周边民族内迁，各民族间的接触、交流、融合有很大关系⑤。魏晋十六国时期河西地区豪族墓葬中有承载丰富历史文化信息的壁

---

① 刘屹《敦煌道经与中古道教》，兰州：甘肃教育出版社，2013年，第19页。
② 刘屹《敦煌道经与中古道教》，第19页。
③ 王卡《敦煌道教文献研究》，北京：中国社会科学出版社，2004年，第7页。
④ 白守宁《五凉时期的河西文化与文学》，南京师范大学硕士学位论文，2017年，第22—28页。
⑤ 赵向群《甘肃通史·魏晋南北朝卷》，第434页。

画，这些壁画墓充分展现了当时河西民众的生产生活及民俗文化，这些艺术也是绘画、壁画乃至墓葬文化的重要组成部分[①]。壁画砖中多次出现的“夫妇劳作图”场景展现出个体小农小家庭或许才是河西社会的主体力量[②]。这一时期也是书法艺术发展的重要阶段，西晋索靖是其代表人物。同为书法家的卫瓘与索靖相比，“瓘笔胜靖，然有楷法，远不能及靖”[③]。北朝抄写经事业的兴盛，推动着书法艺术的发展。

魏晋北朝时期，西域文化艺术经河西走廊传入中原内地，此阶段是我国音乐舞蹈艺术的重要发展时期。隋大业年间定《九部乐》，其中《西凉乐》《龟兹乐》《康国乐》《安国乐》《天竺乐》《疏勒乐》《清乐》等均与河西有关。《清乐》原为汉魏中原音乐，“属晋朝迁播，夷羯窃据，其音分散。苻永固平张氏，始于凉州得之”[④]，此为河西保存中原汉魏文化又一例证。《隋书》载：

> 《西凉》者，起于苻氏之末。吕光、沮渠蒙逊等，据有凉州，变龟兹声为之，号为《秦汉伎》。魏太武既平河西得之，谓之《西凉乐》。至魏、周之际，遂谓之《国伎》……

---

① 相关研究参见张宝玺编《嘉峪关酒泉魏晋十六国墓壁画》，俄军、郑炳林、高国祥主编《甘肃出土魏晋唐墓壁画》，兰州：兰州大学出版社，2009年。孙彦《河西魏晋十六国壁画墓研究》，北京：文物出版社，2011年。贾小军《汉唐时期河西走廊墓葬壁画全集》，兰州：甘肃文化出版社，2019年。

② 贾小军《魏晋十六国河西社会生活史》，兰州：甘肃人民出版社，2011年，第160—172页。

③《晋书》卷六〇《索靖传》，第1648页。

④［唐］魏徵、令狐德棻撰《隋书》卷一五《音乐志下》，北京：中华书局，1973年，第377页。

> 其歌曲有《永世乐》，解曲有《万世丰》，舞曲有《于阗佛曲》。[1]

《西凉乐》系五凉时期改造龟兹音乐而成。正因河西对于西域文化的吸收以及中原汉魏文化的保存，促进了新的文化融合与创造。这种文化的新生直到隋唐时期仍在广泛传播，“自周、隋已来，管弦杂曲将数百曲，多用《西凉乐》，鼓舞曲多用《龟兹乐》”[2]。

---

① 《隋书》卷一五《音乐志下》，第378页。

② ［后晋］刘昫等撰《旧唐书》卷二九《音乐志》，北京：中华书局，1975年，第1068页。

参考文献

古籍

［1］［汉］司马迁撰《史记》，北京：中华书局，1959年。

［2］［汉］班固撰，［唐］颜师古注《汉书》，北京：中华书局，1962年。

［3］［汉］荀悦、［东晋］袁宏撰，张烈点校《两汉纪》，北京：中华书局，2017年。

［4］［晋］陈寿撰，［南朝宋］裴松之注《三国志》，北京：中华书局，1959年。

［5］［晋］常璩撰，任乃强校注《华阳国志校补图注》，上海：上海古籍出版社，1987年。

［6］［北魏］崔鸿撰，［清］汤球辑补，聂溦萌、罗新、华喆点校《十六国春秋辑补》，北京：中华书局，2020年。

［7］［北魏］郦道元注，［清］杨守敬、熊会贞疏，段熙仲点校，陈桥驿复校《水经注疏》，南京：江苏古籍出版社，1989年。

［8］［南朝宋］范晔撰，［唐］李贤等注《后汉书》，北京：中华书局，1965年。

［9］［南朝梁］沈约撰《宋书》，北京：中华书局，1974年。

［10］［南朝梁］释慧皎撰，汤用彤校注，汤一玄整理《高僧传》，北京：中华书局，1992年。

［11］［南朝梁］释僧祐撰，苏晋仁、萧鍊子点校《出三藏记集》，北京：中华书局，1995年。

［12］［北齐］魏收撰《魏书》，北京：中华书局，1974年。

［13］［北齐］魏收撰《魏书》（点校本二十四史修订本），北京：中华书局，2017年。

［14］［唐］李百药撰《北齐书》，北京：中华书局，1972年。

［15］［唐］令狐德棻等撰《周书》，北京：中华书局，1971年。

［16］［唐］魏徵、令狐德棻撰《隋书》，北京：中华书局，1973年。

［17］［唐］姚思廉撰《梁书》，北京：中华书局，1973年。

［18］［唐］房玄龄等撰《晋书》，北京：中华书局，1974年。

［19］［唐］李延寿撰《北史》，北京：中华书局，1974年。

［20］［唐］道宣撰，郭绍林点校《续高僧传》，北京：中华书局，2014年。

［21］［唐］智昇撰，富世平点校《开元释教录》，北京：中华书局，2018年。

［22］［唐］李林甫等撰，陈仲夫点校《唐六典》，北京：中华书局，1992年。

［23］［唐］杜佑撰，王文锦等点校《通典》，北京：中华书局，1988年。

［24］［唐］林宝撰，岑仲勉校记《元和姓纂（附四校记）》，北京：中华书局，1994年。

［25］［唐］李吉甫撰，贺次君点校《元和郡县图志》，北京：中华书局，1983年。

［26］［唐］刘禹锡撰，《刘禹锡集》整理组点校，卞孝萱校订《刘禹锡集》，北京：中华书局，1990年。

［27］［后晋］刘昫等撰《旧唐书》，北京：中华书局，1975年。

［28］［宋］王溥《唐会要》，上海：上海古籍出版社，1991年。

［29］［宋］陈彭年等《广韵》，上海：商务印书馆，1935年。

［30］［宋］王钦若等编《册府元龟》，北京：中华书局，1960年。

［31］［宋］李昉等《太平御览》，北京：中华书局，1960年。

［32］［宋］欧阳修、宋祁撰《新唐书》，北京：中华书局，1975年。

［33］［宋］司马光编著，［元］胡三省音注《资治通鉴》，北京：中华书局，1956年。

［34］［宋］毕仲游撰，陈斌校点《西台集》，郑州：中州古籍出版社，2005年。

［35］［宋］乐史撰，王文楚等点校《太平寰宇记》，北京：中华书局，2007年。

[36]［宋］邓名世撰，王力平点校《古今姓氏书辩证》，南昌：江西人民出版社，2006年。

[37]［清］严可均校辑《全晋文》，北京：中华书局，1958年。

[38]［清］阮元校刻《十三经注疏附校勘记》，北京：中华书局，1980年。

[39]［清］董诰等编《全唐文》，北京：中华书局，1983年。

[40]［清］钱大昕撰，方诗铭、周殿杰点校《廿二史考异》，上海：上海古籍出版社，2004年。

[41]［清］张澍辑，李鼎文校点《续敦煌实录》，兰州：甘肃人民出版社，1985年。

[42] 吴廷燮《唐方镇年表》，北京：中华书局，1980年。

[43] 杨伯峻《春秋左传注（修订本)》，北京：中华书局，2017年。

[44] 何宁《淮南子集释》，北京：中华书局，1998年。

[45] 袁珂校注《山海经校注（最终修订版)》，北京：北京联合出版公司，2014年。

专著

[1]（德)Marquart J., *Die Chronologie der alttürkischen Inschriften*, Leipzig: Dieterich’sche Verlags-Buchhandlung, 1898.

[2]（日)白鸟库吉著，傅勤家译《康居粟特考》，上海：商务印书馆，1936年。

[3] 二十五史刊行委员会编《二十五史补编》，上海：开明书店，1937年。

[4] 商务印书馆辑《丛书集成初编》，上海：商务印书馆，1937年。

[5] 黄文弼著，中国科学院考古研究所编辑《吐鲁番考古记》，北京：中国科学院出版社，1954年。

[6] 王重民等编《敦煌变文集》，北京：人民文学出版社，1957年。

[7] 岑仲勉《西突厥史料补阙及考证》，北京：中华书局，1958年。

[8]（日)谷川道雄著，李济沧译《隋唐帝国形成史论》，上海：上海古籍出版社，2011年。

[9] 陈梦家《汉简缀述：陈梦家著作集》，北京：中华书局，1980年。

[10] 王仲荦《北周地理志》北京：中华书局，1980年。

[11] 张维华《汉史论集》，济南：齐鲁书社，1980年。

[12]（日)榎一雄主编《講座敦煌》第2卷《敦煌の歴史》，东京：大

东出版社，1980年。

［13］黄文弼《西北史地论丛》，上海：上海人民出版社，1981年。

［14］国家文物局古文献研究室、新疆维吾尔自治区博物馆、武汉大学历史系编《吐鲁番出土文书》（第1—10册），北京：文物出版社，1981—1991年。

［15］陈寅恪《隋唐制度渊源略论稿》，上海：上海古籍出版社，1982年。

［16］敦煌文物研究所编《敦煌研究文集》，兰州：甘肃人民出版社，1982年。

［17］唐长孺《魏晋南北朝史论拾遗》，北京：中华书局，1983年。

［18］韩国磐《魏晋南北朝史纲》，北京：人民出版社，1983年。

［19］（日）小田义久《大谷文書集成》第1卷，京都：法藏馆，1984年。

［20］韩国磐主编《敦煌吐鲁番出土经济文书研究》，厦门：厦门大学出版社，1986年。

［21］唐耕耦、陆宏基编《敦煌社会经济文献真迹释录》，北京：书目文献出版社（第1辑），1986年；北京：全国图书馆文献缩微复制中心（第2—5辑），1990年。

［22］敦煌文物研究所编《1983年全国敦煌学术讨论会文集（文史·遗书编）》上，兰州：甘肃人民出版社，1987年。

［23］段连勤《丁零、高车与铁勒》，上海：上海人民出版社，1988年。

［24］薛英群等《居延新简释粹》，兰州：兰州大学出版社，1988年。

［25］武汉大学历史系魏晋南北朝隋唐史研究室编《魏晋南北朝隋唐史资料》第9—10辑合刊，武汉：武汉大学出版社，1988年。

［26］黄惠贤、李文澜主编《古代长江中游的经济开发》，武汉：武汉出版社，1988年。

［27］林梅村《沙海古卷——中国所出佉卢文书（初集）》，北京：文物出版社，1988年。

［28］齐陈骏、陆庆夫、郭锋《五凉史略》，兰州：甘肃人民出版社，1988年。

［29］史金波《西夏佛教史略》，银川：宁夏人民出版社，1988年。

［30］齐陈骏《河西史研究》，兰州：甘肃教育出版社，1989年。

［31］郑炳林《敦煌地理文书汇辑校注》，兰州：甘肃教育出版社，1989年。

［32］国家文物局文献研究室编《出土文献研究续集》，北京：文物出版社，1989年。

［33］北京大学中国中古史研究中心编《敦煌吐鲁番出土文献研究论集》第5辑，北京：北京大学出版社，1990年。

［34］（日）池田温编《中國古代寫本識語集錄》，东京：东京大学东洋文化研究所，1990年。

［35］唐长孺主编《敦煌吐鲁番文书初探》二编，武汉：武汉大学出版社，1990年。

［36］中国社会科学院历史研究所、中国敦煌吐鲁番学会敦煌古文献编辑委员会、英国国家图书馆、伦敦大学亚非学院合编《英藏敦煌文献（汉文佛经以外部分）》（1—15卷），成都：四川人民出版社，1990—1995、2009年。

［37］吴礽骧等释校，甘肃省文物考古研究所编《敦煌汉简释文》，兰州：甘肃人民出版社，1991年。

［38］中国文化大学中国文学系主办，汉学研究中心编《第二届敦煌学国际研讨会论文集》，台北：汉学研究中心，1991年。

［39］洪涛《五凉史略》，北京：中国社会科学出版社，1992年。

［40］刘俊文主编《日本学者研究中国史论著选译》第1卷《通论》，北京：中华书局，1992年。

［41］卢向前《敦煌吐鲁番文书论稿》，南昌：江西人民出版社，1992年。

［42］洛阳市地方史志编纂委员会办公室编《洛阳——丝绸之路的起点》，郑州：中州古籍出版社，1992年。

［43］唐长孺主编《吐鲁番出土文书》［壹］—［肆］，北京：文物出版社，1992—1996年。

［44］周绍良主编《唐代墓志汇编》，上海：上海古籍出版社，1992年。

［45］刘俊文主编《日本学者研究中国史论著选译》第9卷《民族交通》，北京：中华书局，1993年。

［46］上海古籍出版社、上海博物馆编《上海博物馆藏敦煌吐鲁番文献》，上海：上海古籍出版社，1993年。

［47］姜伯勤《敦煌吐鲁番文书与丝绸之路》，北京：文物出版社，1994年。

［48］吴钢主编《全唐文补遗》（1-9辑），西安：三秦出版社，1994—2007年。

［49］杜斗城《北凉译经论》，兰州：甘肃文化出版社，1995年。

［50］李并成《河西走廊历史地理》，兰州：甘肃人民出版社，1995年。

［51］李方、王素《吐鲁番出土文书人名地名索引》，北京：文物出版

社，1996年。

［52］罗丰《固原南郊隋唐墓地》，北京：文物出版社，1996年。

［53］马德《敦煌莫高窟史研究》，兰州：甘肃教育出版社，1996年。

［54］姜伯勤《敦煌艺术宗教与礼乐文明》，北京：中国社会科学出版社，1996年。

［55］谭其骧主编《中国历史地图集》第4册《东晋十六国·南北朝时期》，北京：中国地图出版社，1996年。

［56］赵向群《五凉史探》，兰州：甘肃人民出版社，1996年。

［57］陈国灿、刘永增编《日本宁乐美术馆藏吐鲁番文书》，北京：文物出版社，1997年。

［58］柳洪亮《新出吐鲁番文书及其研究》，乌鲁木齐：新疆人民出版社，1997年。

［59］西北师范大学文学院历史系、甘肃省文物考古研究所编《简牍学研究》第1辑，兰州：甘肃人民出版社，1997年。

［60］王素《吐鲁番出土高昌文献编年》，台北：新文丰出版公司，1997年。

［61］郑炳林主编《敦煌归义军史专题研究》，兰州：兰州大学出版社，1997年。

［62］陈爽《世家大族与北朝政治》，北京：中国社会科学出版社，1998年。

［63］龚方震、晏可佳《袄教史》，上海：上海社会科学院出版社，1998年。

［64］沙知《敦煌契约文书辑校》，南京：江苏古籍出版社，1998年。

［65］王素《高昌史稿·统治篇》，北京：文物出版社，1998年。

［66］（日）池田温《唐研究论文选集》，北京：中国社会科学出版社，1999年。

［67］敦煌文物研究所编《中国石窟·敦煌莫高窟》第1–5卷，北京：文物出版社，1982—1987年。

［68］周绍良主编《全唐文新编》，长春：吉林文史出版社，2000年。

［69］敦煌研究院编《1994年敦煌学国际研讨会文集——纪念敦煌研究院成立50周年·石窟考古卷》，兰州：甘肃民族出版社，2000年。

［70］唐长孺《魏晋南北朝史论丛》，石家庄：河北教育出版社，2000年。

［71］殷光明《北凉石塔研究》，新竹：觉风佛教艺术文化基金会，2000年。

［72］陈寅恪《金明馆丛稿二编》，北京：生活·读书·新知三联书店，2001年。

［73］胡平生、张德芳《敦煌悬泉汉简释粹》，上海：上海古籍出版社，2001年。

［74］向达《唐代长安与西域文明》，石家庄：河北教育出版社，2001年。

［75］荣新江《中古中国与外来文明》，北京：生活·读书·新知三联书店，2001年。

［76］周绍良、赵超主编《唐代墓志汇编续集》，上海：上海古籍出版社，2001年。

［77］张宝玺《甘肃佛教石刻造像》，兰州：甘肃人民美术出版社，2001年。

［78］陕西历史博物馆编《三秦瑰宝：陕西新发现文物精华》，西安：陕西人民出版社，2001年。

［79］上海古籍出版社、法国国家图书馆合编《法藏敦煌西域文献》第1—34册，上海：上海古籍出版社，1995—2005年。

［80］王其英《武威金石录》，兰州：兰州大学出版社，2001年。

［81］王宗维《汉代丝绸之路的咽喉——河西路》，北京：昆仑出版社，2001年。

［82］张宝玺编《嘉峪关酒泉魏晋十六国墓壁画》，兰州：甘肃人民美术出版社，2001年。

［83］黎大祥《武威文物研究文集》，兰州：甘肃文化出版社，2002年。

［84］侯灿、吴美琳《吐鲁番出土砖志集注》，成都：巴蜀书社，2002年。

［85］夏鼐《敦煌考古漫记》，天津：百花文艺出版社，2002年。

［86］史苇湘《敦煌历史与莫高窟艺术研究》，兰州：甘肃教育出版社，2002年。

［87］（法）童丕著，余欣、陈建伟译《敦煌的借贷——中国中古时代的物质生活与社会》，北京：中华书局，2003年。

［88］陕西省考古研究所《西安北周安伽墓》，北京：文物出版社，2003年。

［89］姜伯勤《中国祆教艺术史研究》，北京：生活·读书·新知三联书店，2004年。

［90］罗丰《胡汉之间——“丝绸之路”与西北历史考古》，北京：文物出版社，2004年。

［91］荣新江、李孝聪主编《中外关系史：新史料与新问题》，北京：

科学出版社，2004年。

［92］荣新江、张志清主编《从撒马尔干到长安——粟特人在中国的文化遗迹》，北京：北京图书馆出版社，2004年。

［93］赵君平编《邙洛碑志三百种》，北京：中华书局，2004年。

［94］王卡《敦煌道教文献研究》，北京：中国社会科学出版社，2004年。

［95］初世宾主编《中国简牍集成》，兰州：敦煌文艺出版社，2005年。

［96］荣新江、华澜、张志清主编《粟特人在中国——历史、考古、语言的新探索》，《法国汉学》第10卷，北京：中华书局，2005年。

［97］郑炳林主编《敦煌归义军史专题研究三编》，兰州：甘肃文化出版社，2005年。

［98］李锦绣《敦煌吐鲁番出土文书与唐史研究》，福州：福建人民出版社，2006年。

［99］周伟洲《敕勒与柔然》，桂林：广西师范大学出版社，2006年。

［100］张宝玺《北凉石塔艺术》，上海：上海辞书出版社，2006年。

［101］郭富纯、王振芬《旅顺博物馆藏西域文书研究》，沈阳：万卷出版公司，2007年。

［102］刘光华《秦汉西北史地丛稿》，兰州：甘肃文化出版社，2007年。

［103］钱林书《续汉书郡国志汇释》，合肥：安徽教育出版社，2007年。

［104］王其祎、周晓薇《隋代墓志铭汇考》，北京：线装书局，2007年。

［105］王仲荦著，郑宜秀整理《敦煌石室地志残卷考释》，北京：中华书局，2007年。

［106］王仲荦《隋唐五代史》，北京：中华书局，2007年。

［107］西安碑林博物馆编，赵力光主编《西安碑林博物馆新藏墓志汇编》，北京：线装书局，2007年。

［108］毛远明《汉魏六朝碑刻校注》，北京：线装书局，2008年。

［109］尚永琪《3—6世纪佛教传播背景下的北方社会群体研究》，北京：科学出版社，2008年。

［110］赵向群《甘肃通史·魏晋南北朝卷》，兰州：甘肃人民出版社，2009年。

［111］郝树声、张德芳《悬泉汉简研究》，兰州：甘肃文化出版社，2009年。

［112］陈弱水《隐蔽的光景：唐代的妇女文化与家庭生活》，桂林：广西师范大学出版社，2009年。

［113］杜斗城《河西佛教史》，北京：中国社会科学出版社，2009年。

［114］罗新《中古北族名号研究》，北京：北京大学出版社，2009年。

［115］贾小军《魏晋十六国河西史稿》，天津：天津古籍出版社，2009年。

［116］吴玉贵《突厥第二汗国汉文史料编年辑考》，北京：中华书局，2009年。

［117］乜小红《俄藏敦煌契约文书研究》，上海：上海古籍出版社，2009年。

［118］韩理洲等辑校编年《全北魏东魏西魏文补遗》，西安：三秦出版社，2010年。

［119］孟凡人《新疆考古论集》，兰州：兰州大学出版社，2010年。

［120］赵声良《敦煌石窟艺术总论》，兰州：甘肃教育出版社，2010年。

［121］毕波《中古中国的粟特胡人——以长安为中心》，北京：中国人民大学出版社，2011年。

［122］刘屹《敦煌道经与中古道教》，兰州：甘肃教育出版社，2013年。

［123］李永强主编《洛阳出土少数民族墓志汇编》，郑州：河南美术出版社，2011年。

［124］高荣主编《河西通史》，天津：天津古籍出版社，2011年。

［125］贾小军《魏晋十六国河西社会生活史》，兰州：甘肃人民出版社，2011年。

［126］姜伯勤《唐五代敦煌寺户制度（增订版）》，北京：中国人民大学出版社，2011年。

［127］全汉昇《中国经济史研究》（一），北京：中华书局，2011年。

［128］西安市长安博物馆编《长安新出墓志》，北京：文物出版社，2011年。

［129］余太山《两汉魏晋南北朝与西域关系史研究》，北京：商务印书馆，2011年。

［130］谭其骧《长水集》，北京：人民出版社，2011年。

［131］王素《汉唐历史与出土文献》，北京：故宫出版社，2011年。

［132］陈菊霞《敦煌翟氏研究》，北京：民族出版社，2012年。

［133］郭茂育、赵水森等《洛阳出土鸳鸯志辑录》，北京：国家图书馆出版社，2012年。

［134］郝春文等《英藏敦煌社会历史文献释录》第1—19卷，北京：社会科学文献出版社，2001-2022年。

［135］宁强《敦煌石窟寺研究》，兰州：甘肃人民美术出版社，2012年。

［136］仇鹿鸣《魏晋之际的政治权力与家族网络》，上海：上海古籍出

版社，2012年。

［137］余太山《塞种史研究》，北京：商务印书馆，2012年。

［138］余太山《嚈哒史研究》，北京：商务印书馆，2012年。

［139］赵君平、赵文成编《秦晋豫新出墓志搜佚》，北京：国家图书馆出版社，2012年。

［140］朱雷《朱雷敦煌吐鲁番文书论丛》，上海：上海古籍出版社，2012年。

［141］郭静云《夏商周：从神话到史实》，上海：上海古籍出版社，2013年。

［142］林世田、杨学勇、刘波《敦煌佛典的流通与改造》，兰州：甘肃教育出版社，2013年。

［143］毛阳光、余扶危主编《洛阳流散唐代墓志汇编》，北京：国家图书馆出版社，2013年。

［144］方广锠、（英）吴芳思主编《英国国家图书馆藏敦煌遗书》第1—50册，桂林：广西师范大学出版社，2011—2017年。

［145］吐鲁番博物馆、吐鲁番学研究院编《吐鲁番博物馆藏历代钱币图录》，上海：上海古籍出版社，2013年。

［146］王连龙《新见北朝墓志集释》，北京：中国书籍出版社，2013年。

［147］余太山《两汉魏晋南北朝正史西域传要注》，北京：商务印书馆，2013年。

［148］姚薇元《北朝胡姓考（修订本）》，武汉：武汉大学出版社，2013年。

［149］毛远明《汉魏六朝碑刻异体字典》，北京：中华书局，2014年。

［150］荣新江《中古中国与粟特文明》，北京：生活·读书·新知三联书店，2014年。

［151］西安市文物保护考古研究所《北周史君墓》，北京：文物出版社，2014年。

［152］郑炜明主编《香港大学饶宗颐学术馆十周年馆庆同人论文集·敦煌学卷》，上海：上海古籍出版社，2014年。

［153］吕宗力主编《中国历代官制大辞典》，北京：商务印书馆，2015年。

［154］赵文成、赵君平编《秦晋豫新出墓志搜佚续编》，北京：国家图书馆出版社，2015年。

［155］张俊民《敦煌悬泉置出土文书研究》，兰州：甘肃教育出版社，2015年。

［156］（日）土肥义和编《八世紀末期~十一世紀初期燉煌氏族人名集成（氏族人名篇、人名篇）》，东京：汲古书院，2015年。

［157］（俄）马尔夏克著，毛铭译《突厥人、粟特人与娜娜女神》，桂林：漓江出版社，2016年。

［158］胡戟《珍稀墓志百品》，西安：陕西师范大学出版社，2016年。

［159］刘进宝《敦煌文书与中古社会经济》，杭州：浙江大学出版社，2016年。

［160］罗新、叶炜《新出魏晋南北朝墓志疏证（修订本）》，北京：中华书局，2016年。

［161］荣新江、罗丰主编《粟特人在中国：考古发现与出土文献的新印证》（上、下），北京：科学出版社，2016年。

［162］王仲荦著《魏晋南北朝史》，上海：上海人民出版社，2016年。

［163］叶炜、刘秀峰主编《墨香阁藏北朝墓志》，上海：上海古籍出版社，2016年。

［164］陕西省考古研究院编《长安高阳原新出土隋唐墓志》，北京：文物出版社，2016年。

［165］冯培红《敦煌学与五凉史论稿》，杭州：浙江大学出版社，2017年。

［166］胡鸿《能夏则大与渐慕华风：政治体视角下的华夏与华夏化》，北京：北京师范大学出版社，2017年。

［167］贾小军、武鑫《魏晋十六国河西镇墓文、墓券整理研究》，北京：中国社会科学出版社，2017年。

［168］李金娟《敦煌莫高窟索义辩窟研究》，兰州：甘肃教育出版社，2018年。

［169］齐东方《花舞大唐春：解读何家村遗宝》，上海：上海古籍出版社，2018年。

［170］仇鹿鸣《长安与河北之间：中晚唐的政治与文化》，北京：北京师范大学出版社，2018年。

［171］新疆文物考古研究所《吐鲁番阿斯塔那—哈拉和卓墓地：哈拉和卓卷》，北京：文物出版社，2018年。

［172］魏俊杰《十六国疆域与政区研究》，上海：复旦大学出版社，2018年。

［173］赵超《新唐书宰相世系表集校》，北京：中华书局，2018年。

［174］罗新《王化与山险：中古边裔论集》，北京：北京大学出版社，2019年。

［175］贾小军《汉唐时期河西走廊墓葬壁画全集》，兰州：甘肃文化出版社，2019年。

［176］毛远明、李海峰《西南大学新藏石刻拓本汇释》，北京：中华书局，2019年。

［177］吐鲁番市文物局、吐鲁番学研究院、吐鲁番博物馆《吐鲁番晋唐墓地：交河沟西、木纳尔、巴达木发掘报告》，北京：文物出版社，2019年。

［178］赵向群著，贾小军修订《五凉史》，北京：社会科学文献出版社，2019年。

［179］陕西省考古研究院编《陕西省考古研究院新入藏墓志》，上海：上海古籍出版社，2019年。

［180］沈睿文《中古中国祆教信仰与丧葬》，上海：上海古籍出版社，2019年。

［181］邢义田《今尘集：秦汉时代的简牍、画像与文化流播》，上海：中西书局，2019年。

［182］郑炳林、郑怡楠《敦煌碑铭赞辑释（增订本）》，上海：上海古籍出版社，2019年。

［183］蒋福亚《前秦史》，北京：社会科学文献出版社，2020年。

［184］张铭心《吐鲁番出土墓志汇考》，桂林：广西师范大学出版社，2020年。

［185］王炳文《从胡地到戎墟：安史之乱与河北胡化问题研究》，北京：北京师范大学出版社，2020年。

［186］（日）森安孝夫著，石晓军译《丝绸之路与唐帝国》，北京：北京日报出版社，2020年。

［187］王连龙《南北朝墓志集成》，上海：上海人民出版社，2021年。

［188］赵超《汉魏南北朝墓志汇编（修订本）》，北京：中华书局，2021年。

论文

［1］（日）羽田亨《九姓回鶻とToquz Oγuzとの関係を論ず》，《東洋學報》第9卷第1号，1919年；收入《羽田博士史學論文集（上卷歴史篇）》，京都：京都大学文学部东洋史研究会，1957年。

［2］陈宗器《罗布淖尔与罗布荒原》，《地理学报》第3卷第1期，1936年。

［3］王日蔚《丁零民族史》，《北平研究所史学集刊》1936年第2期。

［4］阎文儒《河西考古简报（上）》，《国学季刊》7卷1期，1950年。

［5］宿白《参观敦煌第285号窟札记》，《文物参考资料》1956年第2期。

［6］（日）榎一雄《キダーラ王朝の年代について》，《東洋學報》第41卷第3号，1958年。

［7］（日）池田温《敦煌氾氏家伝殘卷について》，《東方学》第24辑，1962年。

［8］（日）后藤胜《河西王國の性格について》，《歷史教育》第15卷第9、10号合并，1967年。

［9］新疆维吾尔自治区博物馆《吐鲁番县阿斯塔那—哈拉和卓古墓群清理简报》，《文物》19721期。

［10］敦煌文物研究所《新发现的北魏刺绣》，《文物》1972年第2期。

［11］南京博物院《江苏丹阳胡桥南朝大墓及砖刻壁画》，《文物》1974年第2期。

［12］马世长、孙国璋《敦煌晋墓》，《考古》1974年第3期。

［13］新疆博物馆考古队《吐鲁番哈喇和卓古墓群发掘简报》，《文物》1978年第6期。

［14］方诗铭《释“秦胡”——读新出居延汉简“甲渠言部吏毋作使属国秦胡卢水士民书”札记》，《中国历史博物馆馆刊》1979年第1期。

［15］郭建邦《北魏宁懋石室和墓志》，《中原文物》1980年第2期。

［16］南京博物院《江苏丹阳县胡桥、建山两座南朝墓葬》，《文物》1980年第2期。

［17］陈国灿《跋〈武周张怀寂墓志〉》，《文物》1981年第1期。

［18］黄烈《略论吐鲁番出土的“道教符箓”》，《文物》1981年第1期。

［19］马雍《西汉时期的玉门关和敦煌郡的西境》，《中国史研究》1981年第1期。

［20］王俊杰《西秦史钩沉》，《甘肃师大学报》1981年第3期。

［21］甘肃省博物馆、敦煌县文物馆《敦煌马圈湾汉代烽燧遗址发掘简报》，《文物》1981年第10期。

［22］李永宁《敦煌莫高窟碑文录及有关问题（一）》，《敦煌研究》1982年第1期。

［23］饶宗颐《北魏冯熙与敦煌写经》，氏著《饶宗颐史学论著选》，香港：中华书局，1982年。

［24］（日）白鸟库吉著，何建民译《匈奴民族考》，林幹编《匈奴史论文选集（1919—1979）》，北京：中华书局，1983年。

［25］陈国灿《吐鲁番出土的〈诸佛要集经〉残卷与敦煌高僧竺法护的

译经考略》，《敦煌学辑刊》（创刊号）1983年。

［26］王迅川《〈广韵〉的性质及其现实意义》，《杭州师院学报（社会科学版）》1983年第1期。

［27］吴震《吐鲁番文书中的若干年号及相关问题》，《文物》1983年第1期。

［28］肖化《略谈卢水胡的族源》，《西北师院学报（社会科学版）》1983年第2期。

［29］杨际平《吐蕃时期敦煌计口授田考——兼及其时的税制和户口制度》，《社会科学》1983年第2期。

［30］初世宾《秦人、秦胡蠡测》，《考古》1983年第3期。

［31］孙修身《敦煌李姓世系考》，《西北史地》1983年第3期。

［32］王北辰《古代西域南道上的若干历史地理问题》，《地理研究》1983年第3期。

［33］陈昭桐、洪野《中唐财政政策对复苏社会经济的作用》，《厦门大学学报（哲学社会科学版）》1983年第4期。

［34］王宗维《“秦胡”别议》，《西北历史资料》1984年第1期。

［35］马雍《东汉后期中亚人来华考》，《新疆大学学报（哲学社会科学版）》1984年第2期。

［36］吴礽骧、余尧《居延新获建武秦胡册再析》，《西北师院学报（社会科学版）》1984年第4期。

［37］唐耕耦《唐五代时期的高利贷——敦煌吐鲁番出土借贷文书初探》，《敦煌学辑刊》1985年第2期。

［38］罗丰《李贤夫妇墓志考略》，《美术研究》1985年第4期。

［39］武守志《五凉政权与西州大姓》，《西北师大学报（社会科学版）》1985年第4期。

［40］韩兆民等《宁夏固原北周李贤夫妇墓发掘简报》，《文物》1985年第11期。

［41］郑炳林《〈沙州伊州地志〉所反映的几个问题》，《敦煌学辑刊》1986年第2期。

［42］孙修身《唐代瓜州晋昌郡郡治及其有关问题考》，《敦煌研究》1986年第3期。

［43］贺世哲《莫高窟第285窟窟顶天象图考论》，《敦煌研究》1987年第2期。

［44］李聚宝《十六国时期敦煌的政治状况》，《兰州学刊》1987年第3期。

［45］齐陈骏、尤成民《略述三国时期曹魏对河西的经营》，《兰州大学学报（社会科学版）》1987年第3期。

［46］（日）池田温著，谢重光译《高昌三碑略考》，《敦煌学辑刊》1988年Z1期。

［47］（日）关尾史郎《“龍興”紀年の随葬衣物疏考——〈吐魯番出土文書〉劄記（六）》，《史朋》第21号，1987年。

［48］金铸、李龙《黑龙江齐齐哈尔市发现“魏丁零率善佰长”印》，《考古》1988年第2期。

［49］程有为《内迁丁零人与翟魏政权》，《许昌学院学报》1988年第4期。

［50］杜斗城《敦煌慧远述评》，《法音》1988年第9期。

［51］昭陵博物馆《唐安元寿夫妇墓发掘简报》，《文物》1988年第12期。

［52］郭锋《慕容归盈与瓜沙曹氏》，《敦煌学辑刊》1989年第1期。

［53］陈志谦《安元寿及夫人翟氏墓志考述》，《文博》1989年第2期。

［54］陈国灿《唐五代敦煌县乡里制的演变》，《敦煌研究》1989年第3期。

［55］山东省文物考古研究所《济南市东八里洼北朝壁画墓》，《文物》1989年第4期。

［56］孟凡人《罗布淖尔土垠遗址试析》，《考古学报》1990年第2期。

［57］白凤岐《谈谈匈奴的奴隶——“赀奴”》，《黑龙江民族丛刊》1990年第4期。

［58］（日）堀敏一著，林世田译《唐代后期敦煌社会经济之变化》，《敦煌学辑刊》1991年第1期。

［59］孙修身《伯3718〈李府君邈真赞〉有关问题考》，《敦煌研究》1991年第1期。

［60］余太山《大宛和康居综考》，《西北民族研究》1991年第1期。

［61］殷光明《敦煌市博物馆藏三件北凉石塔》，《文物》1991年第11期。

［62］李并成《汉敦煌郡冥安、渊泉二县城址考》，《社科纵横》1991年第2期。

［63］施光明《西州大姓敦煌宋氏研究》，中国魏晋南北朝史学会编《魏晋南北朝史论文集》，济南：齐鲁书社，1991年。

［64］周建奇《鬼方、丁零、敕勒（铁勒）考释》，《内蒙古大学学报（哲学社会科学版）》1992年第1期。

［65］马德《敦煌李氏世系订误》，《敦煌研究》1992年第4期。

［66］尹伟先《从敦煌文书看唐代河西地区的货币流通》，《社科纵横》1992年第6期。

［67］林梅村《粟特文买婢契与丝绸之路上的女奴贸易》，《文物》1992年第9期。

［68］（日）池田温著，辛德勇译《八世纪中叶敦煌的粟特人聚落》，刘俊文主编《日本学者研究中国史论著选译》第9卷《民族交通》，北京：中华书局，1993年。

［69］熊义民《粟特昭武王室考》，《暨南学报（哲学社会科学）》1993年第1期。

［70］郑炳林《前凉行政地理区划初探（凉州）》，《敦煌学辑刊》1993年第1期。

［71］郑炳林《前凉行政地理区划初探（河州沙州）》，《敦煌学辑刊》1993年第2期。

［72］郑炳林《〈索崇恩和尚修功德记〉考释》，《敦煌研究》1993年第2期。

［73］（日）窪添庆文《关于北魏的赠官》，《文史哲》1993年第3期。

［74］张金龙《李唐出于赵郡李氏说》，《历史研究》1993年第5期。

［75］宋晓梅《麹氏高昌国张氏之婚姻》，《中国史研究》1994年第2期。

［76］郑炳林《〈索勋纪德碑〉研究》，《敦煌学辑刊》1994年第2期。

［77］孟宪实《唐统一后西州人故乡观念的转变——以吐鲁番出土墓砖资料为中心》，《新疆师范大学学报（哲学社会科学版）》1994年第2期。

［78］张金龙《陇西李氏初论——北朝时期的陇西李氏》，《兰州大学学报（社会科学版）》1994年第4期。

［79］郭锋《晋唐时期的谱牒修撰》，《中国社会经济史研究》1995年第1期。

［80］郑炳林、李冬梅《关于北凉后遗政权的有关问题》，《西北民族学院学报（哲学社会科学版）》1995年第2期。

［81］李并成《北朝时期瓜州建置及其所属郡县考》，《敦煌学辑刊》1995年第2期。

［82］汪受宽《五凉史家刘昞与实录史体》，《敦煌学辑刊》1995年2期。

［83］张金龙《河西士人在北魏的政治境遇及其文化影响》，《兰州大学学报》1995年第2期。

［84］姚崇新《北凉王族与高昌佛教》，《新疆师范大学学报（哲学社会科学版）》1996年第1期。

［85］李并成《汉敦煌郡宜禾都尉府与曹魏敦煌郡宜禾县城考辨》，《敦煌学辑刊》1996年第2期。

［86］刘雯《陇西李氏家族研究》，《敦煌学辑刊》1996年第2期。

［87］孙晓林《汉——十六国令狐氏述略》，《北京图书馆馆刊》1996年第4期。

［88］陆庆夫《唐宋间敦煌粟特人之汉化》，《历史研究》1996年6期。

［89］吴玉贵《凉州粟特胡人安氏家族研究》，荣新江主编《唐研究》第3卷，北京：北京大学出版社，1997年。

［90］杜斗城《前凉张天锡时期的佛教》，《敦煌学辑刊》1997年第1期。

［91］殷光明《北凉石塔上的易经八卦与七佛一弥勒造像》，《敦煌研究》1997年第1期。

［92］张书城《〈新唐书〉陇西李氏敦煌房辨疑》，《敦煌研究》1997年第1期。

［93］刘雯《敦煌索氏家族研究》，兰州大学硕士学位论文，1998年。

［94］宋晓梅《论哈喇和卓88号墓、99号墓出土若干纪年文书》，《敦煌研究》1998年第1期。

［95］汤长平、周倩《西魏北周时期的河西》，《敦煌学辑刊》1998年第1期。

［96］殷光明《北凉石塔述论》，《敦煌学辑刊》1998年第1期。

［97］施安昌《北魏苟景墓志及纹饰考》，《故宫博物院院刊》1998年第2期。

［98］李并成《归义军会稽镇考》，季羡林等主编《敦煌吐鲁番研究》第3卷，北京：北京大学出版社，1998年。

［99］林梅村《上海博物馆藏中亚三语钱币考》，《中国钱币》1998年第4期。

［100］荣新江《〈且渠安周碑〉与高昌大凉政权》，《燕京学报》新5期，北京：北京大学出版社，1998年。

［101］姜伯勤《道释相激：道教在敦煌》，陈鼓应主编《道家文化研究》第13辑，北京：生活·读书·新知三联书店，1998年。

［102］陈海涛《汉唐之际粟特地区诸国与中原王朝的关系》，《敦煌学辑刊》1999年第1期。

［103］林梅村《鍮石入华考》，《考古与文物》1999年第2期。

［104］李正宇《汉敦煌郡广至新城考》，《敦煌研究》1999年第3期。

［105］贺世哲《石室札记》，《敦煌研究》1999年第4期。

［106］谭蝉雪《〈君者者状〉辨析——河西达怛国的一份文书》，敦煌研究院编《1994年敦煌学国际研讨会文集——纪念敦煌研究院成立50周年·

宗教文史卷》（下），兰州：甘肃民族出版社，2000年。

［107］李崇峰《敦煌莫高窟北朝晚期洞窟分期与研究》，敦煌研究院编《敦煌研究文集·敦煌石窟考古篇》，兰州：甘肃民族出版社，2000年。

［108］陆离《论诸凉入魏人士对北魏的政治、军事贡献》，《敦煌学辑刊》2000年第1期。

［109］陈海涛《昭武九姓族源考》，《西北民族研究》2000年第2期。

［110］谢生保《敦煌李氏三碑研究综述》，《敦煌研究》2000年第2期。

［111］樊有升、鲍虎欣《偃师出土颜真卿撰并书郭虚己墓志》，《文物》2000年第10期。

［112］山西省考古研究所、太原市考古研究所、太原市晋源区文物旅游局《太原隋代虞弘墓清理简报》，《文物》2001年第1期。

［113］郑岩《魏晋南北朝壁画墓研究》，中国社会科学院博士学位论文，2001年。

［114］韩伟《北周安伽墓围屏石榻之相关问题浅见》，《文物》2001年第1期。

［115］乜小红《唐五代敦煌牧羊业述论》，《敦煌研究》2001年第1期。

［116］龚荫《晋代北方民族政权诸王辑略（下）》，《西南民族学院学报》2001年第4期。

［117］王明珂《历史事实、历史记忆与历史心性》，《历史研究》2001年第5期。

［118］山西省考古研究所、大同市考古研究所《大同市北魏宋绍祖墓发掘简报》，《文物》2001年第7期。

［119］张庆捷、刘俊喜《北魏宋绍祖墓两处铭记析》，《文物》2001年第7期。

［120］林梅村《稽胡史迹考——太原新出隋代虞弘墓志的几个问题》，《中国史研究》2002年第1期。

［121］王允亮《先唐敦煌汜氏考论》，《哈尔滨师范大学社会科学学报》2002年第1期。

［122］王义康《论陇西李暠家族》，《陕西师范大学学报（哲学社会科学版）》2002年第1期。

［123］郑炳林《晚唐五代敦煌贸易市场的等价物》，《中国史研究》2002年第3期。

［124］赵向群《北魏太武帝时期的西域经济战略》，《文史哲》2002年第3期。

［125］山东省文物考古研究所、临朐县博物馆《山东临朐北齐崔芬壁画墓》，《文物》2002年第4期。

［126］周国琴《十六国时期太行山区丁零翟氏研究》，内蒙古师范大学硕士学位论文，2003年。

［127］陈菊霞《〈大唐伊吾郡司马上柱国浔阳翟府君修功德碑记〉考释》，《敦煌研究》2003年第2期。

［128］李并成《甘肃玉门花海比家滩古绿洲沙漠化的调查研究》，《中国边疆史地研究》2003年第2期。

［129］魏迎春《读〈武威金石录〉札记》，《敦煌学辑刊》2003年第2期。

［130］陈海涛《康居与康国关系考——兼谈昭武诸国的起源》，《敦煌研究》2003年第3期。

［131］李并成《魏晋时期寄理敦煌郡北界之伊吾县城考》，《敦煌研究》2003年第3期。

［132］荣新江《萨宝与萨薄：北朝隋唐胡人聚落首领问题的争论与辨析》，《伊朗学在中国论文集》第3集，北京：北京大学出版社，2003年。

［133］陈国灿《从吐鲁番出土文献看高昌王国》，《兰州大学学报（社会科学版）》2003年第4期。

［134］郝庆云《肃慎族系长白山观念透析》，《中国边疆史地研究》2003年第4期。

［135］（美）安妮特·L.朱丽安娜、朱迪思·A.莱莉著，苏银梅译《古粟特文信札（Ⅱ号）》，《考古与文物》2003年第5期。

［136］王素《略谈香港新见吐鲁番契券的意义——〈高昌史稿·统治篇〉续论之一》，《文物》2003年第10期。

［137］黄景春《早期买地券、镇墓文整理与研究》，华东师范大学博士学位论文，2004年。

［138］李尚全《“敦煌菩萨”竺法护的生平及其佛学思想》，《敦煌学辑刊》2004年第1期。

［139］王团战《大周沙州刺史李无亏墓及征集到的三方唐代墓志》，《考古与文物》2004年第1期。

［140］郑炳林《张氏曹氏归义军政权的胡汉联姻》，《中国史研究》2004年第1期。

［141］陈菊霞《敦煌翟氏郡望和族源新探》，《敦煌研究》2004年第2期。

［142］王晶波《论佛教占相内容对敦煌写本相术的影响》，《敦煌研究》2004年第2期。

［143］杨学勇《敦煌阴氏族源与郡望》，《寻根》2004年第4期。

［144］荣新江《萨宝与萨薄：佛教石窟壁画中的粟特商队首领》，《法国汉学》丛书编辑委员会编《粟特人在中国——历史、考古、语言的新探索》，北京：中华书局，2005年。

［145］林树中《再谈南朝墓〈七贤与荣启期〉砖印壁画》，《艺术探索》2005年第1期。

［146］尹夏清《陕西靖边出土的彩绘贴金浮雕石墓门及其相关问题探讨》，《考古与文物》2005年第1期。

［147］李智君《公元439年：河陇地域学术发展的转捩点》，《中国文化研究》2005年第2期。

［148］冯培红《汉晋敦煌大族略论》，《敦煌学辑刊》2005年第2期。

［149］西安市文物保护考古所《西安北周凉州萨保史君墓发掘简报》，《文物》2005年第3期。

［150］毕波《论北周时期的胡人与胡化》，《文史》2005年第4辑。

［151］闫廷亮《北魏对河西的经营和开发》，《河西学院学报》2005年第4期。

［152］余太山《裴矩〈西域图记〉所见敦煌至西海的“三道”》，《西域研究》2005年第4期。

［153］林悟殊《西安北周安伽墓葬式的再思考》，《考古与文物》2005年第5期。

［154］邹清泉《北魏孝子画像研究》，中央美术学院硕士学位论文，2006年。

［155］陈大为《敦煌净土寺与敦煌地区胡姓居民关系探析》，《敦煌学辑刊》2006年第1期。

［156］冯培红《五凉的儒学与佛教——从石窟的早期功能谈起》，《兰州学刊》2006年第1期。

［157］李智君《五凉时期移民与河陇学术的盛衰——兼论陈寅恪“中原魏晋以降之文化转移保存于凉州一隅”说》，《中国史研究》2006年第2期。

［158］文梦霞《再论东阳王元荣领瓜州刺史的时间》，《敦煌研究》2006年第2期。

［159］尚永琪《北朝胡人与佛教的传播》，《吉林大学社会科学学报》2006年第2期。

［160］李肖、张永兵、张振峰《新疆吐鲁番地区木纳尔墓地的发掘》，《考古》2006年第12期。

［161］郑炳林、安毅《敦煌写本P.2625〈敦煌名族志〉残卷撰写时间和张氏族源考释》，《敦煌学辑刊》2007年第1期。

［162］任冰心《赤勒族名族源考》，《伊犁师范学院学报》2007年第2期。

［163］（日）影山悦子《中国新出ソグド人葬具に见られる鸟翼冠と三面三日月冠——エフタルの中央アジア支配の影响》，《オリエント》第50卷第2号，2007年。

［164］郭永利、杨惠福《敦煌翟宗盈墓及其年代》，《考古与文物》2007年第4期。

［165］何双全、狄晓霞《甘肃省近年来新出土三国两晋简帛综述》，《西北师大学报》2007年第5期。

［166］张新朋《敦煌写本〈开蒙要训〉研究》，浙江大学博士学位论文，2008年。

［167］罗见今《敦煌马圈湾汉简年代考释》，《敦煌研究》2008年第1期。

［168］张鹤泉《北魏后期的“道”考略》，《古代文明》2008年第1期。

［169］王慧慧《昭武九姓族源与居延汉简中姓氏的关系》，《敦煌研究》2008年第2期。

［170］杨铭《唐代吐蕃与粟特关系考述》，《西藏研究》2008年第2期。

［171］陈菊霞《西域、敦煌粟特翟氏及相关问题研究》，《中国边疆史地研究》2008年第3期。

［172］冯培红《汉宋间敦煌家族史研究回顾与述评（上）》，《敦煌学辑刊》2008年第3期。

［173］冯培红、孔令梅《汉宋间敦煌家族史研究回顾与述评（中）》，《敦煌学辑刊》2008年第4期。

［174］刘可维《陇西李氏敦煌房考辨》，《敦煌研究》2008年第4期。

［175］范泉《周武灭法与敦煌北周石窟营造的关系——以莫高窟第428窟供养人图像为中心》，《敦煌学辑刊》2008年第4期。

［176］孙彦《考古所见魏晋十六国时期的宗教信仰——以河西走廊为例》，《南京晓庄学院学报》2008年第4期。

［177］西安市文物保护考古所《西安北周康业墓发掘简报》，《文物》2008年第6期。

［178］程林泉、张翔宇、山下将司《北周康业墓志考略》，《文物》2008年第6期。

［179］熊崧策《汉晋敦煌士人学术研究》，兰州大学硕士学位论文，2009年。

［180］韩康信、谭婧泽《固原九龙山——南塬出土高加索人种头骨》，《宁夏古人类学研究报告集》，北京：科学出版社，2009年。

［181］郝树声《简论敦煌悬泉汉简〈康居王使者册〉及西汉与康居的关系》，《敦煌研究》2009年第1期。

［182］薛宗正《龙兴年号与李宝后西凉政权》，《新疆师范大学学报（哲学社会科学版）》2009年第1期。

［183］杨洁《高昌王国贸易史研究综述》，《敦煌学辑刊》2009年第1期。

［184］李茹《敦煌李贤及其功德窟相关问题试论》，《敦煌学辑刊》2009年第4期。

［185］陆离《吐蕃统治敦煌时期的"行人"、"行人部落"》，《民族研究》2009年第4期。

［186］罗新《跋敦煌莫高窟所出北魏太和十一年刺绣发愿文》，《文史》2009年第4辑。

［187］彭建兵《北凉时期敦煌民间杂密信仰问题考察—以北凉石塔为中心》，《敦煌学辑刊》2009年第4期。

［188］乜小红《从粟特文券契看高昌王国奴婢买卖之官文券》，《西域研究》2009年第4期。

［189］杨洁《高昌王国商业贸易研究》，兰州大学硕士学位论文，2009年。

［190］杨洁《论流入中国的波斯萨珊银币的功能——以吐鲁番出土银币为例》，《中国社会经济史研究》2010年第2期。

［191］冯培红、孔令梅《汉宋间敦煌家族史研究回顾与述评（下）》，《敦煌学辑刊》2010年第3期。

［192］刘驰《十六国时期的金属货币》，《中国史研究》2010年第4期。

［193］毛阳光《一支洛阳月氏胡人家族的汉化经历——以〈支彦墓志〉与〈支敬伦墓志〉为中心》，《华夏考古》2010年第4期。

［194］孔令梅、杜斗城《十六国北朝时期敦煌令狐氏与佛教关系研究》，《敦煌研究》2010年第5期。

［195］姜博《魏晋南北朝时期敦煌历史研究》，南京师范大学硕士学位论文，2011年。

［196］孔令梅《敦煌大族与佛教》，兰州大学博士研究生论文，2011年。

［197］尹勇《隋唐五代内迁蕃胡族源考异——以个案人物姓氏研究为中心》，首都师范大学博士学位论文，2011年。

［198］林圣智《中国中古时期墓葬中的天界表象——东亚的比较视野》，《古代墓葬美术研究》第1辑，北京：文物出版社，2011年。

［199］陈光文《明朝弃置敦煌考略》，《敦煌学辑刊》2011年第1期。

［200］吕红亮《“穹庐”与“拂庐”——青海郭里木吐蕃墓棺板画毡帐图像试析》，《敦煌学辑刊》2011年第3期。

［201］杨洁《丝路绿洲国家的货币：本地铸造，抑或外部流入？》，《中国经济史研究》2011年第3期。

［202］赵宠亮《“悬泉浮屠简”辩证》，《南方文物》2011年第4期。

［203］张蕊侠、韩民兴等《西安市长安区晚唐时期令狐家族墓葬发掘简报》，《文博》2011年第5期。

［204］安梅梅《两汉魏晋属国制度研究》，中央民族大学博士学位论文，2012年。

［205］姚彩玉《汉唐敦煌索氏研究》，西北师范大学硕士学位论文，2012年。

［206］王晶《中古家族三调：唐帝国边境城镇的三个家族》，兰州大学硕士学位论文，2012年。

［207］张小贵《敦煌文书所记“祆寺燃灯”考》，中央文史研究馆、敦煌研究院、香港大学饶宗颐学术馆编《庆贺饶宗颐先生九十五华诞敦煌学国际学术研讨会论文集》，北京：中华书局，2012年。

［208］李晓岑、郑渤秋、王博《吐鲁番阿斯塔那—哈拉和卓古墓群出土古纸研究》，《西域研究》2012年第1期。

［209］杨洁《从粟特文文书看入华粟特人的货币问题》，《史林》2012年第2期。

［210］宁夏文物考古研究所《宁夏固原九龙山隋墓发掘简报》，《文物》2012年第10期。

［211］杨洁《3—8世纪中亚贸易问题研究》，兰州大学博士学位论文，2012年。

［212］陈爽《墓志所见中古谱牒探迹》，《中国史研究》2013年第4期。

［213］郭孟秀《肃慎与挹娄关系再议》，《民族研究》2012年第5期。

［214］（日）白须净真《前涼·張駿の行政區劃改編と涼州·建康郡の設置——改編年次に係わる司馬光の見解と考古資料による新見解》，高田时雄主编《敦煌寫本研究年報》第8号，京都：京都大学人文科学研究所，2014年。

［215］（日）保科季子《張良と太公望——漢六朝期受命思想における“佐命”》，《寧楽史苑》第59号，2014年。

［216］王含梅《汉代酒泉郡十一置新考》，《中国边疆史地研究》2023

年第2期。

［217］李瑞哲《入华粟特人石质葬具反映的深刻意义——祆教艺术和中原礼制艺术之间的互动与交融》，《敦煌学辑刊》2014年第1期。

［218］谭世宝《燉煌的词源再探讨》，《敦煌研究》2014年第1期。

［219］陈光文《敦煌莫高窟第297窟甬道南壁西夏文题记译释——兼论西夏统治敦煌的时间问题》，《敦煌学辑刊》2014年第2期。

［220］杨荣春《北凉高昌太守隗仁史迹钩沉》，《吐鲁番学研究》2014年第2期。

［221］吴丽娱《助葬必执绋——唐代挽郎一角》，《首都师范大学学报（社会科学版）》2014年第2期。

［222］周银霞、李永平《“秦胡”的迁徙、流变与秦的民族政策——以六盘山区域考古材料为依据的考察》，《西安财经学院学报》2014年第5期。

［223］濮仲远《武威出土的唐代翟舍集夫妇墓志释证》，《社科纵横》2014年第8期。

［224］杜海《敦煌曹氏归义军史研究》，兰州大学博士学位论文，2015年。

［225］马晓玲《北朝至隋唐时期入华粟特人墓葬研究》，西北大学博士学位论文，2015年。

［226］达瓦加甫·乌吉玛《阿斯塔那—哈拉和卓古墓群出土丝织品纹样特征探讨》，《北方民族考古》第2辑，2015年。

［227］李瑞哲《对“图像程序”的重新认识——入华粟特人石质葬具图像所表现的共同主题》，《敦煌学辑刊》2015年第1期。

［228］宋翔《唐宋时期沙州的城市形态与居住空间》，《中国社会经济史研究》2015年第1期。

［229］王晶《论汉宋间翟氏的民族融合》，《中国边疆史地研究》2015年第1期。

［230］周国琴《十六国时期太行山区丁零翟魏政权初探》，《内蒙古社会科学（汉文版）》2015年第1期。

［231］钟书林《〈敦煌氾氏家传〉与先周世系》，《中南大学学报（社会科学版）》2015年第1期。

［232］李建华《唐少府监郑岩乃粟特后裔考——以郑岩家族墓志为中心》，《敦煌学辑刊》2015年第3期。

［233］王晶波《果报与救赎：佛教入冥故事及其演化》，《敦煌学辑刊》2015年第3期。

［234］邹清泉《敦煌石窟曹元忠与浔阳翟氏画像研究》，《美术学报》

2015年第3期。

［235］陈玮《中古时期党项与粟特关系论考》，《中国史研究》2015年第4期。

［236］毛阳光《唐代洛阳粟特人研究——以出土墓志等石刻史料为中心》，《郑州大学学报（哲学社会科学版）》2015年第4期。

［237］南京市考古研究所《南京栖霞狮子冲南朝大墓发掘简报》，《东南文化》2015年第4期。

［238］王菁、王其祎《欧阳笔法再见长安——新出土唐贞观八年〈翟天德墓志〉刍议》，《书法丛刊》2015年第4期。

［239］冯培红《河西走廊上的会稽与建康》，冻国栋、李天石主编《“唐代江南社会”国际学术研讨会暨中国唐史学会第十一届年会第二次会议论文集》，南京：江苏人民出版社，2015年。

［240］陈继宏《吐蕃统治敦煌时期历史问题研究二题》，兰州大学博士学位论文，2016年。

［241］陈光文《西夏至清代敦煌史研究》，兰州大学博士学位论文，2016年。

［242］龙成松《中古胡姓家族研究——以族源、地域、文化为中心》，武汉大学博士学位论文，2016年。

［243］（日）平田阳一郎、山下将司《「唐·翟天德墓誌」の訳注と考察》，《沼津工業高等専門学校研究報告》第50号，2016年。

［244］沈睿文《中古中国粟特裔石葬具综论》，吕章申主编《近藏集粹——中国国家博物馆新入藏文物》，北京：时代华文书局，2016年。

［245］陈呈、马强《唐代东都之洛阳县乡村里地名补考——以出土唐人墓志为主的考察》，《中国历史地理论丛》2016年第1辑。

［246］张惟捷《从古文字角度谈〈夏商周：从神话到史实〉的若干问题》，《历史研究》2016年第1期。

［247］陈大为、陈卿《唐宋时期敦煌金光明寺考》，《敦煌学辑刊》2016年第2期。

［248］王静、李青分《铁勒拔野古部研究》，《内蒙古大学学报（哲学社会科学版）》2016年第2期。

［249］陈玮《新出〈唐曹怀直墓志〉所见安史之乱前后粟特武人动向研究》，《中华文史论丛》2016年第3期。

［250］孟宪实《唐西州马价考》，《新疆师范大学学报（哲学社会科学版）》2016年第3期。

［251］仇鹿鸣《制作郡望：中古南阳张氏的形成》，《历史研究》2016年第3期。

［252］颜世明、高健《裴矩〈西域图记〉研究拾零——兼与余太山、李锦绣二先生商榷》，《敦煌研究》2016年第3期。

［253］廖基添《论魏齐之际“河南—河北”政治格局的演变——从东魏张琼父子墓志说起》，《文史》2016年第3辑。

［254］李国、沙武田《敦煌石窟粟特美术研究学术史》，《敦煌学辑刊》2016年第4期。

［255］张长东《千载存风流——竹林七贤及荣启期模印拼镶砖画赏析》，《文物天地》2016年第4期。

［256］冯培红《丝绸之路陇右段粟特人踪迹钩沉》，《浙江大学学报（人文社会科学版）》2016年第5期。

［257］章鸿昊《北魏巡省“道”的产生和演变》，《内蒙古大学学报（哲学社会科学版）》2016年第5期。

［258］周国琴《浅谈丁零在十六国时期北方政权博弈中的作用》，《黑龙江民族丛刊》2016年第5期。

［259］郑岩《北朝葬具孝子图的形式与意义》，《美术学报》2016年第6期。

［260］张同利《新见北齐李礼之、李倩之墓志及相关问题考论》，《兰台世界》2016年第10期。

［261］陈继宏《〈魏书·李暠传〉〈晋书·李玄盛传〉〈十六国春秋·西凉录〉对读札记》，《名作欣赏》2016年第11期。

［262］胡湛《张海书法艺术馆藏北朝墓志校考及其书艺特征与价值》，《中国书法》2016年第12期。

［263］（日）黑田彰《吳氏藏東魏武定元年翟門生石床について——翟門生石床の孝子伝図》，《佛教大学文学部论集》第101号，2017年。

［264］白守宁《五凉时期的河西文化与文学》，南京师范大学硕士学位论文，2017年。

［265］朱艳桐《北凉史新探——多元史料的交错论证》，兰州大学博士学位论文，2017年。

［266］张重洲《五至七世纪的吐鲁番家族与佛教》，兰州大学硕士学位论文，2017年。

［267］黄楼《祁连郡王李公（元淳）墓志铭——兼论唐德宗贞元年间昭义军三次择帅问题》氏著《碑志与唐代政治史论稿》，北京：科学出版

社，2017年。

［268］张葳《因宦徙居：唐代墓志所见潞州人口迁入情况的个案考察》，武汉大学中国三至九世纪研究所编《魏晋南北朝隋唐史资料》第35辑，上海：上海古籍出版社，2017年。

［269］陈国灿《西州回鹘时期吐鲁番地名的音变——吐鲁番古代地名研究之五》，《吐鲁番学研究》2017年第1期。

［270］王启涛《“目”“翟”二姓与粟特关系新证——以吐鲁番出土文献为中心》，《民族研究》2017年第1期。

［271］尹波涛《粟特康氏会稽郡望考论》，《敦煌学辑刊》2017年第1期。

［272］冯培红、王蕾《中古时期乌兰关、县位置考辨》，《敦煌研究》2017年第2期。

［273］刘永明《皇甫隆与汉魏之际的神仙道教及相关问题》，《兰州大学学报（社会科学版）》2017年第2期。

［274］张启芮、张启荣《五方隋唐乌兰墓志考释》，《敦煌研究》2017年第2期。

［275］林梅村《中亚锡尔河北岸的康居王庭》，《西域研究》2017年第3期。

［276］邢培顺、王明东《刘昞与他的〈敦煌实录〉》，《古籍整理研究学刊》2017年第3期。

［277］王倩《北朝墓葬图像中的佛教因素初探》，文化遗产研究与保护技术教育部重点实验室等编《西部考古》第14辑，北京：科学出版社，2017年。

［278］胡小鹏、郑煦卓《边疆法律视野下的“秦胡”身份》，《社科纵横》2017年第6期。

［279］张贺君、张芳《〈魏故皇子侍郎张珍宝墓铭〉与张琛家族史》，《大众考古》2017年第7期。

［280］涂成林《历史阐释中的历史事实和历史评价问题——基于马克思唯物史观的基本理论和方法》，《中国社会科学》2017年第8期。

［281］王蕾《中古丝路交通视野下的河陇关津研究》，兰州大学博士论文，2018年。

［282］朱安祥《魏晋南北朝货币研究》，郑州大学博士学位论文，2018年。

［283］（日）黑田彰《翟门生粟特人身份考——以萨甫为中心》，中国社会科学院文学研究所编《多维视野下的中日文学研究》，北京：社会科学文献出版社，2018年。

［284］李凤艳《〈刘和墓志〉考释》，《中国边疆史地研究》2018年第1期。

［285］龙成松《汉唐时期胡、汉文化融合叙事模式管窥》，《云南社会科学》2018年第1期。

［286］郑炳林、马振颖《新见〈唐米钦道墓志〉考释——敦煌相关金石整理研究之一》，《敦煌学辑刊》2018年第2期。

［287］陈国灿、吾迈尔·卡德尔《古丝路上的国际商城——高昌“末胡营”考》，《西域研究》2018年第3期。

［288］宋婷《碑志所见唐代东都洛阳县之乡名再考》，《中国历史地理论丛》2018年第3辑。

［289］赵兰香《河西术数文化论》，《河西学院学报》2018年第3期。

［290］杨荣春《冲突与交融：五胡十六国时期北凉与周边政权关系研究》，《兰州学刊》2018年第8期。

［291］冯雨《床榻之辨：东魏谢氏冯僧晖墓双阙围屏石床研究》，《装饰》2018年第11期。

［292］程伟强《“粟特”源流考辨》，内蒙古大学硕士学位论文，2019年。

［293］范英杰《五凉侨置及相关问题研究》，兰州大学硕士学位论文，2019年。

［294］王丁《胡名释例》，（日）高田时雄主编《敦煌寫本研究年報》第13号（高田时雄先生古稀记念），京都：京都大学人文科学研究所，2019年。

［295］王丁《胡名盘陀考》，向群、万毅编《姜伯勤教授八秩华诞颂寿史学论文集》，广州：广东人民出版社，2019年。

［296］刘永明《略论敦煌区域道教研究的意义》，《世界宗教文化》2019年第1期。

［297］冯培红《〈隋曹庆珍墓志铭〉与武威粟特曹氏》，《社会科学战线》2019年第1期。

［298］荣新江《纸对丝路文明交往的意义》，《中国史研究》2019年第1期。

［299］谷更有《唐代村民经济身份的变迁——以敦煌吐鲁番出土文献为中心》，《中国经济史研究》2019年第3期。

［300］马建红《中古士族的谱系建构与北朝隋唐胡汉认同——以韦氏墓志的追祖方式为中心》，《云南社会科学》2019年第3期。

［301］刘凯《东魏〈张琼墓志〉疏证》，《华夏考古》2019年第3期。

［302］孙振民《汜胜之小考》，《华夏文化》2019年第3期。

［303］崔中慧《初期佛教写经反映的文化交流——以竺法护译场为

例》，《敦煌研究》2019年第4期。

[304] 李荣辉《中古时期李陵后裔辨伪》，《内蒙古社会科学（汉文版）》2019年第5期。

[305] 赵青山《佛经抄写制式的确立及其意义》，《世界宗教研究》2019年第5期。

[306] 白玉冬《成吉思汗称号的释音释义》，《历史研究》2019年第6期。

[307] 杜海《敦煌“于阗太子”与“曹氏太子”考》，《敦煌研究》2019年第6期。

[308] 李凭《李弇后裔的迁徙经历与文化传承——〈北史·序传〉读后》，《社会科学战线》2019年第6期。

[309] 朱艳桐《北凉王国与胡汉民族》，《敦煌研究》2019年第6期。

[310] 徐津《美国纳尔逊博物馆藏北魏孝子石棺床围屏图像释读》，《中国国家博物馆馆刊》2019年第10期。

[311] 楚默《北朝敦煌魏楷演进的三个阶段及艺术特征》，《中国书法》2019年第17期。

[312] 陈明迪《墓志所见唐代边疆与民族若干问题研究》，南京师范大学博士学位论文，2020年。

[313] Bi Bo, The New Bilingual Sogdian and Chinese Epitaph from Yeh 鄴 and the Sogdians in the Northern Ch’i Dynasty, *Acta Asiatica* 119, 2020。

[314] 连国龙《北朝高车斛律氏研究》，内蒙古大学硕士学位论文，2020年。

[315] 白玉冬《“贺兰”释音释义》，《中国历史地理论丛》2020年第1辑。

[316] 裴成国《高昌国末年以降砖志书写中的“高昌人”》，《中国边疆史地研究》2020年第1期。

[317] 贾小军《汉代酒泉郡驿置道里新考》，《敦煌研究》2020年第1期。

[318] 魏健鹏《元荣抄经与莫高窟第249窟的营建关系探析》，《敦煌学辑刊》2020年第1期。

[319] 郑阿财《〈开蒙要训〉的语文教育与知识积累》，《浙江师范大学学报（社会科学版）》2020年第1期。

[320] 韩达《李伯宪墓志与河阴之变》，《三门峡职业技术学院学报》2020年第2期。

[321] 汪桂平《河西走廊与道教文化传播》，《东方哲学与文化》2020年第2期。

[322] 荣新江《中古入华胡人墓志的书写》，《文献》2020年第3期。

[323] 姚大力《河西走廊的几个古地名》，《西北民族研究》2020年第3期。

[324] 王建新、王茜《“敦煌、祁连间”究竟在何处？》，《西域研究》2020年第4期。

[325] 何利群《邺城遗址出土北魏谭副造像图像考释》，《考古》2020年第5期。

[326] 雷闻《凉州与长安之间——新见〈唐故左羽林军大将军康太和墓志〉考释》，《河北师范大学学报（哲学社会科学版）》2020年第5期。

[327] 贺西林《胡风与汉尚——北周入华中亚人画像石葬具的视觉传统与文化记忆》，《美术大观》2020年第11期。

[328] 李梅田《北朝石棺床的使用场景与画像配置》，南京师范大学文物与博物馆学系主编《东亚文明》第2辑，北京：社会科学文献出版社，2021年。

[329] 马振颖《武威汉唐碑铭校录研究》，兰州大学博士学位论文，2021年。

[330] 刘屹、刘菊林《悬泉汉简与伊存授经》，《敦煌研究》2021年第1期。

[331] 吉笃学《东魏石刻的标形器——翟门生屏风石床研究》，《美术学报》2021年第2期。

[332] 范兆飞《中古早期谱系、谱牒与墓志关系辩证》，《中国史研究》2021年第2期。

[333] 李皓《族姓的式微：北朝隋唐时期西秦乞伏氏的迁徙流变与民族融合》，《宁夏社会科学》2021年第2期。

[334] 王敬《陇西李宝家族、尔朱荣与高欢时代的政治——以李彧之死为线索》，《长江师范学院学报》2021年第2期。

[335] 杨铭《再论吐蕃统治敦煌时期的驮、硕、斗、升》，《敦煌学辑刊》2021年第3期。

[336] 葛承雍《门扉胡人：中古墓葬石门上的别样艺术》，《美术研究》2021年第4期。

[337] 郑旭东《西安新出唐代粟特裔翟伯墓志研究二题》，《石河子大学学报（哲学社会科学版）》2021年第5期。

[338] 杜镇、苗轶飞、刘皓妍《新出唐建中元年〈张参夫妇墓志〉与唐代经史问题》，《中国国家博物馆馆刊》2021年第10期。

[339] 陈恳《敕勒与铁勒族名新证》，余太山、李锦绣主编《欧亚学

刊》新11辑，北京：商务印书馆，2022年。

[340] 谢泳琳《隋唐两京粟特人居葬地研究》，西北大学硕士学位论文，2022年。

[341] 岳锋、钱斌《北周刘义碑及墓志考释》，《陇右文博》2022年第1期。

[342] 钱斌、岳锋《周故仪同三司彭阳伯妻夫人李氏墓志考释》，《陇右文博》2022年第1期。

[343] 丁宏武、刘伟强《新出北周刘义夫妇墓碑墓志考释》，《甘肃社会科学》2022年第1期。

[344] 王丁《粟特语高昌延相买婢契补考》，《国学学刊》2022年第3期。

[345] 汪华龙《避籍与同宗：魏晋凉州刺史太守考论》，《西域研究》2022年第3期。

[346] 郑炳林、司豪强《西汉敦煌郡迎送接待外客研究》，《西北民族研究》2022年第5期。

[347] 侯旭东《东汉〈曹全碑〉"敦煌效谷人也"发微：兼论家族研究的视角》，《学术月刊》2022年第7期。

[348] 董文强、周晓薇《丝路贞珉：新出隋代〈刘义碑〉研读》，《敦煌研究》2023年第1期。